성찰과 사유의 여적

Nachklang-Reflexionen und Betrachtungen

성찰과 사유의 여적

餘滴

Nachklang-Reflexionen und Betrachtungen

김용섭 지음

이 책은 삶의 경로에서 마주한 인연을 기록하며
법(法)과 인문학(人文學)의 길 위에서
치열하게 성찰한 사유의 여적(餘滴)입니다.

한누리미디어

이 책은 삶의 경로에서 마주한 인연을 기록하며 법(法)과 인문학(人文學)의 길 위에서 치열하게 성찰한 사유의 여적(餘滴)입니다.

새로운 저작을 세상에 내놓는 일은 매번 산고(産苦)에 비견될 만큼 고단한 작업입니다. 그럼에도 지난 시간 동안 『인권과 정의』, 『법률신문』, 『로스쿨타임즈』, 『뉴스퀘스트』 등 여러 매체에 시론과 에세이를 꾸준히 기고하며 사유의 끈을 놓지 않았습니다. 돌이켜보면 글을 쓰는 행위는 언제나 스스로를 반성하고 자신을 투영하는 투명한 거울이었으며, 동시에 세상을 향해 내딛는 조심스럽지만 단호한 발걸음이었습니다.

첫 번째 에세이집 『직필과 객설』에서 법률가로서의 곧은 붓끝과 자유로운 사유를 펼쳐 보였고, 두 번째 『법과 인문학의 길』에서는 법의 경직된 형식성을 넘어 인문학적 성찰을 통해 양자의 접점을 모색한 바 있습니다. 이제 그 연장선 위에서, 그간의 성찰과 사유를 가다듬고 삶의 궤적을 되짚어 본 세 번째 결실, 『성찰과 사유의 여적(餘滴)』을 상재(上宰)하게 되어 참으로 감개무량합니다.

가치관의 혼돈이 거센 시대적 격랑을 헤쳐나가며 필자는 이제 정년을 지나 고희(古稀)를 목전에 둔 노년이라는 인생의 새로운 관문에 서 있습니다. 지나온 날들은 분주한 직업인의 삶이었으나, 앞으로 허락된 시간은 법률가로서 본연의 역할을 다하는 한편, 문필가로서 '좋은 글쓰기'에 정진하며 살아가고자 합니다.

생이 다하는 순간까지 깨달음을 위한 성찰과 사회적 실천 속에 삶을 고양하는 일은, 저에게 부여된 마지막 소명이자 일상의 가장 큰 낙(樂)이 될 것입니다.

이 책에는 법과 인문학의 융합을 위해 고뇌했던 시간의 흔적들이 고스란히 담겨 있습니다. 법이란 결코 차가운 조문의 나열이 아니라, 역사와 철학 그리고 인간의 신산(辛酸)한 삶이 응축된 결정체임을 다시금 확인하고자 했습니다.

본서의 제1부 '법과 인문학의 교차로'에서는 국가발전과 법정책, 법학자의 문화와 역사 탐구, 그리고 법률가와 문사철(文史哲)을, 제2부 '가산만필(佳山漫筆)'에서는 행정법학의 토대형성, 추도사와 묘갈명, 비교만필, 남긴 글과 삶의 흔적, 그리고 서평과 시세계를, 부록으로 '인터뷰와 대담'을 수록하여 그 폭과 깊이를 더하고자 노력했습니다.

무엇보다 이 책을 발간하며 마음 깊이 머물렀던 이들은 오늘의 나에게 영향을 미친 숭고(崇高)한 경지를 지향하는 추사(秋史) 김정희 선생을 비롯한 선현들, 그리고 대대로 이어져 내려온 조상들과 함께 살아가는 행복의 근원인 사랑하는 가족입니다.

특히 내년이면 초등학교에 입학할 의젓한 외손자 건우(建旴)와, 9월에 첫 돌을 맞이하는 해맑은 손녀 지유(知兪)에게 이 책을 사랑으로 건넵니다. 할아버지가 평생에 걸쳐 고심하며 남긴 이 삶의 흔적들이, 훗날 아이들이 자라나 마주할 망망대해 같은 세상에서 작지만 단단한 이정표가 되어주기를 간절히 소망합니다.

이번에 세 번째 에세이집을 출판하며 새삼 깨닫는 것은, 법이라는 좁은 길을 걷다 결국 마주하게 되는 본질은 '사람' 과 '삶' 그 자체라는 사실입니다. 어느 호고(好古)주의자의 성찰과 사유의 여정이 우리 사회에 작은 기여가 되고, 독자 여러분의 마음속에 잔잔한 울림으로 닿을 수 있다면 더할 나위 없겠습니다.

삶의 경로에서 격려와 응원을 아끼지 아니한 독일 만하임대 총장을 지낸 로엘레케(Gerd Roellecke) 교수님 등 여러 은사님들과 삶의 여러 경로에서 소중한 인연을 맺어온 모든 분께 깊은 감사를 드립니다.

2024년 8월 말에 전북대학교 로스쿨에서 정년퇴직한 뒤 곧바로 입법지원센터장과 변호사로서 새롭게 활동할 수 있는 터전을 마련해 주신 신영무 대표 변호사님과 에스앤엘(S&L)파트너스 가족 여러분께 고마운 마음을 전하고 싶습니다.

이 책 속에 담긴 로스쿨타임즈와 뉴스퀘스트에 연재하는 지면의 글들이 세상 밖으로 나가기 전, 효자 김세중(金世中)의 균형 잡힌 시선을 통해 보완할 수 있었던 것은 필자에게 큰 행운이었습니다. 바쁜 와중에도 기꺼이 내어준 젊은 시각의 조언(Anregung)은 글이 독자에게 한 걸음 더 다가서는 데 도움이 되리라고 봅니다.

끝으로 추사매니아의 요청에 따라 추사의 작품 잔서완석루(殘書頑石樓)와 유재(留齋)를 반영하는 등 멋진 디자인에 체계적인 산문집의 발간을 위해 애써주신 한누리미디어의 김재엽 대표님과 김영란 발행인 등 관계자 여러분께 감사드립니다.

이 책에 담긴 작은 물방울 하나하나가 모여 법과 인문학의 대해(大海)를 이루듯, 우리 사회의 법치주의와 인문정신이 더욱 풍요로워지는 데 미력하나마 보탬이 되기를 소망합니다.

2026년 3월

동하재(東河齋)에서

김용섭

차례

제2부 가산만필(佳山漫筆)

제1장 한국 행정법학의 토대형성

제2장 추도사와 묘갈명

차례

제5장 서평과 시세계

부록 인터뷰와 대담

제1부 법과 인문학의 교차로

제 **1** 장

법학자의 문화와 역사 탐구

1. 독일 밤베르크(Bamberg)와 에테아 호프만(E.T.A. Hoffmann)

여행은 머물렀던 곳의 기억을 되살리고, 낯선 도시는 여행자에게 호기심과 함께 새로운 인식의 지평을 열어준다. 2025년 11월 4일부터 12일까지, 나는 가족과 함께 독일 남부를 여행하며 만하임에서 3박, 밤베르크에서 1박, 뮌헨에서 3박을 보냈다. 인천공항을 출발해 프랑크푸르트 공항을 거쳐 만하임 숙소에 당일 오후 도착한 것이 여정의 시작이었다.

5일에는 만하임의 라인강변을 거닐며 대학과 시내를 둘러보았다. 이튿날은 고성(古城)과 네카강이 어우러진 하이델베르크를 관광하고 저녁에 만하임 숙소로 돌아왔다. 11월 7일 오전, 만하임 중앙역에서 출발한 우리는 프랑크푸르트와 뷔르츠부르크에서 환승과 연착을 겪으며 오후 4시 반경 바이에른 주의 소도시 밤베르크에 당도했다. 200여 년 전

병원 건물로 쓰였던, 천장이 높고 쾌적한 밤베르크 레지던츠 슐로스 호텔에 여장을 풀었다.

독일 만하임은 열 번째, 뮌헨은 네 번째 방문이었으나 밤베르크는 처음이었다. 양력 12월 24일생인 아내, 4월 24일생인 막내딸, 그리고 음력 8월 24일생인 나는 밤베르크에서 5년간 머물렀던 1776년 1월 24일생 에른스트 테오도어 아마데우스 호프만(Ernst Theodor Amadeus Hoffmann)을 찾아가고자 했다. 내가 『리걸타임즈』 2022년 4월호에 "예술가와 법률가의 최고 경지, 에테아 호프만"이라는 제목으로 법조열전을 기고한 이래, 밤베르크는 꼭 들러야 할 곳이 되었다.

이번 여행은 개인적으로 독일 유학을 마친 지 30주년을 기념하는 의미도 있었지만, 기악을 전공하고 앙상블 첼로연주자로 활동하고 있는 막내딸에게 독일에서의 여행경험을 통해 견문을 넓히는 기회를 제공하려는 뜻도 담겨 있었다.

인구 8만의 소도시 밤베르크, 인물과 함께 빛나다

밤베르크는 인구 8만의 조용한 소도시이다. 흥미롭게도 이는 추사 김정희가 말년 4년을 보낸 과천시의 인구와 거의 같다. 과천시에 추사박물관이 있듯이, 밤베르크에는 호프만이 묵었던 집과 다락방 옆에 호프만 기념관이 세워져 있다.

칸트의 고향 쾨니히스베르크 출신인 호프만은 법률가였지만 음악가로 활동했고, 작가로 명성을 얻었다. 경계를 넘나든 예술가인 이중적 삶 그 자체가 환상문학이었다. 1808년부터 1813년까지, 그는 밤베르크 극장 음악감독으로 일하며 오페라를 지휘하고 무대를 디자인했다. 그러나 처절한 실패를 맛보았다. 그러한 삶의 굴곡에 좌절하지 않고 그곳에서 『황금 단지』와 같은 환상문학의 걸작들을 집필했다. 밤베르크의 레그니츠 강변을 산책하며 물의 요정에 관한 오페라 『운디네』를 구상했으며, 이를 1816년 8월 3일 프로이센 왕 프리드리히 빌헬름 3세의 생일에 베를린 콘체르트하우스에서 초연하여 대단한 호평을 받았다. 밤베르크가 호프만의 문학과 음악을 새로운 경지로 이끌었다.

추사가 북청 유배 후 과천에서 4년을 보내며 『불이선란도(不二禪蘭圖)』와 봉은사의 판전(板殿), 『대팽고회(大烹高會)』 등을 남겼듯이, 호프만 역시 이곳에서 불멸의 예술과 문화유산을 창작했다. 도시는 인물에게 창작의 공간을 제공했고, 인물은 도시에 영원한 의미를 부여했다.

실러플라츠의 호프만 기념관은 그가 머물렀던 다락방이 있던 곳이다. 과천의 추사박물관이 부친의 별서인 과지초당(瓜地草堂) 터에서 추사의 삶과 예술을 기념하듯이, 이곳은 호프만의 흔적을 보존한다. 기념관 앞뜰에는 『수고양이 무어의 인생관』의 주인공 무어(Murr)가 어깨 위에 앉아있는, 키가 작은 호프만의 동상이 서 있다. 인구 8만의 작은 소도시가 예술가를 기억하는 방식이다.

과천을 찾는 이들이 추사의 흔적을 따라 걷듯, 밤베르크를 찾는 여행객들은 실러플라츠의 다락방, 극장, 레그니츠 강변을 순례한다. 밤베르크는 호프만 없이 온전하지 않고, 호프만의 예술세계는 밤베르크 없이 온전히 이해될 수 없다. 도시와 인물은 서로를 완성한다.

1808년, 세계적 인물 두 사람이 소도시에 잠시 머물다

기록상 같은 해, 거의 같은 시기에 헤겔과 호프만 두 지식인이 이 조용한 소도시에서 3개월간 머문 것으로 알려진다. 철학자 헤겔은 1807년 3월 예나에서 밤베르크로 와서 신문사 기자와 편집장을 맡았고, 1808년

11월 말 뉘른베르크의 고등학교 교장으로 발령받아 20개월 머물던 그곳을 떠났다. 도시는 그가 머문 집의 벽면에 표지를 새겨 이를 기념한다. 에른스트 테오도어 아마데우스 호프만은 1806년 나폴레옹의 프로이센 점령으로 법관직을 사임하고 베를린에서 힘겹게 생활하다가, 1808년 9월 1일 밤베르크 악단의 지휘자직을 맡아 부인 미샤와 함께 이곳으로 왔다.

헤겔은 『정신현상학』을 밤베르크에서 완성했고, 나폴레옹의 예나 침공을 목격하며 신성로마제국의 멸망이 새로운 시대를 열 것으로 기대했다. 이에 반해 호프만은 나폴레옹의 점령으로 법률가에서 예술가로 방향을 전환해야 했다. 헤겔과 호프만, 두 사람 모두 불안정한 인생의 전환기를 이곳에서 견뎌냈다. 그것은 대도시가 아니라 소도시였기에 가능한 일이었다.

헤겔과 호프만이 함께 머문 1808년 9월 1일부터 11월 말까지 서로 교류했는지는 기록이 없어 알 수 없다. 호프만에게는 와인을 마시러 가는 단골 술집이 있었다. 두 사람 모두 술을 즐기고 담소를 좋아했기에, 훈제맥주(Rauchbier)의 명소 '슐렌케를라(Schlenkerla)'를 자주 들렀는지 알 수 없다. 밤베르크는 실패한 이들에게, 좌절한 이들에게 따뜻한 피난처가 되었다. 중세도시로서 화려함은 없었지만 조용히 사색하고 산책하며 연구할 공간이 있었다. 두 사람은 이곳에서 힘겨웠지만 주목할 만한 저작을 완성하는 발판을 마련했다. 도시가 인물을 품고 단련하여 빛내는 과정이었다.

온전히 남은 중세도시, 타협과 진정성의 힘

시간이 멈춘 듯한 조용한 도시, 강물처럼 흘러가는 시간이 도시를 빚어냈다. 밤베르크가 이토록 완벽하게 보존된 이유는 역설적이다. 2차 대전 당시 전략적 가치가 낮아 대규모 폭격을 면했다. 대도시가 아니었기에 파괴를 피할 수 있었다. 드레스덴이 잿더미가 되고 뮌헨이 폐허가 될 때, 밤베르크는 조용히 살아남았다. 1993년 유네스코 세계문화유산으로 지정된 구시가지는 중세도시의 모습이 그대로 보존되어 있다.

언덕 위 미카엘 수도원에서는 도시 전경이 한눈에 내려다보인다. 포도밭을 지나 산책로를 따라 걷다 보면 로마네스크와 고딕이 혼재된 대성당의 네 첨탑이 나타난다. 황제 하인리히 2세의 무덤이 안치된 대성당은 그 위용을 드러낸다. 역사박물관을 지나 신궁전 너머 장미정원에 이르면, 밤베르크의 붉은 지붕들이 눈앞에 펼쳐진다. 이 도시의 진정성은 복원이 아니라 보존에서 나온다.

200년 전 호프만이 걸었던 골목을 오늘 우리가 걸을 수 있고, 그가 바라보았던 풍경을 여전히 볼 수 있다. 밤베르크는 관광을 위해 꾸며진 도시가 아니라, 중세부터 이어져 온 삶이 여전히 숨 쉬는 곳이다. 구시가 서점에서 호프만의 소설을 구입하고, 1542년 건립된 건물 1층의 알트 링글라인(Alt Ringlein) 레스토랑에서 학센(Haxen)에 화이트 와인과 훈제맥주를 곁들였다.

무엇보다 레그니츠강 한가운데 서 있는 구 시청사(Altes Rathaus)는 밤베르크가 품은 지혜의 상징이다. 중세 시대, 땅을 내주지 않으려는 가톨릭교회와 자치권을 원하는 시민들 사이의 대립은 첨예했다. 그 갈등의 해법은 놀라웠다. 누구의 땅도 아닌 강 위에 다리를 놓고 그 위에 시청사를 세운 것이다. 이 건축물은 단순한 타협의 산물이 아니라 공존의 예술이다. 현대 법률가가 직면하는 이해관계의 충돌과 합리적 해결의 원형이 바로 여기에 있다. 극한 대립의 정치 현실 속에서 물리적·상징적 경계를 넘어서는 발상의 전환, 중세의 지혜가 물 위에 떠 있었다.

법과 인문학이 만나는 지점

나는 가족과 함께 지도를 갖고 헤겔이 20개월 있었던 건물을 들른 후에 곧바로 실러플라츠의 호프만 기념관을 찾아 걸었다. 구 시청사가 바라보이는 다리를 건너 골목을 지나 목적지에 어렵지 않게 도착하였다. 공사 중이라 호프만 기념관은 문을 닫고 있었다. 다시 한번 그곳에 더 오라는 시그널로 받아들였다.

호프만에게 밤베르크는 실패와 사랑, 좌절과 창조의 현장이었다. 법률가로 살아야 했던 사람이 예술가로 살기 위해 치른 대가. 1813년 그는 드레스덴으로 떠나 그곳과 라이프치히에서 악장을 하다가 1914년 베를린에서 법률가로 복직했지만, 그의 활동은 낮에는 법과 밤에는 예술가로 활동하는 이중적 삶을 이어나갔다. 그럼에도 그의 영혼은 여전히 이곳 밤베르크에 남아 있다.

밤베르크 구 시청사처럼, 교회의 땅도 시민의 땅도 아닌 강 위에 선 건물처럼, 호프만의 문학은 현실도 환상도 아닌 그 '사이' 어딘가에 있다. 경계 위에 선 예술가. 그 사이야말로 가장 창조적인 공간이었다. 오늘날 융합적 사고와 인문학적 통찰을 요구받는 법률가들에게, 호프만은 경계 위에서 더 깊은 인간다움을 고민하라고 말한다.

강 위의 타협을 보여준 밤베르크와 그곳에서 현실과 환상, 법률가와 예술가의 이중적 삶, 다시 말해 법의 경계를 넘어선 인문학적 상상력이 풍부한 호프만은 법과 인문학이 만나는 지점을 보여준다. 인구 8만의 소도시가 위대한 예술가이자 법률가를 품었고, 문학과 음악에 새로운 경지를 연 예술가이면서 탁월한 법률가인 호프만은 그가 5년간 머문 소도시를 불멸의 공간으로 만들었다. 법률가이면서 예술가인 추사 김정희와 그를 품은 과천처럼, 호프만과 밤베르크는 서로를 완성했다.

도시를 완성하는 것은 건축물이 아니라 사람이다. 진정한 것은 결국 오래 존속한다. 우리 가족은 밤베르크에서의 감동과 여운을 뒤로 하고, 뉘른베르크를 거쳐 여행의 대미(大尾)를 장식할 뮌헨을 향하는 열차에 몸을 실었다.

출처 로스쿨타임즈 [법과 인문학] 2025. 11. 20.

2. 노자철학과 후흑학(厚黑學)이 만나는 대머리 유머

제21대 대통령 선거일이 목전에 다가오면서 막바지 선거 열기가 뜨겁다. 이번에는 탈모공약이 크게 부각되지 않아 대머리 유권자의 표심을 얻으려는 공방이 치열하지 않다. 두 차례 대선 TV토론에 날선 공방만 있고 유머가 없어 아쉽다. 유머는 인간관계의 윤활유이며 굳게 닫힌 마음의 문을 여는 열쇠다. 유머는 아무 때나 저절로 불쑥 튀어나오는 타고난 재주가 아니다. 유머에 있어 TPO가 중요하다, 시간(Time)과 장소(Place), 상황(Occasion)에 맞게 자연스럽고 순발력 있게 유머를 구사하는 것이 중요하다. 유머, 그것은 가벼움 속의 깊이를 느끼게 할 수 있는 인문학적 성찰로 엄숙한 인간관계의 장벽을 허물 수 있다. 사람들은 웃으면서도, 그 안에 담긴 인문학적 사고와 인생의 아이러니를 되새기게 된다.

나는 대머리이다. 대머리에 대하여 핸디캡을 느끼기보다 이에 대한 자부심이 있다. 나의 학자적 권위의 원천이다. 수년 전에 국가인권위원회는 대머리라는 이유로 채용을 거부하는 것은 평등권을 침해하는 차별행위라는 판단을 내린 바 있다.

오래 전 법대 출신 여가수가 불러 유행한 '대머리 총각' 이라는 노래는 대머리에게 희망을 주는 메시지를 담고 있다. 만약에 포괄적 차별금지법이 통과되면 대머리를 비롯하여 외모에 대한 표현이 차별행위로 취급되어 형사 처벌받게 될 수도 있으므로 찬성하기 곤란하다. 웃음을 유발하기 위해 대머리가 스스로 대머리 유머를 할 경우에는 자학적 유머로 용인될 수 있다. 나는 유전적 요인과 독일 유학 시절 이래 연구자의 길로 들어서면서 서서히 탈모의 과정을 밟아 왔다.

다행인지 불행인지, 앞머리카락은 약간 남아 있고 뒷머리는 미끄럼틀이며 황무지다. 내 헤어스타일은 자신에게 행운이 온 줄 모르고 지나치면, 뒤늦게 잡으려 해도 잡을 수 없는 행운의 신과 같다. 우리 사회에는 외모지상주의의 영향 때문인지, 탈모에 고충을 호소하고 대머리와 탈모에 민감하게 반응하는 사람들이 많다. 그 덕분에 탈모치료 및 가발 산업은 날로 번창하고 있다.

나의 트레이드마크인 뒤쪽이 빛나는 대머리 헤어스타일로 대학과 법조계를 넘나들며 생활해 왔다. 언젠가 단골로 가는 동네 이발소에 가서 주인한테 '깎아주세요' 라고 말하니 계산할 때 이발 값을 일부 깎아준 적도 있다. 머리카락이 없다고 생각과 유머가 없지는 않다. 사석에서 영어 이니셜 KYS를 'Keep Young Spirit' 의 줄인 말로, 아직도 청춘의 정신을 유지하고 있다고 소개한다. 때로는 싱가포르의 국부 리콴유(李光曜)와 악수한 일화를 거론하기도 한다. 그의 이름은 빛날 광(光)과 여기에 더해 번쩍거릴 요(曜)가 있는데, 내 이름은 '얼굴 용(容)에 빛날 섭(燮)' 이고 "빛날 섭이 뒤쪽에 있다"고 하면서 이름 그대로라고 설명한다. 노자 도덕경의 '광이불요(光而不耀)' 처럼 나의 헤어스타일은 다소 빛나지만 번쩍거리지 않는다.

나는 즐겨 모자를 쓴다. 이는 대머리를 감추려는 것이 아니고 머리를 보호하기 위한 것이다. 다양한 모자를 지팡이 삼아, 강호(변호사)와 강단(학계)을 자유롭게 오간다. 약 30년 전 독일에서 유학을 마치고 귀국한 뒤, 은사인 로엘레케(Gerd Roellecke) 교수님의 정년 퇴임식에 참석한 적이 있다. 만하임대 대형 강의실을 가득 메운 참석자 중에 은사님을 비롯한 독일의 원로 교수와 학자들의 뒷모습을 보니, 십중팔구(十中八九)가 백발이거나 대머리였다.

당시 동양에서 온 젊은 연구자의 눈에는, 독일의 교수나 학자들이 머리가 빠지거나 백발이 되도록 열심히 연구하여 만든 헤어스타일에 감탄의 소리가 절로 나왔다. 대머리는 학자이건 누구이건 헤어(hair) 나올 수 없는 치명적 매력이 있다.

나는 어느 모임에서 좌중에 이런 질문을 던진 적이 있다.

"수염이 센가, 머리카락이 센가?"

그 자리에 있던 사람들은 머리카락이 위에 있어서, 수염이 뻣뻣해서 등 다양한 답을 내놓는다. 분위기가 무르익을 때쯤, 힌트를 준다.

"학계의 거목(巨木)은 최고의 학자지만, 거목보다 센 것이 있다. 나무보다 센 건 돌로 거목을 상대하려면 센돌(强石), 다시 말해 알파고와 상대한 프로바둑기사 이세돌 정도는 되어야 할 것 같다. 그런데 센 돌보다 더 센 건 거철(巨鐵)이다. 일반적으로 머리는 돌대가리라서 머리카락은 돌을 뚫고 나오고, 얼굴은 철면피(鐵面皮)니 수염은 철판을 뚫고 나온다."

그러니 좌중에 폭소와 함께 철판을 뚫은 수염이 더 세다고 이구동성

(異口同聲)으로 결론을 낸다.

이때 중국 청나라의 사상가 이쭝오(李宗吾)가 창시한 후흑학(厚黑學)의 '면후심흑(面厚心黑)'이라는 고전 어휘를 인용해, 낯이 두껍고 부끄러움을 모르는 이들에게 일침(一針)을 가하면서 정답의 근거를 뒷받침할 수도 있다. 하지만 노자 철학의 유승제강(柔勝制强)을 빌려 반전을 제시하면 더욱 흥미진진해진다.

노자가 죽음을 앞두고 제자한테 "내 혀는 아직 살아있지만, 치아는 모두 빠졌다"고 이야기한 고사(古事)처럼 결국은 부드러운 것이 단단한 것을 이긴다. 머리카락이 돌을 뚫고 나오는 것도 대단하지만, 유순한 머리카락이 아주 단단한 철판을 뚫는 수염보다 더 강할 수 있다. 세상에서 가장 부드러운 것이 가장 단단한 것을 이긴다는 노자의 통찰은, 힘과 강함의 본질에 대해 다시금 생각하게 한다.

유머는 단순한 농담이 아니다. 가벼움 속에 깊이를 간직한 지적 유희이다. 쉽게 유머리스트가 되는 것이 아니라 수많은 썰렁한 농담의 실패를 딛고 일어서는 부단한 연습과 시행착오가 필요하다. 초면에 주고받는 명함이 대인관계에서 자신을 알리는 수단이 되지만, 유머는 굳게 닫힌 마음의 문을 연다. 그래서 사람들과의 모임에 나설 때 명함을 챙기고 대화 소재를 준비하는 것도 중요하지만, 만나는 이들에게 미소와 웃음을 선사할 적절한 유머와 대화 스토리를 먼저 챙길 필요가 있다. '소문만복래(笑門萬福來)', 따뜻하고 여운 있는 유머와 웃음은 행운과 복을 불러온다.

출처 ｜ 로스쿨타임즈 [법과 인문학] 2025. 5. 27.

3. 법학교과서의 역사인식

법학교과서는 법령과 판례와 이론을 체계적으로 집약한 결정체이다. 그럼에도 변호사시험 위주의 교육으로 인해 교과서가 로스쿨생으로부터 외면받고 있다. 교수의 교과서 대신에 변호사시험에 최적화된 잘 정리된 종합수험서나 간략하게 정리한 수험용 도서가 환영받고 있다.

역사는 과거의 기록이고 현재를 비추는 거울이며 미래로 나아가기 위한 이정표이다. 역사인식은 개인과 사회 그리고 국가의 정체성을 확립하고, 공동체의 가치와 비전을 세우는 데 필수적이다. 우리 법학교과서의 편제는 전공을 불문하고 거의 큰 차이가 없다. 새로운 체계로 집필한 법학 교과서가 드문 것처럼 역사인식을 갖춘 법학교과서도 거의 없다.

역사인식은 단순히 과거의 사실을 아는 것이 아니라, 그 사실이 현재와 미래에 어떤 의미를 가지는지 해석하고 평가하는 능력이다. 법의 역사와 근원을 생각하지 않으면 법이 왜 존재하는지, 어떻게 발전해 왔는지, 앞으로 어떻게 변화해야 할지에 대한 통찰을 얻기 어렵다.

우리 국사는 고조선부터 시작되는데 헌법 교과서는 한국의 헌법의 역사를 1948년 제헌헌법이나 1919년 상해임시정부의 임시헌장부터 기술하고 있다. 행정법 교과서는 우리 행정법의 역사를 생략하거나 독일의 오토 마이어(Otto Mayer)에서부터 논의를 시작하고 있는 실정이다. 다시 말해 우리 법학교과서, 특히 헌법과 행정법 교과서를 보면 역사에 대한 기술이 없거나 주로 해방 후 역사를 기술하는 데 그치고 있다. 이처럼 법학교과서에서 우리의 공법 역사에 대한 기술을 소홀히 하여도 무방한 것인지 근본적 질문을 던지지 않을 수 없다.

어느 가정이나 사회는 물론 모든 나라는 자신의 기원과 뿌리를 가능한 한 더 오래된 것에서부터 찾고 기록하려고 한다. 그런데 우리의 법학 교과서는 스스로 법학의 역사를 축소하고 있다. 우리의 공법학 교과서에서 조선시대의 경국대전, 국조오례의나 홍범 14조 등 전통적 법제와 오늘날 법학과 밀접한 관련이 있는 예학(禮學)에 대하여 아무런 언급조차 하지 않고 있다. 그 결과 전통적인 각종 법제도와 공법학의 뿌리를 외면하여 다음과 같은 문제를 야기한다.

첫째로, 법학 역사의 연속성의 단절을 초래한다. 조선시대의 법제는 오늘날 우리 법질서와 행정체계의 연원이다. 이를 무시하면 우리 법학의 자생적 전통과 역사적 맥락이 단절된다. 조선에도 유교적 헌정주의와 민본주의, 예치사상의 전통이 존재했다. 왕실을 중심으로 한 서연과 경연제도는 물론, 국가의 기본예식을 정하고 있는 국조오례의, 6전 형식의 오늘날 행정법 내지 공법 성격을 띠는 경국대전뿐만 아니라 갑오개혁 일환으로 발표한 국정개혁의 기본방침이며 봉건 신분제의 폐지 등 근대국가로의 전환을 담고 있는 홍범 14조 등은 우리 헌법사(憲法史)나 행정법사(行政法史)에서 다루고 조명하여야 할 주제이다.

둘째로, 법학의 역사적 뿌리를 논하지 않으므로 인해 한국 법학의 정체성 약화를 초래할 수 있다. 우리의 법학이 외국법의 단순 모방이나 계수로만 이해된다면, 고유한 법적 가치와 전통의 계승·발전이 어렵다. 이는 학문적 자긍심의 약화로 이어진다. 독일의 경우 법제사와 법사학 등 기초과목을 필수로 두고 있으나, 우리 로스쿨에서는 변호사시험 위주의 교육으로 인해 법제사 등의 기초법학이 고사(枯死) 상태에 있다.

셋째로, 교과서 서술의 협소성을 들 수 있다. 우리는 외국 이론의 무비판적 수입의 영향으로 학문의 주체성과 정체성이 약화되었다. 조선의 언론을 책임진 삼사제도(사헌부, 사간원, 홍문관) 및 대제학제도, 오늘날 민원제도의 뿌리인 신문고나 격쟁제도, 감사제도의 뿌리인 암행어사 제도, 인사의 독립성에 관한 이조 전랑제도, 사회보장을 위한 의창, 상평창, 사창제도 등 전통적 법제도에 대한 고찰은 오늘날에도 시사하는 바가 크다.

넷째로, 해방 이후 한국 법학은 일본과 독일 법학의 영향 아래 사실적 측면을 배제한 규범중심의 법실증주의와 순수법학 중심으로 발전해 왔다. 이 과정에서 법학의 역사적, 사회적, 문화적 맥락이 상대적으로 소홀히 다루어졌다. 우리의 전통 법학의 주체적 계승보다는 외래 이론의 충실한 계승이 더욱 강조되었다. 외국의 비교법적 연구도 필요하지만, 우리의 문제에 도움이 되지 않는 외국 법학의 범람을 극복할 단계이다.

근대법학은 일본과 서구의 법체계를 계수하여 도입된 측면이 강하다. 그러나 조선시대에도 민본주의 전통이 있었으며 경국대전 등 법전체계와 더불어 예학과 연관된 전통 법학이 존재했다. 조선시대 예학은 사회질서와 통치원리를 규정하는 측면에서 실질적인 법의 역할을 하였으며, 국가통치 작용에 있어 국왕의 권한을 제한하는 등 유교적 헌정주의와 밀접한 연관이 있다. 따라서 우리 법학의 정체성을 논할 때, 근대법학의 계수만을 강조할 것이 아니라, 조선시대의 자생적 법제인 예제와 법학적 성격을 띠는 예학에 대하여도 포괄적으로 조명할 필요가 있다.

우리의 국사가 단군이래 시작되고 해방 후에 비로소 시작되고 있지 않듯이 법학에 있어서도 최소한 조선시대까지 거슬러 올라가서 전통 법학의 뿌리를 찾는 노력을 기울여야 할 것이다. 국가기관, 대학, 공공단체, 학회 등에서 30년사, 50년사, 100년사 등 발전사를 기록하고 기념하는 것처럼, 우리 법학도 역사를 거슬러 올라가 정확히 기술함으로써 후대에 학문적 뿌리의식과 정체성을 심어주어야 한다.

　참고적으로 법의 날 제정과 관련하여, 2003년 2월에 법의 날을 기존의 5월 1일에서 변경하는 논의가 본격화되어 조선시대 경국대전 반포일, 재판소구성법의 시행일, 1948년 7월 17일 제헌절의 3개 안이 대두되었다. 그 중에서 1895년(고종 32년) 갑오개혁 때 제정된 근대적 사법제도의 시작점인 재판소구성법 시행일인 4월 25일을 근대적 사법제도의 출발점으로 하여 법의 날을 정하였다.

　그러나, 법의 날의 상징성과 역사적 뿌리를 고려할 때 경국대전 반포일인 1471년 음력 3월 1일을 양력으로 환산한 4월 20일로 하는 것이 바람직하지 않았을까 하는 아쉬움이 있다. 법의 날 제정을 근대 재판제도에 초점을 맞추어 정한 것으로 우리 법의 역사에 대한 근본적 성찰이 결여되었다고 보여진다.

　법학교과서가 역사적 맥락을 충분히 반영한다면, 법을 단순히 외우는 것이 아니라, 법의 의미와 가치를 깊이 있게 이해할 수 있다. 이는 미래 사회를 책임질 시민으로 성장하는 데 중요한 밑거름이 된다. 우리의 법학교과서의 대다수가 역사적 고찰을 소홀히 하고 있거나 해방 이후부터 논의를 전개하고 있는 것은 우리의 학문적 주체성과 정체성의 관점에서 비판받아 마땅하다. 아울러 로스쿨에서 판례 소개 중심의 변호사시험을 위한 수험용 도서에서 벗어날 때이다.

　앞으로 다양한 관점에서 이론체계를 갖추고 역사적 고찰을 담은 법학교과서의 출현을 기대해 본다. 우리 전통 법제도에 대한 심층적 재조명과 올바른 역사인식의 정립은 오늘날 우리 사회가 반드시 실천해야 할 시대적 소명이라 하겠다.

출처 　법률신문 인터넷판 2025. 7. 30.

4. 역사의 기록과 법학자의 시선(視線)

　역사의 기록은 단순히 과거 사실을 전달하는 데 그치지 않는다. 그것은 한 사회의 정체성과 가치, 권력 행사의 흔적으로서 국민의 권익 보호와 민주주의 실현에 핵심적인 역할을 한다. 오늘날 기록은 권력 행사의 정당성, 투명성, 책임성을 증명하며 권력 남용을 견제하는 중요한 균형추로 기능한다. 역사는 어떻게 해석되고 기록되느냐에 따라 한 사회의 정체성과 미래를 깊이 규정한다.

　나림(那林) 이병주의 대하소설 『산하(山河)』 말미에 나오는 "태양이 바래지면 역사가 되고, 월광에 물들면 신화가 된다"는 문구는 역사와 신화가 삶과 사회를 어떻게 기록하고 해석하는지를 상징적으로 보여준다. 그는 역사를 '승자의 기록'으로, 신화를 '패자의 기록'으로 단순화하여 설명하였다. 한편 단재(丹齋) 신채호는 역사를 "인류 사회의 '아(我)'와 '비아(非我)'의 투쟁이 시간적으로 진전되고 공간적으로 확장되는 심적 활동의 상태에 관한 기록"이라 정의하였다. 나림과 단재의 역사관에 공감하는 동시에, 역사적 진실이 때로는 정치적·사회적 사정으로 의도적으로 은폐되고 기록되지 않는 경우가 존재함을 잊지 말아야 한다.

　법학은 시간적으로는 법제사와 법사학 등 기초학문에서부터, 공간적으로는 비교법적 연구영역에 이르기까지 씨줄과 날줄처럼 종횡으로 얽힌 입체적 접근을 요구한다. 이러한 법학의 학문적 융합과 통섭은 역사학과도 긴밀히 연결될 수밖에 없다. 그러나 일본 법학의 영향을 크게 받아 형성된 한국 법학계 내부에서는, 일제 강점기를 해석하는 국내 역사학계의 내재적 발전론과 식민지 근대화론 사이에서 전개된 치열한 학술 논쟁과 같은, 학문적 정체성을 모색하려는 진지한 노력이 사실상 거의 이루어지지 않았다.

이에 반해 역사학계에서는 1960년대 신진 역사학자들을 중심으로 일본의 식민사관을 극복하려는 시도가 분명히 나타났다. 특히 조선 후기 자본주의 맹아론과 내재적 발전론은 1960~80년대까지 역사학계의 주류 담론으로 자리 잡았다.

그러나 1980년대 이후 낙성대경제연구소를 중심으로 한 경제사적 시각에서 그 허구성을 지적하는 학술적 비판이 제기되었고, 이를 통해 기존 주류 역사해석론의 한계가 드러나면서 새로운 방향 모색의 필요성이 제기되었다. 이러한 역사 논쟁은 단순한 학문적 차원을 넘어 한국 사회의 학계와 정치계 전반에 지대한 영향을 미쳤다

역사학에는 사실에 충실한 객관적 사관과 역사가의 해석이 담긴 주관적 사관이 공존한다. 레오폴트 폰 랑케(Leopold von Ranke)는 실증주의적 객관사관의 대표자로서 "역사를 있는 그대로 기술하는 것"을 역사가의 본분이라 보았다. 반면 E. H. 카(E. H. Carr)는 『역사란 무엇인가』에서 "역사란 과거와 현재의 끊임없는 대화"임을 역설하며, 역사 해석에 주관적 관점이 불가피함을 강조하였다. 아놀드 J. 토인비(Arnold J. Toynbee)도 문명 순환론적 관점에서 '도전과 응전'을 통해 역사를 파악하며, 동시대성의 중요성을 부각시켰다.

사마천의 『사기(史記)』는 기전체 형식을 취하여 인물과 사건의 본질을 드러내고, 그 속에 인문학적 교훈을 담아낸 불후의 역사서이다. 이에 비해 사마광의 『자치통감(資治通鑑)』은 방대한 사료를 토대로 국가의 흥망성쇠와 정치적 교훈에 중점을 두어, 통치의 요체를 탐구하는 데 초점을 맞추었다. 『사기』는 초패왕 항우를 한고조 유방과 같은 본기에 실

을 만큼, 승자만이 아닌 패자의 생애에도 깊은 관심을 기울였다. 이는 비운의 삶을 살았던 문학가 사마천이 지녔던 인간적 연민과 애잔한 정조가 담겨 있기 때문이다.

반면 『자치통감』은 그 이름이 말해 주듯 정치의 요체를 밝히는 데 주안점을 둔 편년체로 쓴 역사서였다. 시인이나 학자에 대해서는 상대적으로 소홀히 다루었지만, 정치인을 평가함에 있어서는 욕망과 대의, 정도(正道)에 입각한 품격과 격식을 중시하였다. 이러한 특성으로 말미암아 『자치통감』은 조선시대 과거시험의 필수 과목으로 채택되었고, 제왕학(帝王學)의 교과서로서 높이 평가되었다.

아울러 공자가 저술한 『춘추』가 연대기적 편년체를 기본으로 하면서도, 단순 사실 기록을 넘어서 예와 명분 등 도덕적 기준을 토대로 사건과 인물을 평가하였다. 그는 이러한 기준을 통해 사회 질서를 바로잡고자 했으며, 역사 기술에 왕도정치와 대의명분 실현의 의미를 부여하였다. 이처럼 역사관은 시대와 사상에 따라 다양하게 전개되며, 역사를 바라보는 시각은 단순한 사실 나열을 넘어 해석과 가치 부여의 영역임을 보여준다.

조선시대는 왕도정치와 유교적 헌정주의가 지배하던 시기로, 새 왕이 즉위한 뒤 가장 먼저 행하는 국사(國事) 가운데 하나는 임시 관청인 실록청(實錄廳)을 설치하여 선대왕의 업적을 기록하는 일이었다. 예컨대 선조의 경우, 광해군 대에는 북인 세력을 중심으로 『선조실록』이 편찬되었으나, 당파적 편향이 담겨 있다는 비판을 받았다. 이에 인조반정 이후 집권한 서인 세력이 이를 수정·보완하여 『선조수정실록』을 새로 간행하기도 하였다. 이처럼 조선 사회에서는 사관(史官)이 역사를 엄정하게 기록하고, 완성된 실록을 전주 등 전국 네 곳에 분산 보관할 만큼 역사의 중요성을 깊이 인식하였다.

한편, 17세기 조선은 흔히 '예학(禮學)의 시대'라 불릴 정도로 예송(禮訟) 논쟁이 치열하게 전개되었다. 노론의 영수 우암(尤庵) 송시열과 남인 계열을 대표하는 미수(眉叟) 허목 사이에 벌어진 격론으로 유명한 예송논쟁은 겉으로는 당파적 대립의 양상처럼 보였다. 그러나 그 본질은 오늘날 사법심사가 배제되는 통치행위론의 인정여부와 관련되는 사안으로 조선예학의 태두인 사계(沙溪) 김장생에게서 '직(直)사상'을 계승한 우암이 사가(私家)에 적용되는 예법을 왕실에도 동일하게 적용할 수 있는지를 둘러싸고, 노론과 남인 양 세력이 예법의 해석과 적용 범위를 놓고 벌인 학문적이면서도 정치적인 논쟁이었다.

법학자의 관점에서 역사의 기록은 단순한 증거 이상의 의미를 지닌다. 그것은 법적 권리의 증명, 통치 원리의 해명, 그리고 법 제도의 기원과 변천 과정을 밝히는 중요한 학문적 단서가 된다. 조선시대는 예치(禮治) 사회로서 왕실과 국가의 모든 행위가 『국조오례의』나 『경국대전』 등 엄격한 예법 아래에서 집행되었다. 그러나 최근 광화문에서 개최된 8·15 국민임명식과 같이 막대한 예산이 수반되면서 법적 근거가 미흡한 국가 기념행사는 조선의 예치사회에서 뿐만 아니라 오늘날의 법치국가의 관점에서도 통렬한 비판을 면하기 어렵다.

법은 역사를 통해 발전하며, 기록은 법제도의 정당성과 변화의 흐름을 드러내는 중요한 자료가 된다. 무엇보다도 역사적 사실의 정확한 기록과 올바른 해석은 국가와 사회가 보다 합리적이고 정의로운 방향으로 나아가기 위한 견고한 토대가 된다. 결국 올바른 역사관이란 단순한 사실 나열을 넘어 오늘의 시각에서 역사적 진실을 왜곡하지 않고 공동체가 지향할 가치와 정신을 새롭게 해석하여, 이를 미래 세대에 전하는 역할과 사명을 뜻한다. 법학이라는 학문의 세계에서 그동안 다소 소홀히 다루어져 온 역사의 소중함을 다시금 깨닫는 계기가 되기를 기대한다.

출처 │ 로스쿨타임즈 [법과 인문학] 2025. 8. 27.

5. 강화의 사적(史蹟)과 고찰(古刹), 그리고 강화학파의 흔적을 찾아서

입춘(立春)이 지난 2월 6일 오전 10시 30분, 겨울 끝자락의 찬 공기 사이로 봄 햇살이 스며드는 아침이었다. 그날 용산역 앞에서 월명회(月明會)의 송백(松柏), 금화(琴和), 가산(佳山) 세 명의 동료가 다시 만났다. 아쉽게도 우경(又經)은 개인 사정으로 이번 동행에 함께하지 못했다.

전북대 로스쿨의 매란국죽(梅蘭菊竹)과 같은 '가우금송(佳又琴松)' 4인이 일년에 3~4차례(중간고사 기간과 방학 중) 사찰과 서원, 왕릉과 묘터, 생가, 문학관(기념관 등), 역사유적지를 찾아 1박 2일 문화탐방을 이어오고 있다. 참고로 가산은 필자 본인의 아호이고, 우경은 로스쿨 원장을 지낸 김학기 명예교수·변호사이다. 금화는 한국사회정책학회장과 한국사회보장법학회장을 역임한 이호근 명예교수이며, 송백은 한국재산법학회장과 한국토지법학회장으로 활동한 추신영 민법 교수이다.

이번 역사문화 탐방의 목적지는 강화도였다. 강화는 지난해 가을, 4인이 서울 강남구 봉은사에서 만나 헌인릉을 거쳐, 여주 두 영릉(세종과 효종)과 신륵사, 그리고 남양주의 다산 생가와 수종사를 돌아보았던 열다섯 번째 여정에 이은 열여섯 번째 탐방이다. 역사의 현장이자 고찰(古刹)이 터잡은 곳 그리고 양명학에 기초한 강화학파의 흔적이 깃든 섬이 우리를 불렀다. 송백이 운전하는 차에 금화와 가산이 오르자 정겨운 대화가 이어졌고 웃음꽃이 피어났다. 서울 용산역에서 한 시간 남짓 달렸을 뿐인데, 강화대교에 벌써 당도하여 마음은 이미 아득한 역사 속으로 스며들고 있었다.

역사의 숨결을 따라 ― 강화에서의 첫날

강화대교를 건너 섬에 이르자 차창 밖 풍경이 확 달라졌다. 약간은 산만한 집들, 차가운 겨울 바닷바람과 함께 1960~70년대 풍경이 간간이 펼쳐졌다. 첫 방문지는 '고려궁지'였다. 몽골의 침략 속에서 고려 왕실이 39년간 피난해 지켜낸 아픈 상흔이 가시지 않은 곳이다. 지금은 궁궐 터에 일부 건물의 흔적이 남아 있지만, 고려시대 천도 당시의 긴장과 결기가 전해진다.

고려궁지 언덕 중간에 복원된 외규장각(外奎章閣) 건물 앞에서 걸음을 멈추고 건물 내부를 둘러보았다. 정조가 왕실 서적을 보관하고자 설치한 규장각의 분관을 복원한 것이다. 어람용 의궤를 비롯한 귀중한 전적 수천 권이 봉안되어 있던 자리이다. 그러나 1866년 병인양요 때 프랑스군이 이곳을 불태우고 의궤 등 340여 권을 약탈해 갔다. 약탈된 의궤는 프랑스 국립도서관 창고에 한 세기 가까이 방치되다가, 1975년 그곳 사서로 일하던 박병선 박사가 발견하여 세상에 알렸고, 긴 외교 협상 끝에 2011년 297권이 145년 만에 고국으로 돌아왔다. 비록 영구대여의 형식이라 소유권 문제는 남아 있지만, 귀중한 역사기록을 반환받기까지 많은 분들이 헌신하였고 우여곡절이 많았다.

이어 찾은 용흥궁(龍興宮)은 철종이 왕위에 오르기 전에 살았던 생가였다. 나무꾼인 강화도령이 왕이 된 사연 속에는 세도정치의 어두운 그

림자가 드리워져 있었다. 철종이 왕위에 오른 후에 강화유수 정세기가 새로 지은 한옥이다. 궁궐 같지 않은 집이지만 이름 자체는 거창하다. 치열한 당쟁이 사라진 자리에 외척의 세도정치가 자리했고, 조선의 성리학이 망국으로 이끈 것이 아니라 역량이 부족한 국왕을 내세우고 견제되지 않은 외척에 의한 독단적 국정운영이 국가쇠망의 길로 나아갔다고 보는 것이 올바른 역사평가일 것이다.

용흥궁의 바로 옆 언덕 위 이색적인 건물인 강화성공회 성당이 있어 그곳에 들어가 내부를 둘러보았다. 서양의 바실리카 양식 위에 불교사찰의 조형미가 가미된 독특한 건물로 그곳 제대에는 한자로 새긴 성경 구절 '주의 말씀은 내 발의 등(主之言語 足前之燈)'이 새겨져 있었다. 그 안에 유교의 수기(修己), 불교의 세심(洗心), 기독교의 선악(作善去惡)의 말씀이 한 공간에 함께 하고 있어, 우리의 문화전통인 유불(儒佛)과 조화를 이루려고 한 것으로 보인다. 성당의 입구에 불교 사찰에서 볼 수 있는 작은 동종을 가져다 놓은 것도 흥미로웠다. 동서양 신앙과 사상의 경계를 허문 그 자리를 셋이서 흥미롭게 둘러보았다.

점심은 금화가 미리 예약한 강화 버스터미널 건물 2층 식당 '금문도'에서 들었다. 맛집으로 널리 알려진 식당이라 식당 앞에 예약한 손님이 장사진을 이루고 있었다. 그 식당의 백짬뽕 국물이 깊고 담백한 맛이었고, 무채로 마니산을 쌓은 탕수육도 일품이었다. 짜장면을 시켰으나 고구마튀김이 과다하게 들어가서 금화에게 양해를 구하고 백짬뽕과 교체하였다.

식후에는 선원면의 '프란쓰 카페'에 들러 주인장이 직접 볶은 '이장님 커피'를 마셨다. 주인장의 부친의 소개로 그곳에 왔다고 하니까 아들이 케이크 한 조각을 서비스로 건네며 친절하게 맞이하였다. 저녁 식당으로 어느 곳이 좋으냐고 물으니 강화의 유명한 식당과 함께 숙소 부근의 이호식당을 추천해 주었다.

그곳에서 여유 있게 차를 마시고 바로 인근에 있는 고려 팔만대장경이 조판된 선원사지에 들렀다. 웅대한 문화유산이 태어난 그곳에는 이제 거대한 주춧돌의 터로 남아 있었다. 차가운 겨울바람 속에서 그 넓은 터가 언제 사찰로 복원될 것인지 막연하였다.

숙소는 전등사 근처 호텔이었다. 짐을 그곳에 풀 새도 없이 석양 시간에 맞추어 석모도로 향했다. 보문사의 해수관음좌상을 보기 위해 서둘러 갔다. 5시가 넘어 사찰에 차량 출입이 제한되는데 종무소에 협조를 구해 경내에 들어오니 극락보전 앞의 넓은 마당에 위치한 범종각(梵鐘閣)과 법음루(法音樓)에서 여러 스님이 번갈아 법고를 치는 장면을 지켜보았다.

범종각의 타종소리가 바닷바람을 타고 멀리까지 울려 퍼졌다. 극락보전과 석실에 들러 삼배하고, 벽돌 기와에 새해 소망을 새겼다. 산의 중턱에 위치한 해수관음좌상은 시간이 너무 늦어 후일을 기해야 했다. 보문사에서 석양이 서쪽 하늘의 나뭇가지로 내려앉는 모습과 바다의 멋진 풍경을 마음에 담고 저녁식사를 위해 차량으로 이동했다.

강화 전등사 근처 이호식당에서 저녁식사를 하면서 송백의 영애 추성은 시인이 최근 출간한 《이전과 다르지 않다, 아마 미래도》라는 에세이집과 금화의 어부인 이영숙 작가의 두 번째 수필집 《나를 읽는 오후》의 후일담을 송백과 금화로부터 듣기도 했다. 식후에 숙소 쪽으로 이동하여 3인의 동료는 맥주를 마시며 대화는 늦은 시간까지 계속되었다. 강화의 첫날은 역사적 명소를 둘러보고 피곤해서인지 따뜻한 온돌방에서 곤히 잠을 청할 수 있었다.

강화에서의 이튿날－기록의 산실, 고찰(古刹)과 실천적 학문

이튿날 새벽 8시에 기상했다. 밝은 해가 창으로 비춰 들어왔다. 강화의 공기는 유난히 맑았다. 바닷바람의 찬기운은 여전했다. 아침식당으로 추천받은 곳은 다소 멀어 숙소 호텔에서 일하는 분한테 아침하는 곳을 물으니 바로 옆의 경남식당을 알려주어 그곳에 갔다. 상호를 경남식당을 사용하는 것으로 보아 자신의 고향에 대한 자부심이 큰 것 같았다. 손님은 아무도 없었고 직접 주인장이 메주를 직접 만든다고 하여 청국장을 시켰다. 계란 후라이를 추가로 주문하였고, 아침의 식단은 정갈하고 음식이 깊은 맛이었다.

일본 상인이 노렌(暖簾)을 내걸고 영업하듯이, 거제 출신의 70대 중반의 남평 문씨 여주인은 자신의 고향에서 강화로 이주해 35년째 경남식당의 간판을 지키고 있었다. '강화가 세 번째로 큰 섬인가요?' 물었더니, 그 분은 웃으며 "그렇지 않아요, 몇 번째인지 핸드폰으로 직접 찾아보세요"라고 답했다. 교수 생활을 오래 한 우리들에게 그 말이 묘하게 들렸다. 학생들에게 답을 알려주는 데 익숙한 우리에게 스스로 정확히 알아보라는 은근한 가르침 같았다. 인터넷을 찾아보니 강화도는 제주도, 거제도, 진도에 이어 네 번째 큰 섬이었다.

전등사는 정족산의 품 안에 자리 잡고 있었다. 대웅전 네 모퉁이에 조각된 나부상(裸婦像)은 특이했다. 그 조각에 얽힌 설화를 읽으며, 인간의 세속적 상상력과 목수대장인 도편수의 재물을 훔쳐간 여인에 대한 복수라고는 하지만, 그 해학적 장치가 신앙의 공간에서 얼마나 유연하게 공존하는지를 느꼈다.

전등사 뒤편 산길을 따라 오르니 정족산사고(鼎足山史庫)가 모습을 드러냈다. 한겨울 바람이 매서웠다. 이곳은 조선왕조실록과 왕실 족보

등 국가 핵심 기록을 보관하던 사고 가운데 하나였다. 임진왜란 때 전주 사고본만이 유일하게 화를 면하여 보존되었고, 전란 후 이를 바탕으로 실록을 다시 간행하여 1678년(숙종 4년) 이곳으로 옮겨 보관하였다. 조선은 비록 왕이라 해도 실록을 함부로 열람할 수 없게 하여 사관의 문필이 권력에 굴하여 왜곡되지 않도록 제도적 장치를 마련한 역사와 기록을 중시한 나라였다.

마니산 정수사로 향하던 길목에서 이건창의 생가 표지판을 보고 반갑게 명미당(明美堂)에 들렀다. 영재(寧齋) 이건창(1852~1898)은 다섯 살에 문장을 구사하여 신동이라 불렸고, 열다섯에 조선 최연소 문과급제의 기록을 세운 천재였다. 그러나 그의 진면목은 정제두가 심은 양명학의 맥을 이은 강화학파의 대문장가로서, 앎과 실천을 하나로 여기는 삶을 온몸으로 걸어간 데 있었다. 이건창은 암행어사로 나가 관리의 비행을 추적하고 흉년에 시달리는 백성을 위해 세금 감면과 구휼에 힘썼다. 충청우도 암행어사 시절 관찰사의 비리를 탄핵하다 오히려 유배당했으나, 고종이 친서로 다시 불러들일 만큼 그 강직함은 널리 알려져 있었다. 조선의 붕당정치사를 공정하게 기술한 『당의통략』은 오늘날까지 명저로 평가받는다.

다음 목적지는 고즈넉한 고찰인 정수사였다. 그곳을 거쳐 마니산 참성대를 오르려고 했다. 당초 시간계획상의 무리이고 날씨도 좋지 않아, 정수사를 둘러보고 서둘러 하일리에 있는 하곡 정제두의 묘소를 찾아가기로 했다. 잠시 들른 그의 묘소 부근은 황량하였다. '정제두 묘'라는 황갈색의 큼지막한 교통표지만 있을 뿐 건널목도 없고 차량이 지나가는 대로변의 묘소를 가는 것이 매우 위험했다. 도로를 횡단하여 길 건너 묘소에 참배하였다. 그의 부모의 합장 묘소 위에 역장(逆葬)으로 하곡의 묘소가 위치하고 있다. 판독하기 힘들 정도로 잘 알아보기 어려운 묘비명을 자세히 살펴보니, 그의 조부 정유성이 우의정을 지냈다는 한자와 일부 내용을 판독할 수 있었다.

하곡 정제두(1649~1736)는 서울에서 출생하여 40세까지 그곳에서 성장하였고, 40세부터 60세까지 안산에서 거주하며 양명학의 체계를 정립하였고, 그의 나이 61세에 강화에 정착하여 20년간 제자와 후학을 양성했다. 이처럼 하곡은 조선 성리학의 벽을 넘어 안산과 강화에서 제자를 양성하며 양명학의 '지행합일(知行合一)' 사상을 꽃피운 사상가이다. 양명학의 태두로서 평가받는 하곡은 성리학과 양명학이 기본적으로 다르다는 전제에서 출발하지만, 주자학은 만수(萬殊)인 말(末)에서 일체인 본(本)을 지향하는 데 반해, 양명학은 일본(一本)인 본(本)에서 만수인 말로 가는 이론구성을 하면서, 본질적으로 성리학과 양명학이 큰 차이가 없다고 보고 있다(최재목 지음, 『강화의 지성, 하곡 정제두의 양명학』, 지식과 교양, 2017, 48-49면 참고).

역사문화 탐방을 마치며

강화에 오래 더 머물고 싶었다. 병자호란 때 순국한 서포(西浦) 김만중의 부친 김익겸의 충절, 미촌(美村) 윤선거의 강화에서의 불미스런 일화, 이로 인한 그의 아들 명재(明齋) 윤증과 우암(尤庵) 송시열의 회니시비(懷尼是非)로 노론과 소론의 분당 등 그 모든 역사의 숨결이 강화의 바람 속에 응축되어 있었다. 하지만 오후 1시가 넘어 자반가라는 식당에서 점심을 들고, 근처 조양방직을 개조한 초대형 카페에 들러 커피로 여행의 대미(大尾)를 장식하였다.

강화에서 추운 날씨와 일정의 차질로 마니산 참성대와 보문사의 해수관음좌상을 보지 못한 아쉬움이 짙게 남았다. 하지만, 외규장각 터에서 기록의 수난과 귀환을 되새기고, 정족산사고에서 기록의 나라인 조선의 자취를 확인하였다. 이건창의 생가와 정제두의 묘소 방문을 통해 그들의 삶에서 양명학적 실천을 확인한 것만으로도 충분했다. 정제두 묘소가 차량이 내달리는 신호대기조차 없는 대로변에 위치하고 있는 것을 보며, 양명학의 태두로 평가받는 학자에 대한 대접이 형편없다는 생각을 했다.

강화는 단순한 여행지 이상으로 역사적 공간이면서 스토리텔링의 보고(寶庫)였다. 월명회의 문화탐방을 통해 오래 전에 부친을 따라 강화에 들렀을 때 보지 못하였던 여러 명소를 알게 되었고, 새로운 배움과 견문을 넓히는 소중한 기회였다. 이번 탐방을 통해 강화가 유배지의 섬이 아니라, 기록과 사상과 새로운 문화가 싹튼 공간이라는 것을 알게 되었다. 역사의 기록은 지켜야 할 유산이고, 앎은 실천으로 완성된다는 사실을 터득한 의미 있는 여정이었다.

출처 로스쿨타임즈 [법과 인문학] 2026. 2. 25.

제**2**장

국가 발전과 법 정책

1. 2025 제6차 세계도핑방지기구(WADA) 총회 참관기

스포츠는 인류가 공유하는 보편적 언어이다. 스포츠의 공정성을 담보하는 핵심 기제는 단연 반도핑(Anti-Doping)이다. 이는 공정한 경쟁과 선수의 건강 보호, 그리고 '깨끗한 스포츠(Clean Sport)'라는 가치를 수호하기 위한 제도적 장치이다.

행정법학과 공법학을 전공하며 사반세기 넘게 스포츠법 분야에 천착해 왔다. 1990년대 초 법제처 법제관실에서 체육 관련 법령 심사를 맡으며 입법실무를 익혔다. 2002년부터 약 3년간 법무법인 아람의 변호사로서 활동하면서 스포츠 분쟁사건을 수행하였고, 연세대와 경희대에서 스포츠법을 강의하기도 했다. 그동안 도핑 규제의 법적 문제 등 20여 편의 스포츠법 관련 논문을 발표했다. 이러한 학문적·실무적 토대와 함께 20여 년 이상 스포츠법학회의 부회장으로 활동한 경력에 터잡아

2023년 이래 한국도핑방지위원회(KADA) 자문위원을 거쳐 현재 제재위원으로 활동하고 있다.

시간을 거슬러 올라가면 1999년 1월 말 당시 경희대 대학원 강의를 앞두고 스포츠법 자료를 구하고자 필자가 유학한 독일 만하임과 하이델베르크, 영국의 옥스퍼드와 케임브리지 대학 도서관을 전전하던 학문적 여정 끝에 닿은 곳이 바로 스위스 로잔이었다. 1999년 2월, 때마침 그곳에서 열린 세계도핑방지 컨퍼런스에 참관인(Observer)으로 참석했던 기억이 지금도 선명하다.

지난 12월 1일부터 5일까지 부산 벡스코(BEXCO)에서 전 세계 163개국 2,000여 명이 집결한 가운데 '2025 제6차 세계도핑방지기구(WADA) 총회'가 성황리에 개최되었다. 이번 총회는 전 세계 스포츠 관계자들이 한 자리에 모이는 도핑 방지 분야 최대 규모의 컨퍼런스이자, 아시아 최초 개최라는 점에서 새로운 이정표를 세웠다. 12월 2일 오후, 부산행 KTX에 몸을 실은 필자는 부산역에서 귀인(貴人)을 만났다.

이번 대회의 유치에 공헌한 김금평 KADA 전 사무총장과 우연히 만나 해운대의 회의장까지 주최측에서 제공한 버스로 동행하게 된 것이다. 그 덕분에 현장에 도착하여 국내외 인사들과 인사를 나눌 수 있었다. 이번 총회는 아시아 최초라는 상징성을 넘어, 2027년부터 향후 6년간 전 세계에 적용될 도핑방지 국제규범(WADC)과 국제표준 개정안을 확정 짓는 역사적 현장이기도 했다. KADA의 초청으로 참관한 이번 회의에서, 국제 스포츠계가 마주한 거대한 변화의 흐름의 일단을 관찰할 수 있었다.

필자는 인근 숙소에 여장을 푼 뒤, 곧바로 오후 5시부터 시작된 개회식 현장이 있는 벡스코를 찾았다. 개회식은 역동적인 태권도 공연을 비롯한 'K-컬처'의 정수를 선보이며 전 세계 참가자들의 관심과 시선을 사로잡았다. 이어 이번 총회의 공동 주관자인 위톨드 반카(Witold Bańka) WADA 회장, 박형준 부산광역시장, 양윤준 KADA 위원장의 개회사가 차례로 이어졌고, 최휘영 문화체육관광부 장관 등의 축사가 더해져 행사의 무게감을 더했다.

공식 행사가 끝난 뒤 이어진 칵테일 리셉션은 국제적인 교류의 장이었다. 필자는 김금평 전 사무총장, KADA 제재위원장인 권은민 변호사 등과 함께 만찬을 겸한 대화를 나누었다. 국경을 초월한 스포츠 분야 전문가들이 한데 어우러진 행사장에서 도핑 방지를 향한 국제사회의 뜨거운 의지를 엿볼 수 있었다.

이튿날 오전 8시 30분, '카토비체에서 부산으로(From Katowice to Busan)'라는 상징적인 주제의 제1세션 대담을 경청하며 일정을 시작했다. 동시통역 덕분에 수첩에 메모하면서 WADA의 탄생 전후의 역사적 맥락과 러시아의 조직적 도핑에 대한 대응에 이르기까지 주제의 핵심을 비교적 잘 파악할 수 있었다.

이어지는 제2세션에서는 '세계도핑방지규약 및 국제표준 개정안'에 대한 심도 있는 발제와 대담이 진행되었다. 이 자리에는 오랜 시간 학문적 교류를 이어온 독일의 울리히 하스(Ulrich Haas) 교수가 대담자로 나서 반가움을 더했다. 세션이 끝난 후에 그를 잠시 만나 함께 사진을 찍고 이야기를 나누었다.

오후에는 보다 실무적인 현장을 지켜보았다. 제3세션인 '세계도핑방지규약 관련 각계 대표 의견 발표'와 이어진 '도핑 방지 프로그램 결의안' 논의를 참관하며, 국제회의의 역동성을 체감했다. 위톨드 반카 회장의 주재 아래 각계 대표들이 주어진 3분이라는 제약 속에서 공개 입장을 개진하는 과정은 매우 인상적이었다. 다소 아쉬운 것은 발제문이 참석자에게 미리 제공되지 않은 것이다. 그날의 총회 프로그램에 따른 학술적 행사를 마친 후에는 부산광역시장이 주최하는 공식 만찬행사에 참석했다. KADA 실무진과 같은 테이블에 앉아 공연을 관람한 후 식사를 하였다.

다음 날인 12월 4일 오전에는 여러 회의실에서 각 분야별 심층 세션이 동시다발적으로 진행되었다. 선수 인권과 도핑 방지 제도를 다룬 세션 5를 비롯하여 검사, 교육, 분석기관, 치료목적 사용면책(TUE), 결과관리, 정보보호 및 금지목록 등 총 10개 분야의 국제표준을 논의하는 장이 펼쳐졌다. 필자는 그중에서도 각별한 학술적 관심을 두고 있던 '교육 국제표준'과 '치료목적 사용면책 국제표준' 세션에 참여하여 논의과정을 지켜보았다.

이 분과 세션들은 영어와 불어 간의 통역 외에 별도의 언어 지원 없이 진행되었으며, 주로 확정된 개정안의 취지를 설명하고 간단히 질의응답을 주고받는 형식을 취했다.

아쉽게도 서울로 상경해야 하는 일정상, 오후에 예정된 '세계도핑방지 프로그램'과 '2027 규약 및 국제표준 수행 지원' 세션에는 끝까지 함께하지 못했다. 배부된 프로그램에 따르면, 대회 마지막 날인 12월 5일 오전에 전체 논의 결과를 요약한 결의안을 발표하고 폐회식을 끝으로 대단원의 막을 내린 것으로 기록되어 있다.

필자에게 이번 부산 총회는 단순한 참관을 넘어선 남다른 감회를 가져다주었다. 1999년 스위스 로잔 회의의 참석이 우연이었다면, 이번 제6차 WADA 총회의 참석은 마치 준비된 계획에 따른 필연처럼 다가왔기 때문이다. 당시 로잔 회의는 1998년 '투르 드 프랑스' 스캔들로 실추된 스포츠의 존엄을 되찾기 위해 IOC 주도로 WADA 설립을 확정 짓던 역사적 이정표였다. 당시에는 그 회의가 지닌 시대적 사명을 온전히 이해하지 못했으나, 부산의 제6차 WADA 총회 현장에서 그 거대한 반도핑의 흐름을 다시금 지켜볼 수 있게 된 것이다.

국제적으로 지난 26년간 도핑 방지를 향한 국제적 노력은 쉼 없이 이어져 왔으며, 개인적으로 이번 총회는 그 국제규범이 어떤 메커니즘을 통해 진화하고 정립되는지를 깊이 있게 가늠해 볼 수 있는 소중한 기회였다.

이번 부산 WADA 총회에서의 의미 있는 일 중의 하나는 울리히 하스(Ulrich Haas) 교수와의 재회였다. 독일 할레(Halle) 대학과 마인츠 대학 교수를 거쳐 현재 취리히 대학교 법대 교수이자 국제스포츠중재재판소(CAS) 중재인으로 활동 중인 그는, 필자와 20년 넘게 학술적으로 교류해 온 친구이자 동료이다. 특히 그는 지난 2년간 '세계도핑방지규약(WADC)' 개정 5인 소위원회에서 국제 규범의 업데이트를 주도해 온 국제스포츠법 분야의 전문가이기도 하다.

서울행 기차에 오르기 전인 12월 4일 점심에 필자는 대회장 인근의 일식당에서 하스 교수와 KADA 법제조사부장인 장혜진 변호사를 초대해 오찬을 함께했다. 초면인 하스 교수와 장 변호사는 영어로, 필자와 하스 교수는 독일어로 공통의 관심사에 관하여 대화를 나누며 시간을 보냈다. 이 자리에서 하스 교수는 방대한 규모의 국제행사를 체계적이고 치밀한 조직력으로 운영해 낸 부산 총회의 역량에 깊은 찬사를 보내기도 했다.

이번 부산 WADA 총회에서 필자는 어떠한 발표나 토론의 부담 없이 스포츠법 연구자이자 KADA 위원의 시선으로 총회 진행과정을 지켜보았다. 전체 일정에 참여하지 않았지만 국제 반도핑 거버넌스는 마치 정교하게 맞물려 돌아가는 거대한 톱니바퀴와 같았다.

폴란드 출신의 40대 젊은 리더인 위톨드 반카(Witold Bańka) 회장이 주재한 보고회가 글로벌 연대와 비전을 선포하는 상징적 무대였다면, 각 분과 세션은 확정된 국제표준을 공유하고 안착시키는 실무적 전파의 장이었다. 이미 2년여 기간동안 수많은 협의를 거쳐 도출된 개정안의 핵심 내용을 전문가들에게 설명하고 설득하는 선언적 공유의 성격이 강했다.

특히 교육과 치료목적 사용면책(TUE) 세션을 참관하며, 이번 총회가 규범을 짓는 워크숍을 넘어 새로운 질서를 전 세계에 공식화하고 각국으로의 법적 이식을 준비하는 의례적 공간임을 확인했다. 이러한 의례는 결코 형식에 그치지 않는다. 정교하게 다듬어진 규범을 각국 관계자들에게 명확히 전달하고 시행 과정의 쟁점을 조율하는 것 자체가 반도핑 거버넌스를 지탱하는 필수적인 장치이기 때문이다.

이제 KADA를 비롯한 각국의 도핑방지기구들은 부산에서 확정된 2027 세계도핑방지규약과 국제표준을 자국어로 번역하고 관련 규정을 정비하는 대대적인 작업에 돌입할 것이다. 아울러 선수와 관계자들에게 새로운 규범을 전파하는 교육과 홍보의 과제도 마주하게 된다. 새로운 반도핑 국제규범에 대응하기 위한 국내법적 입법 필요성을 검토하게 되며, KADA가 주도할 2027년 시행 한국도핑방지규정의 개정작업 또한 1년 안에 이루어질 것이다.

도핑에 물들지 않는 클린 스포츠를 지향하며 1999년 로잔에서 시작된 WADA의 항해는 6년 전 카토비체를 거쳐 이제 부산이라는 이정표를 지나 새로운 목적지를 향해 나아가고 있다. 반도핑 정책과 도핑 규제는 선수의 인권 보호와 제재의 실효성 사이에서 끊임없이 최적의 균형점을 탐색해 나가는 과정이다. 스포츠의 공정성은 경기장 위에서 꽃을 피우지만, 그 가치를 최종적으로 확정하고 수호하는 최후의 보루는 결국 규범의 영역을 다루는 스포츠법 전문가들의 몫이다.

이번 부산 WADA 총회를 참관하면서 몇 가지 생각이 떠올랐다. 우선 도핑을 둘러싼 국제 스포츠 분쟁을 CAS에 제소하여 신속히 해결하듯이 국내 스포츠 중재기구를 조속히 설치할 필요가 있다는 점이다. 다음으로 현재 로스쿨 교육이 주로 변호사시험 위주로 구성된 것을 되돌아보고, 그 방향을 새롭게 모색해야 한다는 점이다.

끝으로 스위스 취리히 대학에 적을 두고 변호사로서 실무를 병행하며 국제 스포츠계의 규범 형성에 역할을 하는 울리히 하스(Ulrich Haas) 교수처럼, 언어의 장벽을 넘어 국제 스포츠법과 도핑 이슈에 깊은 식견과 통찰을 갖춘 미래지향적 법률가들이 로스쿨에서 양성되어, 이들이 세계무대에서 크게 활약하는 날이 오기를 기대한다.

출처 로스쿨타임즈 [법과 인문학] 2025. 12. 24.

2. 만해의 자유 · 평화사상과 헌법적 통일논의

만해 한용운은 「님의 침묵」을 비롯한 불멸의 문학작품을 남긴 문필가이며 불교유신론을 전개한 사상가이다. 그는 민족 독립의 절개와 의지를 굳건히 지킨 강단 있는 고사(高士)이다. 만해가 3.1운동 이후 옥고를 치르면서 집필한 「조선독립의 서」는 독립정신을 선명하게 드러낸 최고의 명문으로 자유와 평화에 관해 그의 깊은 사유가 다음과 같이 응축되어 있다.

"자유는 만물의 생명이요 평화는 인생의 행복이다. 그러므로 자유가 없는 사람은 죽은 시체와 같고 평화를 잃은 자는 가장 큰 고통을 겪는 사람이다. …(중략)… 참된 자유는 반드시 평화를 동반하고 참된 평화는 반드시 자유를 함께 한다. 실로 자유와 평화는 전 인류의 요구라 할 것이다."

이와 같은 만해의 자유·평화사상에도 불구하고, 우리 사회 일각에서는 그의 사상을 주로 평화의 측면에서만 조명해 온 것이 사실이다. 그러나 우리 민족이 궁극적으로 지향해야 할 가치는 자유에 기초한 평화라할 것이다.

대한민국 헌법 제3조는 "대한민국의 영토는 한반도와 그 부속도서로한다"고 명시하여 국가의 정체성과 영토적 범위를 명확히 하고 있다. 아울러 헌법 제4조는 "자유민주적 기본질서에 입각한 통일정책을 수립하고 추진한다"고 천명하며 대한민국 통일정책의 기본방향을 제시한다. 일견 이 두 조항은 상호 모순되는 듯하지만, 통일이라는 특수한 환경 속에서 효율적으로 활용될 수 있다.

대한민국의 통일은 반드시 자유와 평화에 기초한 자유·평화통일이어야 한다. 이는 남북 간에 군사적 충돌을 피하고 민주주의와 인권 존중이라는 인류 보편의 가치를 실현하는 과정이어야 한다. 이러한 차원에서 통일은 상이한 두 체제를 단순히 병합하는 데 머물러서는 안 된다.

서울대학교 통일평화연구원이 2024년에 발표한 통일의식 조사에 따르면, 20대 응답자의 절반에 가까운 수가 통일의 필요성을 부정하였으며, 전 세대적으로도 약 35퍼센트가 통일이 불필요하다고 답하였다. 이처럼 국민적 통일 열망이 약한 현실 속에서 정치권의 일방적 평화모드 전환은 취약한 국내외 정세와 안보환경에 비추어 바람직하지 않다. 북한의 현 체제 하에서는 서로 평화적으로 협상을 한다고 할지라도 결코 바람직한 통일을 이룰 수 없다. 북한이 법치주의와 시장경제로의 근본적 전환이 선행되어야 하기 때문이다. 더구나 통일은 단순한 민족적 과제에 그치지 않는다. 그것은 미·중·일·러 4대 강국의 이해관계가 복잡하게 얽혀 있는 국제적 현안이기도 하다. 그러므로 통일을 향한 길에는 정교한 외교 전략과 굳건한 한·미 동맹의 협력이 반드시 동반되어야 한다.

만해 한용운은 「조선독립의 서」에서 자유를 생명의 본질로, 평화를 고통의 부재로 규정하면서, 두 가치가 질적으로 다른 차원에 속하더라도 양자가 결코 분리될 수 없음을 역설하였다. 이러한 만해의 메시지는 오늘날 진영에 따라 갈라선 우리 사회에 깊은 성찰과 각성을 촉구한다. 이러한 관점에서 무력적 방법을 통한 자유의 실현은 참된 평화가 될 수 없으며, 평화적 수단이라는 명목으로 자유를 제약하거나 억압하는 공동체 또한 위험한 환상일 뿐이다.

끝으로, 진정한 통일은 새로운 분열이나 전쟁을 불러오지 않는 자유와 평화의 상생과정이어야 하며, 자유가 결여된 평화통일은 공동체에 결코 참된 평화를 가져올 수 없다. 자유는 평화를 동반하고 평화는 자유와 함께한다는 만해의 자유·평화사상은 오늘을 사는 우리에게 깊은 성찰을 요구한다. 자유의 가치를 외면한 평화통일이나 평화의 의미를 배제한 자유통일 그 어느 것도 헌법정신에 부합하는 진정한 통일이 될 수 없음을 깊이 인식해야 한다.

출처 ㅣ 로스쿨타임즈 [법과 인문학] 2025. 9. 16.

3. 입법의 질적 수준 제고를 위한 법정책적 과제

한 나라의 흥망성쇠는 법률의 질과 그 집행의 적정성에 달려있다. 현대 민주국가에서 입법은 국가 질서의 근간이며, 사회의 공공성을 실현하는 핵심적 수단이다. 국회의원이나 행정부처의 공무원은 국민 전체의 봉사자로 활동해야 하므로, 입법 과정에서 특정 정파적 이익을 떠나 국리민복을 최우선으로 고려해야 한다.

법률의 제·개정은 단순히 법률 문안을 작성하는 절차를 넘어서 정치적 의사결정과 행정의 정책 집행, 법제의 전문성과 투명성이 결합될 때 비로소 국민에게 실질적인 효과를 발휘할 수 있다. 오늘날 법률의 기능이 다양화되고 있고, 입법의 홍수(Gesetzesflut)와 입법의 인플레이션으로 인하여 입법의 질 저하가 논의된다.

몽테스키외는 『법의 정신』에서 권력의 남용을 방지하고 자유를 보장하기 위해 국가의 권력을 입법, 행정, 사법으로 분리하여야 한다고 하면서, 입법은 단순히 규칙을 만드는 행위로 보지 않고, 사회의 다양한 조건을 반영하며 인간 본성과 사회의 다양성에서 유래하는 것으로 파악했다.

명말청초(明末淸初)에 『명이대방록(明夷待訪錄)』을 저술한 학자이며 사상가인 황종희는 민의에 반한 전제정치를 통렬이 비판하고 "법은 백성을 위한 것"임을 강조하며, 법이 국민의 이익을 보장하고 사회 질서를 유지하는 근간임을 명확히 했다. 그는 군주와 신하, 백성의 관계를 논하며 법의 공정성과 입법의 책임성을 일관되게 주장했다. 이러한 동서양 고전의 지혜는 오늘날에도 입법의 본질을 이해하는 데 중요한 시사점을 제공한다.

법률은 단순히 다수 국민의 의지를 반영하는 것에 그치지 않고, 국민의 삶을 규율하는 기준이 된다. 입법은 국가 정책의 실현 수단이자 기본권 보호와 법치주의의 실현 장치이다.

따라서 잘못된 법제정(bad law-making)으로 나아가지 않고, 좋은 입법(good legislation)을 위한 법정책적 과제의 모색이 필요하다.

정치와 행정의 적정한 거리두기와 상호 견제 · 균형

• 정치와 행정의 관계

입법은 정치적으로 무색투명하고 몰가치한 국가작용이 아니다. 정책을 법제화 하는 입법 과정은 사회 제세력의 이해관계의 조정수단이 되기도 하지만 많은 경우에 정치적 투쟁과 힘겨루기의 장이 되곤 한다. 국민으로부터 직접 선출된 국회의원과 임명된 행정관료가 입법 과정에서 상호 견제 · 균형을 유지한다. 우리나라는 관료제 전통이 남아있지만, 행정이 정치적 영향력으로부터 충분히 독립되어 있지 않다는 비판이 지속되고 있다. 공익을 지향하는 행정의 독립성과 중립성은 정치의 민주적 정당성과 상충되는 개념이 아니다.

현행 헌법이 내각책임제 정부형태를 지향하지 않기 때문에 지나치게 많은 수의 정치인이 장관직을 겸임하거나, 전문성이 떨어지는 정무직 인사가 실무행정을 장악할 경우, 행정조직은 장기적 안정보다 단기적 성과에 급급하기 쉽다. 이로 인해 법률의 체계성과 지속 가능성이 훼손되고, 입법이 정치적 목적을 달성하기 위한 수단으로 전락하는 위험도 커진다.

• 입법 과정에서의 협력 모델

입법 과정에서 행정부와 국회의 협력은 필수적이다. 무엇보다 양 국가기관의 고유한 기능을 저해하는 과도한 개입은 권력분립과 자율성을 침해할 위험성이 있다. 행정의 중립성과 전문성을 강화하는 것도 입법의 질적 수준 향상과 밀접하게 연관된다. 행정부처의 공무원은 정파성이 아닌 전문성과 실무역량을 기준으로 충원되어야 하며, 법률의 입안과 검토 단계에서 의회 다수당의 독단이 아닌 야당, 행정부처, 관련 단체와 이해관계인의 의견이 충분히 반영될 필요가 있다.

정치와 행정은 상호 견제·균형을 유지하면서 협력하여야 한다. 정치와 행정이 적정한 거리를 유지하면서 협력하는 협치 모델은 입법의 질적 고양을 위한 핵심적 구조이다. 따라서 국회와 행정부의 정책기획포럼, 법제실무협의체 등 다양한 채널을 통해 정치적 의제의 행정적 실현 가능성을 조율해야 하며, 입법 및 법제 전문가의 역할과 영향력도 확대되어야 한다. 입법은 정치적 과제를 법제화하는 과정이므로 새로운 입법이 헌법이나 법치주의 원리에 부합하는지, 정책적 합리성과 타당성이 있는지, 법체계적 정합성을 갖추고 있는지, 사회적 수용성이 충분한지를 검증하여야 한다.

입법의 질적 수준 제고의 방향성

• 의원입법의 현황과 문제점

국회의원의 제출 법안의 질적 평가 대신 건수 위주의 양적 평가만으로 의정평가가 이루어져 많은 법률안이 국회에 제출되고 있다. 제21대 국회의 입법 현황은 의원발의 2만 2567건, 위원장발의 1078건, 정부발의 735건이다. 전체 법안의 통과율은 29.31.%로 30% 미만이다. 부처간의 협의절차에 법제처 심사와 국무회의 심의를 거치는 정부제출안에 비해 의원발의 법률안의 비율이 압도적이다.

그런데 의원발의 법률안 가결율은 4.6%에 불과하고 정부제출 법률안의 가결율은 21.2%이다. 이러한 법률안 제출의 양적 팽창이 곧 질적 수준을 담보하지 않는다. 법률이 지나치게 복잡하고 자주 개정되면서 국민이 법령을 제대로 이해하고 준수하기 어렵게 하고 있다.

더구나 충분히 논의되지 않은 채 성급하게 제정된 정책입법과 법체계 내에서 중복·충돌 규정의 증가는 사회적 혼란을 야기하고 있다. 더구나 회기말로 이미 폐기된 법률안을 그대로 발의하는 이른바 '복불법안'이 남발하고 있다. 같은 당 소속의원이 사전에 충분히 논의하지 않고 기본적으로 대동소이한 동일한 내용의 법안을 릴레이식으로 연달아 발의하는 사례가 적지 않다.

• 입법예고제도의 개선과 입법평가제도의 도입 필요성

입법의 질적 수준을 제고하기 위해 형식적으로 운영되는 행정절차법상 입법예고제도를 근본적으로 검토하고, 통합적 의견수렴 플랫폼에 이를 제출하도록 개선할 필요가 있다. 이와 함께 입법평가제도의 도입이 시급히 요청된다. 입법평가제도는 특정 법안 발의 전후로 법률의 경제적·사회적 영향을 체계적으로 분석해 입법의 실효성과 부작용을 사전에 검토하고 법안의 질을 높이기 위한 장치이다.

최근 「인공지능 발전과 신뢰기반 조성 등에 관한 기본법(약칭 인공지능기본법)」은 전세계적인 선도입법이지만, 입법평가를 하지 않아 규제적 측면이 지나치게 강조되어 AI(인공지능) 산업에 찬물을 끼얹는 결과가 초래되고 있다는 지적이 있다. 내년 1월부터 시행되는 선제적 대응을 위한 법률이 실제 집행 단계에서 혼란이 발생하거나, AI 산업육성에 역행하는 결과가 초래되지 않도록 다시금 점검할 필요가 있다. 이와 같이 중요한 입법에 있어 입법평가가 독립적으로 이루어지고, 그 결과가 법률안 심사에 실질적으로 반영되었더라면 입법의 실효성을 높이는 데 기여할 수 있었을 것이다.

입법평가는 국민권익 보호에 기여하는지 여부와 실제 집행과 현장 적용에서의 문제점을 예측하고 보완하는 데 필수적인 장치이므로 국가사회적으로 중요한 법률에 한해 실시할 수 있도록 제도를 도입할 필요가 있다.

• 적절한 규제정책의 실시

좋은 입법의 조건 중의 하나로 시장의 활력을 위한 규제완화가 논의된다. 그러나 공익적 관점을 고려한 적절한 규제정책이 요망된다. 환경, 보건 영역 등 규제강화가 필요함에도 규제완화 정책이나, 경제, 문화 영역 등 규제완화가 필요함에도 규제강화 정책은 좋은 입법정책으로 보기 어렵다. 일반적으로 법령이 많다는 것은 그만큼 규제가 늘어나고 있다는 증표이다. AI 등 신기술 분야에서 규제일변도의 접근이 기술진흥과 혁신을 저해하는 부작용을 낳고, 신기술에 대한 과도한 규제는 국제적 산업경쟁력을 약화시킬 수 있다.

규제완화와 관련하여, 정부입법은 법령안 주관기관의 장이 규제를 신설 또는 강화하는 내용의 법령을 제정하거나 개정하려는 경우, 규제영향분석서와 자체 심사의견을 첨부하여 규제개혁위원회의 심사를 받고, 다시 법제처의 심사를 거친 뒤 최종적으로 국무회의의 심의까지 받아야 한다. 이처럼 정부입법은 절차 곳곳에 규제심의의 장벽이 놓여 있다. 반면, 의원입법은 이러한 규제심의 절차가 적용되지 않아, 규제의 등록 및 사후관리 과정에서 누락 가능성이 크다는 지적이 있다.

이처럼 의원입법에도 사전규제영향분석을 받도록 규제 영향평가를 의무화하여야 한다는 의견이 경제계와 전문가 사이에서 오래 전부터 제기되어 왔다. 규제가 필요한 특수한 분야의 경우에는 규제공백을 메꾸어야 하지만, 시장의 활력을 위해서는 불필요한 규제를 완화하는 노력을 기울여야 한다. 사후대처식 법률로 일정기간 경과 후에 제대로 기능하지 않거나 시대에 뒤떨어진 내용을 담고 있는 법률에 대하여는 과감하게 이를 폐지 또는 정비하는 등 규제를 철폐할 필요가 있다.

• 입법절차법의 제정 및 행정소송법 개정 등

입법 과정에 있어 국민참여와 투명성 제고는 입법의 질적 향상을 위한 필수 조건이다. 입법 과정에 국민의 참여를 실질적으로 보장하고 졸속입법을 억제하기 위하여 입법절차법을 제정하고 입법 과정에 국민제안, 공청회 및 청문회 등 다양한 참여제도의 활성화가 요구된다. 이해관계있는 국민이 입법 과정에 직접 참여할 수 있는 기회가 확대될수록, 법률의 사회적 수용성과 집행력이 높아지는 것은 분명하다. 그동안 대법원과 법무부를 중심으로 여러 차례 입법개정을 추진하다가 10여 년간 방치되고 있는 행정소송법을 전면 개정할 시점이 되었다. 그것이 어렵다면 위법한 거부처분이나 부작위에 대한 국민의 실효적 권리구제를 위해 행정소송법에 의무이행소송의 신설을 내용으로 하는 원포인트 개정이 필요하다.

행정부처 내에 설치된 분쟁 조정기구가 약 70개 운영되고 있다. 부처

마다 각각 규율을 달리하고 있어 이에 관한 통일적인 규율을 위해 가칭 '행정조정기본법'을 제정하거나 행정기본법에 공통적인 입법기준을 제시하는 등 행정조정에 관한 입법의 질 확보에 적극 나서야 한다.

• 신기술 분야 및 당면한 시대적 과제에 대한 선제적 입법

AI, 빅데이터, 디지털 플랫폼 등 신기술 분야에 대한 입법의 중요성이 강조되고 있다. 신기술 분야에 관한 입법은 단순히 현실의 문제를 해결하는 데 그치지 않는다. 이러한 입법은 국가의 미래첨단 산업의 발전에 더해 미래 세대의 권리와 사회적 안정을 보장하는 균형추 역할을 하는 데 초점을 맞추어야 한다.

이에 더하여 기후위기의 대응, 인구구조 변화, 사회 양극화 극복, 조력존엄사 및 지속가능발전과 ESG 등 당면한 시대적 과제에 선제적 입법으로 대처해 나갈 필요가 있다.

좋은 입법의 길

공자는 논어에서 "정치를 하는 것은 바르게 하는 것이다(政者, 正也)"라고 밝히고 있다. 2천년이 지난 오늘날 공자의 이 명제는 바른 정치(善政)의 핵심인 좋은 입법이 무엇인지 그 길을 찾도록 고민하게 한다.

입법의 질적 수준의 제고는 빈번한 법률의 개정으로 법률의 단명화를 초래하는 것이 아니라 국민이 체감할 수 있는 좋은 법률을 만드는 것이다. 이러한 좋은 입법은 입법의 절차뿐만 아니라 그 내용인 입법의 질적 수준의 제고와 관련된다. 좋은 입법은 헌법이나 법치주의에 위반되지 않아야 하고 정책적 합리성이 있어야 한다. 또한 좋은 입법은 절차의 정당성뿐만 아니라 명확성, 접근가능성, 이해가능성 및 규범성 등의 법률

적 적격성을 갖추어야 한다. 입법 과정에 이해관계자의 참여를 보장하며, 규범간 체계정합성을 유지하는 등의 제반 요소를 갖추어야 한다. 법률이나 법령이 잘못 제정된 경우 수범자가 광범위하므로 행정청의 개별적 처분의 잘못과는 차원을 달리한다. 입법자는 이러한 입법의 질적 수준의 제고를 통해 좋은 행정으로 연결되는 선순환 구조를 만드는 데 법정책적 노력을 다해야 한다.

조선시대의 의정부 검상(檢詳)은 법제정에 관여하는 역할을 하는 비록 직급은 높지 않았지만 핵심적 청요직(淸要職)에 해당하였다. 동서고금을 막론하고 잘못 제정된 법령에 의하여 다수의 국민이 피해를 보게 되는 것을 생각한다면 입법자의 역할이 매우 중요하다는 것을 쉽게 알 수 있다.

무엇보다 오늘날 의회제정 법률은 법의 연성화와 지방자치 입법과 국제규범으로 인하여 다원화를 특징으로 하므로 국회가 법률이면 무엇이든 할 수 있다는 법률만능주의를 경계할 필요가 있다. 입법은 갈등을 조정하는 수단이지, 갈등을 확대 재생산하는 장치가 되어서는 안 된다. 입법은 국민의 다양한 목소리를 담아내고, 정치적 진보와 보수 간의 사회적 균형과 통합을 이끌어낼 수 있어야 한다. 입법 과정에 다양한 이해관계자의 참여를 보장하고, 주먹구구식의 입법이 아니라 입법을 위한 배경적 데이터에 기반하여 충분한 논의와 숙의를 거쳐야 한다.

입법은 우리 사회의 현실을 반영하며 바람직한 사회를 형성하기 위한 정책을 법제화한 것이다. 따라서 입법의 양이 아니라 질, 형식이 아니라 내용, 속도가 아니라 방향이 중요하다. 입법에 있어 법적 안정성과 일관성이 중요하므로 수시로 고치는 조령모개(朝令暮改)는 곤란하다. 새로 제·개정되는 법률이 제 기능을 다하려면 국법 체계에 적합하여야 하고, 그 기반이 되는 입법 과정이 투명하고 명확하여야 한다. 좋은 입법을 둘러싼 정치와 행정의 적정한 거리두기와 상호 견제·균형 및 협력, 민의를 굴절 없이 반영하는 여·야간의 국정의 협치시스템 속에서 질적으로 고양된 좋은 입법이 만들어지는 것이다.

출처   법제 [법제시론] 2025. 6월호

4. 검찰청 폐지를 담은 정부조직법의 법정책적 문제

일본의 우노 시게키(宇野重規)가 지은 『보수주의란 무엇인가』라는 책에서 "혁명은 모든 것을 빈터로 만든 뒤 그 위에 이상적인 정치제도를 처음부터 다시 쌓아 올리려는 시도이다. 하지만 그렇게 급조한 건물이 견고할 리 없다"고 하면서 "도리어 원래 있었던 장점조차 잃어버리고 곧 모든 것이 무너져 버릴 것"이라고 영국의 보수주의의 원조인 에드먼드 버크(Edmund Burke)의 예언을 언급한다.

미국 사회학적 법학의 창시자인 로스코 파운드(Roscoe Pound)는 법을 사회공학(Social Engineering)의 도구로 보며, 법은 사회 내 상이한 이해관계와 이익을 조정하여 사회문제를 해결하는 역할을 해야 한다고 주장했다. 그러나 파운드는 법의 안정성도 강조하여 법이 너무 급격하게 변하거나 기존의 법질서를 한꺼번에 대체하는 것은 바람직하지 않다고 보았다. 최근 검찰청 폐지를 담은 정부조직법에 이어 사법개혁이라는 미명하에 대법관 수 대폭 증원 및 특별재판부 설치 등 사법권의 독립을 위협할 수 있는 일련의 입법 시도들이 이어지고 있다.

이러한 상황에서 버크와 파운드의 사상은 우리의 법치의 현주소와 방향을 돌아보게 하는 중요한 경고로 읽힌다. 버크는 사회와 제도가 오랜 시간 속에서 형성된 질서와 균형을 무시한 채 급격한 변혁을 시도할 때의 위험을 경고했다. 파운드는 진정한 법의 개혁은 '파괴'가 아니라 '조정'의 과정으로 보았으며, 급격한 법적 변화가 사회적 혼란과 권력 남용을 초래할 수 있음을 지적했다.

새로운 정부조직의 개편과 검찰청의 폐지를 주요 내용으로 하는 정부조직법 일부개정법률안이 지난 9월 26일 국회 본회의를 야당인 국민의힘이 불참한 가운데 여당 주도로 통과하여 정부에 이송된 후 10월 1일 공포되었다. 특기할 만한 사항으로, 방송통신위원회를 폐지하고, 방송미디어통신위원회를 신설하며, 과학기술정보통신부가 수행하고 있는 방송 진흥에 관한 사무를 방송미디어통신위원회로 이관하였다.

한편, 경제정책, 인공지능 및 과학기술정책을 총괄·조정하기 위하여 부총리 2인을 두고, 재정경제부장관 및 과학기술정보통신부장관이 각각 겸임하도록 하되, 교육부장관이 겸임하는 부총리를 폐지하였다. 또한 예산 및 경제 기능 간 상호 견제와 균형을 확보하고 각 기능의 전문성을 강화하기 위하여 기획재정부를 국무총리 소속의 기획예산처 및 재정경제부로 분리하였으며, 통계청 및 특허청을 국무총리 소속의 국가데이터처 및 지식재산처로 각각 격상하였다.

이 개정 법률은 부처의 명칭을 산업통상자원부에서 산업통상부로, 환경부에서 기후에너지환경부로, 여성가족부에서 성평등가족부로 각각 변경하였다. 이중 가장 핵심적인 쟁점은 검찰 조직 개편이다. 수사·기소 기관 간 상호 견제가 가능한 체계를 구축한다는 취지로 법무부장관 소속의 검찰청을 폐지하고, 그 소속으로 공소청을 신설하였으며, 행정안전부장관 소속으로 중대범죄수사청(이하 '중수청')을 신설하였다.

검찰청 폐지 정부조직법 부칙의 입법 흠결

• 검찰청 폐지 정부조직법과 부칙 규정의 흠결

개정 정부조직법 제35조는 법무부 관련 조항 중 '검찰'을 '검사사무'로 변경하고, 법무부장관 소속의 '검찰청'을 '공소청'으로 명칭을 변경하였으며, 공소청의 조직·직무범위 그 밖에 필요한 사항은 따로 법률로 정하도록 규정하였다. 이와 함께 행정안전부의 업무에 관한 제37조에 제9항과 제10항을 신설하여, 중대범죄 수사에 관한 사무를 관장하기 위하여 행정안전부장관 소속으로 중수청을 두고, 그 조직·직무범위 그 밖에 필요한 사항은 따로 법률로 정하도록 하였다. 해당 조항들은 공포 후 1년의 시행 유예기간을 두어, 이 기간 동안 필요한 준비를 거쳐 검찰청 체제를 종료하고 새로운 체제로 전환하도록 한 것이다.

그런데 검찰청 폐지와 같은 중차대한 내용의 정부조직법을 개정함에 있어 충분한 논의를 하고 그 폐지에 따른 일련의 사항을 개정 법률의 부칙에서 경과규정을 둘 뿐만 아니라 다른 법률의 폐지와 개정을 일괄 규율하여야 하는데 검찰청 폐지와 공소청과 중수청 신설과 관련된 부분은 포함하지 않고 성급하게 추진한 결과 이 부분에 규율공백과 입법적 흠결이 있다.

이처럼 이번의 개정 정부조직법은 통상의 정부조직법의 개정에 수반되는 단순한 정부 조직개편의 차원을 넘어, 제헌헌법 이후 유지되어 온 형사사법제도의 근본적이고 중대한 변화를 초래한다. 무엇보다 법관에 준하는 지위를 갖는 검사가 근무하는 검찰청은 단순한 행정부처의 외청의 하나가 아니다.

검찰청을 전제로 하는 검찰총장이 헌법 제89조에 근거한 헌법상 기관이기 때문에 검찰청을 법률로 폐지한 것을 두고 검찰 및 법조계 내부에서도 권력분립원칙 위배와 공소청장의 헌법상 지위 문제 등 위헌성 논란이 제기되고 있다. 이에 검찰청의 폐지와 이로 인한 국가 권력의 남용과 부패에 대한 통제장치의 공백이라는 중대한 변화가 과연 헌법적으로 정당한지, 형사사법 시스템의 합리적 개편이라는 본래 목적에 부합하는지에 관하여 개정 정부조직법과 후속 입법을 둘러싼 심도있는 법리적 · 학술적 검토와 논의가 필요하다.

• 공무원 신분보장 등을 위한 경과규정 흠결

정부조직법의 개정은 단순히 소속기관을 변경하는 행정조직 개편에 그치는 문제가 아니라, 법령 간 체계적 정합성을 유지해야 하는 중차대한 입법작업이다. 법제처의 「법령심사기준」은 정부조직 개편 시 부칙에서 사무의 이관과 직원의 승계 등 당해 기관의 직원 · 공무원의 신분, 직무의 승계 및 예산 재배치 등에 관한 명확한 기준을 함께 마련하도록 하고 있다.

정부조직법을 개정하여 검찰청을 폐지할 경우 부칙에 조직폐지 및 신설에 따른 소관사무 및 공무원 등에 관한 경과조치를 두고, 검찰총장의 소관사무 중에 수사사무는 중수청장, 공소사무는 공소청장으로 구분하여야 하는데 이와 같은 규율을 전혀 두지 않았다. 한 마디로 졸속입법이라고 할 수밖에 없다. 개정 정부조직법의 공무원의 경과조치에 따라 대통령령인 공소청과 그 소속기관 직제와 중수청과 그 소속기관 직제를 마련하고, 각각 직제시행규칙을 부칙으로 정하면서 새로운 기구의 직무범위와 검찰 수사관이나 소속 공무원의 승계를 순조롭게 이루어지도록 해야 한다. 그럼에도 검찰청 소속 검사는 물론 1만 명이 넘는 수사관과 소속 공무원의 신분에 관한 잠정적 지위를 유지하는 경과규정을 두지 않은 것은 입법적 흠결이며 그 자체로 헌법상 직업공무원제도의 근간을 해칠 우려가 있다.

더구나 검찰청 폐지에는 공소청 설치법, 중수청 설치법, 형사소송법 등 관련 법률의 일괄 개정이 수반되어야 한다. 그러나 검토해야 할 핵심 쟁점들이 제대로 다루어지지 않았다. 검사의 사무가 수사와 기소로만 나누어질 수 없을 뿐만 아니라 공소청 검사에게 보완수사권이나 수사지휘권을 인정할 것인지, 중수청에 검사의 파견 규모를 어느 정도로 할 것인지에 대하여 정책적 결정이 선행되어야 했으나, 이러한 검토 없이 입법이 강행되었다. 정부조직법을 개정하여 검찰청을 폐지하려면 위헌성 여부에 대하여 심도 있는 검토와 함께 형사사법체계의 핵심 기관을 구성하는 법률 및 개별 조항의 개정이 함께 이루어져야 했다.

이와 병행되지 않은 채 '검찰청의 간판' 만 내리는 식의 조직개편은 검찰개혁이라는 이름으로 포장될 수는 없다. 이러한 점에서 개정 정부조직법은 제도 간 연동성과 후속입법의 체계적 준비 없이 이루어진 성급하고 조율되지 않은 입법으로서, 국가 형사사법체계의 연속성을 단절시키는 졸속입법의 전형이라 할 수 있다.

검찰청 폐지의 헌법적 · 입법정책적 정당성 여부

• 헌법상 검찰총장 개념과의 논리적 모순 및 위헌성

국가행정조직에 관한 근간을 헌법과 정부조직법이 규율하고 있다. 다만, 헌법의 통치구조는 그 자체로 완결적일 수 없으며, 정부조직법, 국회법, 법원조직법, 헌법재판소법, 감사원법, 검찰청법 등의 국가조직법

체계와 유기적으로 결합되어 비로소 국가조직이 형성되는 것이다. 특히 검찰청법은 단순한 행정조직법적 성격에 그치지 않고 헌법이 예정한 검찰제도의 제도적 보장을 구체화하는 형사사법조직의 근간에 관한 법률이라고 할 것이다.

헌법에 검찰총장에 관한 명문의 규정을 두고 있다. 즉, 헌법 제89조 제16호는 "검찰총장의 임명"을 국무회의의 심의사항으로 규정하고 있다. 이는 헌법상 검찰총장이 단순한 행정기관의 장이 아니라, 헌법이 예정한 공권력의 한 주체로서의 위상을 가진다는 점을 분명히 한다. 헌법에 규정을 둔 것이 검찰총장이라는 직함만을 두는 것으로 이해하여서는 곤란하고, 검찰청을 전제로 하는 개념이라고 보는 것이 타당하다. 헌법 제12조 제3항의 검사의 영장청구권에 관한 헌법규정과 함께 검찰총장은 단순한 행정조직의 일원이 아닌 헌법적 특수한 지위가 인정된다. 무엇보다 검찰총장은 그 명칭과 직무상 지위 모두 '검찰청'을 전제로 한 개념이다. 법적으로 검찰총장이 존재하기 위해서는 그가 대표하거나 지휘·감독할 '검찰청'이 존재해야 한다. 헌법상 검찰총장의 명칭을 그대로 둔 채 검찰청을 공소청으로 그 명칭을 변경하여 하위 법률에서 검찰청의 폐지와 새로운 조직인 공소청 신설을 도모하는 행위는 검찰총장의 실체적 존재 기반을 근본부터 부정하는 결과를 낳는다.

이는 단순한 조직 간 명칭 변경의 문제가 아니다. 검찰청이 폐지되고 검찰총장을 공소청장에 임명하도록 법률에서 규정하게 된다면, 그 자체가 헌법상 검찰총장의 임명시 국무회의 심의사항의 규정에 합치된다고 보기 어렵다. 이는 헌법이 정한 기관의 실체 없는 '명목상의 헌법기관'이 생겨나는 것이고, 이로써 권력분립의 구조를 훼손한다. 따라서 검찰청을 폐지하면서 검찰총장을 존치하는 것은 헌법의 예정된 조직구조에 반하는 위헌적 조직구성에 해당한다고 볼 것이다.

• 수사관 등 직원의 신분보장, 검사의 직무영역 축소의 문제점

1948년 정부조직법이 제정된 이래 법무부에서 검찰에 관한 사무를 관장한다고 규정하였다. 그 당시 검찰청법이 제정된 이래 70여 년간 이어져온 형사사법제도의 근간이 정부조직법의 개정으로 허물어지기 일보 직전이다. 정부조직법 부칙의 상세한 규율도 없고, 검찰청법 폐지도 함께하지 않은 채 단지 검찰청의 명칭만을 공소청으로 변경하는 것은 매우 이례적이다. 공무원의 신분보장은 헌법 제7조 제2항에 의해 보장되는 기본원칙이다. 그러나, 정부조직 개편에 따른 공무원 재배치는 국가조직 운영의 효율성과 공익 실현을 위해 필요한 조치로 인정되어 왔다. 검찰수사관을 중수청으로 재배치하는 문제는 이러한 헌법상 신분보장 원칙과 조직개편 필요성 간의 균형점을 찾는 복잡한 문제로서, 공무원임용령상 전직 규정의 해석과 적용을 중심으로 검토되어야 한다.

특히 공소청과 중수청 간 인력 규모 및 기능의 불균형으로 인해, 향후 검사의 배치 문제, 수사관의 행정적 승진체계의 불일치, 직무상 권한 분담의 혼란 등이 예상된다. 검사와 수사관을 단순히 양 기관에 기계적으로 배분하는 것은 헌법상 직업공무원제 및 신분보장 원리에 저촉될 수가 있다. 검찰 수사관 등에 대하여 직권면직을 남용해서는 안 되며, 공무원임용령 제49조의2 제4항에서 "인사혁신처장은 기구개편 및 정원조정에 따라 발생한 초과 현원을 재배치(동일 기관 내에서의 재배치를 포함한다)하기 위하여 필요한 경우에는 이 영 및 「공무원임용시험령」 등의 규정에도 불구하고 전직시험 또는 경력경쟁채용시험 등을 면제할 수 있다"고 규정하고 있는 점을 참고할 필요가 있다.

한편, 검사의 사무는 단순히 '기소'에 국한하고 '수사' 기능의 박탈과 분리가 중요한 것이 아니고 사회악인 범죄에 대한 형사제재를 실효적으로 하기 위해서는 공소유지와 수사는 상호 밀접한 관계에 있다는 것을 간과해서는 안 된다. 이러한 점은 고위공직자범죄수사처와 특별검사가 수사와 기소의 양날의 검(劍)을 모두 가지고 있는 이유이기도 하다. 공익적 기능을 수행하는 검사는 수사와 공소유지, 집행감독, 사회적 약자 보호, 특별사법경찰관의 수사지휘 등 다양한 공익적 기능을 수행한다. 그럼에도 불구하고 본 개정 정부조직법은 검찰 기능을 '공소청'과 '중수청'의 이원 구조로 단순화하면서 검사의 본질적 직무 중 수사를 배제하고 기소와 공소유지로 축소하는데 초점이 맞추어져 있다. 그러나 범죄에 대한 형사적 제재를 가하려면 공소유지의 전제인 수사와 밀접하게 결부되어야 하는데, 양 기능의 분리로 인해 범죄자가 쉽게 법망을 빠져나가는 법적 허점이 발생할 위험성이 높다.

무리한 급진적 개혁으로 검사의 직무가 축소되어 대량 퇴직이 발생한다면, 형사사법의 전문성과 책임성이 동시에 약화될 것이다. 이는 국가의 범죄 대응 능력을 저하시키고, 검사의 인권 보호 및 공익 수행 기능을 약화시켜 법적 안정성을 심각하게 훼손하는 결과를 초래할 것이다.

- **수사역량의 저하와 경찰권력 비대화 가능성 및 국민의 기본적 인권 침해 우려**

검찰청 폐지 이후의 구조는 행정안전부 산하에 국가수사본부, 중수청, 경찰청이 병존하는 형태로 수사기능의 중첩과 비대화가 예상된다. 수사기능을 담당하는 세 기관이 행정안전부 산하에 놓일 경우, 사법적 성격의 수사기능이 행정권력에 종속되고 과도한 수사권력의 집중 현상으로 국민의 기본적 인권 침해가 우려된다.

중수청을 법무부가 아니라 행정안전부로 이관함에 따라 종래 법무부에서 관장하던 수사기능이 대폭 행정안전부로 넘어가게 되어, 검사의 신분에서 새롭게 수사관으로 전환될 필요 인력조차 파악하지 않았다. 더구나 중수청에 대규모 검사파견제도를 실행할 것인지도 전혀 고려되지 않은 상태에서 정부조직법부터 통과시킨 것이다. 공소청법의 제정이나 형사소송법의 개정에 따라 규모가 달라지겠으나, 기본적으로 검찰 수사관의 경우 전체 인력 중에 공소청에 남아서 수사에 전담할 인력이 많지 않을 것으로 예상된다.

따라서 상당수의 검찰수사관들이 전직 절차를 밟게 될 경우 공무원의 신분보장의 관점에서 자발적 동의를 전제로 하지 않는 강제배치나 직권면직은 피하고 인센티브를 통한 자발적 전직 유도 등 합리적 인사관리가 필요하다. 이러한 점에서 검찰수사관의 근무처의 선택이 본인의 희망에 따라 공소청과 중수청으로 적절히 배분될 것인지가 중요한 과제이다.

검찰청 해체라는 급진적 기구개편은 수사권한의 민주적 통제보다는 행정적 지휘체계에 따른 권력 종속을 강화할 가능성이 높으며, 이는 결국 통제할 수 없는 무소불위의 경찰권력을 가진 국가로 나아갈 수 있는 위험성이 잠재되어 있다. 준사법기관인 검찰의 경찰에 대한 수사과정에서의 통제 기능이 약화되면 수사권 남용의 가능성이 더욱 높아지기 때문이다.

형사사법제도의 균형은 검찰과 경찰, 법원의 상호견제 속에서 유지된다. 검찰청 폐지는 이러한 안정적 체계의 균형장치를 해체함으로써 신속하고 공정한 수사의 진행은 물론 헌법상 적법절차 보장원칙까지 훼손할 위험이 있다.

경국대전은 주례의 6관체제를 따른 조선의 법전으로, 오늘날 정부조직법과 국가공무원법의 역사적 원형이다. 성종 때 반포된 경국대전은 빈번한 개정 없이 국가 기본 법전으로 오랜 기간 존속했다.

반면 현행 개정 정부조직법의 검찰청 폐지 조항은 충분한 논의 없이 추석 전 통과를 목표로 강행 처리되어 졸속·위헌 입법이라는 비판을 받고 있다. 이로 인한 수사 역량 저하, 수사·기소 기능 분리에 따른 업무 혼란, 국민 안전 위협 등의 문제가 우려된다. 또한 검찰 조직 해체과정에서 검사 및 수사관의 배치를 둘러싼 문제로 인한 내부 갈등과 혼란이 발생할 수 있으며, 정치권의 대립과 반발 또한 불가피할 것으로 보인다.

검찰이 가진 과도한 권한이 개혁의 대상임은 부인할 수 없다. 그러나, 검찰청의 해체를 통한 개혁은 진정한 개혁이 아니라 검찰권을 무력화하고 경찰권에 무게 중심을 이동시키려는 정치적 수사(修辭)에 불과하다. 사법적 통제장치를 약화시키고 수사권을 행정안전부에 집중시키는 이번 개정은 결과적으로 범죄에 대응하는 국가의 공권력을 무력화하며, 그동안 공들여 쌓아온 형사사법체계를 무너뜨린다. 급진적 변혁을 통해 더 나은 체계를 새롭게 구축할 수 있을지는 의문이며, 설령 가능하다 해도 오랜 시행착오와 심각한 사회 혼란을 감수해야 할 것이다. 검찰청 폐지를 담은 개정 정부조직법을 위헌 여부의 관점으로만 한정해 논의하는 것은 문제의 본질을 축소하는 결과가 된다. 법률의 위헌성 검토와 함께 검찰청 폐지를 통한 형사사법기관의 재편이 과연 바람직한 입법정책인가에 대한 실질적 논의가 병행되어야 한다.

진정한 검찰개혁은 '무기력한 검찰'을 만드는 것이 아니라, 법치주의에 기초한 바람직한 검찰제도의 재정립을 통해 가능하다. 개정 정부조직법은 이러한 방향과 정반대로 나아간 것이며, 그 결과는 '검찰개혁'이 아니라 '형사사법정의의 붕괴'로 귀결될 것이다. 이는 결코 우리 법치국가가 선택해서는 안 될 위험한 길이다. 따라서 졸속 처리된 검찰청 폐지 조항은 1년 유예기간 종료 전에 재개정을 통해 철회되거나 전면 수정되어야 한다.

출처 ─ 인권과 정의 통권 533호(2025. 11.)

5. 법치주의 정착을 위한 법제도 선진화의 과제

우리는 역동적인 사회에 살고 있다. 정권의 교체와 선거의 결과에 따라 정책변경이 자주 이루어진다. 정책의 변경은 한편으로는 국민의 변화기대를 충족시키지만 다른 한편으로는 행정의 안정성과 계속성이 저해되어 법치주의의 위기를 초래할 수 있다. 이명박 정부의 중간평가적 성격을 띠는 6.2 지방선거가 사실상 여권의 패배로 끝났고, 새로이 지방자치단체장과 교육감 등이 취임하게 된다. 선거공약이 난무하였고 정책변화를 수반하는 공약도 적지 않았다.

새롭게 취임하는 지방자치단체장이나 교육감은 행정의 안정성과 계속성의 관점에서 급작스런 정책변경은 지양하고, 점진적으로 개선점을 찾아 무리없이 정책을 추진할 필요가 있다.

이와 같이 법제도의 개혁과 선진화의 기본방향은 법치주의의 정착에 두어야 한다. 법치주의란 법률이 지배하는 사회를 지향한다. 법치주의는 어느 한 사람이 지배하는 인치(人治)를 극복하고 나온 투쟁적 이념이다. 법치주의는 국가적 권력남용을 억제하고 이를 방지하며, 국가적 권력행사를 법적인 통제하에 두게 된다.

법은 합리성의 징표이고, 법을 국정의 근간으로 삼는 법치주의는 민주주의와 더불어 헌법의 기본원리에 속한다. 또한 법은 시민의 일상생활을 규율하기 때문에 시대에 적합하지 않은 구태의연한 법령과 제도는 국민의 불편을 가중시킨다. 따라서 국민의 일상생활과 기업에 과도한 규제를 가하는 법령은 과감히 폐지하고 지속적으로 정비해 나가야 한다. 여기서 더 나아가 우리 사회의 법치주의를 정착하기 위한 법제도 선진화와 개혁과제에 대하여 생각해 보기로 한다.

첫째로, 장·차관, 국회의원, 법관이나 검사 등 고위 공직자에 대하여는 일반 공무원보다 높은 고도의 청렴의무를 국가공무원법 등에 명문화할 필요가 있다. 추사 김정희 선생은 제주도 대정리 유배시절 한국형 노블레스 오블리주(nobless oblige)에 해당하는 은광연세(恩光衍世)라는 글로 김만덕 여사의 공덕을 기린 바 있다. 같은 맥락에서 대법관이 퇴임 후 로펌이나 개인 변호사 사무실을 열어 사건을 수임하거나 소송 대리하는 예는 일본이나 미국에서는 찾아볼 수 없다. 국민의 제대로 된 상고심 재판을 받기 위하여 대법관의 증원도 시급한 과제이지만, 이보다 앞서 선행되어야 할 것은 고질적 전관예우방지 차원에서 대법관 퇴임 후 개업제한을 제도화할 필요가 있다.

이와 관련하여 이명박 정부 출범 초기 정부조직개편을 단행하면서 대통령소속기관으로 있던 국가청렴위원회를 폐지하고 부패방지업무를 국무총리 소속의 국민권익위원회로 통합하여 고충민원업무와 행정심판업무를 함께 처리하도록 하였는 바, 이로 인하여 이명박 정부의 부패방지기구가 약화되었으며 국민권익위원회는 한지붕 3가족의 기형적인 조직이 되고 말았다. 향후 고위 공직자의 비리를 억제하고 예방하기 위하여 부패방지업무를 국민권익위원회에서 분리하여 입법부, 행정부, 사법부 그 어느 곳에도 속하지 않는 독립위원회 형식의 사정기구를 만들어 고위 공직자가 저지른 권력형 부패행위에 대한 엄정한 처리를 통하여 깨끗한 공직사회를 만들어 나갈 필요가 있다.

둘째로, 지방행정현실에서 행정법규 위반자에 대하여 제대로 된 집행을 하도록 제도화 할 필요가 있다. 적절한 예가 될지 조심스러우나, 가령 노점상의 단속과 같은 것이 여기에 해당한다. 노점상은 도로법상의 도로점용허가를 받지 않고 영업행위를 하는 것이므로 단속과 제재의 대상이 되어야 한다. 점포를 임대하여 정상적으로 영업하는 경우에는 임대료와 세금도 내면서 영업을 하는데 반하여, 불법영업에 해당하는 노점상 같은 경우는 도로점용료는 물론 세금조차 낼 리 만무이다. 물론 좋게 보아 서민들의 생계가 달린 문제이기 때문에 단속을 소홀히 하는 측면이 있는데, 이는 법치주의의 딜레마 현상이다.

이는 법규 위반자임에도 불구하고 이를 눈감아 주는 식으로 넘어간다고 해서 문제가 해결되는 것이 아니라 노점상의 영업을 위한 특별법을 제정하여 대처하거나 단속과 집행은 하되, 영세서민에 대하여는 사회보장차원에서 해결할 문제이다. 이러한 집행부전(執行不全)의 문제는 부지불식간에 법 경시현상을 확산시키고, 법을 지키는 사람은 손해보고, 오히려 법을 위반하는 사람이 이득을 보는 사회정의에 반하는 문제가 야기된다. 따라서 중앙정부에서는 지방행정 일선에서 법령과 조례를 제대로 집행하지 않는 사례가 줄어들 수 있도록 제도적 개선방안을 모색할 필요가 있다.

셋째로, 입법 과정에 이해관계인의 참여 통로를 보장하여 규범제정자와 수범자간의 정보비대칭을 극복하고 상호소통과 협력을 하는 시스템과 법제도를 만들 필요가 있다. 비록 행정절차법에서 입법예고제가 운영되고는 있으나, 입법예고를 거쳐야 하는 경우가 제한적이고, 국회의원 발의 법률안의 경우에는 입법예고 절차를 거치지 않아도 무방하도록 되어 있다. 더구나 입법 과정에 입법예고 절차만으로 국민의 공감을 이끌어 내는 좋은 내용의 법을 만드는 데는 한계가 있으므로, 법령제정이나 개정시 반드시 전문가의 감정의견을 첨부하도록 하거나 입법 과정에 공청회 등을 의무화하여 이해관계인의 참여와 의견제출 기회를 보장하여 국민의 의사가 입법에 제대로 반영될 수 있는 시스템 구축이 요망된다.

넷째로, 행정구제시스템을 전반적으로 정비할 필요가 있다. 최근에 행정심판법이 전면 개정되어 금년 7월부터 시행에 들어가지만, 행정심판법을 개정하는 과정에 관련 학계나 전문가의 충분한 공론화 과정이 생략되어 아쉬움을 금할 수 없다. 특히 지난 17대 국회에 제출되었으나 회기말에 통과되지 않아 폐기된 행정소송법 개정안도 계속 미루어 둘 것이 아니라, 급부행정영역에 있어 국민권리구제를 실질화하기 위하여 의무이행소송이나 예방적 금지소송 제도를 조속히 입법화할 필요가 있다. 이와 더불어 행정절차법과 행정심판법, 나아가 국가배상법 등 행정구제시스템 전반을 점검하고 보완하여 선진국과 견주어 손색이 없는 실질적 권익구제장치가 될 수 있도록 제도개선을 도모할 필요가 있다.

다섯째로, 조정제도 전반에 관하여 문제점을 개선하고 이를 활성화할 필요가 있다. 우선 정부차원에서 환경분쟁조정위원회 등 개별 법률에 근거를 두고 있는 각종 분쟁조정위원회 제도의 운영실태와 문제점 등을 파악하고 개선방향을 마련할 필요가 있다. 행정부처에 산재해 있는 각종 분쟁조정위원회가 부처별로 입법유형이 동일하지 않고 운영의 방식과 성과면에서 상당한 차이가 나기 때문에 이에 관한 총괄적인 기본법을 제정함과 아울러 운영실적이 저조한 분쟁조정위원회는 정비해 나갈 필요가 있다.

다음으로 민간조정이 활성화되지 않고 있다. 그 이유는 변호사가 아니면 유료로 조정이나 화해 등 법률사무를 취급할 수 없도록 되어 있는 변호사법 제109조 제1호 및 제112조 제1호가 상당한 제약으로 작용하는 바, 일본의 이른바 ADR촉진법을 제정한 사례가 시사하는 바와 같이 비록 변호사가 아니더라도 인증받은 민간조정기관에 의한 조정 등 분쟁처리를 허용하는 방향으로 민간형 조정을 활성화하기 위한 특별법 제정이 필요하다.

나아가 법원의 조정을 활성화할 필요가 있는데, 이와 관련하여 법원 근접형의 법원조정센터는 더욱 활성화하되, 법원 내부의 수소법원의 조정제도는 폐지하는 것이 바람직하다. 왜냐하면 사건을 담당하는 법관이 사건을 종결하려고 무리하게 사실상 조정을 유도하는 경우가 적지 않기 때문이다. 조정을 원하는 당사자의 요청은 묵살하면서 조정하기를 희망하지 않는 경우에도 반강제적으로 조정을 유도하여 사실상 "울며 겨자 먹기" 식으로 조정안을 수락할 수밖에 없는 경우도 있어 단순히 조정을 얼마나 성공했느냐 라는 형식적 처리 건수를 법관의 인사고과에 반영하는 시스템은 재고할 필요가 있다. 조정은 제3자의 중립적 지위에서 조정안을 내놓고 당사자의 자율적인 결정에 의하여 분쟁이 종식되는 분쟁해결 방식인 것이다.

끝으로 법치주의를 정착하기 위한 법제도 선진화를 위하여 국민의 준법의식도 매우 중요하다. 법을 지키는 것은 공직자에게만 해당되고, 국민의 준법은 법치주의와 무관하다는 잘못된 발상에서 벗어나야 한다. 물론, 일반국민보다는 공직자가 솔선수범하여 법령을 준수할 때 일반 국민의 준법의식이 더욱 높아질 수 있다. 결국 공직자와 국민은 법을 존중하고 이를 지켜야 하며 법의 준수를 회피하려는 모든 세력에 관용을 베풀거나 여기에 협력하지 않는 것이 중요하다. 그리하여 이른바 "떼법"이나 "국민정서법"이 헌법 위에 있다는 자조(自嘲) 섞인 말이 더 이상 나오지 않도록 하여야 한다. 그리고 준법투쟁이 더 이상 투쟁의 수단이 되지 않도록 규범력이 현저히 떨어지는 법령의 규정을 현실에 맞도록 지속적으로 개선해 나갈 필요가 있다.

법제도의 선진화 내지 개혁은 일조일석에 달성해 낼 수 있는 과제가 아니다. 정권의 교체나 선거 결과에 따라 정책방향이 180도 달라지게 된다면 국민은 혼란스럽고, 더구나 공행정은 예측가능성이 없게 되어 "깜짝쇼 금지"라고 하는 법치주의 정신을 훼손할 수 있게 된다. 따라서 국정책임자는 조급증을 버리고 장기적인 안목과 공익에 기초하여 법제도와 시스템을 개혁하고 선진화하여, 그야말로 국정이 합리적인 법제도와 시스템에 의하여 이루어지는 진정한 법치주의가 실현되고 정착되기를 기대한다.

출처 인권과 정의 시론 통권 제407호, 2010. 7. 1.

제**3**장

법률가와 문사철(文史哲)

1. 법률가의 길 − 스토아적 평정심(Apatheia)

스토아 철학에서 평정심을 의미하는 아파테이아(Apatheia)는 외부의 상황이나 타인의 행동에 의해 내면이 흔들리지 않고, 자신의 감정과 생각을 이성과 지혜로 통제하는 상태를 말한다. 그렇다고 감정을 억압하거나 무시하는 것이 아니라, 감정이 자연스럽게 일어남을 인식하면서도 그것에 휩쓸리지 않고 자신의 판단과 행동을 주체적으로 조절하는 것을 의미한다. 이러한 스토아적 평정심은 날씨와 같이 바꿀 수 없는 것을 긍정적으로 수용하고, 자신이 통제할 수 있는 것에 에너지를 집중하는 삶의 태도이다. 따라서 이는 자기 객관화, 긍정마인드, 그리고 균형감각 등을 그 구성요소로 하므로 법률가에게 매우 중요한 자질이 된다.

동서고금을 막론하고 법률가의 길은 크고 작은 부침과 우여곡절이 많다. 법률가가 때로는 성취와 환희를 상징하는 순풍(順風)의 국면을 보내기도 하지만, 시련과 고통으로 점철된 역풍(逆風)의 시간을 마주하기도 한다. 인생행로에 고통과 즐거움의 관계처럼 성공과 실패가 동전의 양면처럼 서로 맞물려 있다. 산이 높으면 골이 깊고, 골이 얕으면 산도 낮기 마련이다. 일반적으로 기쁨이 복(福)이요, 고통은 화(禍)라는 등식이 통용된다.

그러나 고통이 언제나 불행도 아니고 기쁨이 계속 지속되지도 않고 불행을 잉태하기도 한다. 그리하여 한비자는 『해로(解老)』에서 "복은 화를 의지하고, 화는 복에 기대어 있다(福兮禍所倚, 禍兮福所伏)"고 설파하였다. 기독교의 성서와 맹자 역시 고난과 시련이 인간을 연단하고, 더 큰 임무나 성취에 이르도록 하는 성장의 기회임을 강조한다. 그리하여 "이 또한 지나가리라(Hoc quoque transibit)"라는 경구는 고통의 순간뿐만 아니라 기쁨의 순간에도 해당된다.

세상사에는 음지가 있으면 양지가 있다. 주역 계사전에서 '일음일양지위도(一陰一陽之謂道)'라고 하여, 한 번은 음, 한 번은 양, 이것을 가리켜 도(道)라 칭한다. 서양의 스토아 철학자 세네카 역시 "운명은 우리에게 기쁨과 고통을 번갈아 안긴다. 중요한 것은 그것에 휘둘리지 않는 내면의 평정심이다"라고 하였다. 이처럼 평정심은 법률가가 마주하는 다른 사람과의 관계에서도 드러난다. 상대를 지나치게 적대시하거나, 자신의 감정에 휘둘려 극단적으로 대립하는 모습을 보이면 신뢰와 설득력을 잃기 쉽다. 주어진 상황을 객관적, 이성적으로 바라보며, 성실하고 끈기 있게 최선을 다하는 것은 법률가로서의 바람직한 태도라고 할 수 있다.

존경받는 법률가 중에 해방 후 검찰총장과 초대 법무부장관을 지낸 대구 출신 애산(愛山) 이인 선생이 있다. 그의 육연(六然)철학 중에서

‘득의담연(得意澹然), 실의태연(失意泰然)’을 들 수 있다. 이 말은 잘 나갈 때는 담담함을 잃지 않고, 힘들 때도 태연하게 임하라는 뜻이다. 변화무상한 인생행로에서 일희일비(一喜一悲)하지 않는 자세를 일깨워 주는 경구이다.

중당시대 시인이며 형부상서의 법조고위 관료를 지낸 백거이는 맹자의 『진심상(盡心上)』에 나오는 ‘달즉겸선천하(達則兼善天下), 궁즉독선기신(窮則獨善其身)’의 구절을 인생의 지침으로 삼았다. 그는 성공할 때는 함께 천하를 이롭게 선행을 베풀고, 어려울 때는 홀로 삼가며 수양을 쌓는 명철보신(明哲保身)의 처신으로 평정심을 유지하며 역경과 고초를 낙천적으로 이겨낸 대표적 인물이다.

법률가의 길에서 성취와 좌절이 교차하는 삶의 굴곡을 마주하게 된다. 이 때 ‘이것이 인생이다(C’est la vie)’라는 담담한 자세로 나아갈 필요가 있다. 운명의 운(運)을 파자(破字)하면 덮을 멱(冖), 수레 차(車), 천천히 움직일 지(辶)로 나뉜다. 이는 덮개를 덮은 차가 천천히 움직이는 것이므로 사람의 운명은 차의 뚜껑이 언제 열릴지 모른다는 시그널이다. ‘세사기일국(世事棋一局)’이라는 말처럼 한 판의 바둑에서 드라마가 펼쳐지듯이 우리의 삶도 예기치 않은 새로운 행마와 전선이 펼쳐지기도 한다.

결론적으로 스토아적 평정심은 최선을 다하고 결과를 담담히 받아들이는 진인사대천명(盡人事待天命)과 일맥상통하여, 오늘날 치열한 경쟁 속에서 살아가는 법률가가 간직해야 할 가치 있는 덕목(Arete)이다.

2. 법률가의 두 전형 — 사계(沙溪) 김장생과 추사(秋史) 김정희

조선시대에도 오늘날과 유사한 법적 전문성을 지닌 일련의 법률가 (Lawyer)가 존재했다. 다만, 오늘날의 판사, 검사, 변호사의 법조삼륜 (法曹三輪)과는 다르지만 법과 예(禮)를 연구하는 법학자는 그 시대나 오늘이나 크게 다르지 않다. 조선시대 법률가의 역할과 제도적 배경은 유교적 질서에 뿌리를 둔 예치(禮治) 사회 속에서 형성된 것이 특징이었 다. 예(禮)는 단순한 관혼상제나 도덕규범에 그치는 것이 아니라 유교적 통치이념이며 사회 질서를 유지하는 공법적 원리로 기능하였다.

이처럼 조선은 왕권과 신권이 상호 견제와 협력의 균형을 이루는 군 신공치(君臣共治)의 관료사회였다. 중앙집권적 군주제를 유지했지만, 성리학적 윤리에 근거한 왕도정치를 이상으로 삼아 절대군주제가 아닌 합리적 권력 분배의 형태를 취했다.

조선의 법전인 경국대전, 대명률, 국조오례의 등은 왕권의 행사를 제 도적으로 규제하고, 사헌부·사간원·홍문관으로 대표되는 삼사(三司) 는 신권의 중심 세력이 되어 언론 기능을 통해 왕의 정책을 비판하거나 시정하도록 요구할 수 있었다. 이러한 장치는 오늘날 삼권분립과 비슷 한 견제와 균형의 원리를 구현한 것으로 평가된다.

조선의 중앙 사법기구는 형조와 의금부, 사헌부, 한성부 등이 맡았다. 형조는 오늘날의 법무부와 법원의 기능을 겸했으며, 의금부는 왕명을 받들어 반역죄 등 중대 범죄를 직접 다루는 국왕 직속 특별사법관청이 었다. 지방의 관직인 수령(부사, 목사, 군수 등)이 민사와 형사사건을 함 께 재판했으며, 판결에 불복할 경우 관찰사, 형조로 이어지는 삼심제(三 審制) 절차가 마련되어 있었다.

오늘날 재판답지 않은 재판을 원님재판이라고 빗대지만, 사실 원님재판은 오늘날 판결 이유가 생략된 판결과 비교가 안 될 정도로 상세한 재판기록과 이유를 설시하고 있다. 오늘날 재판지연이 문제시되지만, 조선시대의 체송(滯訟)은 주로 긴 시간 동안 해결되지 않는 산송(山訟)이 대부분이다.

산송은 조상의 분묘와 관련된 대표적 민사소송으로 집안 간에 서로 양보도 없는 충돌이 반복되면서, 수십 년 또는 수백 년 동안 지속되는 경우도 있었다. 이는 부계 중심의 종법 질서와 깊은 관련이 있었다. 조선시대에도 재판 과정에서는 증거와 자백의 신빙성을 중시하고, 증거 없이 유죄로 판단하지 않는 등 근대적 법원리에 가까운 제도도 존재했다.

조선시대 법률가는 단순히 법문을 해석하는 관리가 아니라, 예와 법을 통합적으로 다루며 스스로를 수양하고 다른 사람을 다스리는 수기치인(修己治人)을 지향하는 선비이자 군자였다. 사계 김장생의 예치사상과 추사 김정희의 철저한 고증적 사고는 조선 법문화의 철학적 심층을 보여준다. 법이 곧 예(禮)이자 사회의 근본 질서로 기능했던 조선에서 법률가는 단순한 법률 해석자를 넘어, 인문학을 아우르는 문치(文治)의 실현자였다.

조선예학의 태두 사계 김장생

사계 김장생(1548~1631)은 예(禮)를 천리(天理)를 구현하는 사회 작동의 헌법 원리이자 인간 도리를 구현하는 법체계로 파악했다. "예는 통서(統緒)를 바르게 하는 것"이라는 관점에서 관혼상제의 가례를 체계화하는 차원을 넘어 국가적 통치의 규범을 정립하는 데 크게 기여하였다. 당대의 최고의 학자인 구봉 송익필로부터 예학을, 율곡 이이로부터 성리학과 경학을, 우계 성혼으로부터 도학을 전수받은 사계는 이를 자신의 아들 신독재 김집과 우암 송시열 등 280여 명의 그의 문인에게 전수하는 등 산림(山林)의 종장(宗匠)으로 평가받는다.

사계는 과거를 보지 않고 학문에 전념했으며, 정산현감, 안성군수, 철원부사, 익산군수 등 지방관과 성균관 사업과 공조참의, 형조참판 등 중앙 관직을 역임했으나 삶의 중심은 학문이었다. 조선예학의 태두라고 불릴 정도로 가례집람, 상례비요, 의례문해, 전례문답 등 오늘날의 법학 서적에 해당하는 예서를 체계적으로 저술하였다. 사계는 기존의 예론과 예설을 정리하였을 뿐만 아니라 안(按)으로 표시하여 자신의 독자적 견해를 피력하기도 하였다. 그는 제자 양성을 통해 조선예학 체계를 수립했고, 벼슬보다 학문을, 권력보다 법도를 선택했다.

특히 인조의 친부 정원군 추숭 논의에서 정원군은 이미 대통에서 분리되어 나갔고, 인조는 선조의 대통에 입적하였으며, 선조와 인조는 공적이며 의제적 부자관계에 있고 대통을 정원군으로부터 이은 것이 아니므로 아버지로 부를 수 없다는 것이었다. 사계가 정원군 추숭반대론의 예론을 고수했으나 왕권의 지지를 얻은 정원군 추숭찬성론에 밀려 좌절했다. 그러나 그가 세운 천하동례(天下同禮)의 예학적 기틀은 아들 김집과 제자 송시열, 송준길 등을 통해 조선 후기 노론의 예송논쟁과 기강이 무너진 사회를 지탱하는 예치사상과 유교적 헌정주의의 정치철학으로 발전하였다.

사계의 예학은 원칙을 중시하면서도 우리의 실정에 맞게 조정하는 시중지도(時中之道)를 따랐다. 사계는 현상 이면의 본질을 탐구하고 본질에 충실한 해법을 제시했는데, 이는 법조문의 기계적 해석을 넘어 법의 근본정신을 찾는 오늘날의 법해석론과 통한다. 또한 학문과 실천의 일치를 강조했다. 사계는 율곡 이이의 적장자로서 스승의 성리학의 박문(博文)은 충실히 이루어졌으나, 약례(約禮)가 부족하다고 하여 무너진 사회 기강을 위해 새롭게 예학을 체계화하였다.

성리학과 관련하여서도 흥미롭게도 스승 율곡의 인심도심설을 비판적으로 새롭게 전개하기도 하였다. 그의 저서인 의례문해에서 퇴계예학의 잘못된 부분에 대하여 논변하였을 뿐만 아니라 상제례답문변의(喪祭禮答問辨疑)라는 특별부록에서 34조목을 추려 반박하며 그의 스승인 구봉 송익필로부터 전수받은 예학을 정립하고 최고의 경지를 연법학자이며 법률가였다.

조선의 괴테(Goethe) 추사 김정희

추사 김정희(1786~1856)는 법학을 전공하고 변호사, 정치인, 대문호로 활동한 독일의 괴테와 같은 다방면에 탁월한 재능을 가진 폴리매스(Polymath)라고 할 수 있다. 그는 조선 후기의 대표적인 서예가이자 금석학자, 고증학자, 시인, 정치인이며, 문사철(文史哲)을 아우르는 법률가이며 예술가였다.

추사는 그의 스승 초정 박제가로부터 국제적 감각을 익히고, 청나라 최고의 석학인 옹방강과 완원을 스승으로 두었다. 그는 젊은 시절부터 철저한 실증과 검증을 학문의 기초로 삼았다. 북한산비를 진흥왕 순수비로 밝혀낸 고증 연구는 권위나 통념에 얽매이지 않고 사실에 기초해야 한다는 법률가의 자세를 보여준다. 그는 34세의 나이에 문과에 급제하여 세자시강원 설서, 보덕, 규장각 대교, 충청우도 암행어사, 의정부 검상, 성균관 대사성, 형조참판 등의 관직을 맡는 등 중앙 관료로서 활동하였다.

추사는 오늘날 법제업무를 담당하는 의정부 검상을 거쳤다. 이 뿐만 아니라 국왕의 특명에 따라 비밀리에 파견되어 지방관의 비리·불법에 대한 규찰(糾察)을 담당하는 암행어사로 활동하며 비인현감 김우명을 봉고파직하는 등 자신에 맡겨진 직분을 엄정히 수행하였다.

추사는 일찍이 부친과 함께 자제군관 자격으로 연경을 다녀온 경험이 있었고, 동지부사로 임명되어 재차 연경에 갈 수 있다는 희망에 부풀었다. 그러나 그의 정치적 영향력을 우려한 정적들이 윤상도 옥사를 재론하여 혐의를 뒤집어씌웠고, 추사는 억울하게 제주도에서 9년 가까이 위리안치의 유배생활을 할 수밖에 없었다.

추사는 제주 유배생활의 역경을 이겨내며 추사체라는 독자적 서체를 완성하였고, 세한도를 그려 조선 서예와 문인화의 경지를 한 단계 끌어올렸다. 아울러 그는 동국진체의 제1인자인 원교 이광사의 서체에 대하여 비평할 뿐만 아니라 백파 스님과 치열한 불교논쟁을 하는 등 학자적 비판정신을 견지하였다. 추사는 예술작품 감식에 탁월한 안목을 지녔으며, 비평은 금강안 혹리수(金剛眼 酷吏手)처럼 예리하고 엄정하게 해야 한다고 강조하였다

추사는 제주 유배 후 철종 즉위 초 진종 조천 논쟁에 휘말렸다. 영조의 장자 진종(효장세자)의 신주를 종묘에서 영녕전으로 옮기는 문제를 두고, 사계 예학의 정통을 잇는 홍직필은 왕위 승통을 이유로 조천을 주장했고, 영의정 권돈인과 추사는 혈통상 증조부이므로 불가하다고 맞섰다. 결국 집권 세력의 지지를 받은 홍직필의 주장이 받아들여지면서 권돈인은 파직되고 추사는 북청으로 재차 유배되었다. 이는 추사가 예술가를 넘어 헌법적 예론 논쟁에 참여한 정치가이자 법률가였음을 보여

준다.

두 갈래의 길 – 외길과 다방면

사계는 과거시험을 거치지 않고 학문에 전념한 학자였으며, 예학을 체계화한 인물이다. 그는 종구품(從九品)인 능참봉으로 관직을 시작하여 여러 지방의 목민관을 맡았으나 기본적으로 예학과 성리학에 전념한 학자였다.

반면 추사는 대과에 급제해 규장각 대교, 의정부 검상, 암행어사, 성균관 대사성, 병조참판 등 중앙의 주요 관직을 역임한 행정관료이자 예술가였다. 두 사람 모두 형조참판을 지냈고, 조선왕조실록의 졸기에 각각 '전 형조참판 김장생', '전 참판 김정희'가 졸했다는 기록으로 시작한다.

두 사람 모두 명문세가 출신으로 가학(家學)의 전통을 이어받았으나, 관직보다 학문과 원칙을 중시했다. 두 사람 모두 제자 양성에 힘썼으며, 정치 논쟁 속에서도 학문적 신념을 지키려 했다. 그러나 사계는 헌법논쟁의 성격을 띠는 원종 추승 논쟁에서, 추사는 진종 조천 논쟁에서 각각 자신의 주장을 피력하였으나 반대파의 정치적 세력 앞에 뜻을 관철하지 못하고 좌절했다.

학문 방법론에서도 두 사람은 대조를 이룬다. 사계는 연역적·규범적 사고로 보편적 원리를 현실에 적용했다. 예(禮)를 중심으로 한 당위의 세계를 탐구했다. 이에 반해 추사는 귀납적·실증적 접근을 통해 구체적 자료를 분석하며 '예(藝)', 즉 존재의 세계를 깊이 연구했다.

삶의 태도에서도 차이를 보인다. 사계가 학자로서의 절제를 유지하며 몸가짐을 신중히 하고 주색을 멀리한 반면, 추사는 예술적 감수성을 드러냈다. 부친의 평양감사 시절 추사는 기생 죽향과 시를 주고받는 교류를 통해 예술가적이며 인간적 면모를 보여주었다.

사계와 추사는 조선시대에 큰 족적을 남겼으며, 각각 I자형과 T자형 법률가의 전형을 보여준다. 사계는 예학이라는 특정 분야에 깊이 몰두하며 학문적 깊이와 지속성을 극대화한 I자형 전문가 모델이다. 한 우물을 판 그의 태도는 법의 근본 원리와 정신을 심도 있게 탐구하는 데서 오늘날 법학자들이 본받아야 할 중요한 자세를 제시한다.

반면 추사 김정희는 유불선(유교, 불교, 도교), 금석학, 예술 등 다방면의 학문을 넘나들며 융합적 사고와 창의력을 발휘한 T자형 융합 전문가에 해당한다. 그의 학문과 예술적 업적은 복잡하고 다양한 현대 사회에서 법률가가 여러 전문 분야의 지식을 법에 적용해야 함을 일깨운다.

오늘날 법률가들도 시대가 당면한 문제에 침묵하거나 외면하지 않으면서, 사계처럼 법의 근본 원리를 탐구하고, 추사처럼 사실에 대한 철저한 검증과 학제 간 융합을 통해 법의 현실 적용 능력을 강화하는 것이 필요하다. 이 둘의 공통된 교훈은 '학문에 대한 진정성과 비판적 관점'이다. 두 학자 모두 출세나 명예가 목적이 아니라 진리 탐구와 시대의 문제 해결에 헌신했다.

결론적으로 사계 김장생은 깊이 있는 한 우물을 파는 학문적 업적과 실천을, 추사 김정희는 다방면의 인문학적 안목과 탁월한 정신을 상징한다. 오늘날 법률가 역시 이론과 실천, 보편과 특수를 통합하며 법치주의와 정의 구현에 기여해야 한다는 점에서 조선시대 탁월한 법률가의 두 전형이 시사하는 바가 크다.

출처 로스쿨타임즈 [법과 인문학] 2025. 10. 22.

3. 법률가의 핵심역량으로서의 소프트스킬(Soft Skill)

최근 법률시장은 인공지능(AI)의 비약적 발전으로 근본적인 변화를 맞이하고 있다. AI는 법률 조문 해석, 판례 검색, 계약서 작성 등 과거 법률가의 전유물이었던 업무를 빠르게 대체하거나 보조할 수 있는 수준에 도달했다. 이로 인해 법학 이론과 실무적 지식, 즉 하드스킬(Hard Skill)의 중요성은 여전히 유효하지만, 그 상대적 비중은 점차 감소하고 있다. 법령과 판례를 토대로 한 전통적 법률업무가 자동화되는 시대에, 법률가에게 요구되는 역량의 중심축은 하드스킬에서 인간 고유의 감성과 상호작용, 창의성, 윤리적 판단 등 소프트스킬(Soft Skill)로 이동하고 있다.

소프트스킬은 효과적인 의사소통, 공감, 대인관계, 적응력, 지속적 학습, 팀워크, 비판적 · 창의적 사고, 감성지능, 회복탄력성, 성장 마인드셋 등 인간적 역량을 포괄한다. 이는 인문학이 다루는 영역이자, AI가 결코 대체할 수 없는 법률가의 본질적 영역에 속한다. 공자는 논어에서 '화이부동(和而不同)', 즉 조화를 이루되 자신의 입장을 견지하는 태도를 강조하였다. 이는 효과적인 의사소통과 조화로운 대인관계, 그리고 비판적 사고의 중요성을 일깨운다. 세파와 시류에 휩쓸리지 않는 부동심(不動心)을 견지하되 화합하는 화이부동의 정신과 부화뇌동(附和雷同)하지 않는 비판적 사고 역시 소프트스킬의 하나이다.

미국 로스쿨에서 소프트스킬은 단순한 법률지식이나 논리적 분석력인 하드스킬과 달리, 대인관계, 의사소통, 협상, 팀워크, 문화적 적응력 등 정성적이고 실질적인 역량을 의미한다. 미국 로스쿨은 전통적으로 소크라테스식 문답법(Socratic Method) 등 적극적인 구두 토론과 발표를 통해 의사소통 능력, 논리적 사고력, 즉흥적 대응력 등 소프트스킬을 체계적으로 훈련한다. 로스쿨 내에 설치된 임상교육기관인 리걸클리닉(Legal Clinic)을 통하여 의뢰인 상담, 협상, 문서 작성, 팀 프로젝트 등을 통해 실제 현장에서 요구되는 소프트스킬을 교과과정 속에서 습득할 수 있다.

이처럼 미국 로스쿨은 법률 전문가로서의 하드스킬뿐만 아니라, 실제 대형로펌 등의 취업을 위해서나 효과적 업무처리를 위해 소프트스킬의 교육과 체득을 매우 중시한다. 이는 법조 실무에서의 성공과 직결되기 때문에, 미국 로스쿨생은 소프트스킬 개발에 각별한 노력을 기울이고 있다.

독일의 법관법(Deutsches Richtergesetz)은 변호사를 비롯한 법조인의 양성교육에 있어 법의 윤리적 기초를 고려하고, 법에 대해 비판적으로 성찰할 수 있는 능력을 함양하도록 한다. 이와 함께 협상관리, 대화기술, 수사학, 분쟁해결, 조정(Mediation), 심문 및 의사소통능력 등 소프트스킬을 핵심자격요건(Schlusselqualifikation)으로 명시하고 있다. 이는 법학 지식만으로는 법률가의 역할을 온전히 수행할 수 없음을 시사한다. 최근 국제적 연구에 따르면, 법률가의 성공에는 하드스킬과 소프트스킬이 각각 50퍼센트의 비율로 동등한 비중을 차지하는 것으로 알려지고 있다. 최근 챗GPT 등 생성형 AI의 조력을 통해 손쉽게 법률적 업무를 처리하기도 하지만, 특히 분쟁 해결 과정에서 상대방의 입장을 공감하고 신뢰받는 법률가의 품성은 AI로 대체할 수 없는 인간의 역량이다.

오늘날 법률문제는 복잡하여 법학적 지식만으로 해결하기 어려운 난제들이 등장하여 다양한 분야의 융합적 지식이 요구된다. 이에 따라 법률가는 특정 법률분야에 대한 지식에 머무르지 않고, 타전공 분야와의 협력, 창의적 문제 해결, 학제간 연구 등 폭넓은 소프트스킬을 갖추어야 한다. 이러한 소프트스킬은 법학을 통하기보다는 인문학을 통하여 길러질 수 있는 역량이다.

우리나라의 로스쿨 제도는 도입 15년을 넘기며, 전체 변호사의 수가 4만 명을 상회하는 등 양적 성장을 이루었다. AI의 등장과 함께 법조시장의 경쟁이 치열해지고 있고 변호사시험 일변도의 로스쿨을 통한 법조 양성 시스템이 제대로 기능하는지 우려하는 목소리가 높다. 현행 로스쿨 교육은 여전히 변호사시험 합격을 위한 하드스킬에 치중해 있다.

이제는 미국과 독일의 사례를 벤치마킹하여 로스쿨의 교육과정에서 소프트스킬의 중요성을 인식하고 체계적으로 교육해야 할 단계에 이르렀다. 미래의 법률가가 급변하는 사회와 법률 환경에 능동적으로 대처할 수 있도록 제도적 틀과 환경을 만들어야 한다.

법조시장에서 스펙이나 학벌의 간판보다 타인의 처지에 대한 공감력인 역지사지(易地思之), 의뢰인을 위한 최적의 분쟁해결을 가능하게 하는 협상력, 사안의 핵심을 파악하고 사물의 본질을 꿰뚫어 보는 통찰력, 어려운 환경에서도 긍정 마인드로 잘 버티는 지구력, 큰 그림을 조망할 수 있는 안목 등 소프트스킬은 경쟁이 치열한 법조시장에서 법률가의 핵심역량이자 비장의 기술이 되고 있다. 로스쿨에서 변호사시험의 합격을 위한 교육에만 치중할 것이 아니라 큰 시야에서 소프트스킬 교육의 체계적 운영을 위한 로스쿨 제도 개혁을 진지하게 논의해야 할 때이다.

출처 로스쿨타임즈 [법과 인문학] 2025. 6. 24

4. 변호사시험 합격자 발표, 희비의 시간을 넘어

　인간의 세상사는 실력과 운에 좌우된다. 운칠기삼(運七技三)이라는 격언은 실력이 중요한가, 운이 중요한가에 대한 논쟁을 더 이상하지 말고 운이 70%이고, 실력이 30%라는 말이다. 그러나, 운도 실력이고, 실력도 운이다. 그런 의미에서 양자는 둘이 아닌 불이(不二)의 관계이다.

　법무부는 지난 4월 24일 제14회 변호사시험 합격자 1,744명의 명단을 발표했다. 실제 응시자 대비 52.28%가 합격하여 두 명 중 한 명꼴로 합격하였고, 처음 응시한 14기 초시 합격생의 합격률은 74.8%에 이르렀다. 변시 합격자 수와 관련하여 대한변협 측은 변호사 수를 1,200명 이내로 동결하자는 입장을, 로스쿨협의회 측은 오히려 합격 인원을 확대해야 한다는 주장을 내세우며 치열한 논쟁이 반복된다.

　전국의 로스쿨은 매년 합격률 변화에 따라 희비가 엇갈린다. 바둑에서는 대국이 끝나면 '복기(復碁)' 라는 과정을 거친다. 두었던 수를 하나하나 되짚으며 어떤 수가 좋았고, 어떤 수가 패착이었는지 분석하는 과정이다. 이 복기의 자세야말로 합격자든 불합격자든 꼭 필요한 태도다. 시험의 본질은 한정된 시간내에 절차탁마하면서 기(氣, 에너지)를 길러 기(技, Skill)를 펼치는 공정한 경쟁의 장(場)이라고 할 수 있다. 모든 시험이나 승부에는 승자와 패자가 나뉜다. 아울러 승패의 원인이 있기 마련이고, 그 원인을 명확히 분석하고 성찰하지 않으면 패배를 반복할 수 있고, 진정한 성장은 불가능하다.

새로운 출발을 응원하며

　무엇보다 먼저, 합격자 여러분께 진심으로 축하의 말씀을 전한다. 인생은 기차의 종점이 아니라 통과역(Durchgangsbahnhof)이라고 할 수 있다. 같은 맥락에서 변호사시험의 합격은 끝이 아니라 새로운 시작이다. 변호사시험의 합격과 동시에 변호사 자격이 취득된다. 따라서 로스쿨이라는 울타리를 넘어 법조인의 세계로 진출하는 시점에 그 첫발이 기쁨으로만 채워지기보다는 어떤 가치와 철학을 지닌 법률가가 될 것인지, 어떤 방식으로 사회에 기여할 것인지에 대한 고민도 함께 이어지면 더할 나위 없다.

변호사시험에 합격한 지금이야말로 자신의 로스쿨에서 3년간의 여정을 되돌아보아야 할 때다. 각 과목의 점수를 통해 자신의 강점과 약점을 냉정하게 분석하고, 그것이 장차 진로를 결정하는 데에도 유용한 정보가 될 수 있다. 단순도식화의 위험이 있지만, 가령 행정법에서 높은 점수를 얻었다면 공공부문 진출을, 상법이나 경제법에 강점을 보였다면 기업 법무 분야를 진지하게 고려해 볼 수 있다.

패인분석을 위한 복기과정 필요

이번 변호사시험에서 불합격의 쓴잔을 든 낙심한 여러분께도 진심 어린 위로와 격려를 전한다. 당면한 고통과 좌절은 오히려 앞으로의 법률가 인생에서 귀중한 자양분이 될 수 있다. 진정한 복기는 패배한 자에게 더 큰 의미가 있다. 성적표를 면밀히 분석하여 어느 과목, 어떤 유형에서 취약했는지 확인하는 것이 회복의 첫걸음이다.

이번 변호사시험에 운이 없어 합격하지 못했다는 것은 아직 준비가 덜 되었거나 더욱 보완할 점이 남아있다는 뜻일 뿐, 여러분의 가능성과 잠재력을 부정하는 것이 아닐 것이다. 추사(秋史) 김정희가 유배지에서 고통을 견디며 더 깊은 내면을 다져 나갔듯이, 이 좌절을 딛고 더 깊고 내공 있는 단단한 법률가로 성장할 수 있다.

지금 이 시기에는 잠시 짧은 여행을 떠나보는 것도 좋다. 혹은 평소 접하지 못했던 문학, 철학, 역사서를 읽으며 인문학적 소양을 쌓는 것도 바람직하다. 이러한 인문학적 성찰은 훗날 훌륭한 법률가로서 인간과 사회의 복잡성을 이해하고 각종 분쟁을 예방하고 해결하는 데 큰 자산이 될 것이다.

복기의 철학 그리고 법조인의 길

진정한 고수는 승패를 떠나 꾸준한 자기객관화의 과정을 통해 내면이 단단해진다. 합격자든 불합격자든, 이번 시험 결과를 삶의 중요한 성찰의 기회로 삼았으면 한다. 최근 AI 기술의 발전과 리걸테크의 부상으로 법률시장의 패러다임이 변화하고 있다는 점도 주목할 필요가 있다. 단순한 법률 검색과 문서 작성은 이미 자동화되고 있으며, 앞으로 법률가의 가치는 인간에 대한 깊은 이해와 윤리적 판단, 창의적 문제 해결 능력에서 발현될 것이다.

법률가의 진정한 역량은 법해석의 좁은 테두리에 갇히거나 법 지식의 단편적인 암기가 아니라 폭넓은 인접학문 분야에 대한 이해, 공익과 정의에 대한 열정, 상호 소통과 공감하는 능력, 끊임없이 배우는 학구열과 성장하려는 향상심에 있다. 여기에 더해, 협상과 조정, 커뮤니케이션, 코칭, 심문방식 등 다양한 소프트 스킬(Soft Skill) 역시 필요하다.

독일의 법조양성의 교육과정에서는 이와같은 소프트 스킬에 관한 교육을 중시하고 있으며, 변호사시험도 객관식이 아닌 사례형과 기록형 및 구술시험 중심으로 운영되고 있다. 우리 로스쿨도 단순한 변호사시험 위주의 교육에 치중할 것이 아니라 법률가의 다양한 역량을 키우는 방향으로 제도개선이 필요하다.

　매년 합격자 발표가 있을 때마다 반복되는 논쟁인 대한변협측의 정원 축소주장과 로스쿨협의회측의 확대 주장이 평행선을 긋고 있다. 오는 6월 3일 제21대 대통령 선거를 통해 새로운 정부가 들어서게 된다. 이제 로스쿨 시스템과 변호사시험제도를 국가차원에서 전면적으로 재검토하고 법조양성시스템에 대한 새로운 방향성을 모색할 단계가 되었다. 특히 변호사시험에서 판례 중심의 객관식 문제 출제는 리걸테크 시대에 부합하지 않는다. 더 이상 주로 판례 지문에 대한 진위를 묻는 선택형 '정답 맞히기' 방식이 아닌, 리걸 마인드와 법적 추론에 더해 협업과 창조적 분쟁 해결 능력과 의사소통 능력을 평가하는 제도개선을 도모할 필요가 있다. 변호사의 양산과 법조윤리에 반하는 징계사례가 늘고 있다. 단순히 객관식 필기시험으로 평가하는 데 그치는 법조윤리가 아니라 이를 실질적으로 함양할 수 있도록 제도적 방책을 마련할 필요가 있다.

　변호사시험 합격이라는 험준한 고지를 넘은 승자에게도, 아직 그 산을 오르지 못한 패자에게도 삶의 여정은 계속된다. 그 여정에서 중요한 것은 속도가 아니라 방향이다. 바둑판 위의 최선의 수를 찾는 과정에서 아름다운 대국을 이루듯이, 법률가의 삶도 작은 일부터 성실하게 하면서 큰 과제를 수행할 수 있게 된다. 특히 이번 변호사시험에 불합격하여 낙심한 분은 우리의 삶은 전화위복(轉禍爲福)과 새옹지마(塞翁之馬)의 과정이라는 것을 염두에 두고 심기일전하면 좋겠다.

　한비자는 「유로(喩老)」에서 "화는 복의 문이요, 복은 화의 집이다(禍爲福之門, 福爲禍之府)"라고 말했다. '이 또한 지나가리라(This too shall pass away)'라는 솔로몬의 명언도 있다. 이처럼 오래된 동서양의 지혜는 오늘을 사는 우리 모두에게 여전히 깊은 울림을 전해 준다.

제14회 변호사시험이 막을 내렸다. 합격과 불합격의 희비가 교차하는 이 시간을 넘어, 새로운 출발선 위에서 각자의 빛나는 내일이 펼쳐지기를 기원한다.

출처 ㅣ 로스쿨타임즈 [법과 인문학] 2025. 4. 30.

5. 로스쿨 출신 변호사시험 합격자에 대한 의무연수의 내실화와 지향점

새로운 법조양성시스템인 법학전문대학원(이하 "로스쿨"이라 한다)의 제1기 졸업생들이 제1회 변호사시험을 치르고 합격자 발표를 기다리고 있다. 변호사시험 합격자 발표가 4월 중에 나게 되면, 법조시장에 새로운 법조인력이 공급되어 활력이 생기고, 로스쿨 출신 변호사와 사법연수원 출신 변호사간에 중원축록(中原逐鹿)의 경쟁체제에 돌입하게 된다.

주지하는 바와 같이, 사법시험 합격자의 경우에는 사법연수원에서 2년간의 실무교육 과정을 이수하고 사법연수원을 수료하면 변호사 자격이 부여되는 데 반하여, 로스쿨 출신은 3년의 로스쿨 교육과정을 이수하고 변호사시험에 합격하면 변호사 자격이 부여된다. 다만, 로스쿨 출신은 6개월 이상 법률사무종사기관에 취업을 하여 법률사무종사를 하거나 대한변호사협회의 연수를 받아야 단독으로 법률사무소를 개설하거나 법무법인 등의 구성원이 될 수 있다.

변호사시험 합격자는 변호사자격이 있더라도 법률사무에 종사하거나 변호사 연수를 받는 6개월 동안 완전한 변호사로 활동하는 데 한계가 있다. 따라서 그 기간동안 소송대리인이 되거나 형사변호인이 될 수 없고, 의무적 연수를 마치거나 법률사무종사를 6개월 이상 한 경우에만 소속 변호사회에 개업신고를 할 수 있으며, 그 전단계에서 사건을 수임하거나 독립된 변호사로서 활동하는 것은 허용되지 않는다.

사회 일각에서 로스쿨 출신 변호사에 대한 6개월의 의무연수는 이들의 조기 사회진출에 장애가 된다는 점에서 폐지론이 대두되고 있지만, '기본 없이는 성공 없다(ohne Basis, kein Erfolg)'는 말이 있듯이, 변호사의 실무적 기량을 의무연수를 통해서 터득한 연후에 변호사의 개업을 할 수 있도록 하는 것이 바람직하다. 더구나 로스쿨 출신 변호사시험 합격자가 6개월 의무연수 없이 곧바로 단독으로 개업하여 사건을 수임하는 등 변호사 활동을 할 수 있도록 한다면, 자칫 업무능력이나 경험이 일천한 로스쿨 출신의 조기개업으로 인하여 의뢰인에게 부실한 법률서비스를 제공할 수 있어 개업을 위한 전제로서 의무연수제도를 마련한 것으로 볼 수 있다.

이와 같은 의무연수가 필요한 이유는, ① 기본적으로 법학지식을 묻지 않고 입학한 로스쿨생이 3년간의 법학교육과 실무교육만으로는 별도의 실무수습을 하지 않고 단독으로 개업하여 활동하는 데 한계가 있고, ② 현실적으로 로스쿨의 교과과정에 있어 법실무교육에 할당된 시간이 부족한 점에 비추어 변호사시험 합격 후 별도의 연수를 마련한 것은 합리적 이유가 있으며, ③ 변호사의 업무가 공익성을 요하고, 변호사의 자격은 전문자격으로, 개업의 전제로서 6개월의 의무연수를 거치도록 하는 것은 정책적으로 타당하다고 할 것이다. 다만, 현행 변호사법에서 규율하고 있는 바와 같이 법률사무종사와 의무연수를 이원화할 것이 아니라 변호사시험의 합격자는 기본적으로 의무연수를 모두 거치도록 하되, 다른 직역으로 진출하여 장기간 근무한 경우에는 일본의 경우처럼 의무연수를 면제해 주는 방향으로의 제도개선이 요망된다.

기본적으로 변호사의무연수는 대한변호사협회에서 관장하는 관계로, 변호사시험의 합격자가 공식적으로 발표되면 법률사무종사기관에 취업하지 못한 변호사시험 합격자를 상대로 의무연수교육을 실시하게 된다. 이와 같은 6개월의 의무연수는 장차 자신의 이름으로 사건을 수임하는 등 개업변호사로 활동하거나 법무법인의 구성원으로 등록하여 활동하기 위하여 필요한 요건이다.

따라서 로스쿨을 졸업한 변호사시험 합격자가 개업변호사로서 활동하기 위해서 필요한 최소한도의 기본적 지식과 능력을 습득하도록 함과 아울러 로스쿨에서의 교육의 연장선상에서 심화된 실무교육을 할 필요가 있다. 대한변호사협회는 향후 의무연수교육의 프로그램을 운영함에 있어 예산부족 등으로 고충이 많을 것으로 이해된다.

그러나 변호사연수를 형식적으로 운영하고, 변호사 의무연수의 문제를 로스쿨 자체의 실무교육 강화를 통하여 달성될 수 있는 문제라고 보아 부실한 의무연수가 되도록 한다면 로스쿨 출신 변호사의 질적 수준의 저하가 초래될 수 있다. 이로써 법률서비스를 받는 최종 소비자인 다수 국민에게 피해를 끼치게 되고, 그것이 부메랑이 되어 변호사 전체의 신뢰저하의 문제를 야기하게 될 뿐만 아니라 새로운 법조양성시스템인 로스쿨 시스템 자체가 취약하게 되는 결과를 야기할 수 있다.

이러한 문제의식을 토대로 변호사 의무연수를 어떻게 내실화할 것이며, 그 지향점은 어디에 둘 것인지에 대하여 생각해 보기로 한다.

첫째로, 대한변호사협회에서 연수교육 프로그램을 수립함에 있어서는 로스쿨에서의 실무교육의 상황을 기초로 하여, 보다 심화된 수준의 실무수습 프로그램을 만들어 운영할 필요가 있다. 변호사 연수가 느슨한 형태가 아니라 알차고 충실하게 운영되기 위해서는 연수의 이수실적과 강의에 있어 출석을 철저히 체크할 필요가 있다. 대한변호사협회는 연수교육의 지침을 정하여 이를 준수하도록 권고하고, 아울러 변호사시험 합격자가 연수를 성실하게 임하지 않는 경우에는 그 기간을 연장하여서라도 마칠 수 있도록 엄격하게 관리해 나갈 필요가 있다.

둘째로, 연수교육의 방식에 있어서도 집체교육과 개별 연수를 병행할 필요가 있다. 균질적인 교육을 위해 집체교육이 필요한 바, 이를 통해 변호사윤리, 변호사 보수 등 변호사의 정체성에 관한 교육과 법률상담, 교섭기술, 변호사 사무실 운영요령 등을 체계적으로 교육할 필요가 있다. 집체교육의 기간은 예산이 허용하는 범위에서 1개월 내지 3개월의 한도에서 적절히 정하는 것이 좋다. 아울러 일정기간 집체교육 후에는 개별적 연수도 병행하여 각종 소송기록을 토대로 서면을 작성하도록 하는 등 지도변호사에 의한 도제식의 실무연수도 필요하다.

셋째로, 변호사의 범용적 능력이 송무능력이라고 할 것이므로, 사건의 수임단계에서 집행절차에 이르기까지 개업 변호사로 활동함에 도움이 되는 실제 사건의 처리와 관련되는 변호사 업무의 절차 전반을 경력 있는 변호사로부터 전수받도록 할 필요가 있다. 아울러 대한변호사협회는 연수기간 동안 민사, 행정, 가사소송 등의 소장, 준비서면, 형사소송의 변론요지서, 보전소송 등의 신청서 등 변호사가 기본적으로 자주 접하는 각종 서면을 일정 분량 작성하도록 목표치를 정하고, 연수생들이 이를 충실히 이행하는지 여부를 점검할 필요가 있다.

넷째로, 로스쿨에서 배출되는 변호사의 상당수가 전통적인 송무분야에서 활동하기보다는 다양한 직역으로 진출할 것이 예상되므로, 국가 기관이나 행정부처 등에 진출하거나 기업 등에 사내변호사 등으로 진출하는 것을 염두에 둔 교육도 강구할 필요가 있다. 따라서 의무연수의 교육프로그램을 직접 운영하기 어려운 경우에는 위탁교육의 방식으로 법제능력, 입법정책적 제도설계능력과 법해석 능력, 의견서 작성능력, 계약서작성 및 검토능력 등 공공부문이나 기업법무에서 요구되는 법실무능력을 두루 갖출 수 있도록 다양한 교육프로그램을 제공할 필요가 있다.

끝으로 변호사시험에 합격한 로스쿨 출신 변호사가 내실있고 체계적으로 운영되는 6개월간의 의무연수를 성실히 받고 단독으로 개업하거나 다양한 직역으로 진출하여 새로운 활력을 불어 넣는 등 우리 사회 전반에 진정한 법치주의가 실현되고 정착되는 기폭제 역할을 하게 되기를 기대한다.

출처　인권과 정의 시론 통권 제424호 2012. 4. 1.

6. 법률시장의 변화와 송무 · 자문 변호사의 길

미국 건국의 아버지 벤저민 프랭클린(Benjamin Franklin)은 "1온스의 예방이 1파운드의 치료보다 낫다(An ounce of prevention is worth a pound of cure)"고 말했다. 그의 이 명언은 사전 예방이 사후 치료보다 훨씬 효율적이라는 말로, 오늘날 법률시장에도 그대로 적용된다. 그동안 법률시장은 소송 업무인 송무(訟務)와 송무 외의 법률서비스인 자문(諮問)의 투 트랙(two track)으로 운용되어 왔다. 송무는 법정을 중심으로, 이미 발생한 분쟁사건을 해결하는 변호사의 전통적 무대이다. 반면 자문 업무는 기업이나 공공기관의 의사결정 과정에서 리스크를 관리하고, 향후 분쟁을 예방할 수 있도록 미래지향적인 법률 검토와 의견을 제공한다. 이를 의학에 비유하면, 송무가 발생한 상처의 치료와 수술을 담당하는 치료의학인데 반해, 자문은 분쟁이 소송으로 나아가지 않도록 질병을 미리 막는 예방의학에 가깝다.

송무는 변호사만이 소송대리인으로서 수행할 수 있는, 법률 전문직 고유의 영역이다. 과거에는 송무가 전관(前官) 출신 변호사들이 기득권을 누리는 영역으로 인식되었다. 그러나, 이제는 실무에서 입증된 역량이 승패를 가르는 진검승부의 장으로 변화하고 있다. 한편 자문은 복잡한 산업 구조와 실무 전반에 대한 깊은 이해를 요구하는 고도로 전문화된 영역이다. 이러한 특성 때문에 자문 수요는 인적·물적 인프라를 갖춘 대형 로펌이나 특정 분야에 특화된 부티크(boutique) 로펌에 집중되는 경향이 관찰된다.

영국은 송무 변호사(Barrister)와 자문 변호사(Solicitor)를 엄격히 구분하지만, 우리나라는 제도적 구분 없이 업무의 중점을 어디에 두느냐에 따라 자연스럽게 전문 영역이 나뉜다. 송무와 자문은 전혀 다른 범주로 보일 수 있으나, 실제로는 상호 보완적이며 유기적으로 연결되어 있다. 자문 변호사는 자문결과가 향후 송무에 미칠 영향을 고려해 의견서를 작성해야 하므로 송무 역량이 필수적이다. 반대로 송무 중심 변호사는 소송에 앞서 전략을 세우고, 협상과 ADR을 통해 리스크를 관리하는 자문적 접근이 요구된다. 성공적인 변호사가 되기 위해서는 송무와 자문이라는 두 날개를 모두 활용할 수 있어야 하며, 한쪽 날개만으로는 전문가로 높이 비상하기 어렵다.

오늘날 AI의 등장은 법률시장의 판도를 바꾸며 송무와 자문의 구도를 재편하고 있다. 생성형 AI는 판례·법령 검색, 계약서 검토, 문서 초안 작성, 리스크 분석 등을 신속히 수행하며, 그동안 초임 변호사들이 담당해 온 기초적인 업무를 빠르게 대체하고 있다.

이로 인해 대형 로펌은 물론 중소형 로펌에서도 신규 채용 규모를 축소함에 따라, 저연차 변호사들이 자문 영역에서 실무 경험을 쌓기가 점점 더 어려워지고 있다. 이러한 환경에서 필요한 것은 단순한 진로 선택이 아니라, AI가 가져온 상시적인 변화에 대처할 수 있는 투지와 개척정신(Pioneer Spirit)이다.

송무·자문의 전통적 틀을 넘어서, AI시대의 새로운 블루오션으로 부상하는 데이터 보호 및 알고리즘 책임, 블록체인과 디지털 자산, ESG, 자율주행, 헬스케어, 그리고 스포츠·문화산업에 이르기까지 새로운 법률 영역을 적극적으로 개척해 나가야 한다. 이들 분야는 아직 규제가 완비되지 않아 법 규범과 사회 현실 사이에 상당한 공백이 존재한다. 그 공백을 메우며 양자를 연결하는 가교 역할을 수행하는 것이 바로 창의적인 법률가가 걸어가야 할 길이다.

과거에는 송무와 자문 역량을 두루 갖춘 변호사로 성장하기 위해 10년 이상의 꾸준한 수련이 필요했다. 하지만 이제는 AI를 효율적으로 활용함으로써 그 기간을 단축하여, 특정 분야의 송무와 자문을 아우르는 '송자겸비(訟諮兼備)'의 역량을 갖춘 완생(完生)의 법률가들이 늘어나는 추세이다. 대형 로펌 변호사는 한 영역에만 특화해도 경쟁력을 유지할 수 있지만, 중소형 로펌이나 개인 사무소 변호사는 두 영역을 모두 소화하는 '올라운드 플레이어(All-round player)'가 되지 않으면 생존하기 어렵다. 다행인 것은 AI의 도움으로 송무와 자문의 경계를 보다 수

월하게 넘나들며 통합적으로 업무를 수행할 새로운 기회의 문이 열리고 있다는 점이다.

그러나 AI가 대체할 수 없는 특화된 법률 업무만이 살아남을 것이며, 송무와 자문의 '크로스 프랙티스(cross-practice)'를 통해 대체 불가능한 역량을 키우는 것이 관건이다. AI의 미래에 대해서는 여러 논의가 있으나, AI기술이 아무리 발전하더라도 '게이트 키퍼(gate keeper)'로서 최종 결정과 책임을 지는 변호사를 완전히 대체할 수는 없다. AI는 기존 데이터에 기반하기에 과거의 기록에 매몰되거나 오류를 범할 가능성이 상존한다.

따라서 AI생성물의 환각(Hallucination)과 오류를 검증하는 작업은 법률 전문가인 변호사가 직접 수행해야 할 고유 영역이며, 이를 소홀히 할 경우 전문가로서의 권위와 명예에 치명적인 손상을 입을 수 있다. 결국 AI시대의 급변하는 법조 환경 속에서, 문무(文武)를 겸비하듯 송무와 자문 역량을 두루 갖추어 새로운 영역을 개척해 나가는 변호사들이 대거 등장하기를 기대해 본다.

출처 로스쿨타임즈 2026. 1. 21.

제2부 가산만필(佳山漫筆)

제 1 장

한국 행정법학의 토대형성

1. 목촌(牧村) 김도창 박사

한국 행정법학의 선각자이며 실천적 이론가인 목촌 김도창 선생님[1] 이 서거한 지 어느덧 10년이 지나갔다. 세월은 한 가닥의 바람이며(光陰 如一風), 인생은 그 바람에 떨어지는 하나의 낙엽과 같은 순간적 존재일 지도 모른다.[2] 목촌 김도창 박사 서거 10주기를 맞이하여 평생에 걸쳐 심혈을 기울인 법규개념과 행정규칙에 관하여 존경하는 목촌 김도창

. . . .

1) 목촌 김도창 선생님의 서거 10주기를 추모하며, 이 글에서 목촌 김도창 선생님의 호칭 을 학술대회의 명칭에 걸맞게 "목촌 김도창 박사"로 하기로 한다.
2) 목촌 김도창 박사는 공법연구 제27집 제3호(1999)에 기고한 '외로운 갑충처럼' 이라는 제목의 글에서 "이제 그럭저럭 파란에 찬 반세기가 지나서 인생의 황혼에 선 본인의 흉중에는 아무 것도 이루지 못한 자만이 누릴 수 있는 한 가닥의 회한과 허무의 바람 이 불고 있을 따름입니다" 라고 기술하고 있다.

박사의 학문세계와 이론체계를 중심으로 재조명하는 뜻 깊은 자리에서 발표를 하게 되어 기쁘고 영광스럽게 생각한다.

목촌 김도창 박사는 주어진 삶에 최선을 다하며 원칙에 충실한 바른 길(正道)을 견지하였고, 한국행정법학 70년史에 타의 추종을 불허하는 큰 업적을 남긴 학자이기 때문에 이 땅에서 행정법학이라는 무거운 짐을 지고 머나먼 길을 떠나는 자는 '김도창 행정법학'이야말로 반드시 거쳐야 하는 출발점이자 넘어야 할 목표점이기도 하다.

목촌 김도창 박사는 서울대 교수로 재직하고 있던 1963년 5월 서울대학교 법과대학 Fides지[3]에 기고한 "한국법학계의 현실과 그 장래"에 관한 특집논문에서 자신의 희망과 포부 내지 발원을 나타내는 글을 작성한 바 있다. 그 글에서 "우리나라에는 '공법학자다운 공법학자가 없다'는 말이 사회 일각에서 회자되고 있는데, 그런 말에 일일이 신경을 쓸 필요는 없지만 우리 사회에 제2의 A.V. Dicey 교수나 Otto Mayer가 나와야 한다는 법이 없는 동시에, 나오지 말라는 법도 없다. 우리의 현상에 만족하지 아니하고 있고 내일에의 희망으로서 美濃部達吉氏나 胡適博士 같은 세계적 학자가 배출될 것을 기대하고 있다. 비극은 현재의 무위에 있는 것이 아니라 그 무위에서 탈피하려는 꿈이 없는 데 있다"고 밝히면서 학자로서의 출발점에서 원대한 이상을 세웠고, 그것을 실현하기 위하여 최선을 다한 결과 뒤에서 살펴보는 바와 같이 그의 업적과 공헌을 통하여 한국공법학계의 최고의 권위자가 되었을 뿐만 아니라 세계적 수준의 학자의 반열에 올라섰다고 해도 과언이 아니다.

우리의 행정법학이 8.15 해방 후 황무지나 다름없는 척박한 환경을 극

3) 김도창, "공법학계의 Shall be와 Will be", Fides 10호, 1963. 5. 1, 15-18쪽.

복하면서 외국 특히 독일과 일본의 영향을 받으면서 발전되어온 것은 너무도 잘 아는 사실이다. 특히 법규개념과 행정규칙의 이론과 관련해서는 독일과 일본에서의 영향을 무시하고 논의하기 어려운 측면이 강하다고 할 것이다.[4] 이에 덧붙여 목촌 김도창 박사가 법규개념과 행정규칙론의 이론적 토대를 형성함에 있어 독일과 일본의 이론적 영향도 무시할 수 없으나, 법제처에서의 법제실무 경험도 적지 않은 영향을 미쳤다고 본다.

법규개념과 행정규칙은 행정법의 이론적 안개 속에 놓여있는 분야이면서 행정법학자마다 각자가 나름대로의 고유한 견해가 있을 정도로 아직도 끝나지 않는 지속적인 논쟁테마(Dauerbrenner)라고 할 것이다.[5]

본고의 논의의 진행은 먼저 김도창 박사의 학문세계와 가치관(II)에 대하여 고찰하면서 1. 목촌 김도창 박사는 누구인가? 에서 (1) 대인풍(大人風)의 학자로서 한국공법학계의 대표적인 실천적 이론가 (2) 한국행정법학의 정체성 확립과 이론과 실무의 가교 시스템을 형성하는 데 국궁진력(鞠躬盡力)한 선구자 (3) 공동적 협력 작업을 통한 한국의 법률문화의 향상에 공헌한 법률가로 자리매김할 수 있고 2. '김도창 행정법학'의 지향점을 (1) 헌법의 가치를 실현하는 구체화법 (2) 자유민주주의와 법치주의의 제도화 (3) 외국법학의 무비판적 수입지양과 중도적 비교법적 방법론에 대하여 살펴보기로 한다. 다음으로 3. 목촌 김도창 박

---

4) 우리는 학문이건 이론이건 과거로부터 벗어나서 갑자기 떨어진 이론은 별로 많지 않다. 아울러 그 이론도 순수한 국내이론이라기보다는 외국의 이론을 수용하는 가운데 발전된 것이 적지 않다. 법규개념과 행정규칙론도 그 중의 하나이다.

5) 그리하여 한국의 법규개념과 행정규칙론의 미래를 전망하려면 온고지신(溫故知新)에 따라 한국행정법학의 과거로 거슬러 올라가지 않을 수 없다.

사의 가치관을 하서 등 여러 문헌을 통하여 살펴보기로 한다.

목촌 김도창 박사의 학문세계와 가치관

• 목촌 김도창 박사는 누구인가?

(1) 대인풍(大人風)의 학자로서 한국공법학계의 대표적인 실천적 이론가

목촌 김도창 박사의 선배를 존중하고 후배를 보살피는 따뜻한 인정, 학자적 양심과 민주주의에 대한 투철한 신뢰에 대하여 유진오 선생이 찬사를 아끼지 아니하였는 바, 이처럼 김도창 박사는 관인돈후(寬仁敦厚)한 인품으로 인덕과 후덕을 겸비하였으며, 춘풍좌상(春風座上)의 경지에 올라선 대인풍의 학자라고 할 것이다.[6]

목촌 김도창 박사는 1950년 고등고시 사법과 제1회에 합격한 후에 판사, 검사, 변호사라고 하는 전통적 법조 삼륜의 직으로 진출하지 아니한 것은 아마도 고등고시를 준비하기 전인 1948년에 법제처 주사로 공직의 첫발을 내디딘 것과 연관이 있어 보인다.[7] 김도창 박사의 20대 시절

6) 배재식, "목촌 김도창 박사 화갑기념논문 간행사", 현대공법의 이론, 1982, 배재식 교수는 편찬위원회 대표로서 "오늘날 한국에 김도창 행정법학의 체계가 정립되고, 그 주위에는 재능 있는 후진 공법학자들이 많이 모여 들고 있음을 본다. 그것은 바로 김 박사의 학자로서의 타고난 재질과 빛나는 업적, 그리고 그의 후덕한 인품의 소치이다"라고 기술하면서 "소신대로 살아가는 그의 신조, 곧은 성품과 변함없는 소신은 그의 학자적 양심에 연유한다"는 취지로 목촌 김도창 박사의 학자로서의 의연한 모습을 생생하게 기술하고 있다.

7) 김도창, "법제처와 나", 법제처 40년사, 467쪽. 김도창 박사는 "해방 후 경성대학에서 현민 선생의 가르침을 받은 바 있었던 나는 오병헌, 한문수 형들과 함께 그분의 부르심을 받아 주사의 발령을 받고 새로 탄생한 대한민국정부의 공무원이 되었다. 우리 세

인 1950년대 초반에 어떤 연유인지는 몰라도 공직과 학문을 병행하면서도 특히 학문에 역점을 두어 공법학을 연구하면서 학계 일원이 되겠다는 결심은 우리 행정법학계의 크나큰 행운이라고 할 것이다.

목촌 김도창 박사의 학문이 공중에 떠서 공리공론에 흐르지 않은 것은 법제처에서의 입법사무에 종사하게 되어 행정 각 분야의 움직임을 알 수 있던 데 기인한다고 할 것이다.[8] 한 사람의 인생의 행로는 우연 같으면서 필연적으로 누구를 만나는가에서 갈라지기도 한다. 목촌 김도창 박사는 해방 후 1948년 유진오 선생의 권유로 법제처로 진출하여 공직생활을 하게 되었으며, 나아가 서울대 대학원의 민법 석사과정의 지도교수인 엄민영 교수의 연구실에서 유급 조교로 연구를 시작하였고[9], 나중에 엄민영 교수[10]가 내무부장관이 되어 1960년대 후반에 보사부 차관으로 강권에 가깝게 공직생활을 권유하다시피 하여 활동하였던 것으로 기술되고 있다.[11]

목촌 김도창 박사는 법제처의 법제관을 거쳐 법제국장, 보사부차관,

· · · · · · · · · ·

사람은 법제조사국에 배치되어 각국 헌법의 번역 · 출간사업에 착수하였다. 그러니 우리가 새 정부에서 한 일의 성격을 보면 대학의 연구실의 연장과 같은 것이어서 일반공무원의 경우와는 좀 다른 점이 있었고 우리는 매우 그것에 만족하고 있었다"고 회고하고 있다.

8) 김도창, "법제처와 나", 법제 40년의 회고, 법제40년사, 468쪽.

9) 김도창, 최송화, 특집 행정법(대담) 학계의 대화, 1984, 고시계 1984. 14쪽.

10) 엄민영 교수는 서울법대 부교수로 민법을 전공하고 있다가 시카고의 노스웨스턴 대학원에서 행정법을 전공하고 귀국한 뒤 1957년 경희대 법대학장으로 있으면서 행정법 강의를 맡았으나, 1960년 4.19 후에 참의원 의원, 5.16 혁명 후 국가재건최고회의 의장 고문, 1963년과 1966년에 내무부장관, 1967년에 주일대사의 현직에서 숙환으로 타계하였다. (김도창, 기획연재 한국법학 40년 ⑦ 행정법학의 회고와 전망(Ⅱ), 법정).

11) 김도창, "법제처와 나," 법제 40년의 회고, 476면; 김도창, 나와 서울법대, 진리는 나의 빛, 1994, 40쪽.

문교부차관, 국회의원, 법제처장까지 폭넓은 행보를 보였음에도 학계를 떠나지 않았고, 법제처 법제관으로 재직하면서 1954년부터 1957년까지 성균관대 법정대학 조교수로 겸직하면서 헌법과 행정법의 강의를 담당하였고[12], 변호사 활동을 하면서는 1984년부터 1991년까지 한양대 법과대학 대우교수와 전임교수로 재직하였으며, 1953년 3월부터 1994년 10월까지 42년간 서울법대의 강단을 줄곧 지켜왔다.[13]

유진오 선생의 회고에 의하면 "목촌 김도창 박사는 남다른 능력과 근면함에 더하여 천품의 치밀한 성격과 법제처에서의 다년간의 실무경험이 그의 학풍과 학자로서의 대성의 밑거름이 되었으며, 목촌 김도창 박사의 학풍은 공리공론을 배격하고 실정법질서를 있는 그대로 정확하게 파악함을 위주로 하여 실무와 학문 양면에서 큰 공적을 이룬 학자이다"라고 평하고 있다.[14]

목촌 김도창 박사는 대학의 전임교원으로 재직하는 동안은 물론이거니와 행정부에 있을 때나 국회의원으로 활동할 때 나아가 변호사로 개업하였을 때, 연구활동이나 강의활동을 한 번도 중단한 적이 없을 만큼 학문에 대한 열정이 각별하였다.[15]

해방 후 혼란한 시기를 거쳐 1960년대부터 개발과 도약의 시기에 있어 한국행정법학의 기틀을 마련해야 하는 과제 앞에서 목촌 김도창 박사는 이론과 실무의 양전(兩全)을 갖춘 실천적 이론가로서 그 역할을 맡

---

12) 목촌 김도창 박사 고희기념논문집 연보 외 이광윤 교수의 증언 등을 참조함.
13) 김도창, "외로운 갑충처럼", 공법연구 제27집 제3호, 1999, 102쪽.
14) 유진오, "김도창 박사와 나", 목촌 김도창 박사 화갑기념논문, 현대공법의 이론, 학연사, 1982, ii-iii쪽.
15) 최송화, "고 목촌 김도창 박사, (전 법제처장)", 법제인코너, 2005. 9, 147쪽.

기에 적임자였고[16], 목촌 김도창 박사 1주기 추도논문에서 성낙인 교수
는 목촌 김도창 박사를 행정법이론과 실무를 가장 조화롭게 실천한 분
이라고 회고하고 있다.[17] 이처럼 건국 이후 학문이 일천하고 이론적 기
초가 제대로 마련되지 않은 상황에서 행정관리의 경험을 가진 사람은
있어도 행정법학을 체계적으로 이론적으로 연구한 사람이 태무한 상황
에서 그 공백을 목촌 선생이 메꾸었을 뿐만 아니라 실무와 학문의 양면
에서 큰 업적을 이루었으며 행정법학을 이론적으로 체계화 하였다고
할 수 있다.[18]

　목촌 김도창 박사는 법제처에 근무하면서도 대학에서 강의를 계속함
과 아울러 1956년 행정법각론, 1958년 행정법(상)이라고 하는 표준적인
행정법 교과서를 발간하고 새로운 법령과 판례 및 최신의 국내외 이론
을 담아 개정판을 매년 내는 등 최선을 다하는 성실한 자세를 몸소 보여
주었으며 한국의 대표적인 행정법 학자로서의 사명감으로 한국 행정법
학의 발전에 기여해 왔다고 할 수 있다.

　목촌 김도창 박사는 학자다운 학자가 양성되어서 나올 때까지 학문의
교량역을 맡겠다고 나선[19] 행정법학의 학문적 제1세대의 선도자로서 행
정법학의 발전의 터전을 마련하고 꾸준히 가꾸어 온 대인풍의 학자이

---

16) 최종고 교수는 대한변호사협회 신문에 2014. 12. 9. 기고한 [역사 속의 법과 인간 4]
　　'김도창(1922-2005)과 목촌 법률상' 이란 글에서 김도창 박사를 법학계와 실무계를 연
　　결하는 전형적인 법률가로서 지칭하였으며, 아울러 목촌 선생은 김도창 행정법학의
　　건설자이며 한국행정법학의 초석을 놓았다고 기술하고 있다.
17) 성낙인, 한국 공법학과 목촌 김도창－이론과 실무의 통합적 개척자, 김도창 교수 1주
　　기 추도논문, 서울대 법학 제47권 제3호, 445쪽 이하.
18) 유진오, "김도창 박사와 나", 목촌 김도창 박사 화갑기념, 현대공법의 이론, 1982, ii쪽.
19) 김도창, "나와 서울법대", 서울법대 동창수상록 1, 진리는 나의 빛, 경세원, 1994, 34쪽.

며[20], 한국 공법학계의 대표적인 실천적 이론가라고 할 것이다.

(2) 한국행정법학의 정체성 확립과 이론과 실무의 가교 시스템을 형성하는 데 국궁진력(鞠躬盡力)을 한 선구자

행정법은 법령, 판례, 이론의 삼위일체로 이루어졌는 바, 이와 같은 삼위일체의 발전과 전개과정에 있어 기본적 토대와 기틀을 형성하는 데 목촌 김도창 박사의 공헌을 떠올리지 않을 수 없다.

목촌 김도창 박사는 5.16 후에 법제국장으로 재직하면서 그때까지 헌법 제100조에 의하여 계속 시행되던 모든 구 법령(특히 일제법령)을 1962년 1월 20일을 기하여 전부 폐지하는 내용의 구 법령 정리에 관한 특별조치법을 직접 기초하여 통과시켰으며, 이로써 해방된 지 17년 만에 실질적으로 일본법의 지배가 종식되는 계기를 마련하였다.[21] 아울러 한국행정법학의 황무지적 환경에서 새로운 행정법 이론체계를 수립하고 한국 행정법학의 학문적 정체성을 확립하고 기틀을 형성하는 데 최일선에서 노력한 학자라고 할 것이다.

목촌 김도창 박사는 새로운 이론체계를 담고 있는 표준적인 행정법 교과서뿐만 아니라 주옥같은 논문의 발간과 공직활동, 법무부 행정심판법안·행정소송법안 심의위원회 위원장, 총무처 행정절차법 심의위원회 위원장 등 다방면의 활약을 통하여 당대 추종을 불허할 정도로 우뚝 선 그야말로 한국행정법학의 선각자로서 한국행정법학의 개척기에

20) 목촌 김도창 박사의 제자인 김철용 교수의 고희기념 헌정사와 팔순기념 헌정사에서 "우리나라 공법학 특히 행정법학의 발전의 바탕을 마련하시고 이를 꾸준히 가꾸어온 선도자"로 묘사하고 있다.
21) 김도창, "외로운 갑충처럼", 공법연구 제27집 제3호, 1999, 102쪽.

새로운 길을 내고 그 길을 뚜벅뚜벅 걸어갔으며, 한국공법학계의 청사에 남을 발자취를 남겨놓았다.

목촌 김도창 박사는 법학이 사람을 길러내는 인간학이고, 상식을 가진 지도자를 연마시키는 지도자학인 동시에 사회의 미래상을 설계하는 미래학이라고 역설하였다. 아울러 우리 법학이 번지 없는 주막처럼 번역법학에 안주해서는 안 될 것이라고 역설하였다.[22] 후학의 교육과 관련하여 선견지명을 갖고 이미 1980년대에 대학에서 법조인을 양성할 필요가 있다는 점을 미리 내다보았으며, 이처럼 법대 출신을 교육함에 있어 미시적인 법률기사를 길러낼 것이 아니라 이 사회를 짊어질 지도자를 배출하여 법치가 정책의 뒷전으로 밀려나지 않고 법의 소양이 없는 사람들이 법치행정의 영역을 맡는 일이 없도록 대학교육과 국가인력정책의 정비를 촉구함과 아울러 법학을 전공한 우수한 두뇌집단이 행정부처의 변두리로 밀려나는 두뇌유출경향을 걱정하기도 하였다.[23]

그러면서도 목촌 김도창 박사는 법률가는 시대감각을 간직하여야 하고 사회변화의 현실에 능동적으로 대처하지 않으면 그 현실이 사람을 반격하거나 포기할 것이라고 역설하였다.[24] 이처럼 목촌 김도창 박사는 한국 행정법학의 선각자로서 뿐만 아니라 선구자로서의 면모를 갖추신 분이다. 당대를 바라본 것이 아니라 후학을 지속적으로 격려하고 미래를 내다보는 삶을 견지하였다.

• • • • • • • • • •

22) 김도창, "한국법학의 과제소고", 공법연구 제19집, 1977, 김도창, 법학교육 1백년 특별좌담, "법 맑아야 법치주의 된다", 401쪽.
23) 김도창, "나와 서울법대", 1994, 48쪽.
24) 김도창, "환경법세미나에 붙여", 서울대 법학 제22권 제2호, 1981, 2-3쪽.
25) 김도창, 행정법(상), 1973년판 서문.

목촌 김도창 박사는 '내일을 위하여 다리를 놓는 사람'[25]처럼 후학을 위한 시스템을 형성하였는 바, 하나는 하드웨어로써 한국행정판례연구회의 발족이고, 다른 하나는 소프트웨어로써 1970년대 한국행정과학연구소에서 발간한 행정판례집의 간행이라고 할 것이다. 1970년대 초반에 한국행정과학연구소를 설립하고 1970년대 중반부터 한국공법학회의 부회장으로 활동하다가 1985년부터 1년간 회장으로 활동하였고, 명예회장으로 후학을 정신적으로 지도하였다. 아울러 한국행정법학의 발전을 위해 한국행정과학연구소의 이사장으로 학술활동과 더불어 한국행정판례집 (상), (중), (하)의 발간은 하나의 행정법학계의 금자탑을 이룬 것이라고 할 수 있다. 이처럼 공직에서의 활동을 하면서도 학계의 끈을 놓지 않았으며, 1984년 이론과 실무의 교류를 가능하게 한 한국행정판례연구회를 결성한 업적을 높이 살 수 있다. 당시 판례집이 제대로 나오지 않은 단계에서 체계적으로 분류한 행정판례집의 간행은 한국 행정법학의 발전에 밑거름이 되었을 뿐만 아니라 견인차 역할을 하였다.

이처럼 목촌 김도창 박사의 학자적 삶은 공리공론을 배격하고 이론과 실무의 가교역할을 하였는 바, 판례의 중요성을 일찍 깨우쳐 행정판례집의 간행과 더불어 판례를 연구할 수 있는 학문적 공동체의 창립을 하기에 이르렀다. 목촌 김도창 박사의 선견지명으로 1984년에 발족한 한국행정판례연구회에서 학계와 실무계가 매달 월례발표회[26]를 통해서

26) 한국행정판례연구회는 1984. 12. 11. 제1회 월례발표회를 개최한 이래 2015. 6. 현재 제307차에 이르는 월례발표회를 개최한 바 있다. 제1회 발표는 김남진 교수의 "청문을 결한 행정처분의 위법성"과 이홍훈 전 대법관의 "도시계획과 행정거부처분" 이다. 필자는 1990년에 한국행정판례연구회에 가입하여 월례발표회에서 10회 이상의 논문을 발표한 바 있다.

교류하고, 특히 이러한 모임을 통하여 행정법학이 개념법학적 사고에서 벗어난, 학계와 실무계의 활발한 대화를 통하여 행정법에 관한 이론과 실무가 조화되는 행정법연구가 촉구되는 한편, 행정법판례의 건전한 비판과 검토를 통하여 판례문화의 질적 향상이 도모되어 우리나라 행정법학의 명실상부한 선진화를 위하여 국궁진력(鞠躬盡力)[27]한 분이 목촌 김도창 박사라고 할 것이다.[28]

(3) 공동적 협력 작업을 통한 한국의 법률문화의 향상에 공헌한 법률가

① 법률학 사전 등의 발간

법학계는 물론 법조계에서도 일인성주(一人城主)와 같이 각자 자기의 성에 안주하고 있는 학문적 풍토하에 목촌 김도창 박사는 공동의 연구와 협력 작업에 있어 각별한 역량을 보여주었다. 1949년 서울법대 조교로 남게 되면서 김증한 교수, 유민상 선생과 3인이 Jenks의 "Digest of English Civil Law(영국민법휘찬)"을 공동으로 번역하였고, 6.25 사변의 처절한 전란 속에서도 청구문화사 이원경, 이건춘의 주선으로 김증한 교수, 안이준 변호사와 3인 공동으로 피난생활을 하는 부산에서 합숙을 해가면서 우리나라 초유의 법률학사전 편찬을 위한 편집일을 주도하다시피 하였으며, 200여 명이 넘는 필자들과 공동으로 하는 작업의 어려

---

27) "국궁진력(鞠躬盡力), 사이후이(死而後已)." 이 뜻은 "공경스럽고 신중함을 지키며 온힘을 다 바치고 죽은 후에야 멈춘다"라는 뜻으로 제갈량의 후출사표에 나오는 말이다. 목촌 김도창 박사의 삶이 죽을 때까지 최선을 다하듯이, 겸손하면서 나라에 헌신하는 목촌 김도창 박사의 삶을 적절히 표현하는 말이라고 할 수 있다.
28) 서원우, 간행사, 행정판례연구 제1집, 1992.

움을 절감하기도 하였다.[29]

한편 1964년에 법문사 발행의 한국 유일의 법률학 사전도 국내법학계를 총동원하다시피 하여 교수와 실무가들이 직접 공동집필함으로써 완성한 공동작업의 산물이다. 목촌 김도창 박사는 1968년 추보서를 쓰면서 돌이켜 2년 전에 이 사전을 편찬하던 당시를 회상하면 자못 흉중에 왕래하는 감회를 금하기 어려운 점이 있다고 전제하고 세상에 쉬운 일 같으면서도 어려운 것이 학계의 공동 작업이라는 점을 실토하고 있다.[30]

② 행정법 교과서의 발간

목촌 김도창 박사의 행정법 교과서는 서문에서도 잘 나타나 있듯이 여러 학자와 실무가의 협력작업의 소산이라는 것을 알 수 있다. 가령 정현 박윤흔 박사 화갑기념 논문집[31] 서문에서 "시대의 추이에 따라 혹은 당구, 혹은 등산, 혹은 골프, 혹은 여행 등 같이 어울려 즐기곤 했던 것은 즐거운 추억으로 남아 있다. 그러는 가운데, 내 저서나 논문을 쓰기 위해 서울시내 이곳 저곳 조용한 호텔을 찾아서 일할 적에, 박 박사가 항상 합숙을 하면서 자기 일처럼 도와준 일들을 나는 내 인생 다할 때까지 잊지 못할 것이다"라고 추억하고 있으며, 아울러 청담 최송화 화갑

---

29) 김도창, "청헌 김증한 교수를 추도함", 고시계 1988, 11, 210쪽.

30) 김증한 책임편집위원, 법률학사전, 법문사, 1966. 김도창 박사는 "이 법률학사전은 지식의 집대성이라는 것 이상으로 성의의 집대성임을 부인할 수 없다. 그 무수한 성의들이 활자의 형태를 빌려 이 사전의 생명 속에 영원히 맥박치고 있을 것이고, 또한 사전의 형태를 빌려서 우리의 정신세계 속에 길이 협동의 발자취를 남길 것임을 의심하지 아니한다"고 설파하고 있다.

31) 김도창, 하서, 정현 박윤흔박사화갑기념논문집, 행정상의 손실보상의 주요문제, 박영사, 1997.

기념논문집[32]의 하서에서도 "나와의 관계에 있어서는 40년 이상을 두고 학문의 세계에서 고락을 같이해 왔다. 특히나 행정법관계 저술이나 판례 연구 등에 있어서 나는 그에게 큰 빚을 지고 있는 셈이다"라고 술회하고 있다. 이런 점을 보면 목촌 김도창 박사의 제자인 두 분뿐만 아니라 여러 학자나 실무가들과 대화와 협조 속에서 한국의 대표적이며 표준적인 행정법 교과서의 수준을 높이기 위해 어떤 노력을 기울여왔는지 알 수 있다.

더구나 보건사회부 차관으로 재직하고 있었던 1969년에 김도창 박사의 행정법 교과서 상·하권을 전면적으로 손질한 후 작성한 신고초판 머리말에서 "사실은 지금의 저자의 형편으로는 행정법 상·하권을 전면적으로 손질한다는 것은 거의 불가능에 가까운 일이다. 그럼에도 불구하고 이 거창한 작업을 끝낼 수 있었던 것은 오로지 저자 주위의 피땀 어린 협력의 결과라는 것을 인정하지 않을 수 없다. 6개월 동안을 합숙하면서 그들의 정력과 시간을 몽땅 이 저작에 받쳐주지 않았던들 이 책은 나오지 못하였을 것이다"라고 술회하고 있다.[33] 아울러 행정법 교과서의 개정판 서문에서 조력한 여러 학자와 실무가의 이름이 거명된 점에 비추어 이는 감사의 표시로만 읽히기보다는 개정판을 내는 과정에서 지적인 공동의 협력 작업의 소산이라는 것을 판독할 수 있다.

③ 행정판례집 (상), (중), (하) 및 4인 공저 판례행정법의 발간
목촌 김도창 박사는 1972년부터 1976년까지 약 5년에 걸쳐 행정판례

---

32) 김도창, 하서, 청담 최송화교수화갑기념논문집, 현대공법학의 과제, 2002.
33) 김도창, 일반행정법론(상), 1969. 6, 3-4쪽.

의 조사와 편집작업을 사설 연구소인 행정과학연구소 이사장의 직에 있으면서 편집대표로서 최전선에서 진두지휘하면서 판사, 교수, 변호사 및 법원 직원, 편집보조위원과 한국행정과학연구소 직원 등 공동의 협력작업의 산물인 행정판례집 (상), (중), (하)를 발간하였다. 당시 황산덕 박사의 추천사에도 있듯이, "일반적으로 공동연구라는 것이 지난하다는 것, 더욱이 법학계와 법조계의 공동노작이 이루어진 예가 많지 아니한 현실에 상도할 때, 이 행정판례집의 간행은 그러한 점에서 큰 의의가 있다고 하겠다." 이어서 1980년에는 서울대 법학연구소 판례교재 시리즈의 일환으로 김도창, 서원우, 김철용, 최송화 교수 4인 공저형태의 판례교재 행정법을 법문사에서 발간하여 케이스 메소드에 대응할 수 있도록 노력하였으며, 이 역시 공동작업의 결실이라고 할 것이다.[34]

④ 한국의 법률문화 향상에 기여

목촌 김도창 박사는 1983년 변호사로 활동하면서 대한변호사협회가 시상하는 제15회 한국법률문화상을 수상하였다. 이때 받은 상금의 일부를 행정판례연구회의 기금으로 희사하면서 뜻을 같이하는 21인의 학자와 실무가가 행정판례의 연구를 통하여 학계와 실무계의 교류와 협력을 도모하는 연구단체의 설립 필요성을 절감하고 1984. 10. 27. 창립모임을 갖고 한국행정판례연구회를 발족하였다.[35]

34) 김도창, 서원우, 김철용, 최송화 4인 공저형태의 법문사 발행의 판례교재 행정법은 2009년 법학전문대학원의 출범 후 한국연구재단의 연구용역사업의 일환으로 4인(김용섭, 신봉기, 김광수, 이희정)이 공동으로 저술한 법학전문대학원 판례교재 행정법 (법문사, 2009)의 모델이 된 책이라고 할 것이다.
35) 최광률, 연구회 약사, 행정판례연구 제1집 1992.

이처럼 김도창 박사는 법률학 사전의 두 차례 발간과 표준적인 행정법 교과서의 발간과 지속적인 개정판의 출간, 행정판례집의 간행[36] 및 행정판례연구회의 결성 등 공동적 협력작업을 통하여 한국의 법률문화의 향상을 위한 비상한 노력을 경주하였다.

• '김도창 행정법학'의 지향점

(1) 헌법의 가치를 실현하는 구체화법

목촌 김도창 박사는 대한민국 정부수립 직후 서울대학교 법과대학을 졸업하자마자 바로 대학원 석사과정에 재학중이던 1948년 11월 법제처에 공직의 첫발을 내딛었다. 목촌 김도창 박사는 법제처에서 처음에는 각국 헌법의 번역업무를 담당하였고, 나중에 법제관으로 법제업무를 담당함과 동시에 1954년부터 성균관대 법대의 조교수로 겸임 활동을 하면서 서울대 법과대학에 시간강의를 하였는데 헌법과 행정법의 강의를 동시에 하였다.[37]

헌법의 교과서를 집필하려다가 단념하였으나 행정법학에 주안점을 두는 것과 아울러 당시 공법학계의 관행처럼 목촌 김도창 박사도 헌법에 대한 관심을 지속적으로 유지하였다. 특히 목촌 김도창 박사는 법제처 법제관으로 재직하고 있으면서 법제1960년 5월호에 게재한 "헌법개

36) 목촌 김도창 박사는 1976년 발간된 행정판례집 머리말의 서두에서 "체계적인 행정판례집을 집대성하는 일은 법학도이며 법조인으로서 그리고 특히 행정법을 전공하는 사람으로서, 행정 대 사인관계의 원활화와 나아가서 이 나라 법률문화의 향상 발전을 위하여 평소에 생각해 온 하나의 숙원사업이었다"고 밝히고 있다.
37) 성낙인, "한국공법학과 목촌 김도창", 서울대 법학 제47권 제3호, 2006, 451면.

정안에 대한 해설과 비판"에서 '헌법이라는 이름의 소아복'으로 칭하면서 "어떤 외국학자는 '헌법은 국민의 의복이다. 국민의 성장과 함께 발전하지 않으면 안 된다'고 하였다. 우리의 경우에는 국민이 성장하여 제2공화국이라는 중학교에 입학하였음에도 불구하고 그 의복만은 초등학교에서 입던 신통치 않은 아동복을 고쳐서 그대로 입고 다니는 격이 되고 말았다"고 하면서 제3차 내각책임제개헌안에 대하여 비판적으로 고찰하고 있음을 알 수 있다.[38] 또한 목촌 김도창 박사는 제3공화국 헌법심의위원회 전문위원으로 1962년 8월 23일 제3공화국의 헌법심의를 위한 공청회에 헌법학계의 기라성 같은 문홍주, 박일경, 한태연, 유진오 박사 등과 함께 참여하고 있다.[39]

한편 1976년부터 제9대 국회의원으로 활동하였으며, 1979년 유신체제가 붕괴한 후 최규하 권한대행체제 하에서 비교적 짧은 기간동안이지만 법제처장과 더불어 정부헌법개정심의위원회 간사장을 겸직하면서 새로운 헌법개정을 위한 분주한 활동을 하다가 서울의 봄에 이은 최규하 권한대행의 퇴임 등과 맞물려 일체의 공직에서 사임하였고, 1980년대 중반에 법무부의 행정심판법안·행정소송법안 심의위원회 위원장을 맡거나 1990년 초 한국법제연구원 초대이사장을 맡은 이외에 일체의 공직에 참여하지 않고 학자로서의 제 자리를 지켰다.

목촌 김도창 박사는 행정법학 30년의 회고에서 "우리 헌정사를 돌이켜 볼 때 그동안에 있었던 7차의 헌법적 변동은 행정법의 존재양식에

---

38) 사법과 지방자치에 관한 부분에서 목촌 김도창 박사는 "사람의 생명을 지배하는 자는 그 마음을 지배한다"고 하면서 사법이나 지방자치단체에 있어서의 생명이란 인사와 재정으로 보고 있다.

39) 한국공법학회, "한국공법학회 50년사 자료집 I (1908~1991)", 2003, 26쪽.

결정적 impact를 준 것으로 볼 수 있으며, 그러한 의미에서 이른바 '헌법은 변하지만 행정법은 존속한다'라고 하는 Otto Mayer 방식보다는 '행정법은 헌법의 구체화된 헌법이다'라고 하는 Fritz Werner 공식이 보다 현실성 있게 느껴진다"[40]라고 갈파하였다.

(2) 자유민주주의와 법치주의의 제도화

목촌 김도창 박사는 1963년도에 Fides에 기고한 글에서 "공법은 자유의 기술, 권력통제의 기술이라고 흔히 말한다. 헌법이 정치법의 성격을, 행정법이 기술법의 성격을 띠우고 있다고 하는 뉘앙스가 있을망정, 양자가 모두 liberty와 power라는 양극을 조절하는 장치로서의 국가생활을 대상으로 하고 있다. 자유와 권력은 시대와 국가에 따라서 상호간에 기복과 강약이라는 상관관계를 보여주는 하나의 평행선이라 할까"라고 기술하고 있다.

목촌 김도창 박사는 학자이면서 관료출신임에도 당시의 권위주의 체제내에서도 자유민주주의의 관점에서 개인의 권리, 이익을 강조하였으며, 법치주의의 후퇴를 항상 염두에 두었다는 점을 주목할 필요가 있다. 목촌 김도창 박사는 법이론의 전개에 있어서 우리의 법적 문제와 외국의 법적 문제를 혼동하지 않았고, 특히 우리 헌법의 실정적 해석을 중시하였다. 우리 법적 문제를 천착하기 위해 목촌 김도창 박사는 널리 학문을 터득하고 의지를 돈독히 하며, 아울러 절실하게 묻고 가까이 있는 주변의 일로부터 생각하라는 논어에 나오는 "박학이독지(博學而篤志), 절문이근사(切問而近思)"[41]의 정신으로 임하였다고 본다. 특히 헌법 제75

조와 제95조를 실증적으로 고찰하여 한정적 열거적인 규정으로 이해하였다. 아울러 국회에 입법권이 있다는 해석을 원칙적으로 하고, 그 예외를 인정하는 경우에는 헌법에서 그 예외를 두는 것이 바람직하다고 보았다.

우리 헌법은 제75조에서 법률에서 구체적인 범위를 정하여 위임받은 사항에 대하여 대통령령을 제정할 수 있다고 되어 있는 바, 목촌 김도창 박사는 이 헌법규정은 제3공화국 헌법 제74조에서 규정된 것을 그대로 승계한 것으로 헌법심의 과정에서 제3공화국에서 대통령령을 비롯한 각종 법규명령들이 고삐 없는 말처럼 제멋대로 만들어진다는 지난날의 운영에 대한 반성적 고려에서 그와 같이 수정한 것으로 엄격하게 해석하여야 할 것이라고 강조하고, 이처럼 입법권 위임의 한계를 정하고 국회입법의 원칙과 예외적 입법권 위임이라고 하는 위 헌법규정의 취지는 입헌주의를 위한 핵심적 제도보장인 동시에 집행부 독재체제를 방지하는 방파제 구실을 하는 것이라는 점을 명확히 하였다.[42]

목촌 김도창 박사는 자신을 관료법학으로 비판하는 것에는 동의할 수 없으며, 민주행정과 관련하여 통치행위, 자유재량, 특별권력관계 등에 법적 통제를 가하고, 공정력 개념을 절차적 개념인 예선적 효력으로 대치하였으며, 실질적 경찰개념을 부인하였다는 데 의미를 둔다.[43] 목촌 김도창 박사는 스스로 "나는 50년대 이후 오늘날까지 나름대로는 한국

* * * * * * * * * *

41) 이는 논어 자장편에서 자하가 한 말로 학문하는 자세와 관련되어 있다. "博學而篤志, 切問而近思, 仁在其中矣." ("박학이독지, 절문이근사, 인재기중의.) 그 뜻은 "널리 학문하고 그 의지를 돈독하게 하며, 절실하게 묻고 가까이 있는 주변일로부터 생각한다면 인은 그 가운데 있다."

42) 김도창, 앞의 논문, 10쪽.

43) 김도창, "외로운 갑중처럼", 공법연구 제27집 제3호, 1999, 104쪽.

공법 특히 행정법을 자유민주주의 방향으로 개척하기 위하여 노력하였다고 생각하고, 분단상황에서 국가권력도 중요하지만, 개인의 권리·이익을 보호하는 데 이론의 중점을 두어왔다고 자위하고 있다"고 좌담회에서 회고한 바 있다.[44] 같은 맥락에서 목촌 김도창 박사는 행정법의 방법론과 관련하여 행정법이론이 종래와 같이 종말처리장과 같은 결과론에 시종할 것이 아니라(종말적 학문), 그 결과가 도출된 과정에 대해 새로운 관심의 초점을 맞추어야 한다(과정적 학문)고 역설하였다.[45]

한편 목촌 김도창 박사는 법치행정과 관련하여 전전의 독일과 일본의 형식적 법치주의를 비판하면서 실질적 법치주의를 강조하여 현대적 법규개념을 정립하고, 행정규칙·특별명령·규범구체화 규칙 등의 법규성을 원칙적으로 부인하는 한편 비례, 평등, 신뢰보호, 절차적 정의 등 조리법과 판례법의 발굴에 관심을 보였다.[46]

목촌 김도창 박사의 학자생활과 공직활동, 변호사, 한국법제연구원 이사장 등 사회활동 전반을 일괄하여 살펴볼 때, 목촌 김도창 박사는 해방 후 도약을 향하여 나아가던 권위주의 정부시절에 관료로 참여하건 상아탑에 머무르건 어느 자리에서건 자유민주주의와 법치주의를 이 나라에 정착시키기 위하여 열과 성을 다한 치열한 삶을 살려고 노력한 학자라고 할 수 있다.

(3) 외국법학의 무비판적 수입지양과 중도적 비교법적 방법론

목촌 김도창 박사는 무릇 행정을 비롯하여 공법제도 일반이 다른 법

44) 김도창, 목촌 김도창 고희기념논문집, 좌담회 중에서.
45) 김도창, "나와 서울법대", 1994, 49쪽.
46) 김도창, "외로운 갑충처럼", 공법연구 제27집 제3호, 1999, 104쪽.

분야에서는 비교가 안 될 정도로 사회적 지반의 차이에 민감하여 "국가에 따라서 그리고 시대에 따라서(von Staat zu Staat und Epoch zu Epoch) 변천하는 것임은 법치주의의 현실상황이 영국과 독일과 미국과 일본 그리고 우리나라 사이에 얼마나 현저한 차이가 있는가를 생각하면 쉽사리 알 수 있다"[47]고 전제하고 있다. 목촌 김도창 박사는 우리 행정법학의 이론체계가 제대로 형성되지 않은 단계에서 외국이론과의 관계를 잘 설명해 주고 있다. 어떻게 하여야 할 것인지에 대하여, 외국이론의 무조건 수입이라고 하는 번지 없는 주막(weder)도 아니고 그렇다고 외국이론의 무조건적인 거부반응은 우물안 개구리로 만들기 때문에 학문적 국수주의도 아니고(noch), 양자의 균형 있는 절충적 입장인 중도적 방법론을 제시하고 있다.

이 점과 관련하여 서원우 교수도 목촌 김도창 박사와 관점을 같이하고 있다. 서원우 교수는 국적 있는 행정법학을 건설해야 한다는 명제는 기본적으로는 일을 타당하다고 전제하고, 한국행정법학의 정체성은 폐쇄와 고립을 통해서가 아니라 개방적 자세와 적극적인 모색을 통하여 확보되어야 한다고 보았으며, 이러한 의미에서 비교법과 수입법학의 분별있는 취사선택이 요구된다고 하였다.[48] 이러한 문제는 결국은 우리 법학의 보편성과 특수성의 차원에서 접근하는 것이 필요하고 한국의 특수성을 지나치게 강조하는 국수주의도 문제요, 어설픈 사대주의의 번역법학 역시 경계하여야 한다고 할 것이다.[49]

한편 목촌 김도창 박사는 1994년 이후 학문의 발자취를 스스로 회고

---

47) 김도창, "행정규칙의 성질", 율강 박일경박사화갑기념논문집, 1981, 538쪽.
48) 서원우, "한국행정법(학)의 회고와 과제", 고시연구 1995. 4. 44-45쪽.
49) 서원우, 앞의 논문, 44-45쪽.

하면서 "문화일반이 그러하듯이 법률문화도 유수와 같아서 높은 데서 낮은 곳으로 흐르기 마련이다. 나는 행정법체계를 발전시키는 데 있어서 민주화된 독일과 일본의 그것을 계수하고 프랑스의 빛나는 판례문화의 전통에서 배우는 한편 영미의 절차적 정의를 도입하면서 한국적 모델의 행정법이론을 발전시키고자 노력했다"라고 회고하고 있다. 그러면서도 학문의 개성과 번지를 강조하였다. 남의 문화에 지나치게 무관심하면 시대의 진운을 외면한 우물 속의 개구리가 될 것이고, 남의 문화에 지나치게 맹종하면 자기라는 identity가 상실되게 마련이므로 심산의 호수와 같이 자기 스스로의 개성을 견지하면서 주위의 물줄기를 부단히 받아들이는 양전(兩全)의 지혜가 필요하다고 역설하였다.[50] 그리하여 외국법학의 수입이나 번역에 그칠 것이 아니라 번지 있는 학문이 되어야 한다는 것을 여러 차례 강조하고 한국에 유니크한 법체계를 창출하려는 노력이 필요하다고 역설한 바 있다.[51]

• 목촌 김도창 박사의 가치관

(1) 상선약수(上善若水)의 도가적 인생관: 학자적 삶과 학문하는 자세
목촌 김도창 박사는 "법은 문자 그대로 흘러가는 물과 같다. 높고 낮은 것을 가리지 않고, 넓고 좁은 것을 탓하지 않고, 모든 현실을 고루 쓰다듬으면서 흐른다. 일도창해하면 거기에 통합의 세계를 이룩하고 영원한 휴식으로 들어간다. 그렇지만 법은 그것을 잘못 다루는 날에는 순

<hr>

50) 김도창, "번지 있는 주막," 고시계, 1990, 5, 13쪽.
51) 김도창, "행정법이론의 방향모색", 고시계, 1994. 4, 15쪽.

식간에 무서운 노도와 수마로 변하여 강산을 여지없이 후려치고 삼키게 된다. 이 법이라는 이름의 물이, 한편에서는 어떤 본질을 추구하는 의연성과, 다른 한편에서는 현실을 지도하는 유연성을 아울러 지니고 있는 것일진대, 우리는 이러한 법의 참모습이 이 땅에 정착되도록 힘써야 할 줄 안다. 지금까지 법은 우리 사회에서 너무나 일그러진 모습으로 비쳐지고 있지 않았던가 생각된다"라고 자신의 행정법 교과서[52] 서문 속에서 밝히고 있다. 이처럼 목촌 김도창 박사의 행정법 교과서의 서문 속에서 노자 철학의 상선약수(上善若水)와 같은 물 흐르듯 사는 겸허한 삶의 경지가 나타나 있다.

또한 "경건한 무녀처럼 학문 앞에 무릎 꿇고, 있는 힘을 다하여 보리라는 하나의 자기약속에 살고자 한다"고 경건하면서도 최선을 다하는 성실한 태도로 임하는 학문적 자세를 강조하고 있으며, 1973년 3월의 일반행정법론 (상) 전정판 머리말에서 "내일을 위하여 다리를 놓는 사람들은 자기 위로에 살아야 한다. 그 다리를 건너 미래로 전진하는 이들이 손을 흔들 것이기 때문이다"라고 기술하고 있어 목촌 김도창 박사는 선각자적 사명감을 가지고 한국행정법학의 좌표설정에 헌신해 온 분이라고 할 것이다.

또한 목촌 김도창 박사는 스스로 아호를 목촌으로 한 것을 설명하기를 "법을 하는 사람이나 딱딱하다는 말을 듣기 싫고, 다음으로 사람의 생산적인 손길이 어느 정도 와닿는 전원을 의미하기 때문에 이 호를 좋아한다. 거기에는 스모그 대신에 녹색이 있고, 햇빛이 있고, 맑은 공기가 있다. 그래서 남처럼 나도 즐겨 전원을 찾는다. 소박과 진실과 시가

---

52) 김도창, 일반행정법론 (상), 청운사, 1981. 머리말.

머무는 곳, 나는 그곳을 향하여 언젠가는 후회 없는 귀거래사를 읊을 것이다”라고 이 부분과 관련하여 최종고 교수는 그 단아하면서 전형적인 법률가였던 목촌의 매력은 이런 내면세계에 기초한 것으로 보인다. 안동선비의 훈향이 느껴진다고 회고[53]하고 있으나, 선비로서의 면모와 더불어 세속을 초탈한 도인의 경지가 느껴진다고 할 것이다.

(2) 학자가 갖추어야 할 소중한 가치: 선비와 같은 삶

목촌 김도창 박사는 화갑기념논문집이나 정년논문집에 기술된 하서를 보면 문학적 수사가 대단하여 문필가의 경지나 깊은 사색의 경지를 엿볼 수 있다. 이는 절제된 문학적 표현으로 승화되어 있다고 할 것이다.[54] 목촌 김도창 박사의 글을 대하고 있노라면 추사의 “춘풍대아능용물(春風大雅能容物), 추수문장불염진(秋水文章不染塵)”[55]의 경지를 보여준다고 할 것이다.

남하 서원우 교수 화갑기념논문집 하서에서, 목촌 김도창 박사는 서원우 교수를 회고하기를 “속세적인 욕심 없이 깨끗한 인생을 살아온 사

---

53) 최종고, 한국의 법학자, 서울대 출판부, 2007, 480-495쪽, 최종고, [역사속의 법과 인간 4] 김도창 (1922∼2005)과 목촌법률상, 2014. 12. 9.

54) 고희 기념 대담에서 목촌 김도창 박사의 제자인 최송화 교수와의 대화에서 “소설을 쓰거나 한일은 없지만 문학은 좋아하는 편이지요. 그런데 사회과학의 공통된 기초는 문학이나 철학이 아니겠어요. 사실 따지고 보면 자연과학의 진리는 하나지만 사회과학의 진리는 다원적이지요. 다원화된 진리의 선택과정에서 사물의 실체도 중요하지만 표현에 좌우되는 경우가 많거든요. 사회과학은 그런 의미에서 표현의 예술이라는 측면도 있다고 보지요”라고 밝히고 있다.

55) 春風大雅能容物의 뜻은 “봄바람처럼 큰 아량은 만물을 용납하고”라는 의미이고, 秋水文章不染塵의 뜻은 “가을물같이 맑은 문장은 티끌에 물들지 않는다”라는 말로 목촌 김도창 박사의 인품과 문장의 잘 나타내 준다고 할 것이다.

람에게만 허용되는 것을 간직한 데서 풍기는 인상인지는 몰라도, 교정을 걸어가는 그의 뒷모습은 주름살 하나 없는 동안과 함께 누가 보더라도 이제 불혹을 갓 넘어선 정도로 밖에 보이지 않는 것도 사실이다"라고 하여 선비로서의 학자를 염두에 두고 있으며, 정현 박윤흔 박사 화갑기념논문집 하서에서 "인생은 유한하다지만, 그 속에 무한의 소우주를 개척하려고 끊임없는 정열을 불태우는 박 총장, 그는 또한 중후한 인품과 넓은 도량의 소유자이기도 한 선비이다"라고 하면서 "박 박사와 나와는 단순한 서울법대의 사제관계였다든가, 지난날 법제처의 상하직원관계였다든가, 같은 행정법을 전공하는 동학관계였다든가를 뛰어넘는 혈육 이상의 끈끈한 정으로 얽혀 있는 관계라고 표현할 수밖에 없을 것 같다"고 술회하고 있다.

아울러 현재 김영훈 박사 화갑기념논문집의 하서에서 "누구든지 발길을 멈추고 손을 담그어 보고 싶어지는 심산유곡의 청류를 대하는 듯한 깨끗한 인품, 현재 김영훈 박사를 대할 때의 인상이다. 그러면서도 한편으로는 정의를 사명으로 하는 법학자답게 꼿꼿한 선비임에 틀림없는 그가 이제 회갑을 맞이하셨으니 경하할 일이 아닐 수 없다"고 회상하고 있으며, 아울러 균재 양승두 교수 회갑기념논문집 하서에서 "ingrate하다는 행정법이라는 학문을 전공하는 학자답지 않게 해박한 지식과 풍부한 상식과 그리고 bon sense에 찬 판단, 이런 것들이 번득이는 그의 논담풍발(論談風發)에 접하고 있노라면 시간 가는 줄 모르는 것이 예사이다. 결국 많은 사람들이 그를 좋아하고 그의 주변에 모여드는 까닭은 그가 남다르게 학과 덕을 겸비한 선비이기 때문이 아니겠는가 하고 나 자신은 판단해 보는 것이다"라고 역설하고 있어 학자는 선비여야 한다는 점을 강조하고 있다.

경북대의 문연 김원주 교수 정년기념논문집 하서[56]에서 "무릇 학자가 갖추어야 할 덕목으로서 지식을 꼽는 사람도 있고 인격을 꼽는 사람도 있다. 학자에게 지식이 생명인 것은 말할 나위 없지만, 그것을 과신하면 주지주의의 결함이 나타나는 것이니, 인격주의를 무시 못하는 이유가 여기에 있다. 김 박사를 보고 있노라면 후자의 향기가 풍기는 것을 느낄 수 있다. 근면·성실하고 지와 덕을 갖춘 인품에다가 지도력을 겸하여서 주위에 그를 따르는 제자·후학들이 구름처럼 많다"라고 회고하고 있다.

전북대의 석정 허영민 교수 화갑기념논문집[57] 하서에서 "내가 그와 사귄 지 30년이 넘지만, 언제 만나도 같은 인상이고 그러면서도 내적으로는 강직성이 보이는 이를테면 외유내강의 풍모가 돋보이는 것이다. 동시에 그는 덕을 몸에 지닌 전통적인 한국선비이며, 그의 주위에는 많은 제자들이 늘 따르고 있다"라고 회고하고 있다.

목촌 김도창 박사의 제자이면서 행정학자인 월산 최창호 교수 회갑기념논문집 하서에서 "그의 학문은 실천과학으로서의 행정학의 속성으로부터 나오는 것이기는 하지만 구도자적으로 상아탑 내에 머물러 있는 것이 아니라 사회 현실 속으로 뛰어들어 세상을 구원하는 실천적 진리를 추구하는 점에서 세기말적인 한계상황에 처해 있는 우리 사회의 목마른 것을 적셔주기 위하여 동분서주하고 있음을 부인할 수 없을 것이다"라고 기술하고 있다.

이처럼 목촌 김도창 박사는 학자는 선비로서의 자긍심을 잃지 않을

----

56) 김도창, 하서, 법학박사 문연 김원주 교수 정년기념논문집, 한국행정법학의 어제·오늘·내일, 2000.
57) 김도창, 하서, 석정 허영민 박사 화갑기념논문집, 1993. 11.

것을 강조하고 있다고 할 것이다. 목촌 김도창 박사는 본격적인 학자생활을 하던 1963년도에 Fides에 기고한 글[58]에서 "학자는 내면충실과 교실전달을 제1의적인 사명으로 하며, 내면에 충실할수록 사회에서 멀어지기 마련인데, 이러한 상아탑을 지키는 것이 학자의 본질적 요청이라고 할 수 있는데, 만약에 대중과의 거리를 좁히기 위해서 뿐만 아니라 시대요청에 따라 사회참여를 하게 되는데 학자의 사회참여는 자기의 전공을 통하여 사회와 대화하는 데 그쳐야 하고, 실무에 개입하는 데는 학자로서의 양심과 인격에 입각한 엄격한 자제가 요구되고 이 한계를 넘어설 때에 학자의 타락은 어쩔 수 없는 현실이 된다"고 경고하고 있다. 오늘날에도 타당한 일침이라고 사료된다.

1979년 말에 김남진 교수와의 학술적 논쟁이 있었을 때, 김남진 교수가 국내에서의 연구성과에 관해 "김 박사는 단하나의 주도 붙임이 없이 '최근 우리나라에서는 학자들에 의하여 문제의 제기는 있었으나 문제의 정리는 안 되어 있다. 그 결과 이론의 안개지수가 높아서 초학자들에게 이해하기 어렵다는 부담을 주는 면이 없지 않을 상 싶다'라고 하면서 혹평을 가했다"[59]라고 공박하자, "행정규칙의 법규설을 취하여 온 동학 김남진 교수가 본지 1979년 11월호에 "행정규칙의 성질과 효력—김도창 박사의 논문과 관련하여"라는 글을 기고하여 필자의 견해를 반박하고 있다. 필자는 김 교수의 그 이론적 반박을 달게 받고자 한다. 또 필자의 위 논문에서 어느 개인을 특정하여 논평한 것은 아니지만 결과적으로 그것이 김 교수의 이론체계와 무관하지 않다는 의미에서 김 교수

58) 김도창, "공법학계의 Shall be와 Will be", Fides 10호, 1963. 5. 1 15-18쪽.
59) 김남진, "행정규칙의 성질과 효력—김도창 박사의 논문과 관련하여", 고시계, 1980, 1, 70쪽.

의 기분을 상하게 했다면 이는 필자의 부덕의 소치로 김 교수에게 미안하게 되었다는 것을 여기서 밝혀두고자 한다. 김 교수가 평소에 지칠 줄 모르고 독일의 이론을 도입하여 국내공법학의 발전에 많은 공헌을 한 업적을 생각할 때 더욱 그러하다"[60]라고 솔직히 과도한 표현을 시인하면서 후배 학자에게도 예의를 갖추어 선비와 같은 품격 있는 대응을 한 바 있다. 여러 학자들에 대한 하서를 통하여 선비와 같은 삶을 강조한 바와 같이 목촌 김도창 박사가 기본적으로 본인의 삶도 그렇다는 것을 웅변적으로 밝혀주는 것이라고 본다.

(3) 한국공법학의 대부로서 학자의 역할과 자긍심을 강조

목촌 김도창 박사는 학자의 역할 중에 후학을 양성하는 측면의 중요성 강조와 학자의 직업적 자긍심에 대하여 역설하고 있다. 여러 학자들의 화갑기념논문집이나 정년기념논문집에 실린 목촌 김도창 박사의 하서를 살펴보기로 한다.

① 남하 서원우 교수 화갑기념논문집 하서[61]: 우리가 지금 서 박사의 회갑을 기념하고 축하하는 까닭은 한 인간의 자연연령 때문이 아니고 바로 한 학자의 학자연령 때문이었다. 학자로서 그가 걸어온 '반생'을 중간점검하고, 그 토대 위에서 나머지 '반생'을 새 출발하는 시점이라는 뜻이 있고, 동시에 이것을 계기로 그를 둘러싼 학계를 동원하여 학문의 수준을 끌어올리려는 데 뜻이 있는 것이리라. 이제 서 박사 앞에는

----

60) 김도창, "행정규칙의 성질 재론", 고시계 1980. 1, 74쪽.
61) 김도창, 하서, 남하 서원우 교수 화갑기념논문집, 현대행정과 공법이론, 1991, iii-iv쪽.

반세기에 가까운 동안 고고하게 닦아온 그 학문적 성취의 금자탑이 빛나고 있고, 그가 길러낸 수많은 준재들의 존경심 어린 시선들이 그를 우러러 보고 있는 것이다. …(중략)… 이러한 영광은 대통령에게도 제왕에게도 또는 어느 갑부에게도 허용되지 않는 그야말로 학계를 외곬으로 지킨 이만이 누릴 수 있는 특전이라는 데서, 우리는 지금 서 박사의 주위에 모여 그의 회갑을 경축하고 그의 학덕을 기리는 까닭이 있을 것이다. 아울러 남하 서원우 교수 정년기념 논문집[62]에서는 "평생토록 한눈팔지 않고 대학의 캠퍼스를 지킨 뒤에, 이제 '명예교수' 의 자리로 조용히 물러앉아서 '한국행정법연구소' 를 세워 후진 지도에 전념하기로 한 서 박사의 처신태도는 가히 만절의 경지를 넘어 숭고하기까지 하다고 할까."

② 석정 허영민 화갑기념논문집 하서: 누가 그 홍안의 모습에서 연령을 짐작할 수 있으리요만, 아무튼 허 박사가 인생의 원숙기를 상징하는 마루턱에 이제 다다랐음이 사실이라면, 경하할 만한 일이 아닐 수 없다. …(중략)… 그것은 엄숙한 학계의 행사이며 바로 그런 이유 때문에 학계와 관계없는 사람은 대통령이나 어느 그룹 회장에도 허용되지 않는 학자의 특권이라 할 수 있다. 또한 그러한 특권은 "외로운 갑충(甲虫)"처럼 외곬으로 그리고, 가난하게 학문의 길을 걸어온 사람에게만 주어지는 반대급부인 것이다.[63]

③ 균재 양승두 교수 화갑기념논문집 하서[64]: 발밑의 고난을 돌보지

<hr>

62) 김도창, 하서, 남하 서원우교수 정년기념논문집, 전환기의 행정법이론, 1997.
63) 김도창, 하서, 석정 허영민박사 화갑기념논문집, 1993, ii쪽.
64) 김도창, 하서, 균재 양승두교수 화갑기념논문집(I), 현대공법과 개인의 권익보호, 1994, iii-iv쪽.

않은 채 외곬으로 진리라는 이름의 무지개만을 쫓던 학자에게 있어서 이 순간은 제왕을 부러워할 까닭이 없다. 세상에 안 되는 일이 없는 재벌의 총수도 결코 이러한 영광의 순간만은 가질 수 없는 것이다. …(중략)… 나는 오랜 세월에 걸쳐 그의 지기의 한 사람으로서 종종 만나 정담을 나누곤 하지만 만나면 만나볼수록 잔잔한 여름 호수와 같은 그의 인간적 매력에 도취되지 않은 적이 없다. 아마도 이 점은 나만의 느낌이 아닐 것으로 믿어진다.

④ 정천 허영 박사 정년기념논문집 하서[65]: 이러한 자유민주주의를 우리나라에 토착시키는 데 지대한 공헌을 한 헌법학의 태두로서 많은 젊은 사람들이 숭상하던 연세대학교의 허영 박사가 정년을 맞이하여 정든 교정을 떠난다고 한다. 그 홍안의 정력을 상기하면 도저히 믿어지지 않는 일이다. 하지만 흘러가는 세월을 붙잡을 수 없으며, 이제부터 허 박사는 제2의 인생을 살아가면서, 지금까지 쌓아온 학문과 덕을 후진들에게 쏟아서 우리 사회의 발전에 기여하게 되리라 믿는다.

⑤ 청담 최송화 교수 화갑기념논문집 하서[66]: 사실 그는 끝끝내 학계를 지켰다. 나는 이 점이 최 교수의 인생도정에 있어서 가장 훌륭한 일이라고 여기며 찬사를 보내고 싶다. 인간이란 자기가 나가야 할 길을 꿋꿋이 지키고 한눈을 팔지 않는다는 것 이상으로 훌륭한 일이 또 어디에 있겠는가. 최 교수처럼 다재다능한 사람이 굳건히 자기 지조와 신념을 지킨다는 것은 그리 쉬운 일이 아니다. …(중략)… 최 교수는 이제 회갑이라는 인생의 한 마루턱에 올라섰다. 가쁜 숨을 가다듬고, 다시 한번

---

65) 김도창, 하서, 정천 허영 박사 정년기념논문집, 헌법의 규범력과 법질서, 박영사, 2002.
66) 김도창, 하서, 청담 최송화 교수 화갑기념논문집, 현대공법학의 과제, 2002, i쪽.

먼 삶의 고지를 응시하시라. 그리하여 새 설계도를 짜고 후진들을 지도
하시기 바란다.

⑥ 중범 김동희 교수 정년기념논문집 하서[67]: 사람이 살아가는 과정에
서 우연이든 아니든 간에 40년 이상이나 두고 같은 언어 · 식생활 · 의
복 · 풍속 · 문화를 공유하게 되고, 슬픔과 즐거움을 함께 나누는 사이
에서는 상호간의 동정심과 공감대 얽힌 우정관계가 발전하기 마련이
다. 중범과 나는 그런 의미에서 형제와 같은 벗이라 할 수 있는 것이다.
…(중략)… 이 시기에 나는 중범에게 꼭 당부해 둘 말이 있다. 그것은 독
일식 권력국가체계에 젖어 있던 한국행정법학에 프랑스적인 자유의 개
념이 착근하도록 노력해 달라는 것이다. 물론 그것은 지금까지도 중범
에게 걸어온 한계의 일치된 기대에 부합됨은 틀림없다.

이상에서 살펴 본 바와 같이, 하서에서 목촌 김도창 박사는 스승의 스
승답게 학자의 역할과 자긍심을 고취하고 있고, 아울러 후학의 지도를
통한 한국행정법학의 발전에 거는 기대가 크다는 것을 강조하고 있음
을 알 수 있다. 이처럼 목촌 김도창 박사는 서울대학교 법과대학 교수,
법제처장과 보건사회부 차관 및 문교부 차관으로 나아가 국회의원으로
활동하였음에도 학자로서의 활동을 더욱 소중하게 생각하는 것이 하서
에 나타나 있다. 이미 목촌 김도창 박사는 서울대 법대 교수로 재직중
Fides에 기고한 글[68]에서 학자의 자세에 대하여 언급하고 있다, 즉 "철학
자는 고독한 갑충이라는 말도 있는 것처럼 학자에게 있어서 자기충실

<hr>

67) 김도창, 하서, 중범 김동희 교수 정년기념논문집, 행정작용법, 박영사, 2005.
68) 김도창, "공법학계의 Shall be와 Will be", Fides 10호, 1963. 5. 1, 15-18쪽.

은 원래가 내향적인 것이요 그 학자들로서 이루어지는 세계는 본질적으로 원심적인 성격을 띄운다. …(중략)… 학자라는 직업은 재능과 건강과 노력을 요구한다. 그러나 그것만으로는 부족하고 이러한 기본조건에 첨가해서 학자생활에 불가결한 보조조건이 있으니 그것은 빵과 시간과 책인 것이다. 그런 것은 각자가 마련하라고 한다면 더 할 말이 없다. 결국, 외국의 자료와 판례까지 없어도 위대한 학설을 안출해 낼 수 있는 천재와 돈 많은 사람만이 학자가 되라는 말과 다름이 없다. 그러고 보면 학문이란 굉장히 사치스러운 직업이다. 그러나 사치스럽지 못한 사람들이 모여 있는 곳이 또한 학계이다”라고 설파하고 있다.

아울러 목촌 김도창 박사 고희기념 대담에서 “학계야말로 진리 속에 스스로 파묻고 젊은 심령에 점화해 주는 지상에서 가장 으뜸가는 직업이지요”라고 밝히고 있는 점에 비추어 볼 때 위해서는 그 연장선상에서 목촌 김도창 박사의 학자적 삶을 웅변적으로 대변한다고 할 것이다. 1970년대 후반에 한국행정과학연구소 이사장, 한국공법학회 부회장, 국회의원으로 재직하면서 한국공법학회의 학술행사에 빠짐없이 발표[69], 사회, 토론 등으로 참석하는 등 진정한 학자로서의 진면목을 보여준 바 있다.[70]

이상에서 목촌 김도창 박사의 학문세계와 가치관에 관하여 개관하였다.[71] 우리사회가 광복 이후 70년이 흐르는 동안 비약적 성장을 이루는

69) 목촌 김도창 박사는 국회의원의 신분으로 1976년 한국공법학회 학술대회에서 “개발행정과 새 법체계”에 관한 주제발표를 하였다.
70) 사단법인 한국공법학회, 한국공법학회 50년사 자료집 I, 2003.
71) 목촌 김도창 박사의 학문세계와 이론체계의 심원한 경지에 대하여 깨달음이 부족한

가운데 맞이한 행정법학의 도약은 그야말로 목촌 김도창 박사를 비롯한 여러 선학들의 부단한 노력의 결과이며, 로마의 역사가 하루아침에 이루어지지 않았듯이 우리의 행정법학의 역사도 하루아침에 이루어지지 않은 것이다.

해방 후의 황무지나 마찬가지인 상황에서 출발한 한국의 행정법이 오늘날 이 정도로 발전하는 데 있어서 우리 행정법의 선각자들의 공헌을 결코 과소평가할 것은 아니라고 본다.[72] "한국의 행정법은 해방 후 무에서 출발하였으며 학계에서 행정법 전공을 표방하고 나선 학자들이 수에 있어서 효성처럼 드물었지만, 1950년대부터 1960년대까지 대학생 시절부터 이 방면의 학자가 되겠다는 결심을 하고 발원을 한 후 학자로서의 연찬을 거듭해 온 인사가 거의 없었던 것은 우리의 기구한 민족적 운명과 더불어 어찌할 수 없는 것이었다"[73]는 목촌 김도창 박사의 자탄 어린 회고는 후학으로서 많은 것을 생각하게 한다.

목촌 김도창 박사가 아무리 위대한 학자라고 할지라도 신이 아닌 인간이기 때문에 그의 학문세계를 성역시하는 것은 금기할 필요가 있고

· · · · · · · · · ·

필자의 개관이 다소 미흡할 수도 있으나, 주어진 여건 속에서 나름 최선을 다하려고 노력하였다.

72) 1960년대 초반부터 1990년대 초반까지 행정법 교과서를 중심으로 선도적 역할을 형성했던 법제처에 학맥의 기반을 두고 있는 "김도창(일반행정법론), 이상규(신행정법론), 박윤흔(최신행정법강의)"로 이어지는 이른바 '트로이카(三頭馬車)'적인 선도적 학문활동을 마치 체제순응적 행정법학이나 관료법학 또는 수험법학으로 매도하는 것은 온당한 비판이라고 보기 어렵다. 이와 관련하여 목촌 김도창 박사는 "외로운 갑충"에서 학문이란 비판이라는 거름을 먹고 자라는 식목과 같고, 건강한 비판은 학문발전을 위해 필수불가결하지만 그 비판은 반드시 전문성에 바탕을 두어야 한다고 하면서 수험법학론과 관료법학론이라는 비판 그 자체에 대하여 반론 형식의 글을 싣고 있다.

73) 김도창, "행정법학 30년의 회고", 서울대 법학 제19권 제1호, 1978, 95쪽.

목촌 김도창 박사의 행정법학에 관하여 객관적이며 역사적인 평가를 통하여 재조명하고 한국행정법학의 발전방향을 모색하는 계기로 삼을 필요가 있다.

법규개념과 행정규칙의 앞으로의 미래방향은 목촌 김도창 박사의 연구성과를 비롯하여 1980년대 이후 다수 학자들이 상당한 정도의 학문적 연구를 축적해 놓았기 때문에 외국이론의 무비판적 수입과 소개를 넘어서서 기존의 학문적 논의과정에서 나타난 핵심 쟁점을 중심으로 바람직한 문제해결을 위한 실마리를 찾아내는 노력을 지속적으로 해나갈 필요가 있다. 또한 법규명령과 행정규칙에 관한 개념상 혼미상태에 있는 행정판례의 방향을 바람직한 방향으로 이끌 수 있도록 우리 헌법과 법체계에 맞는 독자적인 이론을 정립하고 할 단계이다. 이러한 부분이 한국행정법학의 발전을 위해 평생 헌신하신 목촌 김도창 박사가 진정 바라는 바일 것이다.[74]

앞서도 살펴본 바와 같이 목촌 김도창 박사는 학덕조세(學德照世)의 경지에 올라 학문과 인덕이 세상을 두루 비추고 있다고 할 것이다.[75] 한 인간으로서 그야말로 비범한 능력을 발휘하여 행정법학의 발전을 위해 매진한 결과 한국의 행정법학이 동아시아에서 우뚝 서서 세계를 향하

74) 이와 관련하여 김철용, "행정규칙론의 과제", 1998. 11, 57-67면. 김철용 교수가 위 논문에서 지적한 문제점 (1. 구별론, 2. 명칭론, 3. 헌법론, 4. 효력론, 5. 통제론) 과 행정규칙론의 앞으로의 과제(1. 학문적 측면, 2. 실무적 측면) 의 상당부분이 미해결된 상태라고 할 수 있다.

75) 목촌 김도창 박사의 고희기념논문집에서 서울대 명예교수 유달영 선생이 학덕조세(學德照世)로 목촌 김도창 박사의 학과 덕을 적절히 표현하였다. 이는 마치 추사선생이 제주도 대정리 유배시절 김만덕 여사의 공덕을 은혜의 빛이 세상을 비추었다는 의미를 지니는 은광연세(恩光衍世) 로 기린 것처럼 제주도의 기근과 학문적 황무지는 유사하다고 할 것이다.

여 나아가는 학문적 발판을 마련하였는 바, 목촌 김도창 박사의 공헌을
첫손가락으로 꼽아도 손색이 없을 것이다.

목촌 김도창 박사는 그야말로 국정의 혼란기에 관료생활을 하는 동안
은 물론 학계에서 후학을 지도하는 기간내내 학자적 양심을 저버리지
않고 반듯하게 인생을 살아가서 후학들의 존경을 받고 있는 한국의 행
정법학을 대표하는 권위자이자 선각자의 한 사람이며 세계적인 석학의
반열에 오른 대학자라는 점을 확인할 수 있다. 끝으로, "오늘을 위하여
다리를 놓은 분들에게 그 다리를 건너 미래로 전진하는 이들은 손을 흔
들어야 한다"는 명언[76]처럼 목촌 김도창 박사를 비롯한 한국행정법학의
선각자들에게 행정법을 전공하는 후학들은 마음에서 우러나는 감사의
마음을 표시하지 않을 수 없다.

출처 김용섭, 법규개념과 행정규칙 — 목촌 김도창 박사의 학문세계와 이론체계를
중심으로, 공법연구 제44집 제1호, 2015. 10에서 일부 발췌

· · · · · · · · · · ·

76) 최송화, "한국 행정법학 50년의 성과와 21세기적 과제", 서울대 법학 제36권 제2호,
1995, 158쪽. "오늘을 위하여 다리를 놓은 분들에게 그 다리를 건너 미래로 전진하는
이들은 손을 흔들어야 한다"는 표현은 목촌 김도창 박사가 1973년 발간한 행정법 교
과서 머리말에서 "내일을 위하여 다리를 놓는 사람들은 자기 위로에 살아야 한다. 그
다리를 건너 미래로 전진하는 이들이 손을 흔들 것이기 때문이다"라는 글이 쓰여진 후
20여 년이 지난 시점에 목촌 김도창 박사의 제자인 최송화 교수가 한국 행정법학 50년
을 회고하는 논문의 말미에서 언급한 글귀이다. 이 문장은 그 자체로서도 의미와 울림
이 크지만 스승과 제자 사이의 시차를 두고 표현한 아름다운 호응관계를 보여주는 명
언이다.

2. 정현 (淨賢) 박윤흔 박사

정현 박윤흔 박사의 생애와 학문적 역정

정현 박윤흔 선생님[77]은 일제치하인 1935. 3. 30. 전남 보성군 노동면 금호리 469번지에서 출생하였다. 초등학교 3학년 때 조국이 해방이 되었다. 일제말기에 총동원령이 내려져 초등학교 운동장을 파헤쳐 고구마와 조와 잡곡을 심고, 초등학생을 동원하여 산에서 송진을 따오게 하여 산에도 올라가면서 일제치하를 견디어 냈다.

초등학교 3학년에서 5학년까지는 미군정하에서 초등학교를 다녔고, 1948년에 초등학교 6학년이었다. 중학교에 진학하여 2학년이 된 시점에 6.25 전쟁이 일어나 조국 산하가 폐허가 되었다. 1952년 4월부터 1955년 3월까지 광주고등학교를 3년간 다녔고, 고등학교를 졸업한 그 해에 서울대학교 법과대학에 진학하였다.[78]

서울대 법대 재학시절 여러 교수의 강의를 들었지만 목촌 김도창 박사의 행정법 강의를 열심히 수강하였다.[79] 대학 2학년 때인 1956년에 학보병(student order; S.O)으로 군복무를 하였다. 2년간의 단기복무이지만 최전방 보병 15사단에 배치되어 근무하였고, 군복무중 벌목작업에 차출되어 열심히 목재를 나르면서 어려움이 많았으나 인내 속에 군복

- - - - - - - - - -

77) 여기서는 "정현 박윤흔 선생님"을 "정현 박윤흔 박사"로 칭하기로 한다.
78) 박윤흔, "[정현 박윤흔 회고집] 도약의 시대를 함께한 행운-발원 그리고 열리는 길", 국민서관, 2014, 3-4쪽.
79) 박윤흔, 목촌 김도창 박사 10주기 기념 간담회, 목촌 김도창 박사 10주기 기념 학술대회 한국공법학의 과거, 현재, 미래 자료집, 2015. 8. 29. 291쪽. 박윤흔 박사는 "저는 법과대학 시절에 선생님의 모든 행정법 강의를 다 들었습니다. 대학에서 학점을 다 취득한 것이죠"라고 회고하고 있다.

무를 다하였다. 만기 제대한 후 서울대 법대에 복학하여 공부하던 중 4.19혁명이 일어나 4학년 때 시위에 가담하여 당시 경무대 앞까지 진출하는 등 사회정의를 위해 불의에 항거하기도 하였다.[80]

서울대 법대 졸업 후 장면정권 시절에 공무원 채용시험에 합격하여 공직에 첫발을 들여놓았다. 곧 5. 16 군사정변이 일어나 군사정권 때 내각사무처 법제국으로 발령받았다. 정현 박윤흔 박사가 법제국에 공무원으로 발령받았을 때 국무원사무처 법제차장은 헌법학을 전공한 박일경 박사이었고, 때마침 대학시절 은사인 목촌 김도창 박사가 국무원 사무처 법제국장으로 근무하고 있었다.

그 후 법제국은 장관급의 법제처로 승격되어 정현 박윤흔 박사는 1988년 3월에 경희대 법과대학 교수로 이직할 때까지 내무부 등 다른 부처로 전출할 기회가 있었으나 모두 사양하고 법제처에서 장장 26년간 열심히 근무하면서 공무원으로 크게 성장하였으며, 학자로서 손색이 없을 정도로 면학에 힘써 석사학위와 박사학위를 받을 수 있었다.[81]

정현 박윤흔 박사가 근무한 법제처는 수많은 인재들이 거쳐 갔다. 법제처의 초창기에 활동한 황동준[82], 윤세창[83], 강명옥[84], 김도창, 이상규

---

80) 박윤흔, "[정현 박윤흔 회고집] 도약의 시대를 함께한 행운−발원 그리고 열리는 길", 국민서관, 2014, 4쪽.

81) 정현 박윤흔 박사는 법제처에서 열심히 본연의 공적 업무에 충실히 임하면서, 법제처의 근무환경의 특성상 "반관반학(半官半學)"의 관료적 학자생활을 하였다고 할 수 있다.

82) 법제처 행정법제국장 출신의 변호사로 한국행정법총론(일한도서출판사, 1949)을 발간하였다.

83) 정부수립 후 윤세창 교수는 유진오 박사의 권고로 잠시 법제처 법제조사국의 과장에 근무한 외에 시종일관 대학을 지켰고 학계를 떠난 일이 없다(허영민, 한국 행정법학 40년, 한국법학 40년의 전개, 전북대 법학연구소, 22쪽. 해방 후 우리나라 최초의 행정법 교과서인 행정법요론(백양당, 1949)을 발간하였고, 한평생 학계를 지켰으며 정현

등 기라성 같은 행정법 전공자가 근무하였다. 그러나 정현 박윤흔 박사만큼 4반세기 이상 오랫동안 법제처에 근무한 행정법 전공자는 거의 없다. 아울러 정현 박윤흔 박사는 학자로서의 삶을 본격적으로 시작하기 전에 한국행정법학의 걸출한 2명의 대학자를 만나는 행운을 얻게 된다. 한 분은 대학의 은사이면서 평생 존경하고 따른 한국행정법학의 아버지 목촌 김도창 박사이고, 다른 한 분은 법제관으로 모시면서 형님처럼 따르면서 지도를 받은 비범한 능력의 이상규 변호사이다.[85] 법제처의 두 분으로 인해 정현 박윤흔 박사는 인생행로에 있어 행정법 학자로 성장하는 계기를 갖게 되었고 행정관료의 삶 속에서 학자의 길을 병행하며 실용적이면서 한국 실정에 맞는 행정법학의 세계를 구축해 나갔다고 할 것이다.

정현 박윤흔 박사는 국무원 사무처의 촉탁 공무원으로 공직의 첫 테이프를 끊어 행정고시를 마친 공무원보다는 다소 늦게 출발하였으나, 근면 성실한 자세와 업무적 성과로 승부를 걸어 1964. 4. 1. 법제처 사무관으로 승진하고, 승승장구하여 법제처의 중추적인 업무를 맡으며 소임에 충실히 임하면서 학자의 꿈을 이루어가기 시작한다.[86]

················

박윤흔 박사의 고려대 박사학위 논문의 지도교수이다.

84) 강명옥(법제처 법제실장 겸 단국대 교수), 최신 행정법총론, 고시학회, 1953, 홍영표 (법제관 겸 연희대 교수)

85) 목촌 김도창 박사는 1962년 서울대학교 전임교원으로 갔다가 1979년에 법제처장으로 잠시 다시 오셨고, 이상규 변호사는 문교부 국장으로 갔다가 차관까지 지냈다.

86) 정현 박윤흔 박사의 회고담을 살펴보기로 한다. "나는 공무원이 된 후에도 법학 공부를 계속하여 학자가 되고 싶었는데, 법제처에서는 행정실무를 하면서도 학문을 할 수가 있었기 때문이다. 당시 법제처장은 헌법학자인 박일경 선생이고 법제국장은 행정법학자인 김도창 선생이었으며, 근무하는 동안 헌법학자 문홍주 선생, 형사법학자 서일교 선생 등을 처장으로 모셨다. 법제처는 중앙부처 중에서 그 당시 구성원 중에 상

정현 박윤흔 박사는 법제처에 근무하면서 2년간 공법을 전공하였고, 서울대학교 대학원에서 목촌 김도창 박사를 지도교수로 하여 "권력분립과 그 현대적 의의"라는 주제로 1967. 2.법학 석사학위를 취득하였다. 법제처 공직생활 중 5분간의 여유가 생겨도 접어두었던 책을 읽을 정도로 학문에 대한 열정이 강한 정현 박윤흔 박사는 교과서를 발간하기 전에 '입법기술강좌'라는 저서를 발간하였고, 1968년에 '행정법예해(상)'을 국민서관의 전신인 법통사에서 발간하였다.[87]

정현 박윤흔 박사는 행정법 교과서를 집필하겠다는 염원을 갖고 목촌 김도창 박사의 일반행정법론(상), (하), 이상규 변호사의 신행정법론(상), (하)에 비견되는 수준의 심혈을 기울인 교과서를 집필하였다. 정현 박윤흔 박사가 1974년과 1977년에 발간한 최신 행정법강의(상), (하)는 이론위주를 벗어나 실무를 접목시킨 독보적 역저로서 오랫동안 표준적인 교과서로 가장 많은 독자를 확보한 교과서로 정평이 나기도 했다.[88]

한편 정현 박윤흔 박사는 1982. 3.부터 1985. 2.까지 고려대 대학원 박사과정을 수료하고 윤세창 교수의 지도하에 1985. 2. "행정법상 의무이행 확보수단에 관한 연구―그 현황과 개선방향"이라는 주제로 법학박

당수가 학자들이었고, 업무성격상 법학 공부를 계속할 수 있었다. 나는 법제처에서 일하게 된 뒤 여러 번 다른 부처로 전출할 기회가 있었으나 모두 사양하고 26년 동안 근무하면서 공무원으로서도 크게 성장하고, 학자로서도 공부를 나름대로 열심히 하여 석사학위, 박사학위를 취득할 수 있었다. 법제처에 근무하면서 공무원으로 크게 성장할 수 있었던 것은 당시 훌륭하신 상사님을 모시고 그야말로 신명을 바쳐 열심히 일한 덕이고, 또한 학자로서 성장할 수 있었던 것은 당시 행정법학계의 거장이신 김도창, 이상규 박사님 등을 같은 직장에서 모시게 된 덕이라고 생각한다."

87) 법제인코너― 박윤흔, 법제 2001, 3, 120쪽.

88) 정현 박윤흔 박사는 최신 행정법강의(상), (하)의 발간을 생애 가장 보람 있는 일로 자랑스럽게 여기고 있다.

사를 받게 되었다. 위 박사학위 논문은 특히 행정의 실제운영과 관련된 '행정법상의 의무이행확보수단에 관한 연구'였다. 학위논문의 중심적 과제는 우리 행정법규가 대폭적으로 증가하여감에 따라 그때까지의 우리 행정법상의 의무이행확보수단이 제 기능을 발휘하고 있는지를 검토하고 새로운 의무이행확보수단을 체계적으로 보완하는 것이었다.

정현 박윤흔 박사는 1969년부터 법제처에 재직하는 동안 행정법 전임교수로 옮겨갈 때까지 계속하여 이화여대, 서울대 사법대학원, 국민대, 성균관대 등에서 강사로서 행정법을 강의하면서 학자와 다름없는 생활을 하였다. 정현 박윤흔 박사의 학문이 공리공론에 흐르지 않고 현실에 적합한 실용적 이론으로 발전하게 된 것은 그의 스승들과 마찬가지로 법제처에서 오랜 기간 동안 입법사무에 종사하며 행정 각 분야의 움직임을 알 수 있었던 것에서 기인한다고 할 것이다.[89]

정현 박윤흔 박사는 1988년에 경희대 법과대학의 행정법 전임교수로 부임하여, 1993년 환경처 장관으로 발탁될 때까지 약 5년여 기간 동안 근무하면서 학생교육과 지도는 물론 연구에 있어서도 놀랄만한 성과를 냈다. 경희대 법과대학 전임교수로 재직하는 동안 1992. 4. 한국환경법학회 회장, 1993. 7. 한국공법학회 부회장 등을 역임하면서 뒤에서 살펴보는 바와 같이 놀랄만한 연구업적과 대외활동을 수행한 결과 정현 박윤흔 박사의 행정법학의 최전성기를 구가하게 된다. 1993년 말부터 1994년까지 약 1년간의 환경처 장관으로 봉직하여 공직생활의 대미를 장식하고, 1995년부터 1996년 1월말까지 다시 경희대 법과대학에 복직하였다.

89) 김도창, "법제처와 나", 법제40년의 회고, 법제40년사, 468쪽.

정현 박윤흔 박사는 1995. 5.부터 행정절차법심의회 위원장으로 활동하면서 행정절차법 제정의 산파역을 맡았으며, 1995. 6.부터 1년간 한국공법학회 회장을 역임하였다. 1996년 초에 기독교 재단인 대구대학교의 총장으로 2000년 2월까지 4년간 근무하면서 학내분규를 수습하고 대학의 안정을 기하게 된다. 아울러 2001년부터는 남도학숙 원장으로 젊은 대학생들과 생활하면서 지방학생들의 꿈과 희망을 전하는 역할을 수행하였고, 2000년부터 한국토지보상법연구회를 창립하여 학술적 모임을 최근까지 주도하여 왔다. 정현 박윤흔 박사의 삶은 진충보국(盡忠報國)의 자세로 평생을 일관되게 살아왔다고 할 수 있다.

법제처와 정현 박윤흔 박사

정현 박윤흔 박사는 1961년부터 1988년까지 4반세기가 넘게 법제처에 근무하였다. 법제처의 학자 출신의 선배들로부터 제대로 법제업무뿐만 아니라 학문하는 방법을 전수받아 법제처의 후배들에게 이를 전수하여 법제인의 영원한 표상으로 기억되고 있다. 정현 박윤흔 박사가 근무한 기간은 그야말로 우리나라가 눈부시게 발전한 이른바 산업화의 시기와 거의 일치한다. 정현 박윤흔 박사는 1961년에 법제처에서 행정실무가로서 일하게 되었고, 1969년부터 대학에 출강하고 1970년대 초반부터 한국공법학회의 제반 일들을 수행하면서부터 공법학회 특히 행정법학계의 일원으로서도 활동하게 되었다.

그러나 비록 행정법을 연구하는 학계의 일원이 되었다고 하더라도 학계에서 전업으로 행정법을 연구하는 교수인 학자와는 달리 매일같이 행정 실무에 종사하여야 하기 때문에 한편으로는 커다란 제약이 따를 수밖에 없었으면서도 다른 한편으로는 법제처에 근무하면서 실제로 움직이는 우리나라 행정법제도와 정책 전반을 종·횡으로 조감할 수 있었다.

정현 박윤흔 박사는 법제처의 사무관으로 있으면서 열심히 근무한 결과 1969. 2. 서기관인 법제처 법제관으로 승진하기에 이르렀다. 정현 박윤흔 박사가 공무원으로 급성장하게 된 것은 제3공화국의 법제처 제3대 처장으로 부임하여 1963년부터 1969년까지 부임하였던 서일교 처장의 영향이 큰 것으로 기술되어 있다. 서일교 처장은 정현 박윤흔 박사가 직급이 낮음에도 불구하고 법제처의 핵심요원으로서 법제처의 역량을 강화하는 데 크게 기여할 수 있도록 기회를 부여하였고, 정현 박윤흔 박사도 이에 상응하는 역할을 수행함과 동시에 그 과정에서 학문적 역량과 준비도 착실히 해 나갈 수 있었다.

법제처에 근무하던 중 1971년 8월부터 1972년 8월까지 미국 캘리포니아 버클리 대학에서 행정법을 연구하고 귀국하였다. 그 이듬해 1973년에 법제처 법제관(부이사관)으로 승진하고 1974년에 최신 행정법강의(상)을, 1977년에 최신 행정법강의(하)를 각각 국민서관에서 출판한 이래 정현 박윤흔 박사의 행정법 교과서는 1990년대까지 가장 인기 있는 표준적인 교과서로 수험생과 실무자들의 대단한 호평을 받아왔다.

1970년 초에 문홍주 회장 체제의 한국공법학회 창립당시 이사 겸 책임간사로 활동하기 시작하였으며, 1978. 8. 법제처 기획관리관(이사관)으로 승진하여 1979년 말 최규하 대통령 권한대행 체제에서 목촌 김도창 박사가 법제처장과 정부헌법개정위원회 간사장으로 다시금 친정으로 돌아와 근무할 때 대학의 은사인 목촌 김도창 박사를 모시고 정부헌법개정위원회의 간사로서 활동하였으며, 1981년 1월 법제처 조사국장으로 있던 차에 업무능력을 인정받아 1981년 4월 1일자로 2단계를 건너뛰는 파격적인 발탁인사로 차관급인 법제처 차장의 승진발령을 받았다.

정현 박윤흔 박사는 당시 8년간 차장으로 근무하면서 술 담배를 멀리하고 바둑 등 시간을 많이 빼앗기는 오락에 관심조차 갖지 않는 등 절제된 생활을 하면서 부하직원들의 업무상 미진함을 철저히 추궁하는 등 지나치게 엄격한 모습을 보이기도 하였으나, 법제처는 물론 타부처 모든 공무원들에게도 차장실 문을 개방하여 격의 없는 대화를 나누는 등 소탈한 면모를 잃지 않았다.[90]

목촌 김도창 박사는 1997년 간행된 정현 박윤흔 박사 화갑기념 논문집의 하서에서 "정현 박윤흔 박사는 한 마디로 관계·학계·교육계·종교계에 걸쳐 눈부신 활약을 해온 입지전 중의 인물임은 세상이 다 아는 바와 같다. 그 중에서도 박 박사는 1960년대 초부터 정부의 법제행정에 참여하여 건국 후 가장 어려운 시기에 근 30년간 우리나라의 자유민주주의적 법체계를 발전시키고 국가안전보장과 경제개발의 터전을 마련하여 오늘날과 같은 세계속의 한국의 위상을 제도적으로 뒷받침하는데 핵심적인 소임을 다한 사실은 특기할 만한 일이라 아니할 수 없다"고 적절히 밝히고 있다.

정현 박윤흔 박사는 법제처에서 근무하면서 특유의 행정법학을 형성하여 나갔기 때문인지는 몰라도 행정법을 연구하는 데 있어서 특정분야의 깊은 이론의 연구보다는 시대 상황의 급속한 변화로 실제 행정운영에 있어서 필요로 하는 많은 새로운 이론, 제도의 도입과 기존제도를 개혁하는 데 주도적 역할을 하였다.

90) 법제인코너 – 박윤흔, 법제 2001, 3, 120쪽.

법제처는 법령안의 심사라는 같은 종류의 업무를 담당하기 때문에 업무내용이 단조롭고 지루하여 공무원들이 선호하는 부처는 아니지만 행정법을 연구하려는 사람에게는 더할 나위 없이 선호하는 정부 내 부처라 할 것이다. 그것은 모든 법령을 심사하는 과정에서 그 입법취지는 물론 그 법령을 제·개정하게 되는 실제의 행정운영사항을 파악할 수 있기 때문이다. 그리하여 정현 박윤흔 박사는 책상 위에서의 공리공론이 아닌 주로 현실행정에서 필요로 하는 중요과제를 찾아내고 그 과제를 실현할 수 있는 제도를 연구하여 채택하는 실용학문에 지속적으로 관심을 기울여 종국에는 꽃을 피우기에 이르렀다.

법제처에서 학자적 삶을 영위한 정현 박윤흔 박사는 제1세대인 목촌 김도창 박사[91]의 학문을 이어받아 제3세대에 전파한 학문적 제2세대에 위치하고 있는 독보적인 학자라고 할 것이다. 정현 박윤흔 박사는 겉으로는 온화하고 상사들의 뜻을 잘 받들면서 업무에 정진하는 실무가형으로 비쳐지지만 같이 근무하였던 법제처 후배들은 유신 치하에서 특정 권력부서 공무원의 지위를 형평에 맞지 않게 높게 책정하려는 안건을 끝까지 반대하는 등 기준에 맞지 아니하고 정의롭지 아니한 안건을 들어주지 아니한 것으로 정평이 나 있다고 말한다.[92] 정현 박윤흔 박사

---

91) 정현 박윤흔 박사의 스승이며 한국공법학의 선각자인 목촌 김도창 박사는 정현 박윤흔 박사 화갑기념논문집 하서에서 "인생은 유한하다지만, 그 속에 무한의 소우주를 개척하려고 끊임없는 정열을 불태우는 박 총장, 그는 또한 중후한 인품과 넓은 도량의 소유자이기도 한 선비이다"라고 하면서 "박 박사와 나와는 단순한 서울법대의 사제관계였다든가, 지난날 법제처의 상하직원 관계였다든가, 같은 행정법을 전공하는 동학 관계였다든가를 뛰어넘는 혈육 이상의 끈끈한 정으로 얽혀 있는 관계라고 표현할 수밖에 없을 것 같다"고 술회하고 있다.
92) 법제인코너-박윤흔, 법제 2001, 3, 120쪽.

는 타고난 성실과 근면으로 법제처의 초석을 다진 학자로서, 관료로서 대성을 한 법제처 학맥의 계승자이면서 실질적 종장이라고 할 것이다.[93]

정현 박윤흔 박사의 생활신조

정현 박윤흔 박사는 독실한 불교신자로서 생불(生佛)로 통하고 있으며, 스님처럼 식사도 남기지 않고 다 들 정도로 재가불자로서의 경건한 삶의 모습을 보여주고 있다. 이상규 변호사와 같이 독실한 불교신자로서 불교철학에 깊은 경지에 있어, 한국불교 대원회 이사장 등을 거쳐 최근에는 불교인재원 등에서 금강경, 승만경 및 유마경에 관한 강의[94]를 하는 등 학문연구와 더불어 불교에 심취하여 활동하고 있다.

이와 같은 정현 박윤흔 박사의 불교적 원융사상을 토대로 학내분규가 있었던 기독교 재단인 대구대학교 총장으로 재직하였던 것도 보통사람으로는 감당하기 어려운 비범한 능력과 법제처에서의 공직과 경희대 법과대학의 교수, 환경법학회장과 한국공법학회장 및 환경처 장관의 역할을 맡는 과정에서 다양한 경륜을 쌓았기에 가능하였다고 본다.

정현 박윤흔 박사는 비스마르크가 청년들에게 "일하라, 더욱 열심히 일하라, 끝까지 일하라"고 했던 것을 실천이라도 하듯이 어느 자리에 있건 매사에 최선을 다하는 가운데 열심히 일하고, 더욱 열심히 일하였

----

93) 법제처 출신의 행정법 학자로는 김도창(서울대 교수, 변호사), 윤세창(고려대 교수), 이상규(고려대 객원교수, 변호사), 박윤흔(경희대 교수), 유희일(대전대 교수), 박수혁(서울시립대 교수), 김기표(경기대 교수), 정태용(아주대 교수), 신운환(한남대 교수), 최정일(동국대 교수), 김용섭(전북대 교수), 정준현(단국대 교수), 선정원(명지대 교수) 등을 들 수 있다.
94) 법보신문, 2015. 5. 21 자, 승만경 · 유마경 함께 읽는 공부결사 열린다.

으며, 끝까지 일해 왔다고 할 것이다. 이처럼 정현 박윤흔 박사는 법제처 공무원으로 있던 1963. 12. 27. 대통령 표창을 비롯하여 1973. 3. 20. 홍조근정훈장을 1992. 5. 25. 황조근정훈장 그리고 1995. 4. 4. 청조근정훈장을 받는 진기록을 세웠는데 이는 정현 박윤흔 박사가 학문에서 뿐만 아니라 공직자로서의 일처리에 있어서 최선을 다한 결과라고 할 것이다.

아울러 정현 박윤흔 박사는 아침 5시면 기상을 할 정도로 부지런하고 중후한 인품으로 주역 乾卦(건괘)와 坤卦(곤괘)의 象傳(상전)에 나오는 "자강불식(自彊不息) 후덕재물(厚德載物)"[95]이라는 말이 연상될 정도로 끊임없이 부지런하여 쉴 틈이 없고, 후덕하여 만물을 포용하는 덕을 지니고 계시다. 이처럼 정현 박윤흔 박사의 삶과 학문적 역정은 실로 경이롭고 다른 학자의 추종을 불허할 정도로 실용적 학풍을 구축하여 존경받는 한국의 대표적 행정법 학자로서 후학의 귀감이 되기에 충분하다고 할 것이다.

정현 박윤흔 박사의 행정법학의 지향점

• 우리 행정현실의 문제해결에 적합한 실용적 행정법학

정현 박윤흔 박사는 관료 출신의 학자로서 우리의 행정현실에 대한 식견을 갖출 수 있게 된 것은 법제처 내에서 오랫동안 근무한 것에 기인

----

95) "天行健(천행건) 君子以自强不息(군자이자강불식)": 하늘의 운행은 씩씩하구나. 군자는 하늘의 씩씩한 기상을 본받아 스스로 힘써 쉬지 않고 노력해야 한다. "地勢坤(지세곤) 君子以厚德載物(군자이후덕재물)": 땅의 기운은 포근하구나. 군자는 땅의 포근한 마음을 본받아 후덕한 마음으로 세상의 만물을 포용해 주어야 한다.

한다고 할 것이다. 원칙론자인 목촌 김도창 박사가 헌법 제75조와 제95조를 제한적인 규정으로 이해하면서 국회에 입법권이 있다는 해석을 원칙적으로 하고, 그 예외를 인정하는 경우에는 헌법에서 그 예외를 두는 것이 바람직하다고 보았으나, 실용적 관점에 서 있는 정현 박윤흔 박사는 입법의 탄력적 규율의 필요성이라고 하는 현실적 요청의 관점에서 실용적으로 접근하고 있다.[96]

정현 박윤흔 박사는 우리나라가 산업화를 달성하기 위하여 도약을 향하여 나아가던 권위주의 정부시절에 관료로 활동하면서 행정법학을 체계화 하였는 바, 제도개선을 통하여 우리 법제도를 선진화하기 위하여 치열한 삶을 산 집념과 열정의 학자라고 할 것이다.

먼저 정현 박윤흔 박사는 입법예고제의 도입에 주도적으로 참여하였는 바, 입법예고제를 도입하기 위하여서는 우선은 공무원들이 무리 없이 받아들이고 차차 그들의 사고를 바꿀 수 있는 제도를 마련하는 것이었다. 국가에서 새로운 제도를 도입함에 있어서 처음부터 완벽한 제도를 채택하려고 할 때에는 강력한 반대에 부딪쳐 도입자체가 불가능하게 되는 경우가 많다. 그러한 경우에는 오히려 불완전하더라도 상대방이 받아들일 수 있는 제도로 우선 출발하고 나중에 완전한 제도로 바꾸어가는 것이 현명하다고 할 것이다.

그리하여 생각하게 된 것이 입법예고제를 대통령령에 의하여 잠정적으로 도입하되, 각 부처의 광범한 재량을 인정하여 그것을 따를 것인지의 여부를 사실상 각 부처의 선택에 맡기도록 하는 것이었다. 그리하여

---

96) 김용섭, "법규개념과 행정규칙―목촌 김도창 박사의 학문세계 및 이론체계를 중심으로", 목촌 김도창 박사 10주기 기념 학술대회 자료집, 2015. 8. 29, 206쪽, 각주 123.

국민의 일상생활과 관련되는 일정한 사항을 열거하고 그것에 관련된 법령을 제정·개정하고자 할 때에는 입법예고를 하되, 그러한 법령의 경우에도, 제정 또는 개정이 긴급을 요하는 경우, 예고함이 공익에 중대한 영향을 미친다고 인정하는 경우 등에는 예고하지 아니할 수 있다고 하여 포괄적인 예외조항을 두어 이상론으로 흐르지 않고 현실적 요청을 반영하였다.

또한 정현 박윤흔 박사는 행정의 실효성 확보수단에 관한 심층적 연구를 수행하였다. 여러 행정법규에서 의무이행확보수단의 하나로 규정하고 있는 벌금과 단기 자유형을 형벌이 아닌 과태료로 전환하여, 의무이행확보수단으로서의 실효성을 높이는 동시에 많은 국민이 형사벌의 전과자(前科者)로 되는 것을 방지하는 것에 주안점을 두었다. 아울러 행정법상의 의무이행확보수단의 하나로 규정되어 있는 의무위반 행위를 행한 사업자에 대한 사업정지 처분에 갈음하는 변형적 과징금제도를 마련하는 등 의무이행확보수단으로서의 실효성을 높임과 동시에 사업자와 그 종업원의 생업을 보장하고 아울러 이용자의 사업이용을 계속화하여 공익과 사익을 조화롭게 하는 제도화라고 할 것이다.[97]

현행 헌법 개정시에 정현 박윤흔 박사는 정당보상조항의 명문화를 위해 최선을 다하였는 바, 종전의 법원 판례가 제3공화국 헌법 하에서와 같이 헌법상 정당보상조항이 국민에 대하여 직접적 효력을 갖는다는 이른바 국민에 대한 직접 효력설을 따르게 되면, 보상의 시기와 방법 등에 대하여 어떠한 제한도 가할 수 없게 된다. 그런데 만약 단순히 정당

97) 박윤흔, 행정법상의 의무이행확보수단에 관한 연구―그 현황과 개선방안, 고려대 대학원 법학박사 학위논문, 1985.

보상조항을 헌법에 명문화하면서 「보상은 법률로 정한다」는 규정을 두지 아니하면 재산권에 대한 공용제한으로 재산권이 침해되었다고 주장하는 국민은 헌법의 정당조항을 근거로 하여 개별적으로 법원에 보상을 청구하는 소송을 제기하게 되어 보상소송의 봇물이 터지게 될 것이며, 이로 인한 혼란과 국력의 낭비는 헤아릴 수 없게 될 것이라는 점을 지적하여 현행 헌법에 반영되도록 한 바 있다.

 • 법해석학을 넘어 입법정책학의 차원으로 발전한 행정법학

행정법은 정책실현의 수단적 측면이 있어 각종 행정법령이 자주 변경된다. 다시 말해 정책실현의 도구로서 행정관련 법령은 사회변화에 맞추어 자주 제정되고 개정되는 측면이 강하다. 그렇기 때문에 행정법에 있어서는 법해석 못지않게 법정책적 측면이 강조된다.

정현 박윤흔 박사의 행정법학은 좁은 의미의 해석법학을 넘어 입법정책학적 연구가 다방면에 걸쳐 있다. 이는 정현 박윤흔 박사가 법제실무에 오랜 기간동안 종사한 결과 입법정책적 연구를 통하여 행정법학의 학문적 지평을 넓혀 왔기 때문이다.

우선 정현 박윤흔 박사는 법제처의 관료시절에도 다양한 법정책적인 논문을 작성한 바 있다. 가령 "우리나라 민방위제도의 발전방안", "행정심판제도"(새 법정, 1974), "각국의 행정재판과 소원제도"(법제 1964. 1), "소원전치주의 – 입법론적 고찰을 중심으로 –"(고시계, 1985. 4), "현행 공무원법상 공무원제도"(고시계, 1975. 3) 등을 발표한 바 있다.

한편 법제처에서의 관료생활을 토대로 터득한 경험 속에서 경희대 법과대학 교수시절 법정책학 차원의 논문을 많이 작성하였다. 우선 2000년대에 있어서의 전기통신사업제도(법제)에 관한 연구를 체신부와 전

기통신공사의 후원으로 작성된 것을 경희법학 제26권 제2호에 게재하고 있다. 아울러 제3장 한국의 에너지 보존 관련 입법의 분석과 제4장 에너지 보존을 위한 입법 및 정책의 개선방안을 경희법학 제26권 제2호에 게재하고 있다.

이뿐만 아니라 정보통신법제의 정비방안(공동연구), 한국공법학회, 1988, "개인의 사생활보호에 관한 법적 연구", 통신개발연구원, 1989. 10, "남북관계 개선에 대비한 비상대비 업무의 추진방향", 국가안전보장회의 · 비상기획위원회, 1989, "2000년대에 있어서의 전기통신사업제도(법제)에 관한 연구", 통신개발연구원, 1991. 3, "유엔 가입과 통일의 공법문제(공동연구)", 한국공법학회, 1991, "체신현업관서의 운영효율화를 위한 특례법 연구", 체신부 연구보고서, 1992. 12, "행정전산망 우선사업 추진방식에 관한 연구", 데이콤 연구보고서, 1993. 3, "비상대비 법령의 체계적 정비방안", 국가안전보장회의 비상기획위원회, 1993 등을 들 수 있다.

정현 박윤흔 박사는 전공하는 행정법 중에서 공익사업을 위한 토지 등 취득과 보상에 관한 법에 큰 비중을 두어 공부한 부분이 있고, 중앙토지수용위원회 위원으로 9년 동안 종사하면서 보상업무에 대하여 남다른 관심을 가지고 있다. 그런데 보상업무가 매우 중요한 업무임에도 불구하고, 보상업무 등 공익사업을 시행하는 기관에서조차도 크게 중요시하지 않고, 또한 종사자들도 민원이 많이 발생하고 고된 업무여서 그 자리에 오래 근무하기를 기피하는 경향이 있어 자리가 자주 바뀌고 사기도 높지 못하였다.

이 뿐만 아니라 정현 박윤흔 박사는 보상업무 종사자들을 보다 전문화하고 사기를 진작시킬 방안은 없을까 하고 고민을 하던 차에 일정기

간 보상업무에 종사한 자에게 민간자격제도를 채택하여 운영하게 하는
것은 매우 바람직스럽다고 생각하여 민간자격인 보상관리사제도를 설
치, 운영하는 데 적극 노력하여 제도화하는 데 결실을 보았다.

• 한국에 실정에 맞는 이론 개발과 미국법제 중심의 비교법적 방법론

정현 박윤흔 박사의 스승인 목촌 김도창 박사는 외국이론의 무조건
수입이라고 하는 번지 없는 주막(weder)도 아니고, 그렇다고 외국이론
의 무조건적인 거부반응은 우물안 개구리로 만들기 때문에 학문적 국
수주의도 아니고(noch), 양자의 균형 있는 절충적 입장인 중도적 방법
론을 제시하고 있다.

이와 관련하여 정현 박윤흔 박사는 외국이론의 선별적 도입을 시사하
고 있으며, 중도적 관점에 서 있다기보다는 한국행정법학의 학문적 2세
대로서 외국이론에 경도하는 현상에 대하여 비판적 관점을 갖고 있고,
우리 실정에 맞지도 않음에도 외국이론이 그대로 우리의 이론으로 둔
갑하는 현상에 대하여 비판적 입장을 취하고 우리 실정에 맞는 이론의
개발이 시급하다는 점을 강조하였으며, 외국법제는 외국법제로서 파악
하고 시사점을 찾는 데 그쳐야 함을 강조하고 있다고 본다. 최신행정법
강의(상)의 머리말에 나와 있는 정현 박윤흔 박사의 생각의 일단을 살펴
보기로 한다.

또 한 가지의 문제점은, 우리 행정법이론에는 우리나라의 현실과 판
이한 외국의 현실을 기반으로 생성·발전한 것을 거의 그대로 수용한
이론이 없지 않다는 점이다. 이러한 이론을 그 토양이 전혀 다른 우리나
라에 억지로 이식하였기 때문에, 너무나 추상화·일반화되어 관념론에
흐르는 경향조차 없지 않고, 우리 현실문제의 해결에 아무 도움이 되지

않는 논쟁을 일으키는 사례도 종종 있는 실정이다.

이러한 측면에서 볼 때, 모든 학문이 그러하듯이 행정법 이론도 보다 더 우리 현실에 즉응하여 우리의 문제를 해결하기 위한 이론의 토착화가 시급한 것은 두 말할 필요도 없는 것이다.

이 점은 목촌 김도창 박사가 강조하고 있는 외국 법학의 수입이나 번역에 그칠 것이 아니라 번지 있는 학문이 되어야 한다는 것을 여러 차례 강조하고 한국에 유니크한 법체계를 창출하려는 노력이 필요하다고 역설[98]하고 있는 점과 맥을 같이한다. 정현 박윤흔 박사는 유럽이나 일본의 법제도를 우리와의 상관관계 속에 선별적으로 취사선택하면서 주로 영미법적인 관점에서 제도개선을 시도하는 점에서는 이상규 변호사나 박사학위 논문의 지도교수인 윤세창 교수의 미국 행정법의 맥을 잇고 있다고 할 것이다.

정현 박윤흔 박사는 1971년 8월에 1년 동안 판·검사(判·檢事)들과 함께 법제처 법제관으로서는 처음으로 AID(Agency for International Development) 원조자금으로 미국 캘리포니아 대학의 법과대학 (Berkeley)으로 유학을 가게 되었으며, 그곳에서 1년 동안 미국 행정입법에 대하여 어느 정도 깊이 있는 연구를 하였다.[99]

1974년에 "미국의 행정입법절차"에 관하여 법제지에 기고하였고, 1992. 8. "행정부의 자의적 비밀주의의 견제"라는 글에서 미국의 정보자유법을 소개하는 내용을 신문과 방송 제260호에 기고하여 정보공개

----

98) 김도창, "행정법이론의 방향모색", 고시계, 1994. 4, 15쪽.

99) 정현 박윤흔 박사는 「미국 행정절차법상의 입법예고절차」(Rule-making under the A.P.A. of the United States)라는 논문을 집필하였다. 이 논문은 미국 AID 당국에 제출하였고 서울대학교 법학 논문집인 법학 제14권 제2호에 게재하였다.

법 제정의 방향성을 모색하고 있다.

또한 1990년 미국헌법연구에 "미국의 민사금전벌제도"에 관한 논문을 게재하였다.

그리하여 오늘날 미국에서는 많은 개별법에서 종래의 형벌과 행정제재인 인·허가사업의 정지 등에 갈음하여 민사금전벌을 과하도록 전환하고 있는 점에 착안하여 과징금제도의 도입에 주도적 역할을 하였다. 1991년 미국헌법에 "미국에 있어서 토지이용규제와 손실보상"을 게재하였고, 1992년 경희법학에 "미국의 분필부담금제도"를 게재하였다. 아울러 1993년 허영민 박사 회갑논문집에 "미국의 손실보상법에서의 개발이익의 배제"라는 제목의 논문을 발표하였다.

1993년 미국헌법연구에 "미국에 있어서의 손실보상의 평가기준—토지소유권에 관한 평가를 중심으로—"라는 주제로 발표하였다. 아울러 대구대 총장으로 재직하면서 "미국 환경법의 토지오염의 정화책임"이라는 주제로 미국헌법연구에 방대한 양의 연구논문을 게재하고 있다. 한편 미국을 제외한 외국법제에 대한 비교법적 논문이 많지 않다.[100]

정현 박윤흔 박사는 외국법제에 대하여 활발히 논의하였다기보다는 우리 법 현실에 깊이 천착하였으며, 외국의 제도에 대하여는 어디까지나 외국의 제도로서 소개하는 데 그쳤다. 그리하여 외국의 제도가 우리 제도와 혼탁하게 합쳐지는 것을 극력 피했다.

---

100) 1997. 2월에 감정평가논집 제7호에 게재한 "영국의 손실보상평가기준에 관한 고찰"과 1976. 4 발표한 "프랑스 경찰공무원의 행정책임에 관한 고찰"을 법조에 기고하였다. 아울러 일본에 관하여는 "일본의 환경행정기구의 체제와 기능"에 관하여 환경법연구에 기고하고 있다.

• 헌법과 연계된 행정법학

정현 박윤흔 박사가 서울대학교 법과대학을 졸업하고 내각사무처 법제국에서 공직생활을 시작할 당시의 법제처장은 헌법을 전공한 박일경 박사였다. 정현 박윤흔 박사는 법제처에서 법제업무를 수행하면서 법제지에 1969년 2월부터 7월까지 위헌법률심사권과 헌법판례에 관한 방대한 양의 소개를 여러 차례 나누어 논문을 발표하기도 하였다.

이는 헌법학 전반에 관한 기본적 이해가 되지 않으면 정리하기 힘든 내용을 잘 망라하고 있다고 볼 것이다. 이처럼 정현 박윤흔 박사는 행정법학에 주안점을 두는 것과 아울러 당시 공법학계의 관행처럼 헌법에 대한 관심을 지속적으로 유지하였다.

정현 박윤흔 박사는 행정법을 전공하는 공법학계의 대표적 권위로서 법제처에 오래 근무한 관계로 여러 번의 중요한 헌법 개정 시마다 헌법 개정에 관련된 일을 하게 되었다. 특히 그동안에 있었던 헌법 개정에서는 그 깊이에 있어 차이가 있기는 하였으나 모두 참여하였다. 1963. 12. 17. 제5차 개정헌법인 제3공화국 헌법개정 시에는 아직 젊은 나이여서 직접 참여하지는 못하였으나, 당시 헌법학자인 문홍주 선생이 법제처장으로서 헌법 개정작업에 주도적 역할을 하고 있어 그분을 보좌하는 입장에서 많은 실무적인 일을 도왔다.

그리고 1972. 12. 27. 제7차 개정헌법인 제4공화국헌법, 즉 유신헌법의 개정에 있어서는 개정작업을 법무부에서 주관하였는데, 정현 박윤흔 박사는 법제처 법제관으로서 법무부에 상당기간 파견되어 헌법개정안의 문안작성과 부속법률의 초안 작성에 참여하였다. 또한 1980. 10. 27. 제8차 개정헌법인 제5공화국헌법의 개정에 있어서는 그 개정작업을 법제처에서 주관한 관계로 정현 박윤흔 박사가 헌법개정심의위원회

간사로서 깊이 있게 참여하였다.

그리고 1987. 10. 29. 제9차 개정헌법(현행헌법)의 개정 시에는 개정작업을 국회에서 주관하였는데, 정현 박윤흔 박사는 당시 법제처 차장으로서 국회의 헌법개정특별위원회 자문위원으로 참여하여 이른바 ‘보상법률주의’를 관철시키는 등 적극적으로 참여하였다.

정현 박윤흔 박사는 그의 스승인 목촌 김도창 박사와 마찬가지로 헌법적 가치를 실현하는 행정법학을 추구하고 있다. 목촌 김도창 박사가 1979년 유신체제가 붕괴한 후 최규하 권한대행체제하에서 비교적 짧은 기간 동안이지만 법제처장과 더불어 정부헌법개정심의위원회 간사장을 겸직하면서 새로운 헌법개정을 위한 분주한 활동을 하던 시절에 정현 박윤흔 박사는 김도창 박사를 도와 간사로서의 역할을 하였다.

헌법개정 작업에 공직자로서 참여한 경험과 법제처장을 지낸 기라성 같은 헌법학자의 영향 속에서 남다른 헌법적 사고와 식견을 간직한 정현 박윤흔 박사는 헌법판례에 관한 평석[101]과 한국법제연구원에서 발행하는 법연의 칼럼에 “우리 헌법을 꾸준히 그리고 심도 있게 연구하자─국가 세우기와 국민 만들기에 공들인 제헌헌법에 대한 올바른 평가부터─”라는 칼럼에서 법제처와 한국법제연구원이 앞으로 우리 헌법을 그때그때의 잣대로 그리고 현재의 잣대로 꾸준히 심도있게 연구하여 정부의 헌법해석의 주무기관으로서의 역할을 다할 것을 주문하고 있다.

----

101) 헌법재판소 2006. 2. 23. 자 2004헌마19 전원재판부 [공익사업을 위한 토지 등의 취득 및 보상에 관한 법률시행령 제40조 제3항 제1호 위원확인], 토지보상법연구 제10집, 2010.; 바다에서의 지방자치단체간의 경계선(2011. 4),─헌법재판소 2004. 9. 23. 선고 2000헌라2 전원재판부 [당진군과 평택시간의 권한쟁의], 토지보상법연구제11집, 2011.

정현 박윤흔 박사의 공헌

• 표준적 행정법 교과서

1974년에 초판이 나온 국민서관 발행의 정현 박윤흔 박사의 교과서 '최신 행정법강의(상)'과 1977년 초판이 나온 '최신 행정법강의(하)'를 집필하여 약 30여 년 동안 계속하여 수험생, 법학도 및 실무가들의 애독서가 되었다.[102] 정현 박윤흔 박사는 '최신 행정법강의(상)(하)'를 출간한 것을 생애에 가장 보람 있는 일로 자랑스럽게 생각한다고 피력하고 있다. 정현 박윤흔 박사의 교과서는 2가지 점에 주안점을 두고 집필하였다고 초판 머리말 서문에 나와 있다.

첫째로, 지금까지의 통설적인 행정법이론은 현대적 상황전개에 따라, 여러 가지 면에서 수정·보완되어야 한다는 점이고, 둘째로 행정법도 한국적 현실에 맞추어서 이론의 토착화가 이루어져야 한다는 점이다. 그렇다고 모든 이론이 오늘날에 와서 모두 타당성을 잃었다는 것은 결코 아니라고 전제하고, 오히려 그것에 갈음할 수 있는 이론이 제시되지 않고 있는 현 단계에서는 아직도 통설로 받아들여져야 한다는 것이 정현 박윤흔 박사의 관점이다.

이러한 정현 박윤흔 박사의 관점은 종전의 목촌 김도창 박사의 행정법 교과서의 정통성을 인정한다는 전제가 깔려 있다. 그러면서 현대는 그 어느 때보다도 사회적·경제적 변화가 급속한 시대이며, 그에 맞는 새로운 행정분야의 전개가 요구되었고, 그 요구의 빈도수가 잦으면 잦

---

102) 1980년대부터 최신 행정법강의(상)은 표준적인 교과서로서 체계적으로 잘 정리되어 많은 수험생들의 애독서로 자리잡았으며, 특히 최신 행정법강의(하)는 수험생 뿐만 아니라 실무지향적 행정관료들의 필독서로 자리 잡았다.

을수록 그에 대응하기 위한 행정법규가 제정되기 마련이며, 또한, 오늘날은 행정작용에 의한 부당한 권리침해의 방지와 행정기능의 공정한 운영에 대한 요구가 그 어느 때보다도 강한 시대이므로, 이와 같은 새로운 현대적 상황 아래서는 19세기 시민적 법치국가를 배경으로 형성된 기존의 이론만으로는 충분히 대처할 수 없는 경우가 많게 되었다는 문제의식을 갖고 대안 마련의 필요성을 역설하고 있다.

학계의 일각에서 1960년대 초반부터 1990년대 초반까지 행정법 교과서를 중심으로 선도적 역할을 형성했던 법제처에 학맥의 기반을 두고 있는 "김도창(일반행정법론)―이상규(신행정법론)―박윤흔(최신 행정법강의)"의 이른바 '트로이카(三頭馬車)' 적 선도적 역할을 마치 체제순응적 행정법학이나 관료법학 또는 수험법학으로 매도하는 분위기가 한때 있었으나, 해방 후 우리 행정법학계의 척박한 현실에서 한국 행정법학계의 학문 1세대와 2세대가 어렵게나마 행정법학을 개척한 현실을 감안할 때 이는 제대로 된 온당한 비판이라고 보기 어렵다.[103]

- 현실문제에 대한 이론의 개발 및 제도의 실현을 통한 실용법학의 추구

(1) 행정현실을 반영한 실용법학

---

103) 김용섭, "법규개념과 행정규칙―목촌 김도창 박사의 학문세계 및 이론체계를 중심으로―", 목촌 김도창 박사 10주기 기념 학술대회 자료집, 2015. 8. 29, 141쪽. 이와 관련하여 목촌 김도창 박사는 "외로운 갑충"에서 학문이란 비판이라는 거름 먹고 자라는 식목과 같고, 건강한 비판은 학문발전을 위해 필수불가결하지만 그 비판은 반드시 전문성에 바탕을 두어야 한다고 하면서 수험법학론과 관료법학론이라는 비판 그 자체에 대하여 반론 형식의 글을 싣고 있다.

정현 박윤흔 박사가 법제처에 근무하기 시작한 1961년부터 30년 동안에 우리나라는 그야말로 급격한 사회변화를 경험하는 동안 경제적으로는 국민소득 100달러의 최빈국에서 국민소득 2만 달러의 세계 10대 경제대국으로 압축성장하면서 발전하였고, 정치적으로도 세계에 자랑할 수 있는 민주화를 이룩하였다. 이러한 산업화와 민주화의 동시달성으로 우리 사회가 민주적 법치국가가 되었는 바, 법치국가인 우리나라에서는 모두가 법령이라는 형식으로 제도화되었으며 법제처는 바로 그러한 제도와 정책을 다듬고 형성하는 역할을 하였다.

그리하여 그동안 행정법령은 양과 질 양면에서 역사상 유래를 찾아볼 수 없는 정도로 대폭 증가하였으며, 이에 따라 법제도에 있어서도 국민의 권익보호와 국가 행정업무의 원활한 수행을 위하여 많은 새로운 제도의 도입과 기존제도의 개선이 필요하게 되었다.

그리고 그동안 행정관계 법률의 제정 또는 개정작업에서 정현 박윤흔 박사는 법제처의 공무원으로 직무상 당연히 적극적으로 참여하였고, 특히 1984년의 행정심판법 제정과 행정소송법 개정에 있어서는 법무부에 설치된 '행정쟁송법개정심의위원회'의 위원이 되어 적극적으로 참여하였다. 또한 1996년 제정된 행정절차법의 시안을 최종적으로 심의하기 위하여 정부에 설치된 '행정절차법심의위원회' 위원장이 되어 적극적으로 참여하였다.

특히 법령보충적 행정규칙과 관련하여 목촌 김도창 박사는 행정규칙에 법규사항을 위임하는 것에 대하여 헌법이 대통령령, 총리령, 부령만을 인정하고 있으며, 그것을 한정적, 열거적으로 보고 헌법이 예정한 법형식에 한정되므로 고시 등의 행정규칙의 형식으로 법규를 위임하는 것은 헌법위반이 된다는 견해[104]로 원칙론을 견지한 데 반하여, 정현 박윤흔 박사는 헌법이 규정하고 있는 법규명령의 형식은 예시적인 것으로 고시 등 행정규칙에 법규적 사항을 정하도록 위임하는 것도 가능하다고 보았는데[105] 이는 정현 박윤흔 박사가 우리의 행정입법의 현실을 감안하여 고시 등에 위임되는 현실적인 요청을 반영한 탄력적인 해석이라고 할 것이다.[106]

이와 같은 견해의 대립은 대법원의 다수 판례는 물론 헌법재판소 2009. 2. 26. 2005 헌바 94, 2006 헌바30 결정에서 정현 박윤흔 박사의 견해를 채택하였다고 볼 것이다.

(2) 입법예고제의 입안부터 기반마련까지 초석형성

정현 박윤흔 박사는 입법예고제를 도입하는 데 혁혁한 공로가 있다고 본다. 주지하는 바와 같이 '입법예고제'는, 입법 과정에 대한 국민의 참여기회를 확대하고, 입법내용의 민주화를 도모하며, 법령의 실효성을 높임으로써, 국민의 권익을 보호하고, 국가정책 수행의 효율성을 높이기 위하여 채택된 제도라고 할 것이다.

1996년 12월 31일 법률 제5241로 제정되고 1998년 1월 1일자로 시행된 행정절차법 제41조는 「법령 등을 제정ㆍ개정 또는 폐지(이하『입법』이라 한다)하고자 할 때에는 당해 입법안을 마련한 행정청은 이를 예고하여야 한다」고 규정하고, 제42조에서는 예고방법, 제43조에서는 예고기간, 제44조에서는 의견제출 및 처리 그리고 제45조에서는 공청회에 관하여 각각 규정하여 이른바 입법예고제를 채택하였다.

· · · · · · · · · · ·

104) 김도창, 일반행정법론(상), 1993, 325쪽.
105) 박윤흔, 최신 행정법강의(상), 1997, 238쪽.
106) 김남진, 한국 행정법학의 회고, 공법학 원로와의 대화, 2014. 4. 19, 20쪽.

입법예고제는 그에 앞서 약 15년 전인 1983. 6. 20.에 시행된 대통령령 제11133호 「법령안입법예고에 관한 규정」에 의하여 잠정적으로 채택·시행되었다. 법제처에서 먼저 대통령령에 의하여 입법예고제를 잠정적 제도로 도입하고, 아주 자연스럽게 행정절차법에 의하여 정식제도로 전환·채택한 것은 획기적인 발상이었다고 생각한다. 대통령령인 「법령안입법예고에 관한 규정」에 의하여 잠정적, 시험적 제도로 도입된 입법예고제는 그 자체로서도 기대 이상으로 매우 성공적이었고, 그것이 행정절차법에 의하여 정식제도로 도입하는 데 있어서 결정적 역할을 하였다고 본다.

한편, 정현 박윤흔 박사는 앞으로 입법예고제가 그동안의 시대변화를 감안하고 외국의 입법예고도 받아들여 계속 발전해 나가야 하며, 아울러 법령안에 대한 전문법제 연구기관의 평가서 제출제도 등 선진제도의 도입도 연구하여야 한다고 제안하고 있다.[107]

(3) 과징금제도의 도입에 기여

정현 박윤흔 박사는 과징금제도의 도입을 주도하여 법의 실효성 확보, 법위반 사업장 종사자의 생업 보장, 사업이용 국민의 사업 계속이용을 보장하는 데 공헌을 하였다.

우리나라에서는 변형된 형태의 과징금제도가 1981년 12월 31일에 자동차운수사업법을 개정(법률 제3513호)하여 처음으로 채택하였다. 동 개정 법률 제31조의 2에서는 「교통부장관은 자동차운송사업자가 제31

---

107) 박윤흔, "입법예고제 입안부터 기반마련까지 초석을 놓다", 법제처 60년사, 2008, 597쪽.

조 각호의 1에 해당할 때에는 대통령령이 정하는 바에 의하여 동조 본문의 규정에 의한 사업정지처분에 갈음하여 500백만 이하의 과징금을 부과할 수 있다」고 규정하였다. 그리고 동 개정법률 제78조 제1항에서는 「제73조 내지 제77조의 벌칙의 적용에 있어서 제31조의 2 제1항의 규정에 의하여 과징금을 부과할 수 있는 범죄에 대하여는 교통부장관의 고발이 있어야 논한다」고 규정하고, 제2항에서는 「교통부장관은 제31조의 2 제1항 내지 제3항의 규정에 의한 과징금을 납부한 자에 대하여는 제1항의 규정에 의한 고발을 할 수 없다」고 규정하였다.

이것은 위에서 본바와 같이 각종 사업법에서는 당해 법규가 정하는 위반행위를 행한 자에 대하여, 한편으로 행정제재인 사업의 취소 또는 사업의 정지를 과하도록 규정하고, 다른 한편으로는 형사제재인 벌금 또는 단기자유형을 과하도록 규정하는 경우가 많았는데, 과징금제도를 도입하여 과징금의 부과대상이 되는 위반행위에 대하여서는 과징금을 부과·납부한 경우에는 형사제재인 벌금이나 단기자유형은 부과하지 않도록 하려는 것이었다.

그리하여 과징금제도를 도입하면 위반행위가 있을 경우 과징금이 빠짐없이 과하여질 것으로 예상하여 과징금이 부과·징수될 것을 전제로 형사제재는 과하지 못하도록 하여 경미한 사업법상의 위반행위에 대한 제재수단은 행정제재의 일종인 과징금으로 통일하려고 한 것이었다.

한편, 정현 박윤흔 박사는 그동안 대외무역법 등에서 시정명령에 갈음하는 과징금제도나 영업정지와 연계되지 않는 금전제재수단으로 과징금제도가 무분별하게 확대 도입되는 현상에 대하여 경계하면서, 행정법상 의무이행 확보수단 전체를 생각하면서 개별법에 과징금을 도입하는 것이 타당한가를 검토해야 한다고 지적하고 있다.[108]

(4) 행정심판제도 개선

정현 박윤흔 박사는 1980년대 법제처 차장으로 재직하면서 모든 각부 장관의 처분에 대한 심판사건을 국무총리심판위원회에서 통합 심의하도록 하는 제도를 채택하는 데 앞장섰다.

행정심판제도는 1951년 6.25 전란 중에 소원법의 제정으로 처음 도입되었고, 1980년대에 총무처에서 관장하던 소원제도를 법제처 직원 모두의 노력에 의하여 법제처가 인수하여 1984년에 소원법을 대체하여 행정심판법을 제정하면서 우리나라의 행정심판제도가 획기적으로 개선되어 한국은 세계의 모범적인 행정심판제도를 갖게 되었다.[109]

우리의 행정심판제도는 여러 가지 특징을 가지고 있으나, 그중에서도 하나의 행정심판위원회, 즉 국무총리행정심판위원회(현재는 중앙행정심판위원회)에서 모든 행정각부 장관의 처분에 대한 심판사건을 일괄하여 심의한다는 것이다. 종전에는 행정각부 장관의 처분에 대한 심판사건을 각각 당해 부처 소속의 행정심판위원회(소원심의회)에서 분산적으로 심리 · 의결하여 왔던 것을, 행정심판법 아래서는 국무총리행정심판위원회에서 일괄적으로 심리 · 의결할 수 있게 제도화함으로써, 행정심판제도가 국민의 권리구제제도로서 제 모습을 갖추어 획기적으로 개선되었으며, 이는 또한 오늘날의 중앙행정심판위원회의 설립의 초석을 마련한 것이었다.[110]

....

108) 박윤흔, "과징금제도가 분별없이 확대 · 도입되고 있다", 고시계 권두언 참조.
109) 박윤흔, "대한민국 법제 60년과 법제처의 역할—법체처의 역사 · 기능 및 향후 역할과 과제", 법제 2008. 8, 13쪽.
110) 박윤흔, "[정현 박윤흔 회고집] 도약의 시대를 함께한 행운—발원 그리고 열리는 길", 국민서관, 2014, 39쪽.

정현 박윤흔 박사는 우리 행정심판법의 핵심적 내용이라 할 수 있는 각부 장관의 처분에 대한 심판 사건을 국무총리심판위원회에서 통합 심의하도록 하는 제도의 채택에 있어서, 당시로서는 매우 어려운 환경에서 주도적 역할을 하였다.[111]

(5) 재량권 행사의 일반적 기준을 정하여 부패방지와 공무원의 자의성 억제

법치주의 국가인 우리나라에서 행정은 법률에 의하여 행하여지는 것은 당연하다. 그러나 실제 행정현실에서는 법률이나 그 시행령이 너무나 추상적이어서, 예컨대 실제로 허가를 하거나, 허가를 취소하는 공무원에게 재량이 넓게 인정되고 있다. 법률에서 재량규정을 둔 것은 국회에서 행정부에 일정한 권한을 위임한 것인데 재량권 행사의 일반적 기준이 없으면 담당공무원에 따라 기준이 없이 적용될 위험성이 있게 되며, 부패와 부정에 연루될 수 있게 된다. 이러한 문제점을 깊이 인식한 정현 박윤흔 박사는 불이익한 제재적 행정처분기준을 부령이나 훈령으로 정하도록 제도화하는 데 앞장섰다.

같은 맥락에서 1996년에 제정되고 1998년 1월 1일부터 시행된 행정절차법 제20조에서 「행정청은 필요한 처분기준을 당해 처분의 성질에 비

---

111) 행정심판법안을 행정쟁송법개정심의위원회에서 마련하여 우여곡절이 있었으나 정현 박윤흔 박사가 끈질기게 설득하였는 바 결국에는 모든 위원이 찬성하여 「행정각부 장관의 처분·부작위에 대한 행정심판의 심리·의결은 대통령령이 정하는 바에 의하여 국무총리행정심판위원회에서 행한다」는 안이 채택되었다. 정현 박윤흔 박사가 사명감을 갖고 대응 논리를 개발하여 행정쟁송법개정심의회의 위원을 설득한 결과라고 볼 것이다.

추어 될 수 있는 한 구체적으로 정하여 공표하여야 한다」고 규정하고, 다만 예외적으로 「처분기준을 공표하는 것이 당해 처분의 성질상 현저히 곤란하거나 공공의 안전 또는 복리를 현저히 해하는 것으로 인정할 만한 상당한 이유가 있는 경우」에만 공표하지 아니할 수 있도록 하여, 행정처분의 기준의 설정 · 공표를 법제화하였다.[112]

• 다양한 경험에서 비롯된 공익과 사익의 조화를 추구

정현 박윤흔 박사는 법제처에서 오랜 기간 동안 근무하면서 우리 행정현실을 정확히 파악하고 경희대 법과대학의 교수로 간 후에도 각종 위원회의 활동을 통하여 이론을 개발하고 헌법개정심의위원회, 행정쟁송법개정심의위원회, 행정개혁위원회, 경찰위원회, 원자력위원회, 중앙토지수용위원회, 행정절차법심의위원회, 국회헌법개정특별위원회, 행정권한이양추진위원회의 위원 등 다양한 정부 위원회의 위원으로 활동하면서 법제처에서 연찬한 행정실무적 감각과 식견을 각종 정부 위원회에서 유감없이 발휘하였는 바, 이는 환경처 장관, 대구대학교 총장 및 한국환경법학회 회장, 한국공법학회 회장 및 한국토지보상법연구회의 회장의 역임 등 이론과 제도의 결합에 평생을 바친 결과라고 할 것이다.

1997년 정현 박윤흔 박사 화갑기념논문집 간행위원회 위원장인 최송화 교수는 정현 박윤흔 박사 화갑기념논문집의 발간사에서 "박윤흔 총장님은 학계 · 교육계 · 행정계 모두에서 최고의 자리에 오르셨습니다. 이는 참으로 드문 일입니다. 먼저 행정실무계에서 법제처 사무관으로

---

112) 정현 박윤흔 박사는 제2차 행정절차법심의회 위원장의 직을 맡아 최종 초안을 마련하는 데 중요한 역할을 하였다.

부터 법제처 차장까지 오랜 기간 동안 법제행정실무에 종사하시고 환경처 장관을 역임하셨습니다. 박윤흔 총장님은 행정실무가로 활동하시면서도 학문연구 또한 소홀히 하지 않으셨습니다. 그 학문적 열정은 경희대학교 법과대학 교수, 한국공법학회 회장, 그리고 한국환경법학회 회장을 역임하는 결과를 가져왔습니다. 학계에서는 연구업적에서 뿐만 아니라 행정법학계에 하나의 학풍을 창도하셨다는 점에서 높이 평가되고 있습니다. 이론과 실무를 접목하고, 국민의 권리보장과 행정의 실효성을 함께 고려하여 조화시키려는 노력을 기울이셨던 것입니다. 어쩌면 몸으로 실천하셨다는 편이 적절한 표현일 것입니다"라고 밝히고 있다. 이러한 당시의 평가는 정현 박윤흔 박사의 관료와 학자의 병행적인 전체적인 삶을 잘 표현하고 있다고 할 것이다.

정현 박윤흔 박사의 행정법학의 특징은 국민의 권익옹호와 행정의 실효성 간의 균형과 조화를 실현하고 있다. 정현 박윤흔 박사는 공익과 사익의 조화를 사안별로 구체적으로 달리 접근하고 있다. 어떤 사안에서는 공익을 우선하기도 하고, 어떤 사안에서는 사익을 우선하기도 하는 등 언제나 관료로서 공익을 우선하여 사익을 소홀히 하는 방식이 아니다.[113)]

그러나, 의무이행소송의 도입과 관련하여 정현 박윤흔 박사는 이상규 변호사나 다른 학자들과는 달리 아직 시기상조임을 분명히 하고 있고, 부작위위법확인소송을 먼저 도입하고 점차 운영하면서 의무이행소송

- - - - - - - - - -

113) 그런 의미에서 정현 박윤흔 박사의 행정법학이 관료법학이라고 보는 것은 올바른 접근법이라고 볼 수 없다. 관료 출신인 것은 분명하지만 입법예고제의 도입은 일반 국민을 위한 제도로서 기능하는 측면이 강하다고 볼 것이다.

을 도입하는 방향으로의 방향성을 제시한 것은 우리의 행정현실을 감안하여 국민의 권익구제를 너무 지나치게 확장하는 것이 좋지 않다는 점을 강조한 것이다. 이와 더불어 행정심판법을 제정하면서 국민의 권익을 보장하기 위한 제도를 대폭 도입한 점을 들 수 있다.

행정의 실효성의 확보수단과 관련하여서도 과징금제도의 도입은 한편으로는 공익도 추구하면서 법규위반자에 대한 제재를 완화하는 측면도 있다. 각종 실효성 확보수단에 있어 행정형벌의 탈범죄화의 요청은 매우 바람직한 방향이라고 보여진다.

행정절차를 강조하면서도 입법예고제에 그친 것은 공익적 측면도 고려한 것이라고 할 수 있다. 행정심판에 있어서는 의무이행심판을 인정하면서도 행정소송법에 있어서 의무이행소송의 시기상조론을 전개하고 있는 것은 행정부처에 근무하면서 의무이행소송의 조기도입이 갖는 부작용을 우려한 것으로 볼 수 있다.

이상에서 살펴본 바와 같이 정현 박윤흔 박사는 일제치하에 태어나 조국해방, 대한민국 건국, 6.25동란, 4.19, 5.16, 10월 유신, 10.26, 5.18, 6.10 민주항쟁 등 숱한 역사의 격동기를 살아오는 가운데, 1960년 초 대학을 졸업하고 법제처 초급 관료로 출발해서 차관급인 법제처 차장을 거쳐 환경처 장관에까지 이르렀으며, 학계에서는 1970년 초 한국공법학회의 창립 당시 책임간사로부터 시작하여 총무이사를 여러 차례에 유임하고, 상임이사(국제이사)와 부회장을 거쳐 한국공법학회 회장에까지 이르렀다.

1988년에 법제처에서 대학교수로 자리를 옮겨 비교적 늦게 출발하였음에도 대학총장으로 4년간의 소임을 다하고 2000년 초 정년을 맞이하였다. 그리고 한국토지보상법연구회를 결성하여 동학회의 창립회장으로 15년 정도 학회를 성공적으로 이끌어 왔으며, 최근에는 불교인재원에서 금강경을 강의하면서 심원한 불교철학의 내면세계로 새로운 여정을 준비하고 있다.

정현 박윤흔 박사는 우리의 행정현실에 기초한 이론개발과 각종 제도의 설계·도입 및 법정책적 논의를 전개하고 실용적 학문을 완성하는 등 독특한 학풍을 창출하였다. 이는 법제처 시절부터 형성된 관료와 학자의 병행적 삶에서 비롯되었다고 할 수 있다. 다시 말해 우리나라 행정현실을 직시하여 그 구조적인 문제점을 분석하고 이로부터 한국의 현실에 적합한 행정법이론을 개발하였으며, 이를 통해서 대안을 제시하고 제도화하는 등 정현 박윤흔 박사 특유의 독특한 행정법학의 세계를 구축하였다고 할 것이다. 이처럼 정현 박윤흔 박사는 주어진 현실에서 최선을 다하면서 국가와 사회에 이바지하는 진충보국(盡忠報國)의 자세를 일평생 견지하였다.

앞에서도 살펴본 바와 같이 정현 박윤흔 박사는 행정법 전 영역에 걸쳐 방대한 양의 논문과 연구보고서 등을 작성하였으며, 관료로서 성공하기도 힘든 현실에서 학자들의 영역에까지 관심을 두어 학자 이상의 비범한 능력을 발휘하여 법제처를 행정법학의 산실로 만들었다고 할 수 있다. 행정법의 여러 분야 중 정현 박윤흔 박사의 관심분야를 3가지로 꼽으라고 한다면, 우선은 행정절차법 등 행정법 총론분야, 행정의 실효성 확보수단 분야, 그리고 토지수용과 보상법분야라고 할 수 있다.[114]

. . . .

114) 정현 박윤흔 박사는 1970년대 미국 버클리 대학으로 유학을 가서 1년 정도 미국법제 특히 미국입법절차에 관한 연구를 하고 돌아와서, 여러 편의 미국제도를 소개하고 있다. 이와 같은 미국법제에 대하여는 당시만 해도 정통한 행정법학자가 많지 않은 현실에서 행정부처 공무원의 상당수가 미국의 행정학이론에 익숙한 환경에서 법리적으로

정현 박윤흔 박사의 행정법학의 최전성기는 경희대 법과대학 교수로 재직하는 5~6년간의 기간이라고 본다.[115]

정현 박윤흔 박사는 현실 적응적 이론을 개발하였으며, 우리 법제와 다른 외국법제의 무비판적 도입과 외국법학의 지나친 경도를 경계하였다. 박윤흔 행정법학은 한국실정에 적합한 표준적 행정법 교과서의 발간, 법정책적 연구와 제도 도입, 행정의 독자성이라는 공익과 국민의 권익옹호라는 사익의 조화 등 실용학문을 특징으로 한다.

정현 박윤흔 박사는 공직생활의 출발점인 법제처 관료로부터 시작하여 다양한 경력을 바탕으로 평생 지향한 실용학문의 터전 위에서 최근까지 한국행정법학회, 한국토지보상법연구회, 한국행정판례연구회 등 여러 학회에 참가하시면서 학술 세미나의 사회, 기조발제, 발제 및 토론 등에서 우리의 현실에 어긋나는 내용의 발표가 나오면 이를 적절히 지적하면서 후학이 올바른 방향으로 나가도록 지도하는 역할을 마다하지 않으시고 계시다.

한국행정판례연구회의 최송화 회장의 재직시인 2005년부터 정현 박윤흔 박사는 한국행정판례연구회의 고문으로 활동하고 있다. 또한 한국행정법학회가 출범한 시점인 2010. 6. 25. 발족된 한국행정법학회의

. . . .

나 제도적으로 문제를 해결하고, 우리의 실상을 이해하는 데 큰 도움이 되었다고 생각한다.

115) 역사에 가정법은 없지만, 만약에 정현 박윤흔 박사가 경희대 법과대학에서 정년을 맞이했으면 어떠하였을까 잠시 생각해 본다. 개인적으로나 국가적 관점에서는 환경처 장관이나 대구대 총장으로 재직한 것이 바람직할지 모르나, 한국의 행정법학의 발전이라는 관점에서는 경희대 법과대학의 행정법 전임교수로 재직하면서 연구를 지속화하면서 후학을 지도하였더라면 하는 아쉬움을 갖게 되는 것은 필자만의 생각은 아닐 것이다.

법정이사로 학회의 원로로서 중요한 역할을 수행하고 계시다.

아울러 남하 서원우 교수께서 창설에 적극 주도한 동아시아행정법학회에도 지속적으로 참여하시고, 특히 2014년 중국 광저우에서 개최된 제11회 동아시아행정법학회에서 사회를 맡아 회의를 주재하는 등 한국의 행정법학의 발전과 위상을 위해 학계의 원로로서 김철용, 최송화 교수와 함께 다수의 중견 및 소장 학자들과 더불어 참석하여 자리를 빛내기도 하였다.

이처럼 정현 박윤흔 박사는 지칠 줄 모르는 열정으로 행정법학에 대한 학문적 열정을 이어 나가고 계시며, 전방위적으로 어떤 행정법적 사안에 대하여도 문제의 핵심에 다가설 수 있는 한국의 행정법학계 원로 중의 한 분이라고 할 수 있다. 정현 박윤흔 박사는 앞서도 밝힌 바와 같이 법제처에 오랜 기간 동안 근무하면서 국정의 흐름을 종횡으로 파악하다 보니 각종 법제도상의 문제점과 결함에 대하여 그 해답을 창조적으로 발견하여 우리 현실에 맞는 바람직한 제도개선으로 연결되도록 하는 데 크게 공헌을 하였다고 볼 것이다. 이러한 관점에서 정현 박윤흔 박사의 행정법학은 관료와 학자의 병행적 삶 속에서 꽃피운 실용학문이라고 할 수 있다.

후기 ●

미국의 시인이자 유대교 랍비인 사무엘 울만(Samuel Ulman, 1840~1924) 이 '청춘(Youth)' 이란 시에서 "청춘이란 인생의 어떤 기간이 아니라 마음가짐을 말한다"고 한 것처럼 망구(望九)의 팔순나이임에도 건강과 활력을 잃지 않으시고 노익장을 과시하면서 SNS와 청년 못지 않은 열정적 삶을 사시는 모습에 많은 가르침을 받게 됩니다.

본인은 정현 박윤흔 선생님의 직접 지도를 받은 제자는 아니지만, 오래 전부터 학문적으로 뿐만 아니라 인격적으로 존경해 왔고, 중첩적 인연과 공통점[116]이 있어 여러 가지 부족함을 무릅쓰고 "정현 박윤흔 박사의 행정법학"의 발표를 하게 되었습니다.

끝으로 정현 박윤흔 선생님께서 한국의 행정법학의 발전을 위하여 건강이 허락하시는 한 지속적인 학술활동과 학회 등에서의 지도활동을 통하여 후학을 일깨워 주시고 격려해 주실 것을 당부드리며, 건강과 만수무강을 축원합니다.

필자가 위 글을 발표한 후 박윤흔 선생님은 비록 연로하였음에도 국가원로이면서 한국행정법학회의 법정이사로 국가사회와 학회에 크게 이바지하시다가 2025년 9월 24일 새벽에 가톨릭대학교 서울성모병원에서 숙환으로 90세를 일기로 별세하셨습니다. 필자는 리걸타임즈에 '박윤흔 박사님의 영면을 기원하며' 라는 내용의 추도사를 썼고, 연합뉴스의 이충원 기자로부터 연락이 와서 그가 장문의 부고를 쓰는 데 상세한 내용과 생전의 업적에 대하여 조언을 한 바 있습니다. 자택의 서재에 있는 책의 처리와 관련하여 유족과 협의하여 법제처 측에 연락을 취하여 법제처 도서실에 정현 박윤흔 박사 기증 코너를 개설하여 박윤흔 선생님의 서책의 일부를 선별하여 기증하도록 하였습니다. 행정법학과 공법학의 태두이면서 따뜻하며 도량이 크신 박윤흔 선생님의 영면을 기원드립니다.

출처 김용섭, 정현 박윤흔 박사의 행정법학: 관료와 학자의 병행적 삶 속에서 꽃피운 실용학문, 공법연구 제44권 제2호, 2015. 12에서 일부 발췌

116) 1. 공법학(행정법) 전공 2. 법제처 근무 ① 법제처에서 박사학위 취득 ② 법제처에서 경희대 법대 교수로 직접 이동 3. 경희대 법대 교수 ① 선후임(Nachfolger) ② 재직기간 5~6년 4. 학회의 구성원(한국공법학회, 한국행정판례연구회, 한국행정법학회, 한국토지보상법연구회, 한국환경법학회, 동아시아행정법학회, 법제동우회 등) 5. 불교와 대머리

3. 청담(晴潭) 최송화 교수

온화한 인품과 따뜻한 가르침, 고결한 군자의 삶을 살아오시면서 어려움에 봉착해도 미소를 잃지 않으시고 학계에 지대한 영향을 미친 청담 최송화 교수님(이하 "청담 선생님"이라 한다)께서 77세 희수를 맞이하셨다.

우선 청담 선생님의 희수를 기쁜 마음으로 축하드린다. 인생은 나무처럼 봄날에 새싹이 돋고 여름날 줄기에 잎이 무성하다가 가을날 낙엽이 지고 겨울에 나목으로 돌아가며 새봄에 다시 새싹이 돋는 자연의 순환법칙에 따른다. 그런 의미에서 삶은 희로애락이 있는 한편의 드라마이다. 어느 때는 고난과 회한의 순간을 맞이하기도 하지만, 어느 때는 환희와 성취의 순간을 맞이하기도 한다.

청담 선생님은 한국의 공법학계를 견인한 공법학의 거목인 동시에 훌륭한 제자들을 많이 양성한 교육자이시다. 청담 선생님께서 이룩한 성취의 휘광(輝光)한 삶의 이면에는 주위에 잘 알려지지 않은 고난의 순간이 함께하였기에 그동안의 업적이 더욱 큰 빛을 발하게 된다. 청담 선생님께서 학문과 덕행에 있어 비범하고 출중한 능력을 갖추시고 불동심과 평상심의 경지에서 중용의 도를 일관되게 견지하면서 한국공법학회와 한국행정법학회 그리고 한국행정판례연구회 등의 형성과 발전에 크나 큰 공헌을 하신 업적을 후학이 기려 "청담 최송화 교수 희수기념 논문집 행정판례와 공익"을 간행하게 된 것을 진심으로 축하드린다.

스승의 학은을 누구보다 많이 받은 필자(이하 "제자"라 한다)로서 존경하는 청담 선생님의 학문적 · 실천적 업적을 기리는 희수기념 논문집에 하사를 쓰게 되어 개인적으로 크나 큰 영광(榮光)이 아닐 수 없다.

제자는 1983년 서울대 대학원에 진학하여 행정법을 전공하면서 청담 선생님으로부터 35성상 동안 훈도를 받아온 경험을 토대로 하사를 쓰려고 하니, 세월이 흐르는 강물처럼 빠르게 지나간 것을 실감할 수 있다. 청담 선생님의 어깨 너머로 학문하는 자세나 사람을 만나고 일처리에 있어서 덕(德)을 통하여 최선을 다하는 모습을 보고 배우는 시간이 적지 않았다.

지성무식의 삶을 살아오신 청담 선생님께서 많은 부족함이 있는 제자(弟子)가 학자로 성장할 수 있도록 변함없는 격려와 지지를 해 주신 스승의 은혜를 생각하니 감사의 마음이 꼬리에 꼬리를 물고 일어나며 지난 날 청담 선생님과 함께하였던 소중한 추억의 시간이 주마등처럼 지나가게 된다.

청담 선생님의 인생여정(人生旅程)

청담 선생님은 해방 전인 1941년 6월 27일 경상북도 김천시 황금동 88-7 번지에서 부친 최의원(崔義元) 공, 모친 김철안(金喆安) 여사의 1남 3녀 중 장남으로 태어나셨다. 김철안 여사는 자유당 시절에 2선의 국회의원으로 보건사회분과위원회 위원장을 역임한 여류 정치인이었다.

불교신자인 모친께서는 어린 시절에 청담 선생님을 김천에 있는 직지사(直指寺)에 자주 데리고 다니며, "기본이 튼튼해야 탑이 높이 올라간다"는 말씀을 들려주셨다. 청담 선생님은 "전쟁통에 피난갔다. 고향인 김천에 다시 올라오니 집이고 뭐고 간에 모두 산산조각이 나서 새로 출발하였다"고 말씀하셨다.

유년시절에 대자연이 있는 고향에서 성장하면서 '사람이 되는 것'이 중요하다는 것을 일찍 깨닫고 김천국민학교를 졸업한 후 서울로 올라와 경기중학교와 경기고등학교를 졸업하고 곧바로 서울대 법대에 진학하였다. 경기고등학교 재학 시 미술에 대한 관심으로 대학에서 미술을 전공하려고 생각도 하였으나, 사회변화와 국가에 대한 기여 등을 생각하여 법학을 전공하기로 하여 법대를 졸업한 후 본격적으로 학문세계로 진출하기 위하여 서울대 대학원에 진학하였다. 서울대 대학원에서 스승 목촌 김도창 박사를 만나 그의 지도를 받게 되는 그 시기가 청담 선생님의 학자적 삶에 있어서 변곡점이라고 할 수 있다.

청담 선생님은 1971년 4월 13일 가톨릭 집안인 대구 출생의 주민숙 여사와 결혼하여 단란하면서 행복한 가정생활을 해 오셨다. 청담 선생님께 내조를 아끼지 아니한 사모님은 숙명여대 미술대학장을 지낸 바 있는 교수 출신 한국화가로 활동하셨다. 사모님은 건강이 악화되어 2017. 8. 26. 애석하게 먼저 돌아가셨다. 청담 선생님은 젊은 날 가톨릭 집안의 부인을 맞이하느라 종교를 가톨릭으로 개종까지 하신 점에 비추어 금슬이 좋으신 것으로 알려져 있다. 슬하에는 1남 1녀를 두었으며, 사위는 대학병원의 의사로 활동하고 있다.

청담 선생님은 2006년 서울대에서 정년퇴임을 하시고 2007년 전북대 법학연구소 주최 초청강연에 오셨을 때 "법과대학 4년간의 시간동안 사색하고 토론하면서 보냈고, 그 당시 목표는 칸트, 헤겔, 켈젠 등의 이론과 종교의 경전처럼 가치와 꿈을 실현할 시기가 있을 것이라고 생각하고, 희망이 있었지만 4년간은 문화적 충격 속에서 성장하였으며, 법학도로서 향후 법이 지배하는 사회를 만들어야겠다는 꿈을 간직한 시기였다"고 법과대학 시절을 회고하신 적이 있다.

청담 선생님은 각자는 각자의 시기에 생존하면서 자기만의 문제에 부딪히게 되는데, 법학의 가치는 정의, 선, 자유, 평등, 인권 등을 들 수 있는데, 그 중에는 한국적 가치도 있고, 인류보편적 가치도 있다고 말씀하셨다. 아울러 청담 선생님은 "지식의 공부는 신체부위중 머리에 해당하고, 무엇이 옳은 것인가 그른 것인가의 문제는 선과 악의 문제인 정의감의 문제로서 가슴의 문제라고 할 것이다. 따라서 하나의 지식은 정의감으로 뜨거워져야 한다. 이는 비로소 실천을 통하여 가능하게 된다"고 역설하셨다.

청담 선생님은 교육자로서 지, 덕, 체의 전인교육의 관점에서, '옳지 않은 것을 옳지 않다고 하는 것' 그리고 '이를 실행하는 것' 이 바로 제대로 된 법을 공부하는 것이라고 강조하셨다. 청담 선생님께서 계속 승승장구의 대로만 걸은 것이 아니다. 교통사고로 인해 생과 사를 넘는 기로에서 장기간 입원하여 다행히 완치되어 다시 학자생활을 할 수 있는 것을 감사하게 생각한다고 술회하신 것을 들은 적이 있다.

또한 1980년의 봄에 학생처 부처장과 학생처장 직무대리로 활동하는 기간 동안 학생운동을 하던 학생을 잘못 지도·선처하였다는 이유로, 국가정보기관에 임의동행 연행되어 며칠간 조사 받고 풀려나 건강이 악화되어 장기 입원했었고, 보직 및 해외여행이 금지되었던 사정을 언젠가 들려주셨다.

그런가 하면 역설적으로 대학의 정교수 시절보다는 서울대 법학연구소 전임강사 시절이 동분서주하면서 역동적으로 보낸 가장 행복한 시간이었다고 술회하시고, 그 당시에는 법학개론뿐만 아니라 법학전반에 대한 강의를 하였으며, 특히 법사상사 과목을 강의하면서 법사상사가 매우 중요하다는 인식을 하였다고 말씀하셨다.

청담 선생님은 1959년 서울대 법대에 입학한 이래 2006년 정년퇴임하실 때까지 모교인 법과대학에서 강의와 연구를 통해 탁월한 업적을 쌓아오셨고, 선비의 길인 학자의 외길인생을 천직으로 여기고 성실히 살아오셨다. 오랜 기간 서울대의 교정을 지키시며 학문연구와 후진양성 그리고 서울대학교 부총장과 총장직무대리라는 대학행정의 중책을 맡으셨다. 청담 선생님은 대학에서의 정년 이후에는 학계의 지속적인 발전에 큰 공헌을 하셨고, 국가사회의 부름에 따라 역할이 맡겨진 경우 그 조직을 종전보다 한 단계 격상하고 그 조직을 떠나신 분으로 평가되고 있다.

청담 선생님의 학문세계(學問世界)

(1) 공익론의 새로운 체계

대장부는 삶을 살아가면서 입덕, 입공, 입언의 불후의 3가지를 남길 필요가 있다는 말이 회자된다. 청담 선생님은 입덕과 입공을 이루었을 뿐만 아니라 2002년 서울대학교 출판부에서 출간한 공익론은 청담 선생님의 행정법의 학문적 지향점이 압축되어 나타난 저서라고 할 것이다. 이 저서는 입언에 해당하여 한국공법학계의 오래 오래 기억되는 학술서로 자리매김한다. 특히 청담 선생님의 공익론에 관한 체계적 연구서는 2004년 대한민국 학술원 우수학술도서로 선정되기도 하였다.

이러한 청담 선생님의 독보적 이론서는 외국의 이론까지 망라하면서 체계적인 공익론으로 발전하여 한국행정법학의 위상을 높인 명저라고 할 것이다. 청담 선생님은 공익론의 연장선상에서 공익의 법문제화, 법에 있어서의 공익이라는 주제로 2006년에 서울대 법학연구소에서 논문을 발표하기도 하였다.

(2) 법치주의의 전개와 시대적 소명

청담 선생님은 2002년 화갑기념논문집의 제목을 "법치행정과 공익"
으로 할 정도로 법치행정과 공익을 핵심적 개념으로 이해하고 평생의
화두로 삼으셨다. 청담 선생님은 한국공법학회 제13회 국제학술대회에
서 "한국 법치주의의 역사적 전개"라는 주제로 기조발제를 한 바 있다.
청담 선생님은 이 땅의 법치주의의 정착에 심혈을 기울였으며 법치주
의를 전개하는 일에 공법학자로서 시대적 소명과 책무를 절감하셨다.

청담 선생님은 "우리의 경우에는 해방 후 국민주권의 법으로서 독일
이나 일본과는 출발이 근본적으로 다르다. 우리는 짧은 기간에 민주화
와 경제성장을 압축 경험하였으며, 한 부분의 노력만으로 된 것이 아니
라 전체적인 관점에서 법률문화의 소산으로 받아들여져야 한다. 일제
시대에 통용되던 특별권력관계와 공정력이론이 아직도 통용되고 있는
현실이 우리의 문제로서 인식되고 있는 것을 극복하여야 한다"고 역설
하셨다.

(3) 실사구시적 관점에서 행정판례의 중요성

청담 선생님은 1976년 한국행정판례집 (상), (중), (하)를 목촌 김도창
박사 등과 공편으로 발간하였다. 1980년에 김도창 · 서원우 · 김철용 ·
최송화 4인 공저 형식의 "판례교재 행정법"을 법문사에서 발간하였다.
1980년에 발간된 4인공저의 판례교재 행정법은 그 당시 행정판례와 이
론이 발전하지 않은 단계임에도 그 내용이 풍부하다고 할 것이다.

청담 선생님은 2005년부터 2012년까지 한국행정판례연구회의 회장
을 2차례 연임하면서 행정판례연구회 월례발표회에서 국내의 판례연구
에 그치지 않고 미국, 독일, 프랑스, 일본 등 외국의 판례를 매년 연말에

발표하고 이를 행정판례연구지에 게재하는 전통을 세웠다. 또한 청담 선생님께서 역점을 두고 기획하여 95인 공저의 "행정판례평선"을 박영사에서 2011년에 발간한 바 있다. 위 책은 2012년 문화체육관광부 우수학술도서로 지정된 바 있고 2016년 제2판이 출간되었으며, 한국행정판례연구회의 공동작업의 결실이라고 할 것이다.

(4) 세계평화와 인류공영에 이바지하는 공법학

청담 선생님은 미국의 하버드옌칭 연구소(Harvard-Yenching Institute)의 초청으로 동 연구소의 Visiting Scholar 및 Harvard Law School의 Visting Scholar로 연구년 생활을 보내셨다. 미국법에 관심을 가지시고 그동안 한국 하버드옌칭 학회의 회장을 맡아왔으며 현재는 고문으로 활동하고 계시다.

청담 선생님은 동아시아행정법학회 한국측 이사장을 남하 서원우 초대 이사장으로부터 물려받아 2차례에 걸치는 국제학술대회를 성공적으로 개최함과 아울러 다른 나라에 어깨를 나란히 하는 국제적 위상을 높이셨다고 생각한다. 또한 청담 선생님은 오늘날 국경을 초월하는 (boderless) 법적 환경하에서 법해석이 재판에 봉사하는 해석학으로 전락해서는 안 되고, 국제공동체안에서 세계인으로 커나가야 하며, 교학상장의 관점에서 가르치는 사람이나 배우는 사람이나 사고의 폭을 넓혀야 한다고 강조하셨다.

(5) 현안문제에 대한 실용적 접근과 입법에의 참여

청담 선생님은 "북한의 법체제의 비교연구"라는 공저를 1972년에 출간하였고, "남북한 관계변화에 대비한 국내공법조정방안"을 공저로

1973년에 출간하였다. 또한 청담 선생님은 북한의 헌법과 통치구조, 북한법제총설, 남북한 행정조직의 비교 등 북한법제에 대한 연구를 통하여 통일에 대비하기 위한 법적인 연구를 수행한 바 있다.

이처럼 청담 선생님은 통일문제뿐만 아니라 "학칙의 법적 성격과 국가감독", "법과대학의 학과체계와 교과과정의 재검토", "서울대학교법 제정에 관한 연구", "교육개혁의 현황과 과제", "부총장의 역할에 관한 국제비교연구" 등 교육법의 문제를 비롯하여 "한국의 입법기구와 입법자", "한국에서의 입법의 기능과 문제점" 등 입법학에 관한 현안문제에 관심을 갖고 연구를 수행하였다. 나아가 "한국행정법학 50년의 성과와 21세기적 과제", "뉴 밀레니엄에 즈음한 한국공법학의 회고와 전망" 등 시대적 변화와 발전방향을 모색하는 과제에 연구를 집중하였다.

그뿐만 아니라 청담 선생님은 행정절차법과 행정소송법 분야의 괄목할 만한 연구성과와 입법참여를 한 공적을 들 수 있다. 또한 청담 선생님은 1983년에서 1984년까지 법무부의 행정심판법·행정소송법 개정안 심의위원회 위원으로 활동하였고, 1994년에서 1996년까지 총무처 소관 정보공개법안 심의위원회 위원장, 행정절차법안 심의위원회 위원으로 활동하였다.

청담 선생님은 무엇보다 2002년 법원행정처 행정소송법 개정위원회 위원, 2011년 법무부 행정소송법 개정위원회 위원장으로 활동하였으며, 특히 법제처 2013년 행정소송법 알기 쉽게 새로 쓰기 자문위원회 위원장을 맡기도 하였다.

이처럼 청담 선생님은 행정법이 공리공론이나 탁상공론이 되는 것을 경계함과 아울러, 학문적 연구성과를 국민에게 도움이 되는 방향으로 입법에 반영하는 일에 깊은 관심을 갖고 입법 과정에 적극적으로 참여하였다.

청담 선생님의 품격과 탁월한 역량

(1) 품격

청담 선생님은 대공무사(大公無私)의 정신을 기초로 선비와 군자의 중도적인 삶을 살아오셨다. 청담 선생님은 특유의 여유와 지도자의 조건인 풍도와 겸양의 덕을 갖추시고 삶의 국면 국면마다 어려움을 극복하면서 미소를 잃지 않으시고 품격을 지키셨다. 청담 선생님은 다산 정약용 선생이 "자기 자신을 스스로 높이려 하는 자는 남이 낮추려 할 것이고, 자기 자신을 스스로 낮추려 하는 자는 남이 높여줄 것이다"라는 뜻의 "자상자인하지(自上者人下之)요, 자하자인상지(自下者人上之)"라는 말씀을 가슴 깊이 품고 실천해 오셨다.

청담 선생님은 일처리에 있어서 매사 신중하시고 격식을 중시하시면서 하나의 작품을 완성하듯이 가령 외부에 나가는 문장 표현에도 신경을 쓰셔서 하나의 문장이라도 좋은 표현이 나올 때까지 여러 차례에 걸쳐 꼼꼼하게 완벽을 기하시는 철저함이 있으셨다. 청담 선생님은 춘풍대아하신 풍모와 내면의 세계에서 자기절제를 철저히 하시는 외유내강(外柔內剛)형이시다.

청담 선생님은 인의를 갖추시어, 자신에게 인이 아닌 다른 사람에게 인으로, 다른 사람에게 의가 아닌 자신에게 의로 대하신 진정한 군자이시다. 공자가 '도에 뜻을 두고, 덕을 바탕으로 삼고 인에 의지하고 예에 노닐어라' 라고 말씀한 것처럼 청담 선생님은 도에 큰 뜻을 두셨고, 덕을 기본 바탕으로 하여 어짊에 의지하여 예를 다하는 삶을 지금까지 살아오셨다고 할 수 있다. 이러한 점에서 청담 선생님은 제자들과 후학들에게 처세의 묘리와 삶의 지혜를 일깨워 주신 고덕대현(高德大賢)이라 할 것이다.

(2) 탁월한 역량

첫째로, 청담 선생님은 행정법에 타의 추종을 불허하는 탁월한 역량을 발휘한 대학자이며 후진 양성과 대외활동에 괄목할 만한 성과를 도출하였다. 서울대 교수로 재직하는 동안 정통파 학자로서 올곧게 대학에 머물면서 정도를 지향하였다. 청담 선생님은 젊은 시절에 건강상의 어려움에도 불구하고 교수 본연의 업무인 학문 활동과 후학의 양성 그리고 대외적 봉사활동에 심혈을 기울이셨다.

청담 선생님은 한국공법학회 회장, 한국행정법학회 초대회장, 동아시아행정법학회 한국이사회 이사장 등을 성공적으로 수행하였다. 한국공법학회 회장 재임 당시에 한국공법학회의 사단법인화를 성공적으로 이루어 내셨다. 동아시아행정법학회 제2기 한국측 이사장으로 재직하면서 2차례에 걸친 동아시아행정법학회의 한국대회를 성공적으로 개최하였고, 다른 나라에서 동아시아행정법학회를 개최할 때 한국측 발표자를 엄선하고, 행정법학자와 실무가를 인솔하여 함께 참석하는 등 한국행정법학의 위상을 높였으며, 동아시아행정법학회 한국, 중국, 대만의 이사의 숫자가 4인이던 것을 일본과 동일하게 6인으로 하는 데 결정적 기여를 하였다.

둘째로, 청담 선생님이 회갑을 마치신 후 정년을 앞둔 시점에 국무총리 소속의 인문사회연구회 이사장과 경제·인문사회연구회 통합연구회 초대 이사장으로 재직하면서 국가정책의 싱크탱크 차원에서 국가사회에 크게 공헌하셨다. 청담 선생님은 인문사회연구회 이사장으로 재직하면서 2004년 "21세기 동북아 문화공동체의 구상"이란 책을 평생의 우정을 이어가고 있는 권영설 교수님과 함께 공편의 형식으로 출간한 바 있다.

또한 바쁜 공무활동 중임에도 주말에 개최되는 행정법이론실무학회에 매번 참석하시어 제자들과 격의 없이 자리를 함께하여 주셨으며, 학회를 마친 후 커피를 마시거나 뒷풀이의 사적인 자리에서 여러 가지 업무환경에서 처리해야 하는 일에 대해서도 언젠가 누군가 그런 자리를 갈 경우에 대비하여 처신해야 할 규범이나 원칙에 대해서도 제자들에게 자상하게 말씀해 주셨던 것이 기억이 난다.

셋째로, 청담 선생님은 2006년부터 2010년까지 대법원 공직자윤리위원장으로 재직하는 동안 이른바 신영철 파동이 대두되어 윤리성을 확보하면서 공익을 위해 활동한 법관을 사장시키지 않고 국가사회에 기여할 수 있도록 배려하여 공직에서 봉사할 수 있도록 지혜를 모으신 것은 높은 경륜에서 우러난 현명한 결정이라고 평가된다.

청담 선생님께서 2014년 2월 3일 사법정책연구원장으로 임명되어 그해 3월 10일 사법정책연구원 개원식을 갖고 2016년 2월 1일 퇴임식까지 근무하셨다. 청담 선생님이 사법정책연구원의 재직 중 통일과 법-현재와 미래, 바람직한 법관임용방안, 개원기념 미래사법의 청사진, 개원 1주년 기념 법학의 새로운 지평과 미래사법정책 등 4차례 심포지엄을 성공적으로 개최하였고, 바람직한 사실심 심급 구조의 설계 세미나, 북한 주민의 인권과 사법적 지원 방안 세미나 등 2차례 세미나를 성공적으로 개최하였다.

아울러 사법정책연구원을 사법부의 싱크탱크로서 역량을 키우기 위해 국회입법조사처, 헌법재판연구원과 업무협약식, 한국공법학회, 한국민사법학회, 한국형사법학회, 한국비교사법학회와 업무협약식, 한국규제법학회와 업무협약식, 도산법연구회와 업무협약식을 가졌다. 청담 선생님은 건강악화에도 불구하고 2년간 직무를 성공적으로 마치신 후 제2대 원장인 호문혁 서울대 명예교수에게 그 직을 인계하고 일상으로 돌아오셨다.

청담 선생님은 최초로 사법정책연구원의 초대 원장으로 취임하여 일산의 사법연수원에서 개최된 역사적인 개원기념식과 취임식은 물론 2년 후에 거행된 퇴임식에서 보여준 모습이 매우 인상적이다. 청담 선생님은 취임식을 맞이하는 처음의 순간이나 퇴임식을 맞이하는 마지막의 순간이 수미일관(首尾一貫)되고 마음의 상태가 得意 冷然, 失意 泰然의 경지에서 봉사와 섬김의 지도자로서 평정여일한 것을 보여주셨다.

넷째로, 청담 선생님은 1982년부터 2000년까지 사법시험, 행정고시, 외무고시, 입법고시 등 각종 국가시험위원으로 활동하였다. 감사원, 법무부 등 정책자문위원을 역임하였으며, 내무부, 법무부, 감사원 등 각종 중앙행정기관의 행정심판위원회의 위원과 국무총리 행정심판위원회의 위원으로 활동하였다. 재단법인 안중근의사기념관 건립위원회 이사, 재단법인 의사안중근장군장학회 이사장, 헌법재판소 공직자윤리위원회 위원, 대한변호사협회 변호사 징계위원회 위원, 대법관 제청자문위원장을 맡았다. 한편, 교육인적자원부 연구윤리 확립추진위원회 부위원장, 제2기 교육개혁위원회 제4소위원회 정책분과 위원장, 새교육공동체위원회 대학위원회 위원장 등 교육관련 각종 행정위원회에 참여한 바 있다.

또한 청담 선생님은 1993년부터 2002년까지 3기에 걸쳐 9년간 중앙토지수용위원회 위원과 국토이용계획위원회 위원으로 활동하였다. 국무총리 소속 지방자치제도발전위원회 위원과 민주화운동관련자 명예회복 및 보상심의위원회 위원 및 위원장 직무대리를 맡았으며, 서울시정개발연구원 이사, 자연보호중앙협의회 이사, 한국행정연구원 이사, 삼성제일의료재단 이사, NGO 환경보호국민운동 전국총본부 총재, NGO 환경보호국민운동본부 전국환경청소년단 총장, 3.1문화상 심사위원으로 활동하면서 제48회 부위원장, 제49회·제50회·제51회 위원장을 역임하였다.

이러한 광범위한 대외활동과 사회봉사의 과정에서 원칙에 입각하여 공명정대한 방향으로 결론이 도출되도록 하는 데 크게 기여하셨다. 현재에도 한국법제연구원 연구자문위원, 특별자문위원, 동남아한국학회 자문위원장, 재단법인 송복은장학재단 이사 등의 사회활동을 하고 계시다.

청담 선생님의 지향점과 가치관 및 취미

(1) 목촌(牧村) 김도창 박사의 애제자이면서 계승자

목촌 김도창 박사가 한국행정법학의 아버지라면 청담 선생님은 목촌 김도창 박사께서 생전에 가장 아끼는 애제자 중 한 분이다. 목촌 김도창 박사의 학문활동은 공동작업이 많은데 청담 선생님이 함께하면서 거인의 어깨 위에서 더 큰 세계를 조감하면서 성장한 것이라고 보여진다. 1970년대 중반 한국행정판례집 상·중·하의 발간에 있어 목촌 김도창 박사의 공적이 매우 크지만, 그 활동의 저변에는 청담 선생님의 조력과 참여가 결실로 맺고 있음을 알 수 있다.

목촌 김도창 박사의 문하에서 수학한 최광률 전 헌법재판관을 비롯하여 김철용 교수님, 박윤흔 전 환경부 장관과의 우의를 돈독히 하면서 스승인 목촌 김도창 박사의 총애를 받으면서, 여러 가지 협동적인 일에 있어서 스승을 위해 내일처럼 발 벗고 나서는 등 열과 성을 다한 것으로 알고 있다. 아울러 목촌 김도창 박사께서는 2002년 작성한 청담 최송화 화갑기념논문집의 하서에서도 "나와의 관계에 있어서는 40년 이상을 두고 학문의 세계에서 고락을 같이해 왔다. 특히나 행정법 관계 저술이나 판례 연구 등에 있어서 나는 그에게 큰 빚을 지고 있는 셈이다"라고 술회하고 있다.

2006년 이래 목촌기념사업회 창립회원, 총무이사, 부회장, 회장, 목촌 법률상 심사위원, 부위원장 및 위원장을 역임하면서 제1회부터 제11회까지 목촌 법률상의 추진과정에서 김&홍 재단과의 원활한 업무협조를 통해 스승인 목촌 김도창 박사의 학문세계와 가치관을 알리는 데 핵심적 역할을 수행하고 있는 점은 친 자식 못지않은 각별한 인연이 작용한 것이라고 본다.

청담 선생님은 목촌 김도창 박사의 장례식에 호상을 맡았고 작고 후에 추도사를 작성하였을 뿐만 아니라 한국공법학회의 요청에 따라 공저 형식으로 제작한 "한국의 공법학자들—생애와 사상—"에 목촌 김도창 박사의 학문세계를 재조명하는 글을 작성하기도 하였다. 서울지방변호사에서 발간된 시민과 변호사 1995년 6월호에 "김도창 교수의 학문과 인생"에 관하여 글을 싣고 있다. 법제처에서 발간하는 법제 2005년 9월호 법제인코너에 청담 선생님께서 쓰셨던 "故 목촌 金道昶 박사(前 법제처장)"를 감명 깊게 읽은 적이 있다.

청담 선생님은 2세대 행정법학자로서 목촌 김도창 박사의 1세대 행정법을 3세대로 연결하는 역할을 충실히 수행하였다. 청담 선생님이 대학에서 길러낸 수많은 제자들이 학계 및 법조실무계에서 국가의 동량지재로 맹활약하고 있으며, 그 제자들 중에는 행정법 분야뿐만 아니라 다양한 분야로 진출하여 활약하는 것을 알 수 있다.

청담 선생님의 스승인 목촌 김도창 박사께서 1973년 발간한 행정법 교과서 서문에서 "내일을 위하여 다리를 놓는 사람들은 자기 위로에 살아야 한다. 그 다리를 건너 미래로 전진하는 이들이 손을 흔들 것이기 때문이다"라고 기술되어 있다. 청담 선생님은 그로부터 20여 년이 지난 시점인 1995년 서울대 법학 제36권 제2호에 게재된 "한국행정법학 50년의 성과와 21세기적 과제"라는 글에서 "오늘을 위하여 다리를 놓는 분들에게 그 다리를 건너 미래로 전진하는 이들은 손을 흔들어야 한다"고 회고하였다. 청담 선생님께서 스승의 문구에 대응하는 글을 써서 사제지간의 모범적 사례를 만들어 냈다.

청담 선생님은 대법원 사법정책연구원장으로 재직 중 식도암의 수술을 받고 투병생활임에도 서울대 우천기념관에서 개최된 목촌 김도창 박사 서거 10주년 기념 공동학술대회의 폐회사 석상에서, "사과 한 개 속에 씨앗이 몇 개 있는지는 알 수 있지만, 사과씨 하나가 몇 개의 열매를 맺을지는 아무도 모른다"고 하신 말씀의 울림이 매우 컸던 것으로 기억이 된다.

이처럼 청담 선생님은 스승인 목촌 김도창 박사의 가르침을 실천하면서 스승과 선학의 학문적 전통을 제자들과 후학들에게 잘 전수하여 한국행정법학이 국제적 경쟁력을 갖출 수 있도록 하는 데 크게 기여하는 등 대학자로서 뚜렷한 족적을 남기고 있다.

(2) 제자들의 학문적 성취와 발전에 심혈을 기울이심

청담 선생님이 서울대 법대 행정법 전임교수로 재직하는 기간 동안 서울대 행정법 교수로 있던 남하 서원우, 중범 김동희 교수님과의 사이가 매우 좋으셨다. 1989년 행정법이론실무연구회의 창설 당시부터 지도교수로 활동하신 이래 행정법이론실무학회로 발전하고, 한국행정법연구소를 발족하는 등 학회가 지금까지 長足의 발전을 이룩하였다. 청담 선생님을 비롯한 세 분 선생님의 사이좋은 관계가 제자들이 서로 아끼고 공동으로 연구하는 모임으로 발전하는 계기로 작용하였다.

청담 선생님을 비롯한 서울대 행정법 세 분 선생님은 공자가 말한 가르침에 차별이 없다는 "有敎無類"를 터득하시어, 모든 제자들에 대하여 차별 없이 각별한 애정을 갖고 지도를 아끼지 않았다고 생각한다. 청담 선생님을 비롯한 세 분 선생님의 개성의 차이에도 불구하고 합심 협력하시고 좋은 관계를 형성하여 매년 정초에 제자들은 선생님께 세배도 올리고, 선생님들께서 제자들에게 덕담을 해 주시는 것을 들으면서 제자들이 많은 깨우침을 얻었고 학자로 성장할 수 있었다.

세 분 선생님을 지도교수로 모신 제자들로서는 형제애를 느끼면서 지도교수님을 따로 구분하지 않고 세 분 선생님의 가르침을 따랐다. 제자들은 학회의 모임에서는 학술적으로 치열하면서 서로 격의 없이 그리고 상호 인격적으로 존중하면서 학문적으로 자극을 받으며 발전적으로 성장할 수 있었다.

세 분 선생님께서는 제자들의 의견을 귀담아 들어주시고 좋은 방안에 대하여는 건설적으로 살펴봐주셨던 것으로 기억된다. 특히 청담 선생님은 "한 사람보다는 여러 사람의 생각이 더 큰 지혜를 낳는다"는 지론을 갖고 계셨다.

(3) 대국적 관점에서 새로운 조직의 발전을 도모함

청담 선생님은 한국행정법학회의 창립에 깊이 관여하시어 사실상 주춧돌을 놓으시고 초대 학회장을 역임하여 행정법학자가 서로 나누어지는 것을 막으시고 화합적 공동체로서 기능하는 한국행정법학회로 발전시켰다. 한국행정법학회 창립총회에 한국공법학회 회장과 한국헌법학회 회장의 축사를 포함시켜, 3개 학회간의 협력을 통해 한국공법학회의 형해화를 막고 모학회로서의 역할과 위상을 강조하셨다. 한국행정법학회 회장 재직시 공동연합학술대회를 치르려고 준비하는 과정에서 어느 임원이 학회의 재원이 걱정되므로 새로운 일을 추진하는 것을 걱정하자, 청담 선생님께서는 "뜻이 있으면 길은 열리게 마련이다"라고 말씀하시면서 하는 일이 가치가 있는 것인가가 중요하고 그 일이 꼭 추진할 만한 일이라면 재원마련은 얼마든지 만들어 낼 수 있는 것 아니냐고 설득한 후 관철해 내신 일화가 있다.

청담 선생님 회장 재직시이신 2011년 18개 학회가 참가한 제1회 행정법 분야 연합학술대회의 개최를 필두로 2016년에 17개 학회가 참여하는 제5회 행정법연합학술대회로 발전하였다. 이와 같은 성과는 청담 선생님께서 멀리 내다보시고 개별학회 차원을 넘어서서 행정법분야 여러 학회가 함께 학술발표회를 갖는 전통을 수립하였기 때문에 가능한 것이라고 생각한다.

청담 선생님께서 최초로 하신 일들이 많으시다. 특히 초대 사법정책연구원의 원장을 맡으시어 무에서 유를 창조한다는 각오로 법원내의 싱크탱크로 동분서주하면서 기관의 위상을 높였다. 청담 선생님께서 연로하시어 제자로서는 사법정책연구원장의 직무 수행이 약간은 걱정이 되었으나, 청담 선생님께서는 새로운 조직을 창설하여 초석을 놓는

데 마지막으로 국가사회에 대한 봉사의 마음으로 흔쾌히 임하였다. 청담 선생님은 영문학자이면서 문학평론가인 김우창 대한민국예술원 회원을 사법정책연구원 자문위원회 초대 위원장으로 위촉하는 등 법학을 넘어서서 긴 안목으로 사법정책의 이슈를 바라보셨다.

"접시가장자리 너머를 보라(Über den Tellerrand blicken)"는 독일의 격언처럼 청담 선생님께서 당면하고 있는 문제를 넘어서서 큰 시야에서 일을 처리하신 점을 제자들과 후학들은 배워야 할 부분이라고 생각한다.

(4) 가치관: 화이부동과 군자회덕, 역지사지 및 성실성과 지성무식

먼저 청담 선생님께서 몸소 실천하신 것이 화이부동과 군자회덕, 역지사지 그리고 성실성과 지성무식의 정신이 아닌가 생각한다. 청담 선생님은 군자가 표방해야 할 화이부동을 트레이드 마크로 하고 계시고 이름 속에 화가 있다. 서로 다름을 인정하면서도 함께 어울리며 소통하는 것이 바로 화이부동이라고 할 것이다. 아울러 "군자회덕, 소인회토"라는 공자의 말이 있듯이 청담 선생님은 덕을 마음에 품고 계신 군자라는 것을 알 수 있다.

다음으로, 청담 선생님은 신중하면서 나와 생각이 다른 상대방에 대하여도 포용하는 경우가 많았다. 이처럼 대인관계에 있어서 역지사지로 대하시면서 다른 사람의 처지를 깊게 생각하시고 상대방의 입장에서 살펴보신 것이 아닌가 생각한다.

나아가 청담 선생님은 법학을 전공하는 후학들에게 "지적 정직성과 성실성이 중요하고, 신의성실의 원칙은 민법의 대원칙이면서 법학을 하는 사람의 덕목의 하나이다. 따라서 말하고, 생각하고, 행동하는 것

그것은 법의 일반원칙인 신의성실의 원칙에 따라야 한다"고 역설하신 적이 있다. 청담 선생님은 평소 성실과 정직에 기반하여 진인사대천명의 자세를 견지하면서 삶의 과정에 예기치 않게 봉착한 어려운 순간을 환경이나 남을 탓하지 아니하고 고난을 자기연마를 위한 기회로 여기며 정성을 다하고 쉼 없이 부지런히 최선을 다하는 지성무식의 삶을 살아오셨다.

(5) 취미: 상선약수와 유수불쟁선을 추구하는 바둑

청담 선생님은 특히 아마 5단의 기력을 보유하고 있는 애기가로서 바둑을 두실 때에 포석을 중시하시고, 대세적 형세판단에 기초하여 물 흐르듯이 유연하게 두시는 견실한 기풍으로, 선생님의 성격의 일면을 드러낸다고 할 것이다. 청담 선생님은 서울대 바둑부의 창립 당시부터 지도교수를 맡으셨고, 1977년부터 1996년까지 서울대와 동경대의 바둑교류 20년의 기보를 모아 부총장으로 재직하면서 "烏鷺의 饗宴"이라는 책자를 발간하기도 하였다. 청담 선생님은 건강이 악화되기 전까지 매년 개최되는 서울대 동창바둑대회의 심판위원장으로 참석하시었다.

청담 선생님은 소동파의 관기라는 시에서 나오는 이기는 것도 흐뭇한 일이지만 지는 것 또한 즐거움이라는 뜻의 "勝固欣然, 敗亦可喜"라는 말로 바둑의 묘미를 설명하시고, 승패를 다투지 않으면서 화국을 향해 흐르는 물처럼 오고간 수담을 통해 지성의 대화가 쌓여가고, 그를 통해 평화와 발전의 새 시대를 함께 만들어 갈 것을 "烏鷺의 饗宴"에서 밝히고 계신다. 청담 선생님은 상선약수의 경지에서 유수불쟁선의 자세로 승부를 떠나 도를 추구하는 심정으로 인생의 바둑을 두어 오신 것을 알 수 있다. 청담 선생님은 1997년부터 2010년까지 한국아마추어 바둑협회 부회장의 직을 맡았으며, 유창혁 프로기사의 결혼식에서 주례를 서는 등 바둑과 관련하여서는 폭넓은 행보를 보여주셨다.

2012년 바둑모임인 "流水會"를 결성하여, 청담 선생님을 회장으로 모시고 총무를 맡은 제자는 주기적으로 안철상 대법관, 연기영, 박균성, 오준근, 강현호 교수 등과 함께 서초동에서 수담을 나누고 저녁식사를 하면서 담소를 나누곤 하였다.

(6) 청담 선생님과의 작은 因緣

자치통감을 쓴 북송의 정치가이자 학자인 사마광은 "경사이우(經師易遇) 인사난우(人師難遇)"라고 지식과 기술을 가르치는 경사를 만나기는 쉬워도 인생의 스승을 만나기 어렵다는 말로 표현하였듯이, 청담 선생님은 경사이면서도 삶의 지혜를 일깨워 주신 인사라고 할 것이다. 이러한 점에서 청담 선생님은 삶의 방향과 목표를 제시하고 올바른 삶이 무엇인가를 몸소 실천해 주셔서 제자는 많은 인생의 가르침을 터득할 수 있었다.

세상사는 연기의 법칙에 따라 만나고 헤어지게 되는 회자정리와 거자필반이 반복된다고 할 것이다. 1990년대 초반 제자가 법제처에 재직시에 청담 선생님의 모친인 김철안 여사가 돌아가셨을 때 청담 선생님께서 경기고 55회 수첩을 주시면서 訃告를 알리기를 바라서서 동기분들에게 일일이 전화 연락을 취했던 적이 있다. 지나간 일이지만, 제자는 1995년에 독일 유학을 마치고 돌아온 후 법제처에서 과장 승진 교육과정을 이수하기 위해 과천에 있는 중앙공무원 교육원에서 청담 선생님의 강의를 듣기도 하였고, 그 과정을 이수한 후 법제처 사회문화행정심판담당관으로 승진을 하여 국무총리 행정심판위원회에서 과장으로 재직하기도 하였다.

　제자가 법제처를 떠나 5년간의 경희대 전임교수 생활을 하는 동안 논문심사를 하러 경희대에 오셨던 적이 있다. 제자가 경희대 교수생활을 접고 서초동에서 변호사 개업을 하게 되자, 청담 선생님께서 직접 전화를 걸어 위로와 용기를 불어넣어 주시기도 하였다. 그리하여 2002년 "청담 최송화 교수 화갑기념논문집"에 원고를 제출할 당시 변호사로 활동하는 바쁜 와중에도 법제처의 용역을 받아 수행한 연구주제 중의 일부를 흔쾌히 청담 선생님의 화갑기념논문집에 동참하기 위해 "내인가의 법적 문제"로 제출하였던 기억이 있다.

　청담 선생님께서 인문사회연구회 이사장으로 활동하던 2004년에 행정상 분쟁해결제도에 관한 한국법학원 주관의 학술대회가 있었다. 청담 선생님을 좌장으로 모시고 발제를 하였는데, 弟子가 ADR 분야에 관한 연구활동과 특강 및 한국조정학회의 활동을 지속해 나가는 계기가 되었다.

　제자는 서초동의 법무법인 아람에서 변호사로 활동하는 중 3년간 한국법제연구원의 비상임 감사로 활동하였다. 제자가 법제처에서 근무한 경험도 있지만, 청담 선생님의 격려와 조언에 힘입은 바 크고, 비상임 감사로 활동하는 동안 청담 선생님은 국책 연구기관인 한국법제연구원의 감사의 기능과 위상의 중요성을 강조하셨다. 청담 선생님은 제자가 2005년에 변호사 활동을 잠시 접고, 다시 학계로 옮겨 가게 되자 그 당시 대학으로 이동하게 된 여러 제자들과 함께 여의도 63빌딩의 음식점으로 초대하여 격려와 조언을 해 주시던 기억이 난다.

　제자는 2007년 3월 전북대 법학연구소장이 되자 학계 원로의 특강을 마련하여, 정년퇴임을 하신 청담 선생님을 그해 4월에 제일 먼저 특강에 초청하였고, 그 후에 법학계의 명망 있는 원로 교수님들을 순차적으로 초청하여 각 전공영역별 법학의 과거, 현재, 미래에 관하여 소중한 경험을 듣는 기회를 갖기도 하였다. 아울러 2008년 6월에 전북대 법학연구소 주최의 "재판 외 분쟁해결제도(ADR)의 법적과제−법학전문대학원에서의 ADR 교육의 활성화를 중심으로−"라는 주제의 학술대회에 초청하였을 때 청담 선생님께서 흔쾌히 축사를 해 주러 오셨고, 전주에서 일박하신 후 청담 선생님을 모시고 진안 마이산의 탐사와 은수사 등 사찰을 둘러보는 작은 여행을 한 추억이 있다.

청담 선생님은 2008년에 개최된 동아시아행정법학회의 제8회 대만대회에서 법제처 행정심판업무의 경험과 ADR에 관한 연구를 하고 있는 弟子에게 "행정소송전단계의 권리구제방법 및 절차"라는 주제로 발표할 기회를 부여해 주었다. 또한 이홍훈 대법관께서 청담 선생님의 뒤를 이어 한국행정판례연구회의 회장으로 활동하는 동안 弟子로 하여금 한국행정판례연구회의 연구이사를 맡아서 일조를 할 수 있도록 弟子를 추천해 주셨다.

지나간 일이지만, 2010년 6월 25일 한국행정법학회의 창립 과정에 어려움이 많았고, 청담 선생님이 힘들어 하실 때 弟子로서 미력이나마 가까이에서 성심껏 도와드렸던 기억이 난다. 제자는 한국행정법학회 초대 기획이사를 맡아 청담 선생님께서 꼼꼼하게 일정을 챙기시고 완벽에 완벽을 다하는 자세를 어깨 너머로 배울 수 있었다.

청담 선생님은 한국행정법학회가 화합적 학문공동체가 될 수 있도록 여러 각도에서 다양한 의견을 청취하시고 임원선임은 물론 학회 발표 등에 있어서 특정 학교 출신에 치우치지 않도록 배려하면서 신중한 결정을 내리시곤 하였다. 2017년 8월 청담 선생님의 사모님께서 갑자기

돌아가셨을 때 제자에게 이른 아침에 연락을 주셔서 弟子는 그 사실을 여러 학회에 알리고, 현대아산병원 장례식장에 제일 먼저 달려가기도 하였다.

청담 선생님의 77세 희수를 기념하는 논문집에 축하의 글인 하사의 작성을 마치면서, 제자는 청담 선생님께서 사법정책연구원장의 재임시절 건강이 악화되어 서울대병원에 치료를 위해 여러 차례에 걸쳐 입원과 퇴원을 반복하면서 불굴의 투혼으로 병마를 이겨 내신 과정을 지켜보았기에 감회가 새롭기만 하다.

청담 선생님은 학문의 세계에서 뿐만 아니라 실천의 영역에서 탁월한 역량을 발휘하셔서 학문과 덕행에 있어 공히 발전과 창성을 이루어 학덕쌍창(學德雙暢)의 경지에 오르셨고, 지금까지 평생 동안 선비로서 모범적인 학자의 삶을 살아오셨다.

무엇보다 한국행정판례연구회의 회장으로 재직하시면서 목촌 김도창 박사의 뜻을 이어받아 동 학회를 이론과 실무를 가교하는 학술단체로 우뚝 서게 하신 공로를 회원의 한 사람으로 감사드리고, 한국공법학계와 행정법학계에 기여한 공헌은 오래 오래 기억될 것이다.

청담 선생님께서 최근에 건강이 악화되어 제자는 안타까운 심정이다. 병원의 재활과정을 통해 쾌유하시어 건강한 가운데 미래세대의 후학들이 학문적으로나 덕성적으로 더욱 발전해 나가는 모습을 지켜보시기를 염원한다. 청담 선생님께서 폭넓고 탁월한 역량과 시야를 갖추신 원로 공법학자로서 계속해서 제자들과 후학들에게 그동안 쌓으신 경험에서 우러나오는 지혜와 경륜을 베풀어 주실 것을 간청드린다.

청담 선생님께서 그동안 제자에게 베풀어 주신 각별한 사랑과 학은을 추사 선생이 세한도에 새겨 넣은 "長毋相忘"의 낙관처럼 제자는 오래 오래 잊지 않고 마음속에 기억하게 될 것이다.

끝으로 청담 선생님께서 건강과 활력을 다시금 회복하시어, 가끔씩 수담을 나누면서 소소한 행복과 마음의 평온을 찾으시고, 나아가 만수무강을 간절히 기원하면서 하사를 마치기로 한다.

출처 김용섭, 하사(賀詞), 청담 최송화 교수 희수기념 논문집, 박영사, 2018.

제2장

추도사와 묘갈명

1. 남하(南河) 서원우 교수님 서거 6주년을 맞이하여

수많은 제자들의 존경을 받아오던 南河 서원우 교수님이 2005년 10월 16일 향년 74세로 홀연히 세상을 떠나신 지 8년여 기간이 지나간다. 시간은 흐르는 물과 같아 광음여류(光陰如流)라는 말을 실감하게 된다. 시간은 많은 것을 망각 속에 잊혀지게 만들지만, 시간이 지나갈수록 더욱 명료하게 기억나는 것도 있다.

서원우 교수님과의 깊은 인연의 기억이 그러하다. 나는 서원우 교수님의 지도를 받겠다는 생각으로 서울대 대학원에 1983년 3월에 입학한 후 서 교수님을 연구실에서 찾아뵈었을 때의 첫 만남의 기억이 아직도 생생하다. 나는 기대와 불안이 교차한 상태에서 서 교수님의 연구실을 방문하였는데 정감이 따뜻하시고 인간미가 충일(充溢)하시며 대인적 풍모(風貌)를 갖추신 분이라는 것을 알 수 있었으며, 이러한 최초의 인상은 서 교수님의 지도를 받고 행정법학을 배우는 과정 내내 변함없이 지속되었다.

나는 사법연수원을 수료하고, 대구에 있는 육군 제2군 사령부의 수사 장교의 복무를 마친 후 1990년에 서울대 대학원 박사과정에 진학하게 되었다. 변호사를 개업하려던 당초의 진로를 변경하여 행정법 연구와 밀접한 관련이 있는 법제처 사무관에 특별 채용되어 공직생활도 함께 병행하였다. 서울대 대학원의 박사과정을 수료한 시점에서, 때마침 법제처의 해외파견공무원으로 1992년 여름에 독일로 공법학을 연구하기 위해 유학을 갈 수 있었다.

나는 출국하기 전에 지도교수님인 서원우 교수님의 연구실을 방문하여 독일에서 어떤 방향으로 연구하여 박사학위 논문을 준비하는 것이 좋은지 질문 드렸다.

서 교수님은 그 당시 학계에서 활발하게 논의하지 않았던 분야인 비권력행정 분야인 급부행정법(Leistungsverwaltungsrecht)이 앞으로 중요시되는 분야이므로 이 분야를 깊이 있게 연구하는 것이 좋겠다는 조언을 해 주셨다.

나는 서 교수님의 조언에 힘입어 새로운 분야를 개척한다는 심정으로, 독일 만하임대학교의 로엘레케(Gerd Roellecke) 교수님의 지도하에 급부행정에 관한 분야를 집중 연구하여 "한국과 독일의 급부행정의 법률유보－경제보조금의 사례를 중심으로－"라는 주제로 박사논문을 약 2년 반만에 마치고 1995년 1월에 귀국할 수 있었다. 그 후 법제처 사회문화행정심판담당관을 마지막으로 관료생활을 마친 나는 서 교수님이 정년을 맞이한 해인 1996년 9월부터 경희대에서 행정법 전임교수로 학자의 삶을 시작하였다.

그 후 변호사 활동을 거쳐 전북대 로스쿨의 행정법 전임교원으로 활동하고 있다. 이 자리를 빌어 서원우 교수님의 연구방향 제시와 적절한 조언뿐만 아니라 학문의 세계에 도전할 수 있도록 용기를 불러일으켜 주신 데 대해 깊이 감사하지 않을 수 없다.

서원우 교수님은 학문과 풍류를 겸비하였을 뿐만 아니라 따뜻한 인간미와 인덕을 갖추신 한국행정법의 거목이라고 할 수 있다. 학문의 연찬에 있어서는 엄격한 편이었지만 학회를 마친 후 회식자리에서 제자들과 술을 한잔 하신 후 노래를 부르시면 그 가수 뺨치는 솜씨로 앵콜이 이어졌던 기억이 있다. 서 교수님의 별명이 서인수라고 할 정도로 노래를 부를 기회가 있으면 언제나 변함없이 왕년의 명가수인 남인수의 애상적인 노래를 즐겨 부르셨다. '산유화', '애수의 소야곡'을 남인수에 뒤지지 않는 미성으로 멋지게 부르시던 서 교수님의 구슬픈 곡조가 아직도 귓가에 맴돈다.

서원우 교수님은 각종 학술대회나 행정법이론실무학회 세미나에 자주 참가하셨고, 활기 넘치는 토론과 서 교수님의 명쾌한 코멘트를 들으면서 제자들은 학문적으로 성장하였다. 서 교수님은 열정적으로 후학들을 지도하고 장려하는 일에 노고를 아끼지 않으셨다. 서 교수님은 제자의 지도와 후학의 양성에 있어 세세한 부분을 자세히 알려주시는 방식이 아니라 창의적으로 생각하고 새로운 분야를 개척하도록 하여 지도하셨다. 마치 공자가 반듯하게 네 모퉁이가 있는 물건에서 "한 모퉁이를 들어보여 주면, 나머지 세 모퉁이는 스스로 대답할 수 있도록(擧一隅, 以三隅反)" 창의적 방식으로 대학원의 수업이나 세미나를 진행하셨던 것으로 기억한다.

서 교수님의 지도력과 역량이 없었더라면 오늘날 한국 행정법학의 산실(産室)로 자리잡은 한국행정법연구소와 행정법이론실무학회를 결성하고 이를 시스템화하여 학문적 공동체를 창출하고 활성화하는 것이 불가능하였을 것이다. 그리하여 오늘날까지도 한국 행정법학계의 최대 군단(軍團)인 이른바 '서원우 군단'이 형성되어 수많은 제자들이 다방면에서 큰 활약을 하고 있다. 매년 정초에 서원우, 김동희, 최송화 교수님 등 3분 선생님을 모시고 신년하례회를 개최할 때 한 사람씩 돌아가면서 어떤 주제로 어떤 구상하에 신년에 연구할 것인지 한 마디씩 이야기 하도록 하여 제자들이 계속적으로 목표의식을 갖고 한해를 보내도록 한 서 교수님의 혜안(慧眼)을 다시금 떠올리게 된다.

아울러 서원우 교수님은 우리의 현안문제의 해결을 위해 비교법적 연구방법론의 필요성을 역설하셨고, 약 20년의 역사를 갖는 동아시아행정법학회의 창립에 일익을 담당하시고 초기단계에 있어서 정착과 발전을 위해 중추적 역할을 맡으셨다. 서원우 교수님은 한국의 시오노(鹽野宏) 교수로 통할 정도로 일본통이시면서도, 미국에서 유학한 영미법에 정통한 학자이시다. 정년 이후에도 일본의 여러 대학에서 강의를 하시는 등 한국의 법학을 외국에 전파하고 한국법학의 위상을 제고하는 데 큰 역할을 하셨다.

나아가 서 교수님은 정년 이후에도 행정법학에 대한 치열한 열정과 더불어 술과 음악의 풍류속에 낙관적 삶을 사셨다. 건강이 악화되신 후에도 다양한 주제의 논문을 발표하시면서 행정법학의 발전을 위해 일평생을 헌신하신 점은 제자들의 귀감이 되기에 충분하다. 서 교수님은 행정법학의 새로운 연구방법론을 토대로 다양한 현실적인 문제에 대한 새로운 이론 정립을 시도하셨고, 현행 제도와 이론의 문제점을 재검토하고 법해석학의 범주에서 나아가 법정책적 방향을 모색함과 아울러 한국행정법학의 시스템 전환과 방향성 모색이라고 하는 거대담론의 관점에서 논의하시었다. 특히, 행정법은 국가권력에 대한 통제수단이면서도 동시에 정책실현의 수단이라는 점을 강조하면서 이와 같은 2개의 노를 저으며 균형을 잡아 국가라는 배를 앞으로 나아가도록 하는 데 심혈을 기울이셨다.

이와 같이 서 교수님은 새로운 사회문제에 새로운 이론을 가지고 대응하면서도 공리공론을 배격하면서 실사구시(實事求是)적 학문경향을 보여주셨다. 정년 이후에도 일본에서 교육과 연구 활동을 수행함과 동시에 젊은 연구자 못지않은 왕성한 학술활동은 물론 제자 및 후학에 대한 격려와 연구의 장려 등 대학자로서의 삶의 본보기를 보여주셨다.

나는 서원우 교수님을 존경하는 제자의 한 사람으로서 한국 행정법학의 향상과 발전을 위해 연구에 전심전력으로 매진하고자 하는 다짐을 하면서도 바둑과 음악 감상 등 풍류적 삶의 여유를 잃지 않아야겠다는 생각을 하게 된다.

끝으로, 학문하는 자세와 정직하고 바른 삶의 방향을 일깨워 주신 나의 은사 서원우 선생님께 감사드리며, 서거 8주년을 맞이하여 삼가 선생님의 명복을 빈다.

2. 청담(晴潭) 최송화 교수님 영전에 바치며
— '易地思之'·'至誠無息' 의 자세 늘 기억하겠습니다

애석하게도 2018년 9월 1일 오후 3시경 대한민국 법학계는 어두운 밤 하늘에 떠있어 올바른 길잡이 역할을 하는 북극성과 같이 빛나는 청담 (晴潭) 최송화 교수님을 잃게 되었습니다.

청담 선생님은 대한민국의 대표적 공법학자이자 행정법학자로서 서울대 법대 교수와 부총장을 역임하셨고, 한국 하버드 옌칭학회 회장, 한국공법학회 회장, 한국행정판례연구회 회장 그리고 한국행정법학회 초대 회장을 비롯하여 경제인문사회연구회 이사장과 대법원 사법정책연구원 초대 원장의 중책을 성공적으로 수행하셨습니다.

청담 선생님은 온화한 인품과 언제나 환한 미소로 많은 부족함이 있는 제자에게 따뜻한 격려와 심오한 가르침을 일깨워 주셨고, 훌륭한 제자들을 많이 길러낸 이 시대의 참스승이셨습니다.

지난 7월 5일 개최된 청담 최송화 교수 희수기념논문집 봉정식에 참석하실 때만 해도 건강한 모습으로 제자들은 물론 당일 참석한 분들과 일일이 악수하고 헤어지시며 또 만나기로 약속하셨습니다. 그 후 제자가 8월 중순 무렵 청담 선생님께서 재활치료를 받고 계시는 요양병원에 한국행정법학회 이광윤 회장 등과 찾아뵐 때만 해도 사진도 함께 찍으시고 말씀도 잘 하셨습니다. 그런데 홀연히 저희들 곁을 떠나시니 제자는 황망(慌忙)하여 할 말을 잊은 채 깊은 상심과 큰 슬픔에 빠지게 됩니다.

청담 선생님의 평소 지론인 역지사지(易地思之)와 쉬지 않고 정성을 다하는 지성무식(至誠無息)의 자세로 학자로서의 역할을 성실히 하였을 뿐만 아니라 정년퇴임 후 공직 등 사회 각 분야에서 지혜와 경륜을 통해 크나 큰 공헌과 탁월한 성과를 이루어 내셨고, 이 땅의 법치주의와 법률문화의 창달을 위해 훌륭한 업적을 많이 남기셨습니다.

청담 선생님은 평정심을 견지하시며 일희일비(一喜一悲)하지 않으시고 일평생 중용의 덕을 실천하셨으며, 제자에게 어느 한쪽 극단에 치우치지 않는 균형감 있고 조화로운 삶의 가치를 역설하셨습니다. 청담 선생님께서 평생동안 흉금(胸襟)에 간직하신 화합하지만 자신의 입장을 견지하는 화이부동(和而不同)에 기초한 화(和)의 철학과 공익우선의 학문적 지향점은 이념적으로 분열된 우리 사회를 통합하고 새로운 방향 전환을 모색하는 데 시사하는 바가 크다고 할 것입니다.

학덕을 겸비하시고 고덕대현(高德大賢)의 경지에 오르신 청담 선생님께서 평생의 학문적 화두로 삼으신 법치주의가 우리 사회에 제대로 실현될 수 있도록 스승께서 남기신 뜻을 이어 나가겠습니다. 제자가 학문적으로나 덕성적으로 성장할 수 있도록 이끌어 주신 가르침과 고마움을 추사(秋史)의 세한도에 새겨 넣은 장무상망(長毋相忘)의 낙관처럼 오랫동안 잊지 않고 마음속에 간직하겠습니다.

청담 선생님께서 남은 여생동안 완수하고자 하셨던 미완의 일들을 모두 내려놓으시고 편안히 영면하시기 바라며, 비통한 심정으로 이제 고인이 되신 청담 선생님의 명복을 삼가 기원합니다.

출처 김용섭, 법률신문 추도사 2018-09-06

3. 윤산(允山) 이홍훈 전 대법관 영전에
– "부동심의 자세로 중용의 덕을 실천한 법조의 큰 어른"

국가 사회적으로 혼란의 시기인 2021년 7월 11일 오전 6시 50분경 대한민국 법조계는 중도(中道)의 균형점을 찾아 올바른 길을 제시하는 법조의 큰 어른 윤산(允山) 이홍훈 대법관님과 아쉬운 이별을 하게 되었습니다.

윤산 선생님은 훌륭한 인품과 자상하고 인자한 법조인으로 평생을 따뜻하면서도 올곧은 선비의 삶을 사셨습니다. 4년 전부터 병마와 함께 하시면서도 밝음을 잃지 않으시고 만나뵐 때마다 담담하게 생사여일(生死如一)의 경지에 오른 선승과 같은 삶의 자세를 보여주셨습니다.

윤산 선생님은 전주북중, 경기고, 서울대 법과대학을 졸업한 후 제14회 사법시험에 합격하여 사법연수원 제4기를 마친 후 초임 법관으로 부임한 이래 제주, 수원, 서울지방법원장을 거쳐 대법관으로 공직생활을 성공적으로 마치셨습니다. 수원지방법원장 재직 시절 대법원장의 발탁 제의를 윤산 선생님이 순리를 존중하여 일언지하(一言之下)에 고사한 일화는 일각에 알려진 사실입니다.

윤산 선생님은 법관으로 봉직하면서 여러 사건에서 의미 있는 판결을 선고하였습니다. 특히 행정소송에 있어 무효확인소송의 보충성을 민사소송과 달리 파악한 대법원 전원합의체 판결의 보충의견과 4대강 사건에 관한 소수의견은 대법관으로 봉직하면서 행정법과 환경법에 관하여 내린 획기적인 판결로 청사(靑史)에 길이 남을 업적이라고 사료됩니다. 아울러 대법관의 직에 있으면서 동아시아행정법학회 최송화 이사장과 함께 동 학회 이사로 활동하며 국제학술대회를 두 차례 개최하는 등 한국 행정법학의 국제적 위상을 제고하는 데 크게 기여하였습니다.

윤산 선생님이 대법관을 마치신 후 한국행정판례연구회 제10대 회장으로 3년간 활동하는 동안 필자는 연구이사로 보필하며 가까이에서 많은 것을 배울 수 있었습니다. 한국행정판례연구회 회장 시절 서울행정법원에서 1년에 11회 개최되는 학술행사에 한 번도 빠지지 않으시고 매번 참석하셨으며, 학술발표를 마친 후 학자들과 맥주를 한잔씩 하면서 담소를 나누시고 편하게 대화를 하시던 모습이 눈에 선합니다. 법원에 계실 때는 물론 재야 법조인으로 활동하시면서도 변함없이 소탈하게 다른 사람의 말을 끝까지 경청하시는 모습은 풍도(風度)와 큰 덕을 갖춘 대인이기 때문에 가능하다고 봅니다.

대법관을 마치신 후 바로 변호사 개업을 하지 않으시고 한양대 로스쿨과 전북대 로스쿨의 석좌교수를 역임하면서 법관으로 활동하면서 터득한 실제 경험을 후학들에게 전하여 주셨습니다. 법무법인 화우 고문변호사, 한국신문윤리위원회 위원장, 법조윤리협의회 이사장, 서울대학교 이사장 및 국민과 함께하는 사법발전위원회 위원장 등의 중책을 성공적으로 수행하신 것으로 알고 있습니다.

윤산 선생님은 천주교 신자임에도 불교철학에 관심이 많으셨던 것으로 기억됩니다. 전북대 로스쿨 석좌교수 시절 특강에서 형식적 틀에 위축되지 말고 머무는 곳마다 주인이 되라는 의미의 '수처작주 입처개진(隨處作主 立處皆眞)'을 후학들에게 강조하셨습니다.

올봄에 인생정원 편―아버지의 정원이 TV에 방영된다고 필자에게 문자로 보내주셔서 지인들과 감동적으로 시청하였고, 그동안 병마를 잊고 정원을 가꾸셔서 동료 교수들과 방문하여야겠다고 생각했는데, 애석하게도 병마를 이겨내지 못하시고 홀연히 떠나시니 황망(慌忙)하기 그지없습니다.

윤산 선생님의 인간과 세계에 대한 폭넓은 시야와 성실하고 깨끗한 공직자의 삶의 자세인 공인관(公人觀)을 몸소 실천하신 법조의 큰 어른으로 흠모하고 존경하지 않을 수 없습니다. 대법관 재직시는 물론 그 이후에도 진정한 법조 원로로서 지혜와 경륜을 통해 국가사회에 큰 공헌과 성과를 이루어내셨고, 국민의 권익신장을 위해 동분서주하시면서 훌륭한 업적을 많이 남기셨습니다.

윤산 선생님은 부동심(不動心)의 자세로 달관의 경지에서 일평생 중용의 덕을 실천하셨으며, 법조 후배들에게 이념적 편향성이 아닌 다른 생각을 갖고 있는 사람들과도 격의 없는 대화를 나누는 등 균형감 있고 조화로운 삶의 가치를 역설하셨습니다. 윤산 선생님의 평소 지론인 '조화와 균형'의 중도적 실천철학과 세계는 하나의 꽃과 같다는 '세계일화(世界一花)'의 사상은 이념적으로 분열된 우리 사회를 바람직한 방향으로 견인하는 데 시사하는 바가 크다고 할 것입니다.

윤산 선생님은 매사에 넓은 포용력을 발휘하시고 부지런히 쉬지 않는 자세를 실천적으로 보여주신 점에 비추어 주역의 건괘에서 말하는 '자강불식 후덕재물(自彊不息 厚德載物)'과 같은 삶을 사셨습니다. 후학이 윤산 선생님의 인품에 매료되고 감화되어 덕성적으로 성장할 수 있도록 이끌어주신 가르침과 고마움을 오랫동안 잊지 않고 마음속에 간직하겠습니다.

윤산 선생님께서 남은 여생동안 완수하고자 하셨던 대담집 발간 등 미완의 일들을 모두 내려놓으시고 편안히 영면하시기 바라며, 비통한 심정으로 이제 고인이 되신 윤산 선생님의 명복을 삼가 기원합니다.

출처 김용섭, 법률신문 법조광장 2021-07-15

4. 정현(淨賢) 박윤흔 박사님의 영면을 기원하며
 – "관료와 학자의 삶을 아우른 진정한 실용학자"

한국행정법학의 태산북두(泰山北斗)이신 정현(淨賢) 박윤흔 박사님
께서 올해 구순의 연로하신 나이에도 불구하고 건강하게 지내고 계셔
서, 병환을 잘 이겨내실 것으로 믿었습니다. 평소 연락을 드릴 때마다
전화를 바로 받으시며 안부를 전해 주시곤 하셨습니다. 강남 가톨릭 성
모병원에 입원하셨다는 소식을 듣고 병문안을 찾아뵈었을 때, 건강이
좋아지면 연락을 주시겠다는 말씀에 쾌유를 기원하며 희소식을 기다렸
습니다.

 금년 9월부터 문자를 드려도 읽지 않으셔서 한편으로는 불안하면서
도, 병원 치료에 전념하고 계시리라 여기며 회복을 간절히 기원했습니
다. 그러던 중 어제 한국행정법학회 김광수 회장님께서 학회 전체 회원
에게 공지한 메일을 통해, 박사님께서 두 달 전인 지난 9월 24일 타계하
셨다는 비보를 접하고 황망하기 그지없습니다. 박사님께서 부음도 알
리지 않으시고 장례식도 가족장으로 단출하게 마치신 것을 보니, 끝내
마지막 가시는 길에 애도도 못 드리고 이렇게 뒤늦은 작별의 말씀을 올
리게 되어 가슴이 미어집니다.

 박사님께서는 평생을 국가 발전과 법치주의 확립에 헌신하신 분이셨
습니다. 법제처에서 사반세기 이상 재직하시며 우리 현실에 부합하는
행정법학의 체계와 제도를 정립하셨고, 학문과 정책의 접목을 통해 우
리나라 행정법학의 실용적 기반을 다지셨습니다. 법제처 차장, 경희대
법대 교수, 환경부 장관, 대구대 총장, 학교법인 영광학원 이사장 등 여
러 공직과 교육계에서 활동하셨으며, 한국공법학회 회장, 한국환경법

학회 회장, 한국토지보상법연구회 회장 및 한국행정법학회 법정이사, 행정절차법심의위원회 위원장 등을 맡으시며 학회 활동에도 큰 기여를 하셨습니다. 그러면서도 늘 겸손하고 소탈한 품성을 잃지 않으셨습니다.

박사님과의 인연은 학문과 인생의 길 위에서 이어졌습니다. 제가 경희대 교수로 부임할 때 박사님의 후임자(Nachfolger)로서 인연을 맺게 되었습니다. 박사님은 학문과 관료의 길을 병행하며 꽃을 피우신 공법학과 행정법학의 선학으로서, 같은 길을 걷는 저를 따뜻하게 격려해 주시고 지지해 주셨습니다.

1990년 초 법제처 법제관실에 근무하던 저를 한국공법학회 회원으로 추천해 주셨고, 30대 중반에 법제처 과장으로 승진하였을 때는 누구보다 먼저 기뻐하시며 축전도 보내주셨습니다. 더욱이 90년대 중반 박사님께서 한국공법학회 회장으로 활동하시던 시기에, 독일 유학을 마치고 귀국한 지 얼마 안 된 법제처 공무원인 저에게 헌법과 행정법의 교수들과 어깨를 나란히 하며 '사회 전체적 과제로서의 부정부패 방지'라는 주제로 발제할 기회를 주셨습니다. 후학에게 용기를 불어넣고 격려해 주시던 그 모습이 지금도 눈에 선합니다.

개인사이긴 하지만, 3년 전 제 아들이 변호사시험에 합격한 사실을 아시고 북한산 입구의 식당에서 만나자고 하시어 함께 축하해 주셨습니다. 지난해 10월 한국프레스센터에서 개최된 제 정년기념 논문집 봉정식에도, 11월의 아들 결혼식에도 직접 참석하시어 자리를 빛내 주셨습니다. 제가 6년 전 암 투병 중일 때도 격려를 아끼지 않으셨고, 그 과정에서 출간한 『행정법이론과 판례평석』에 대해 서평을 써 주셨을 때 느꼈던 깊은 학문적 유대와 지지는 오래 잊지 못할 것입니다. 또한 제가 정년퇴직 후 에스앤엘 파트너스의 입법지원센터장을 맡아 센터 고문을 부탁드렸을 때도 흔쾌히 수락해 주셨습니다.

금년 초 불교조정학 학술대회를 공동으로 개최하면서 축사를 부탁드렸습니다. 당시 건강이 좋지 않으신 줄 몰랐기에, 조계종 화쟁위원회 위원으로 활동하신 경험을 중심으로 편히 말씀해 주시기를 부탁드렸는데, 축사 원고를 완결적으로 작성해 주시고 학술행사가 끝날 때까지 참석하시는 노학자의 진지한 태도를 보여주셨습니다.

제가 미력하나마 제7대 한국행정법학회 회장으로서 학술상 제도 신설 등 의욕적으로 학회 활동을 하면서, 박사님께 학술연구상 기금이 필요하다고 넌지시 말씀드렸습니다. 그러자 2년간 시행할 자금을 학회에 쾌척해 주셔서, 행정법학 분야에서 우수 논문을 작성한 세 분의 학자에게 학술연구상 시상식을 할 수 있었습니다. 후학을 위한 박사님의 헌신은 한국행정법학계에 오래 기억될 것입니다.

박사님은 법제처에서의 행정 경험과 대학 교수로서의 연구 활동을 병행하시며, 관료와 학자의 삶을 아우른 진정한 실용학자로 기억됩니다. 제도론적 관점에서 실증적 연구와 입법정책적 접근을 통해 우리 행정법학의 현실적 문제를 해결하고자 하셨으며, 그 학문적 지향은 오늘날까지도 많은 후학들에게 지대한 영향을 미치고 있습니다.

박사님의 저서이자 70~80년대 정평 있는 최고의 수험서였던 『최신 행정법강의』는 수많은 법조인을 길러낸 표준적 교재로, 실무와 이론을 아우르는 통합적 고찰과 체계적인 교과서의 모범이 되었습니다. 2022년 코로나 상황 속에서도 노익장을 과시하시며 국민서관에서 『법과 나라발전: 한국헌법약사(헌법이 뒷받침한 중화학공업화)』를 출간하셨습니다.

박사님의 삶과 학문세계에 대하여는 2015년 12월『공법연구』제44집 제2호에 "정현 박윤흔 박사의 행정법학: 관료와 학자의 병행적 삶 속에서 꽃피운 실용학문"이라는 주제로 기고한 바 있습니다. 그 논문에서 밝힌 바와 같이, 박사님은 '진충보국(盡忠報國)'의 자세로 국가의 발전과 법치주의를 위해 헌신하셨습니다. 청년의 정신으로 나이를 잊으시고 언제나 밝은 모습으로 주위를 환하게 밝히신 박사님의 삶은 우리 모두의 귀감이 될 것입니다.

이제 세속의 모든 염려와 미완의 일을 내려놓으시고, 찬란한 극락세계에서 영면하시기를 삼가 기원드리며 명복을 빕니다. 박사님의 행정법학과 공법학에 대한 학문적 열정은 물론, 폭넓은 덕성과 인품은 오래도록 우리 마음속에 남아 후학들의 이정표가 될 것입니다.

출처 ᅵ 리걸타임즈 2025. 11. 20.

5. 일죽거사 광산김공 묘갈명(一竹居士 光山金公 墓碣銘)

公의 諱는 甲洙이고 號는 一竹이다. 新羅末에 王子 金興光이 光山으로 隱遁하게 되었는데, 이로부터 光山을 本貫으로 하였다. 良簡公 金璉은 派始祖이다. 判軍器監事公 金英利의 아들 鼎은 高麗 後期의 文臣으로 善政을 펼친 功勞로 推城輔理功臣 重大匡 光成君에 册封되었다. 光成君 金鼎의 둘째 아들 若恒의 字는 久卿이고 號는 惕若齋로, 19세에 文科에 及第하여 司憲府 執義를 거쳐 諫議大夫와 成均館 大司成, 中樞院 學士의 重責을 맡았다. 性品이 剛直하며 明나라와의 表箋問題로 抑留

되어 歸國하지 못한 節義를 지킨 功績으로 太宗 1年 議政府贊成事로 追贈되었고 淸白吏로도 選錄되었다. 中始祖 惕若齋公께서 보여준 先公後私의 精神은 司宰監 副正公, 內資寺正公을 거쳐 後孫에게 이어져 내려왔다. 公의 6代祖의 諱는 鍾岳, 5代祖의 諱는 相洛, 高祖父의 諱는 箕東, 曾祖父의 諱는 在熙, 祖父의 諱는 景鉉, 父의 諱는 永敎이다. 公의 祖父는 字가 俊元이고 號는 瑞村이며 全州 李氏 小成과의 사이에 8男妹를 두었다. 父는 字가 道成이고 號는 林泉으로 全州李氏 再鎬와의 사이에 5兄弟를 두었다.

公은 1934年 陰曆 6月 17日 寅時에 京畿道 始興郡 新東面 瑞草里 643번지에서 長男으로 태어났다. 容貌端正하고 두뇌가 明晳하며 言辭가 論理整然하였으며, 每事에 원칙과 正道를 중시하고, 禮儀凡節과 事理分別에 있어 剛直한 性品으로 마치 一竹이라는 號와 같았다. 家庭에서는 仁慈한 아버지로서 誠實과 勤勉 그리고 獨立心과 儉素함을 일깨워주었다. 公은 시대적 社會變化에 발맞추어 園藝業, 商業 등에 종사하다가 1979年 永華自動車整備工業社를 創業하여 家業을 繁盛케 하는 터전을 마련하였다. 公은 1980年代 銅雀區 選擧管理委員會 委員으로 副委員長의 職을 수행하였으며, 1980年代 中半부터 2000年代 初半까지 光山金氏 惕若齋公派 宗中의 都有司를 맡아 宗務에 專念하였다. 1990年代 中半 光成君 宗中의 都有司로 活動하면서 宗派간 和合을 이루어내고 서울 구의동 光城會館의 建物造成에 至大한 寄與와 貢獻을 하였다. 公은 작은 일에도 最善을 다하는 것을 삶의 目標로 삼고 실천하였다. 公은 1981年 慶州李氏 慶淑과 再婚하여 幸福한 餘生을 보내다 숙환으로 인해 2016年 8月 10日 午前 9時 41分 분당 서울大 病院에서 4男妹 모두 臨終한 가운데 享年 83세의 일기로 永眠하셨다.

配는 橫城趙氏 順子이고 佛名이 慈惠淨이다. 1940年 陰曆 1月 8日 父 趙長善과 母 李富興 사이에 長女로 京畿道 龍仁郡 外四面 白岩里 341번 지에서 태어났다. 橫城 趙氏는 1956年 4月 1日 天主教 양지성당에서 洗禮를 받고 洗禮名 필로메나를 얻었다. 1957年 公과 結婚후 媤宅의 影響으로 佛教로 改宗하여 法華經을 열심히 讀誦하는 등 佛心이 깊었다. 厚德하고 心性이 곱고 慈愛로운 어머니로서 環境이나 남을 탓하지 않고 바르고 곱게 살아가는 것의 중요성을 일깨워 주었다. 持病이 惡化되어 白雪이 天地를 뒤덮은 1980年 12月 23日 午前 6時경 서울 銅雀區 舍堂洞 배나무골 自宅에서 새벽 禮佛을 올리다 享年 41세의 나이에 哀惜하게도 돌아가셨다.

公과 橫城趙氏의 膝下에 4男妹를 두었다. 長男 容燮은 서울대 大學院 法學科 在學中 第26回 司法試驗에 合格하고, 獨逸 만하임 法大에서 博士學位를 取得한 후, 法制處 行政審判擔當官 등을 거쳐 現在 全北大 로스쿨의 教授로 在職하고 있다. 次男 容崗은 仁川大 經營學科를 卒業한 후 韓國地域暖房公社에 入社하여 20여 년간 資材課長으로 勤務하였고, 現在 SK E&S 위례에너지 서비스팀장으로 活動하고 있다. 容燮은 최교선과 結婚하여 세희와 세중과 세림을 두고 있으며, 容崗은 장혜원과 結婚하여 민철과 동우를 두고 있다. 長女 美敬은 成均館大를 卒業한 후 허호철과 結婚하여 지훈과 지수를, 次女 銀敬은 聖潔大를 卒業한 후 안재현과 結婚하여 태준과 혜진을 두고 있다.

墓碑의 前面은 公의 祖父와 父의 碑文方式에 따라 書藝家 荷山 徐弘植 先生이 쓴 書體로 刻字하였다. 二十餘年 前에 公께서 先代의 여러 墓碑를 세우는 과정에서 因緣을 맺은 廣州의 第一石材 김익진 代表를 찾아가 公의 墓碑의 제작을 依賴한 후 公의 逝去 1週期를 追念하며 墓碑

를 세우게 되었다. 公의 行蹟을 정리하면서 父母님의 크나큰 사랑을 헤아리니 그리움과 슬픔이 파도처럼 밀려온다. 마음의 平靜을 되찾고 생각을 가다듬어 삼가 序文을 撰述하고 疏略한 銘을 덧붙인다. 銘은 다음과 같다.

가슴 깊이 一竹 품어
濁流에 휩쓸리지 않고
모진 風波 견디셨네

원칙과 正道를 지키며
一貫되게 살다 가신 길
그 어디 쉬운 일이런가

작은 일에도 疏忽함 없이
精誠과 最善을 다하는 것
第一 어려운 일이라 이르셨네

檀紀 4350年 西紀 2017年 丁酉 8月 日 不肖子 容燮 謹撰

扶餘 徐弘植 謹書前面

후기 ●

하산(荷山) 서홍식 서예가는 필자가 전북대에 재직하는 동안 교류한 분으로 2017년 경 선친의 묘비제작을 하면서 전면을 해서체로 부탁한 인연이 있다. 동년배인 하산 선생과의 인연은 거기서 그치지 않는다.

2019년 경 필자가 한국국가법학회 회장으로 재직시에 법제처와 한국법제연구원 및 8개 학회 공동주관 학술행사에 대회 주최 측에서 학회 로고를 요청해 와서 마땅히 사용할 한국국가법학회 로고가 없어 급히 하산 선생께 부탁하여 멋진 한문 필체로 제작하여 사용한 바 있다. 2023년 4월에 아들이 제12회 변호사시험에 합격하여, 1984년에 부친의 지인이 사법시험 제26회에 합격한 필자에게 기념선물로 써준 대기성휘(大器成揮)라는 글귀를 하산 선생한테 보여준 후 그의 글씨를 받아 아들에게 변호사시험 합격 축하선물로 〈대기성휘〉를 주기도 했다. 2024년 법률신문사에서 〈직필과 객설〉을 출간하면서 책 앞면과 뒷면의 김용섭교수 정년기념문집이라는 한자로 쓴 제자(題字), 2024년 10월의 가산 김용섭 교수 정년기념 논문집 봉정식의 현수막과 〈가산 김용섭 교수 정년기념 논문집 한국행정법학의 새로운 방향〉의 제자도 그에게 부탁하여 격조 있는 서체로 발간한 바 있다. 아울러 〈법과 인문학의 길〉의 제자도 그에게 부탁하여 표지를 품격있게 만들었다. 이 자리를 빌려 그동안 우정과 협조를 아끼지 아니한 하산 선생께 감사를 표한다.

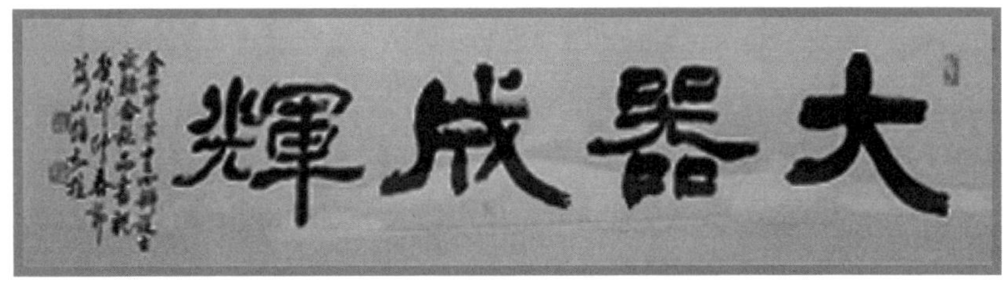

하산(荷山) 서홍식 서예가의 김세중(金世中) 변호사시험합격기념 축서(祝書)

제**3**장

비교만필

1. 병오년(丙午年)에 만나는 호랑이와 사자 그리고 리더십

비교는 단순한 양자의 배열이 아니라, 두 세계와 가치가 마주하는 지점에서의 통찰이다. 익숙한 고정관념에서 벗어나 새로운 사유의 실마리를 도출하려는 이 지적 모험 속에서 우리는 호랑이와 사자를 만나게 된다. 호랑이는 멧돼지를 쫓아 깊은 삼림의 그늘 속으로 깃들었고, 사자는 사슴 사냥에 최적화된 광활한 사바나의 초원에 터전을 닦았다. 이처럼 서로 다른 공간을 선택한 두 제왕의 삶과 역사는 환경과 본능이 빚어낸 거대한 차이의 미학을 보여준다.

독일 격언에 "배와 사과를 비교한다(Apfel mit Birnen vergleichen)"는 말이 있다. 이 속담은 역설적이게도 본질이 다른 것들을 비교하지 말라는 경고로 쓰인다. 그러나 바로 그 '비교 불가능한 것'의 비교를 통해 세상의 다채로운 모습을 발견할 수 있다. 비교는 우열을 가리기 위한 것이 아니라, 차이를 통해 새로운 의미를 발견하고자 하는 사유의 도구이기 때문이다. 이에 시리즈의 제목을 우열이 아닌 다름의 의미를 탐구하기 위해 「비교만필」이라 정하였다.

조선시대 문장가 계곡 장유가 「계곡만필」을 썼고, 『구운몽』의 저자 서포 김만중이 「서포만필」에 다양한 담론을 담은 전통에서 '만필(漫筆)'이라는 형식을 빌려왔다. [비교만필] 시리즈는 인물, 제도, 기업, 문화, 음식, 스포츠 등 대비되는 현상들 사이에서 비교의 방법을 통해 새로운 인식의 지평을 열고자 한다.

2026년 병오년(丙午年)은 붉은 말의 해이다. 이는 적토마가 상징하듯, 속도와 돌파의 에너지를 품고 있다. 2026년은 병(丙)이라는 한자가 상징하는 태양이 정오에 솟아오른 형국이다. 새해는 니체(Nietzsche)가 말한 '위대한 정오(Der große Mittag)'의 시기와 같다. 병오년은 그 어느 때보다 왕성한 에너지가 응축되어, 사회 구성원 각자에게 위대한 결단을 요구하는 한 해가 될 것이다.

한때 일본을 제외한 동북아시아 전역에 분포하였던 호랑이의 서식지는 오늘날 인도와 러시아 등 일부 지역으로 축소되었다. 반면 사자는 아프리카 사하라 이남의 초원지대를 중심으로 서식지를 유지하고 있다. 두 맹수의 서식지는 현재까지 거의 겹치지 않는다. 호랑이와 사자는 분류학적으로 고양이과에 속하며 생태계의 최상위 포식자라는 공통점을 공유한다. 여기에 더하여, 두 맹수가 사냥에 임할 때 보여주는 경이로운 집중력이야말로 이들이 가진 핵심 역량이다.

이들은 목표를 정하면 주변의 모든 자극을 차단하고 최고도의 몰입 상태(Flow)에서 오직 사냥의 성공에만 모든 역량을 집중한다. 이는 호랑이의 단독 개척 정신이든, 사자의 협력적 분업 체계든 관계없이, 결정적인 순간에 모든 에너지를 쏟아붓는 집요한 실행력이 곧 성공적인 리더십의 가장 기본적인 자질임을 분명하게 보여준다.

사자가 인도불교의 영향 아래 사자좌(獅子座), 사자탑을 통해 그 위엄을 드러낸다면, 호랑이는 산신도의 영물이나 풍수지리의 백호(白虎)로서 우리 민족의 정신세계에 깊이 각인되어 왔다. 사람들은 흔히 고독한 강자인 호랑이와 권위적 위엄을 갖춘 사자 중 누가 우위인가를 묻곤 한다. 그러나 지금 우리가 마주한 시대적 소명은 '누가 더 강한가' 라는 차원을 넘어 당면한 난제를 슬기롭게 헤쳐 나갈 진정한 리더십의 본질에 관심을 기울여야 한다.

사자와 호랑이의 단순한 우열 비교는 무의미하기 때문이다. 현실적으로 사자와 호랑이 그룹 중에 각 분야의 최고를 선발해 싸움을 붙이는 것은 불가능하며, 이는 마치 사과와 배처럼 서로 다른 세계의 쌍벽(雙璧)을 억지로 비교하는 행위이다. 두 맹수의 힘과 기량은 겨루는 상대와 맞서는 환경에 따라 그 결과가 확연히 달라질 수밖에 없다. 따라서 우리는 누가 더 센가가 아닌, 두 맹수가 상징적으로 보여주는 리더십의 차이를 탐색해야 한다.

삼성 라이온즈와 기아 타이거즈, 포효하는 호랑이의 고려대와 웃는 사자의 경희대처럼 대학이나 프로 야구팀이 호랑이나 사자를 상징 로고로 채택하는 것은, 단순한 기량 경쟁을 넘어선 강렬한 승리와 권위를 염원하기 때문일 것이다. 그러나 우리는 이들의 단순한 우열 논쟁을 넘어, 두 맹수가 가진 본질적 특성 차이를 파악하고 이를 시대가 요구하는 리더십의 명확한 기준으로 삼는 것이 더욱 바람직하다.

여기에서 독립적으로 움직이는 용맹한 호랑이와 협력적 시스템을 운용하는 위엄있는 사자의 특성을 통해 리더십의 차이를 비교해 보기로 한다. 태양 에너지가 강렬한 새해에는, 고독한 숲의 왕 호랑이가 숲의 그늘을 이용하여 재정비에 유리할 수 있다. 반면, 무리를 이끄는 초원의 왕 사자는 더위를 피해 그늘을 찾아야 하는 동시에, 더위에 지친 먹잇감을 쉽게 사냥할 수 있는 전술적 이점을 가진다.

호랑이는 철저한 단독 사냥꾼이다. 우리의 민화(民畵) 등에 자주 등장하듯이 전통과 정신에 더욱 깊이 연결된 상징적 동물이다. 호랑이는 스스로 목표를 설정하고, 숲의 그늘에서 충분한 준비를 마친 뒤 매복으로 승부를 건다. 호랑이형 리더는 위기 후의 재기와 부활을 꿈꾸는 상황에서 결정적인 힘을 발휘한다.

이에 반해 사자는 '프라이드(Pride)'라는 집단을 이끌며, 역할 분담과 협력을 통해 초원을 지배한다. 사냥은 암컷이, 방어는 수컷이 맡는 구조를 통해 사자형 리더십의 핵심을 보여준다. 그 핵심은 혼자만의 탁월함이 아니라, 함께 강해지는 구조를 설계하고 운용하는 데 있다. 해양문화권에서 사자가 보편적 권위의 상징이 된 이유도 바로 이 집단성과 개방성 덕분이다.

국가와 기업이 정면돌파를 통한 부활과 재기를 모색할 때, 리더는 조직의 방향을 선제적으로 제시하며 아무도 가지 않은 길을 홀로 개척하는 호랑이와 같은 존재가 되어야 한다. 반대로 이미 열린 시장에서 협력과 확장이 요청될 때에는 개방적 사자의 리더십이 필수적이다. 사자처럼 다양한 이해관계를 정교하게 조율하고, 모두가 공감하는 언어로 보편적 질서를 설계해야 하기 때문이다.

전통과 국제화를 아우르며 새로운 시대를 이끌어 갈 리더는 더 이상 호랑이냐 사자냐 둘 중 하나만을 선택할 수 없다. 병오년 새해를 맞아 두 맹수의 리더십을 전략적으로 결합해야 한다. 그리하여 재기와 개척이 필요한 순간에는 호랑이처럼 과감히 혐로를 개척하고, 통합과 확장이 관건일 때는 사자처럼 초원 한가운데서 무리를 조율해야 한다. 두 맹수의 지혜를 시의적절하게 구사하는 리더십이야말로 불(火)의 에너지가 충만한 병오년에 우리에게 당면할 격랑을 헤쳐나가는 나침반이 될 것이다.

[김용섭의 비교만필], 뉴스퀘스트 2026. 1. 4.

2. 6월에 펼치는 월드컵과 지방선거, 그리고 페어플레이(fair play)의 시험대

오는 6월, 글로벌한 스포츠 이벤트와 로컬한 정치 행사가 펼쳐진다. 전 세계의 시선이 집중될 2026 FIFA 월드컵과 주민의 뜻을 담아 풀뿌리 민주주의를 실현할 제9회 전국동시지방선거는 글로컬라이제이션(glocalization) 시대의 상징적 장면이다.

먼저 6월 3일 치러지는 지방선거는 시·도지사(교육감 포함)에서 기초의원에 이르기까지 우리 지역 정치의 지형을 새롭게 그릴 공복(公僕)을 선출하는 민주적 프로세스이다. 이어 6월 11일부터 7월 19일까지(현지 기준) 사상 처음으로 북중미 3개국(미국, 캐나다, 멕시코)이 공동 개최하는 월드컵이 열려, 전 세계 축구팬들은 흥미진진한 월드컵 경기를 관람하게 된다. 경기장과 광장은 모두 페어플레이(fair play)의 시험대가 된다.

FIFA 월드컵은 1930년 우루과이에서 제1회 대회가 열린 이래, 4년을 주기로 개최되어 왔다. 이러한 4년 주기는 고대 그리스 올림픽의 전통을 잇는 것이다. 우리나라의 지방선거 또한 1991년 30여 년 만에 부활한 뒤, 1995년 6월 27일 제1회 전국동시지방선거가 실시된 이래 4년마다 치러지고 있다.

이처럼 4년이라는 주기는 결코 임의적인 것이 아니다. 이는 행사 준비와 운영의 균형을 고려한 경험적 결과로서 합리적 제도 설계의 지혜를 엿볼 수 있는 사례라 할 수 있다. 또한 월드컵과 지방선거는 4년마다 실시되는 국회의원선거와 하계 올림픽의 중간 시점에 자리하여, 세계적 스포츠 이벤트와 국가적 선거가 같은 해에 치러지게 되는 흥미로운 구조를 이룬다. 축구선수들은 경기장에서, 입후보자들은 선거운동 기간 동안 각각의 고유한 규칙과 질서 속에서 경쟁한다. 선수들은 기량을, 후보자들은 정책을 내세우며 공정한 경쟁을 펼치고, 결과보다 과정의 순수성과 진정성을 지키고자 한다.

스포츠는 비정치적 영역에 속하지만, 선수들은 국위를 선양하기 위해 온 힘을 다한다. 반면 선거는 지역의 인재를 선발하는 엄연한 정치의 무대이다. 투표소에서 치러지는 선거나 그라운드 위에서 열리는 경기 모두, 심판(선관위)과 선수(후보자), 그리고 응원하는 관중(유권자)이 함께 지켜보는 가운데 투명하고 공정하게 치러진다는 점에서 본질적으로 같은 속성을 지닌다.

그러나 이 두 경쟁 시스템은 공통된 취약점을 안고 있다. 승리에 대한 집착이 '페어플레이(fair play)'의 정신을 흐리게 하는 순간, 부정한 유혹이 고개를 든다. 지방선거에서 입후보자들이 맞닥뜨리는 가장 큰 유혹은 무엇보다 포퓰리즘이다. 실현 불가능한 공약으로 대중을 현혹하고, 지역감정을 자극하며, 단기적 인기와 표심에 영합하는 행태가 그것이다. 월드컵 무대의 축구 선수들에게 이에 상응하는 유혹은 도핑

(Doping)이다. 도핑은 스포츠의 본질적 가치를 훼손하고, 공정한 경쟁을 저해하며, 선수의 건강을 해친다.

오늘날 도핑과 선거 부정은 점점 더 지능화되고 조직화되는 추세에 있다. 2014년 소치 동계올림픽에서 드러난 러시아의 국가 주도 도핑 스캔들, 그리고 베네수엘라 등 일부 국가에서 반복적으로 발생하는 조직적 투표 조작 사건은, 권력이 부정과 결탁할 때 정치와 스포츠가 얼마나 쉽게 타락할 수 있는지를 여실히 보여준다.

우리가 바라는 것은 순수하고도 깨끗한 정신으로 임하는 지방선거와 월드컵이다. 공정성에 대한 의심을 받지 않기 위해 묵묵히 자신을 갈고 닦으며, 대중의 환호보다 스스로의 양심에 부끄럽지 않으려는 태도, 그리고 결과보다 과정의 순수성을 지키려는 자세가 그들에게서 엿보이기를 기대한다. 월드컵 선수나 지방선거 후보자가 아무도 알아주지 않아도 자신의 원칙을 지키는 자세는 승패를 떠나 아름답고 숭고하다.

우리는 승리지상주의나 결과중심주의에서 벗어나 과정을 중시해야 한다. 이를 위해 축구선수들은 정정당당한 기량으로, 입후보자들은 실현 가능한 정책으로 대중과 유권자 앞에 서야 한다.

다가오는 6월에 우리는 두 축제를 동시에 맞는다. 경기장에서는 둥근 공을 놓고 펼쳐지는 최고 수준 선수들의 기량에 감동하고, 광장에서는 합리적 정책으로 지지를 호소하는 후보자들을 선택해야 할 것이다.

경쟁은 공정해야 할 뿐 아니라, 공정하다는 신뢰를 받아야 한다. 2026년 병오(丙午)년 6월에 지방선거와 월드컵에서 결과에 승복하는 깨끗하고도 공정한 경쟁이 펼쳐지기를 간절히 희망한다.

출처 [김용섭의 비교만필], 뉴스퀘스트 2026. 1. 18.

3. 연안이씨와 광산김씨의 가풍, 그리고 청백리의 표상 이후백(李後白)

근본망각의 시대, 보학(譜學)을 논하다

전 세계가 열광하는 문화 강국으로 우뚝 선 대한민국의 저력은 우연이 아니다. K-컬처의 저변에는 수백 년간 축적된 가문의 정신과 문화적 유산이 자리하고 있다. 온고지신(溫故知新)으로 일궈낸 '뿌리 깊은 문화'가 세계무대에서 꽃을 피운 것이다.

족보연구인 보학(譜學)은 단순한 혈통의 기록을 넘어서는 가문의 뿌리를 성찰하는 학문이다. 연안이씨(延安李氏)와 광산김씨(光山金氏)는 조선시대 대제학(大提學)을 가장 많이 배출한 쌍벽의 집안이다.

디즈니 픽사의 애니메이션 〈코코〉(Coco, 2017)는 멕시코의 '망자의 날(Dia de Muertos)' 전통을 배경으로 한다. 이 영화는 죽은 조상들이 살아있는 후손의 기억 속에 존재한다는 믿음을 다룬다. 영화 속 "기억되지 않으면 완전히 사라진다"는 설정은 가족사(家族史)의 의미를 상징적으로 보여준다.

알렉스 헤일리(Alex Haley)의 원작 소설을 영상화한 〈뿌리〉(Roots, 1977)는 근원을 찾는 행위가 인간 정체성 확립과 관련한 숭고한 작업임을 일깨웠다. 그러나 오늘날 우리 사회 일각에서는 자신의 근원을 인지하지 못하는 이들이 늘고 있다. 반려견의 혈통이나 애장품의 내력에는 관심을 기울이면서도 정작 선조의 발자취에는 무관심한 근본 망각의 시대를 살고 있는 셈이다.

연리광김(延李光金)인가, 광김연리(光金延李)인가

조선의 관료사회에서 가문의 품격은 세속의 권세가 아니라 도학적 권

위에서 비롯되었다. 조선시대 학문과 문장의 최종 기준이 되는 문형(文衡)으로 불린 대제학(大提學)을 얼마나 많이 배출하였는가도 가문 평가의 중요한 기준이 되었다. 대제학은 사령을 짓는 일과 과거시험을 주관하여 문관임용을 관장하는 등 당대의 문풍(文風)을 주도한 정2품의 관직이다. 국왕에 대한 직언(直言)과 직간(直諫)을 할 수 있는 위치이기 때문에 그 위상은 정승과 판서를 능가했다. 대제학은 전임 대제학과 정승·판서들이 후보자 이름에 동그라미를 치는 '권점(圈點)' 절차를 통해 선발되어 관료 중 가장 명예롭고 권위 있는 자리였다.

연안이씨와 광산김씨는 각각 7명의 대제학을 배출하며 쌍벽을 이루었다. 연안이씨는 월사(月沙) 이정귀(李廷龜)로부터 아들, 손자로 이어지는 조선 최초 3대 연속 대제학의 기록을 세웠고, 광산김씨는 사계(沙溪) 김장생(金長生) 증손인 서석(瑞石) 김만기(金萬基)로부터 3대 연속 대제학이라는 빛나는 족적을 남겼다. 문과 급제자는 광산김씨 265명, 연안이씨 261명으로 비슷했으나, 정승은 연안이씨 9명, 광산김씨 5명, 청백리는 연안이씨 7명, 광산김씨 4명으로 연안이씨가 앞섰다.

사람들은 두 가문을 '연리광김(延李光金)' 혹은 '광김연리(光金延李)'라 부르며 우열을 논하지만, '배양전(培養戰)'과 '양배전(養培戰)'을 서로 번갈아 부르듯이 순서는 그다지 중요하지 않다. 사학의 명문 배재중고(培材中高)와 양정중고(養正中高)의 정기전은 1946년 이래 우리나라 최초의 학교 간 럭비 정기전으로, 2025년까지 69회가 개최되었다. 양교(兩校)는 상대 교가를 익히고 응원 예절을 지키며, 경기 후 승리한 팀이 상대 응원석으로 가면 패한 팀이 승자의 교가를 불러주는 아름다운 전통을 이어왔다. 이는 승부를 넘어 양교 간 우의를 돈독히 하는 문화적 전통이다.

쌍벽(雙璧)의 진정한 의미는 순서가 아니라 상호 존중에 있다. 광산김씨와 연안이씨는 기호유학(畿湖儒學)의 큰 흐름 속에서 서로를 인정하며 조선의 문풍(文風)을 이끌었고, 그 정신은 오늘날에도 사회 각 분야에서 면면히 이어지고 있다.

연리의 절조(節操) 지향과 광김의 가통(家統) 존중

연안이씨와 광산김씨의 가풍을 비교하는 일은 오늘을 사는 세대가 직면한 가치관을 탐구하는 과정이다. 명문가의 자존심은 권력 지향이 아니다. 연안이씨는 외척(外戚)이 되어 권력을 탐하는 것을 경계하며 "국혼(國婚)을 하지 말라"는 가르침을 철저히 지켰다. 이는 권력으로부터 초연하고 오염되지 않으려는 '절조의 미학'이었다. 학자 집안으로 명성이 높은 연안이씨 중에서 왕비를 단 한 명도 배출하지 않았다는 사실에 가문의 자부심이 있다. 연안이씨의 대표적 인물인 월사(月沙) 이정귀는 '월상계택(月象谿澤)'으로 불리는 조선 중기 4대 문장가 중 한 명이다. 나머지 세 사람은 상촌(象村) 신흠(申欽), 계곡(谿谷) 장유(張維), 택당(澤堂) 이식(李植)으로 모두 대제학을 지냈다.

반면 광산김씨는 예학을 가문의 기틀로 삼아 화목한 집안 분위기 속에 가통(家統)을 면면히 이어온 것이 특징이다. 숙종의 첫째 정비 인경왕후를 배출했으나, 이를 오히려 경계의 대상으로 받아들였다. 외척의 권세에 기대기보다 예의법도를 존중하는 것을 집안의 자부심으로 여겼기 때문이다.

이러한 가통의 중심에는 사계(沙溪) 김장생이 있었다. 그는 율곡 이이, 우계 성혼, 구봉 송익필이라는 당대 최고 석학들의 도맥(道脈)을 정통으로 계승하였다. 나아가 아들 신독재(愼獨齋) 김집과 함께 우암 송시열 등 걸출한 거유(巨儒)들을 길러냄으로써 조선의 정통 학맥을 형성하였다. 특히 김장생과 김집 부자가 나란히 문묘(文廟)에 배향된 것은 역사상 유례가 없는 일이다.

청백리에 녹선된 이조판서 이후백의 공직관

청련(靑蓮) 이후백은 경남 함양 출신으로 만학(晚學)의 나이인 36세에 문과에 급제했다. 이조정랑, 의정부 검상·사인, 사간원 대사간, 사헌부 대사헌, 승정원 도승지, 양관(兩館) 제학을 거쳐 이조판서, 형조판서, 호조판서에 이르렀다. 명나라 사서(史書)인 『대명회전』에 태조 이성계의 조상이 고려 말 권신(權臣) 이인임(李仁任)으로 오기된 것을 바로잡는 종계변무(宗系辨誣)의 사절로서 국치(國恥)를 바로잡는 외교적 성과를 거두어 광국공신(光國功臣)에 책록되었으며, 조선 왕조의 정통성 확립에 크게 기여했다.

그는 공정한 인사로 명성이 높았다. 친척의 인사청탁을 받으면 이를 거절하며 "청탁으로 벼슬을 얻게 된다면 공정한 도리가 아니다"라고 했고, 잘못된 인사에는 밤새 자책할 정도로 신중했다.

외가인 전남 강진(康津)에서 성장하면서 김인후·박순·기대승 등 석학들과 교유했다. 이후백이 이조판서 시절 과거를 보지 않고 학문에 전념하던 사계 김장생을 창릉참봉(昌陵參奉, 종9품)에 천거한 것은 그의 혜안을 보여준다. 이후백의 행장은 김장생의 제자인 우암(尤庵) 송시열이 지었다.

이후백은 영남과 기호 학맥의 가교 역할을 맡으며, 정쟁을 넘어선 중도적 탕평과 통합의 정치를 지향하였다. 일가의 청탁조차 단호히 물리친 그의 강직함은 훗날 청백리의 사표가 되었다. 그는 백여 편의 한시와

『국조유선록(國朝儒先錄)』의 서문을 비롯하여 공훈의 삭탈과 반포를
엄정하게 기록한『삭훈반교문(削勳頒敎文)』을 남긴 당대 문장의 종장
(宗匠)이기도 했다.

• 이후백 지음, 심경호 역주『신편 신역 청련집』(태학사, 2025)을 읽고
『신편 신역 청련집』은 연안이씨 청련공파 종중에서 간행한 책으로,
이후백의 한시와 관료시절의 서와 교문 등 각종 귀중한 자료를 담고 있
다. 특히 그의 시는 매화를 노래한 "은은한 향기 속에 그만 넋을 잃고 말
았네"와 같은 구절에서 보듯 고결한 선비정신을 잘 보여준다. 이철진
청련공파 종중 회장은 이 책 발간의 의의를 다섯 가지로 제시했다.

① 도학(道學)의 연원 확립, ② 경국문장(經國文章)의 복원, ③ 정본
확립과 추가자료 수집·정리, ④ 새로운 번역 및 주석·해설 추가, ⑤
민족문화사적 기여가 그것이다. 이에 더하여 필자는 다음 네 가지 의미
를 덧붙이고자 한다.

첫째, 이 책은 청백리로 알려진 이후백을 문장가이자 경세가(經世家)
로 재조명한다. 그는 종계변무에서 외교적 성취를 이루고, 공정한 인사
와 통합의 정치를 실천했으며, 율곡 이이·우암 송시열·정조대왕 모
두에게 뛰어난 문장가로 평가받았다.

둘째, 만학으로 출발해 청렴 강직한 이조판서에 오른 그의 삶은 공직
자의 귀감이 된다. 함경도 관찰사 시절 이후백의 공직관에 당시 함경도
에 근무하던 이순신이 영향을 받았고, 이조판서 시절에는 학덕을 겸비
한 사계 김장생을 참봉으로 천거한 지인지감(知人之鑑)은 인재 등용의
중요성을 일깨운다.

셋째, 이후백의 이름과 호가 당나라 시인 이백(李白)과 연결된 점은

그의 문학적 지향을 드러낸다. 심경호 고려대 명예교수의 정밀한 역주(譯註)는 작품의 시대적 배경과 문학적 특징을 상세히 설명하여, 연구자와 일반 독자 모두에게 깊은 감상의 기회를 제공한다.

넷째, 연안이씨 종중의 간행 지원은 숭조돈목(崇祖敦睦)의 정신을 계승하는 아름다운 사례이다. 이는 이후백의 공직관과 사상을 현대에 되살려 인사의 공정과 사회통합에 기여한다.

• 쌍벽의 가풍(家風)과 이후백이 남긴 유산

역사는 단순한 과거의 기록이 아니라 오늘을 비추는 거울이다. 우리역사와 전통의 뿌리를 찾는 일은 낡은 관습을 따르는 것이 아니라, 자신이 서 있는 위치와 정체성을 확인하는 작업이다. 여러 가문 가운데 특히 광산김씨와 연안이씨의 비교는 서로를 인정하며 품격을 높이려는 선의의 경쟁임을 나타낸다.

한 집안의 가풍의 형성은 하루아침에 형성되지 않는다. 그것은 공적 가치를 향한 헌신과 가학(家學)이 오랜 기간 축적되어 이룬 결정체이다. 이러한 점에서 가정해체의 위기에 처한 시대를 사는 우리는 과거를 반추하며, 미래를 위해 어떤 태도와 자세를 견지해야 하는지 근본적으로 성찰할 필요가 있다.

필자는 지난해 12월 13일 한국프레스센터에서 열린 『신편 신역 청련집』 출판기념 강연회에 이철진 종중 회장의 초청을 받아 참석하여 덕담을 겸한 축사를 했다. 그날 증정받은 청련공의 행적이 담긴 책을 읽으며 문사(文士)인 이후백의 공직관과 청렴 정신을 새롭게 이해할 수 있었다. 그의 시문과 덕행은 위민애국(爲民愛國)의 삶을 잘 보여주고, 청렴한 행적은 오늘날 공직 사회에 깊은 각성과 울림을 전한다. 매화처럼 고결한 이후백의 공직관과 정신은 우리 시대가 계승해야 할 가치이자 유산으로, 밝은 사회를 꽃피우는 굳건한 뿌리가 될 것이다.

출처 [김용섭의 비교만필] 뉴스퀘스트 2026. 2. 2.

4. 국수(國手)와 명인(名人), 그리고 전통의 계승

바둑은 인생과 우주의 섭리를 탐구하는 동양 철학의 결정체이자, 세상의 근심을 잊게 하는 맑은 즐거움인 '망우청락(忘憂淸樂)' 이다.

삼국시대부터 이어져 온 전통문화의 일종인 바둑은 해방 후 한국기원의 설립으로 체계적인 프로기사 양성 시스템을 갖추며 예술과 스포츠의 경계를 넘어선 문화로 발전했다. 2024년 기준 국내 바둑 인구는 약 883만 명으로, 국민 다섯 명 중 한 명이 바둑을 즐길 줄 안다. 직접 두지 않더라도 관전의 묘미를 아는 사람들까지 포함하면 그 저변은 훨씬 넓다.

2016년 이세돌과 알파고의 대국을 기점으로 바둑의 기풍(棋風)과 정석이 크게 달라졌지만, 그 본질은 여전히 변하지 않았다. 바둑은 대국자가 없어도 홀로 기보를 놓으며 명국을 감상할 수 있고, 내기 없이도 노소동락(老少同樂)을 즐길 수 있는 놀이이다,

노인에게는 치매 예방의 명약이자, 성인에게는 깊이 있는 취미이며, 아이들에게는 집중력과 인내심 등을 길러주는 삶의 교육이 된다. 자극적인 디지털 콘텐츠가 넘치는 오늘날, 바둑은 놀이를 통해 사고력과 몰입, 정서의 균형을 유지할 수 있도록 하는 문화적 해법이다.

아마 4단의 애기(愛棋)가로서 필자는 2007년부터 10년 넘게 학술대회 주제발표와 칼럼 등을 통해 '바둑진흥법' 제정의 필요성을 역설해 왔다. 특히 국회 공청회 진술인으로서 법률 제정의 당위성을 피력하며 법안 통과에 힘을 보탰다.

또한 5년 전 K바둑 다큐멘터리 〈국수(國手), 새로운 길을 열다〉에서 국수전 부활의 필요성을 언급하기도 했다. 내기 바둑을 다룬 영화 〈신의 한 수〉에는 "하수에게 삶은 지옥이지만, 고수에게 삶은 놀이터이다"라는 대사가 나온다.

반면, 조훈현 국수와 이창호 국수의 실화를 바탕으로 한 영화 〈승부〉는 단순한 대국의 승패를 넘어 사제 간의 치열한 정신적 대결과 인간적 고뇌를 밀도 있게 그려내며 관객에게 깊은 울림을 주었다.

특히 조훈현 9단의 1988년 제1회 응씨배 제패는 한국 바둑사의 기념비적 사건이다. 영화 〈승부〉에서 조훈현 프로기사가 세계대회의 우승 직후 공항에서 도심까지 이어진 카퍼레이드 장면은, 바둑이 국민적 자부심이자 시대의 상징이었던 그 찬란한 영광의 시대를 압축적으로 보여준다.

9세의 나이로 프로에 입단한 조훈현은 일본의 세고에 겐사쿠(瀨越憲作) 명인 문하에서 수학한 후 귀국하여 1980년, 1982년, 1986년 세 차례나 국내 모든 기전을 석권하는 전무후무한 전관왕의 기록을 세웠다.

이후 그는 스승의 집에서 침식을 함께하며 배움을 이어가는 일본식 '내제자 제도'를 국내에 도입해 제자 이창호를 길러냈다. 한 지붕 아래 사는 스승과 제자가 타이틀을 놓고 바둑판 위에서 마주하는 순간, 그곳에는 한 치의 양보도 없는 냉혹한 승부의 세계가 펼쳐진다.

스승이라 하여 프로의 세계에서 제자가 양보하거나 적당히 두는 것은 미덕이 될 수 없을 뿐만 아니라 악행에 해당한다. 오직 최선의 수로 응수하며 전력을 다해 승부에 임하는 것만이 '기도정신(棋道精神)'에 부합하는 것이다.

청출어람(靑出於藍)의 표상이 된 이창호는 마침내 스승의 타이틀을 하나씩 거두어들이며 새로운 전관왕의 시대를 열었다. 그러나 모든 권좌를 내어주고 무관(無冠)으로 내려앉은 조훈현 역시 이에 좌절하지 않고, 다시 도전자가 되어 타이틀을 되찾기 위해 분투하는 모습은 승부사의 진면목을 보여준다.

이는 무대 뒤의 은밀한 타협이나 담합과는 차원이 다른, 냉엄하면서도 숭고한 바둑의 서사 그 자체이다. 스승은 제자를 통해 자신의 한계를 확인하고, 제자는 스승을 넘어서며 자신의 존재를 증명하는 이 치열한 과정이야말로 바둑이 기예(棋藝)나 기도(棋道)로 불리는 이유일 것이다.

한국에서는 바둑의 최고수를 '국수(國手)'라 칭하는 반면, 일본에서는 '명인(名人)'이 그 위상을 대변한다. 일본에서 명인은 단순한 타이틀을 넘어선 정신적 명예의 상징으로 통한다. 1962년 창설된 명인전은 오늘날까지 '혼인보(本因坊)', '기성(棋聖)'과 함께 일본 3대 기전으로서 그 권위를 견고히 지켜오고 있다.

이에 반해 한국 바둑의 역사와 궤를 같이해 온 '국수전'은 많은 아쉬움을 남긴다. 1956년 시작된 국내 최고(最古)의 기전으로 조남철, 김인, 조훈현, 서봉수, 이창호, 이세돌로 이어진 국수의 계보는 곧 한국 바둑의 역사를 의미했다. 그러나 오랜 세월 한국 바둑의 자부심이었던 국수전은 후원사를 찾지 못해 2016년 제59기를 끝으로 중단되며 안타깝게 맥이 끊기고 말았다.

그나마 다행인 것은 1968년 시작되어 2016년 잠시 멈췄던 '명인전'이 2021년 SG그룹의 후원을 통해 'SG배 한국일보 명인전'으로 부활하며 그 명맥을 잇게 되었다는 점이다. 비록 전통의 국수 타이틀은 사라졌으나, 이세돌의 은퇴 이후 박정환 9단의 큰 활약에 이어 신진서 9단이 세계 최정상의 자리를 굳건히 지키며 한국 바둑의 자존심을 지탱하고 있다.

한국 바둑에서 서봉수 9단 역시 빼놓을 수 없는 인물이다. '잡초 바둑'으로 상징되는 그는 '바둑 황제' 조훈현의 영원한 라이벌이자 한국 바둑계의 독보적인 이단아였다. 일본 유학이 프로기사의 정통 엘리트 코스로 여겨지던 시절, 그는 부친의 어깨너머로 바둑을 익힌 뒤 독학으로 자신만의 세계를 구축했다.

그리고 19세의 나이에 단지 2단의 신분으로 일본 유학파 한국 바둑의 대부 조남철을 상대로 '명인전'을 제패하며 일대 파란을 일으켰다. 일본 기계(棋界)가 그의 바둑의 모양을 변칙으로 저평가할 때도 그는 실력으로 증명했다.

세계 바둑대회 응씨배에서 조훈현에 이어 우승컵을 들어 올리며 다시 한번 세계를 놀라게 했고, 이로써 한국 바둑의 황금기인 '조(曺)·서(徐)시대'를 활짝 열었다. 서봉수는 "일본 유학 없이도 세계 정상에 오를 수 있다"는 사실을 몸소 입증하며, 끈질긴 승부사 기질과 실전적 토종 바둑으로 '서 국수'보다 '서 명인'으로 더 알려져 있다.

한국과 일본의 문학세계에서도 바둑은 '명인'과 '국수'라는 이름으로 그 존재감을 드러낸다. 일본의 노벨문학상 수상 작가 가와바타 야스나리(川端康成)의 소설 『명인』은 혼인보 슈사이(秀哉) 명인과 기타니 미노루(木谷實, 소설 속 오타케 7단)의 역사적 대국을 기록한 작품이다.

가와바타 야스나리는 대국 관찰자의 시선에서 바둑의 수(手)를 묘사할 뿐만 아니라 명인의 고독한 심리를 탁월하게 그려냈다. 소설 속 주인공 슈사이는 단순한 승부사를 넘어 기예에 목숨을 건 구도자의 정신을 유감없이 보여준다.

한국의 소설가 김성동의 장편소설 『국수』는 구한말 충남 내포지역을 배경으로 바둑이라는 특정 분야를 넘어, 다양한 서민들의 삶이 마치 바둑판 위에 펼쳐지듯 전개된다는 특징이 있다. 바둑에 관한 이야기는 단편적이고 불연속적이지만, 삶의 도처에서 구도의 길을 찾고자 한다는 점에서 가와바타 야스나리가 묘사한 세계와 결을 같이한다.

다만, 『명인』의 경우에는 최고수 명인이 새로운 도전자에게 패한 후 은퇴와 생을 마무리하는 것으로 전개되는 데 반해 소설 『국수』에서는 바둑은 소설의 도입부인 서장과 4권 13장에서 일부 기술되고 있을 뿐 다양한 분야의 방외지사(方外之士)의 다채로운 삶의 모습이 내포지방 옛 사투리로 묘사되는 것이 특징이다.

흥미로운 점은 가와바타 야스나리가 세고에 겐사쿠 명인과, 김성동이 김인 국수와 맺은 깊은 우정이 바둑을 소재로 하는 문학작품으로 승화시키는 토대가 되었다는 사실이다.

'명인(名人)' 이란 문자 그대로 풀이하면 '이름난 사람' 을 뜻한다. 이와 관련하여 수학자이자 문명평론가인 김용운 교수의 저서 『풍수화(風水火)』에서 일본의 문화적 시스템과 노벨상 수상 전통을 연결짓는 독창적인 분석이 담겨 있다.

이 책에서 그는 각 분야에서 단순한 장인이나 전문가가 아닌, 그 영역을 '예술적·철학적 경지' 로 끌어올린 인물들을 사회적으로 존중하고 제도적으로 선발하는 시스템인 '명인(名人) 문화' 가 일본의 창의력 기반이 되었고, 이것이 곧 일본의 많은 노벨상 수상으로 이어졌다는 그의 분석은 매우 설득력 있게 다가온다.

지난해 우승 상금 4억 원의 국내 최대 규모로 출범한 '제1회 신한은행 세계기선(棋仙)배'가 대망의 결승을 앞두고 있다. 한국의 박정환 9단과 중국의 왕싱하오 9단이 맞붙는 결승 3번기는 오는 2월 25일부터 27일까지 사흘간 펼쳐지며, 세계 최고 수준 대회의 초대 챔피언이 탄생하는 역사적인 순간을 맞이하게 된다.

여러 세계대회에서 한국 바둑의 저력을 증명하고 있다는 점은 매우 고무적이다. 박정환 프로기사는 국수전이 2017년에 중단되지 않고 계속 이어졌다면 신진서 9단과 함께 국수의 맥을 이었을 것이다.

일본에서 상징적 기전인 명인전을 계속 유지하는 것처럼 국내 기전의 권위와 상징인 '국수전'의 부활을 진지하게 모색할 단계이다. 전통을 잇는다는 것은 단순히 과거로 돌아가는 일이 아니다. 그것은 과거의 지혜를 빌려 현재를 보다 깊고 풍요롭게 만드는 일이다.

출처 : [김용섭의 비교만필] 뉴스퀘스트 2026. 2. 13.

5. 종묘(宗廟)와 사직(社稷), 그리고 세운(世運)의 현대적 좌묘우사 (左廟右社)

민본주의 사상을 반영한 도시의 문화유적과 건축물은 그 땅이 품은 역사의 궤적과 삶의 역동성을 함께 보여준다. 서울의 사대문과 보신각에는 유학의 인의예지신(仁義禮智信)의 정신이 오늘도 면면히 이어지고 있다.

동쪽의 흥인지문(興仁之門), 서쪽의 돈의문(敦義門), 남쪽의 숭례문(崇禮門), 북쪽의 홍지문(弘智門)이 그것이며, 중앙에는 보신각(普信閣)을 두어 인간의 오상(五常)을 도시 공간 속에 구현했다. 또한 경복궁을 중심으로 왼쪽에는 종묘를, 오른쪽에는 사직단을 배치하여 '좌묘우사(左廟右社)'의 질서를 확립했다. 이처럼 서울 사대문 안을 걷는 일은 성리학적 이상 국가를 꿈꾸었던 유교 문화의 정수와 마주하는 일이다.

조선이 개국하며 설계한 '좌묘우사'의 원리는 단순한 공간 배치를 넘어선 통치 철학의 선언이었다. 종묘가 수직적 왕조의 영속성과 정통성을 상징하는 성역이라면, 사직단은 수평적 대지의 풍요와 백성의 구체적 삶을 염원하는 의례의 공간이었다.

최근 흥행 중인 영화「왕과 사는 남자」에서 '사직'과 '종묘사직'이 대사로 언급되지만, 그 깊은 뜻을 헤아리는 관객은 많지 않다. 사극 속에서 신하들이 국정을 소홀히 하거나 나라를 혼란에 빠뜨리는 왕에게 "종묘사직을 보존하소서"라 읍소하는 장면은 단순한 수사가 아니었다.

국가 존립의 근본을 지키고 백성의 삶을 편안히 하기를 바라는 사대부의 절박한 호소였던 것이다.

유네스코 세계문화유산인 종묘는 국왕과 왕비의 신주를 모신 정전(正

殿)과 영녕전(永寧殿)을 중심으로 조선 왕조의 정통성을 상징한다. 특히 정전 뜰에 자리 잡은 공신당(功臣堂)에는 역대국왕을 보필하며 나라의 기틀을 다진 이황과 이이 등 여섯 공신의 위패가 모셔져 있다. 이들 중 문묘(文廟)에도 함께 배향된 대학자를 배출한 여섯 가문을 '국반(國班)'이라 한다. 이 대학자들은 국가가 영구히 제사를 끊지 않도록 명한 불천위(不遷位)로, 그 위패는 세월이 흘러도 옮겨지지 않고 제자리를 지켜왔다. 마찬가지로 우리가 설계할 도시의 공간 또한 시대를 넘어서는 항구적 가치를 간직해야 한다.

맹자는 "민위귀, 사직차지, 군위경(民爲貴, 社稷次之, 君爲輕)"이라 강조하였다. 이는 "백성이 가장 귀하고 사직이 그 다음이며 임금은 가볍다"는 뜻이다. 『서경(書經)』의 「오자지가(五子之歌)」는 "백성은 나라의 근본이요, 근본이 굳건해야 나라가 편안하다"는 의미의 "민유방본 본고방녕(民惟邦本, 本固邦寧)"을 기록하고 있다. 이러한 유교적 민본사상은 왕조의 정통성을 상징하는 종묘와 민생의 안녕을 기원하는 사직이 국가를 지탱하는 두 축임을 보여준다. 따라서 '좌묘우사'의 배치는 왕도정치의 이상인 수직적 질서와 백성의 삶을 보살피는 실용적 가치가 엄정하게 균형을 이루어야 한다는 민본통치의 공간적 구현이었다.

사직(社稷)이란 토지신을 뜻하는 '사(社)'와 곡식신을 뜻하는 '직(稷)'을 합친 말로, 왕은 사직단에서 신하들과 함께 제사를 올려 대지의 풍요와 백성의 먹거리를 하늘에 빌었다. 그러나 여기서 우리는 사직이 홀대받아온 역설과 마주하게 된다. 왕조의 정통성을 상징하는 종묘는 성역으로서 극진히 보존되어 온 반면, 경복궁 서쪽 종로구 사직동의 사직단은 온전한 복원은 커녕 오랜 세월 동안 소홀히 다루어져 왔다. 이러한 사직의 소외는 비단 서울의 문제만이 아니다. 전국의 '사직동'이나 부산의 '사직구장' 같은 지명에서도 볼 수 있듯, 사직단은 민초의 삶속에 깊이 뿌리내려 있었으나 일제강점기를 거치며 대부분 철폐되거나 훼손되는 아픔을 겪었다.

한편 1960년대 말, '세계의 기운이 모이라'는 뜻을 담아 건립된 세운(世運)상가는 발전국가론이 지향한 국가 주도 성장의 상징이자, 현대적 의미의 '민생 사직(社稷)'이라 할 만했다.

1970~80년대 이곳은 전자산업의 요람으로, "탱크도 만든다"는 말이 돌 정도로 활력이 넘치는 경제의 최전선이었다. 그러나 산업 구조 변화와 건물 노후화로 세운상가는 점차 활력을 잃었고, 종묘의 역사 경관 보존과 도심 재개발이라는 두 가치가 충돌하는 지점에서 뚜렷한 해법을 찾지 못한 채 슬럼화의 길을 걸었다.

그렇다면 세계유산 보존의 가치와 도시 재개발의 역동성을 어떻게 합리적으로 조화시킬 것인가. 그 해법은 정치적 유불리와 표 계산에 매몰된 단기적 행정에서 도출되어서는 안 된다. 우선 국가유산청과 서울특별시 사이의 갈등을 실질적으로 조정할 수 있는 법제도적 틀이 필요하다. 현행 대통령령인 「공공기관의 갈등 예방과 해결에 관한 규정」은 개별 중앙행정기관이나 지자체 내부의 갈등 관리에 치중되어 있어, 세운상가를 둘러싼 중앙정부와 지방자치단체 간의 첨예한 횡적 갈등을 중재하기에는 실효성이 미비하다. 따라서 현행 대통령령을 법률로 격상하여 집행력을 강화하고, 이해관계자가 실질적으로 참여하는 ADR(대안적 분쟁해결) 방식을 명문화함으로써 독립적이고 전문적인 공적 분쟁해결기구를 새롭게 설계할 필요가 있다.

아울러 세운상가의 재생과 관련하여, 무분별한 고층화만큼이나 과도

한 층고 제한 역시 재생사업의 동력을 저해하는 요인이 될 수 있다. 따라서 종묘의 스카이라인을 보호하면서도, 수직적 고밀 개발 대신 지하 공간의 창의적 활용과 지상 저층부의 산업·문화 복합화를 도모해야 한다. 이를 통해 세운상가가 간직해 온 제조와 창의의 DNA를 현대적으로 계승하는 '입체적 재생'을 실현해야 한다.

종묘 일대의 경관을 논할 때 간과할 수 없는 지점이 또 하나 있다. 바로 종묘 정문 지근거리에 우뚝 선 월남(月南) 이상재 선생의 동상이다. 이 동상은 근대 시민 의식의 성장을 상징하지만, 왕실 제례의 성역인 종묘와는 다소 이질적인 경관을 형성하는 것 또한 사실이다. 그러나 이를 당장 이전하는 것만이 능사는 아니다. 그 이질성조차 우리 역사의 층위가 겹쳐진 중첩적 맥락으로 수용하고 조화시키려는 포용적 자세가 필요하다.

세운상가 개발 논쟁의 핵심은 유네스코 세계문화유산인 종묘와 인접한 이 공간을 어떠한 철학과 사상으로 접근할 것인가에 있다. 수백 년을 이어온 종묘의 문화적 유산을 보존하면서도, 그 곁에 민생의 역동적 활력을 접목하는 품격 있는 재생은 시대가 요구하는 해법이다.

과거 '좌묘우사'의 질서가 종묘의 정통성과 사직의 민본 정신을 양축으로 국가의 기틀을 세웠듯이, 오늘날 우리는 종묘의 역사성과 세운의 현재성을 조화시켜야 한다. 역사와 현재가 공존하는 도시로 나아가는 길은 이처럼 종묘의 숭고함과 세운의 생동감을 현대적 '좌묘우사'의 정신으로 재해석하여 온고지신(溫故知新)의 가치를 구현할 때 비로소 열릴 것이다.

출처 [김용섭의 비교만필] 뉴스퀘스트, 2026. 3. 1

6. 야구와 축구, 그리고 문화코드(culture code)

다시 돌아온 야구와 축구의 계절, 프로야구와 프로축구의 개막은 겨우내 기다려온 팬들의 가슴에 뜨거운 활기와 새로운 희망을 불어넣는다. 필자는 사실 야구 관람을 열렬히 즐기는 편은 아니다. 오히려 축구는 오랜 기간 관람보다 경기장에서 직접 즐겨왔던 스포츠이다.

야구는 3월 12일 시범경기를 시작으로 3월 28일 정규 시즌의 막을 올린다. 오는 6월 북중미월드컵이라는 지구촌 축제를 앞두고 K리그 역시 역동적인 출발을 알리고 있다. 한국 프로스포츠의 양대 산맥인 야구와 축구는 이제 단순한 승부를 넘어, 서로 다른 세계관과 시간 감각, 그리고 고유한 문화를 반영하는 '문화적 코드'의 결정체라 할 수 있다.

9인과 11인의 선수가 펼치는 그라운드의 철학

야구와 축구의 차이는 경기장에 서는 선수와 그들이 점유하는 공간에서 시작된다. 야구는 9명이 각자의 명확한 포지션에서 분업화된 역할을 수행하는 '심리적 수싸움(mental chess)'의 스포츠이다. 19세기 미국의 목가적 풍경 속에서 정교한 규칙과 통계를 바탕으로 형성되었다.

반면 축구는 11명의 선수가 유기체처럼 움직이며 전 지구적 보편성을 획득했다. 공 하나만 있으면 어디서든 시작할 수 있는 축구의 단순함은 언어의 장벽을 넘어 세계를 하나로 묶는다.

하지만 이러한 차이는 때로 문화적 충돌을 낳기도 한다. 유럽인들에게 야구는 지나치게 규칙이 복잡하고 정적인 경기로 비치며, 특히 '도루(Steal)'라는 개념은 정정당당한 스포츠 정신에 어긋난다는 인상을 주기도 한다. 이 때문에 야구는 미국과 한국, 일본 등 특정 국가 위주로 시장이 형성된 로컬 스포츠의 성격이 강하다. 반면 축구는 전 세계 어디서나 통용되는 만국공용어와 같다.

단절과 흐름의 대비

두 종목은 시간을 다루는 방식도 다르다. 야구는 단절의 스포츠에 가깝다. 시계가 아닌 아웃카운트로 진행되며, 투구 사이의 정지는 관중에게 해석의 공간을 제공한다. 특히 '풀카운트(Two-strike, Three-ball)' 상황이 주는 짜릿함은 야구의 백미(白眉)에 속한다. 단 한 구에 승패가 갈리는 절체절명의 순간, 투수와 타자뿐만 아니라 관중석의 모든 이들이 다음 수를 예측하며 심리전의 주체가 된다. 여기서 발휘되는 대범함과 용기는 보는 이들에게 인생의 한판 승부를 거는 듯한 카타르시스를 선사한다.

반면 축구는 흐름의 스포츠에 속한다. 90분간 멈추지 않는 공의 궤적은 한 편의 긴 드라마와 같다. 불교의 카르마처럼 쉼 없이 전술적 누적인 선업(善業)을 쌓아야 승리에 도달한다. 야구가 '보는 스포츠'로서 정교한 심리 분석의 재미를 준다면, 축구는 끊임없이 달리고 부딪히는 '하는 스포츠'로서 그라운드에 땀방울을 더 강하게 분출한다.

리더십과 AI기술의 활용

두 경기에서 감독의 역할도 대비된다. 야구 감독이 매 순간 수신호를 보내는 '현장의 지휘자'라면, 축구 감독은 경기 전 판을 짜는 전략적 공간의 설계자이다. 축구의 경우 선수의 자율적 판단 영역이 더 넓지만, 야구는 희생플라이나 번트를 통해 자신의 의사와 달리 팀을 위해 희생되는 경우가 적지 않다. 흥미로운 점은 최고의 선수가 반드시 우수한 감독이 되지는 않는다는 사실이다. 독일 축구의 전설이자 '카이저(Der Kaiser, 황제)'라 불리는 프란츠 베켄바우어(Franz Beckenbauer)처럼 "명선수는 명감독이 되기 어렵다"는 스포츠계의 징크스를 정면으로 깨부수고 선수와 감독으로 모두 최고 정점에 선 사례도 있지만, 차범근처럼 독보적이었던 선수가 지도자로서 고전하거나, 박항서 감독처럼 지도자로서 뒤늦게 역량을 발휘하는 경우도 많다. 이는 필드 위의 '기술'과 조직을 이끄는 '전략적 통찰'이 별개의 영역임을 보여준다.

최근에는 AI(인공지능)의 도입이 두 스포츠의 풍경을 바꾸고 있다. 야구는 '로봇 심판(ABS)'의 도입으로 스트라이크 판정의 투명성을 높였고, 축구는 VAR(비디오 판독)을 통해 찰나의 오심을 잡아낸다. 이는 인간적인 실수를 기록의 일부로 받아들였던 과거의 낭만을 지우는 대신, 데이터와 공정성이라는 현대적 가치를 주입하고 있다. 감독의 경우에도 AI의 도움으로 선수에 대한 정확한 데이터 기반의 지도와 역할 부여를 하는 상황이 새롭게 도래했다.

양대 스포츠의 문화코드

야구의 단절된 이닝과 축구의 끊임없는 흐름은 광고에 있어 수익 구조의 차이를 만든다. 명확한 휴식 시간이 보장되는 야구는 타겟팅 된 광고를 삽입하기에 최적화된 매체이며, 공수가 교대되며 흐름이 잠시 끊기는 이닝 사이의 여백은 관중에게는 숨을 고르는 휴식을, 중계방송에는 화려한 상업적 메시지를 채워 넣는 기회의 장이 된다. 반면 전반전이 끝난 후 휴식시간 이외에 중간 광고가 어려운 축구는 유니폼 스폰서십이나 경기장 시설물 노출을 통해 경기의 흐름을 방해하지 않으면서도 상업적 가치를 확보하는 방식을 택한다.

축구는 전략적 공간을 쟁탈하는 현대적 영토 전쟁이자, 전·후반과 연장전의 드라마를 통해 '실패를 만회할 기회'를 가르치는 인생의 축소판이다. 감독이 설계한 전술 위에서 선수가 끝까지 포기하지 않는 인류의 본능과 희망을 담은 공동체적 서사이다. 이에 반해 야구는 마지막 아웃카운트까지 기다려 9회 역전의 기적을 일구는 따뜻한 위로의 드라마이다. 특히 야구에서는 에러를 공식 기록함으로써 인간의 실수를 인정하고, 3할의 타율만으로도 스타가 될 수 있다는 점에서 열 번 중 일곱 번의 실패를 용인한다. 자녀 세 명 중 한 명만 성공시켜도 야구를 빗대면 최고의 타자로 평가받는 셈이다.

한국에서 야구가 유독 사랑받는 이유는 그라운드 위의 서사가 우리의 삶과 닮아 있기 때문일 것이다. 아무리 화려한 안타를 치고 출루하며 사회적 성공을 거둔다 해도, 결국 홈(Home)을 밟지 못하면 점수가 되지 않는 야구의 규칙은 가정을 삶의 최종적인 가치로 두는 우리의 정서와 궤를 같이한다. 여기에 끝날 때까지 끝난 게 아닌 '9회 말 역전 드라마'는 포기를 모르는 한국인의 끈기와 맞물려 하나의 거대한 문화적 공감대를 형성한다.

출처 [김용섭의 비교만필] 뉴스퀘스트, 2026. 3. 15.

제**4**장

남긴 글과 삶의 흔적

1. 사법시험 합격생의 독일 유학기
만하임(Mannheim)의 무지개

외국유학은 전공분야에 대한 시야의 본질적 확장을 가져올 뿐만 아니라 인간적인 삶의 폭도 넓혀준다고 할 수 있다. 필자는 1992년 7월 15일부터 1995년 1월 14일까지의 공식적인 파견기간 동안 독일의 만하임과 하이델베르크에 머물면서 지도교수인 로엘레케 박사의 지도하에 "한국과 독일에 있어서의 급부행정의 법률유보"라고 하는 제목의 박사논문(Dissertation)을 마치고 귀국하였다. 우리의 시야를 더 크고 넓게 뜨지 않으면 국제사회의 급변화에 적응하지 못하고 우물 안 개구리로 전락할 우려가 없지 않다. 이 글은 새로운 시각에서 국제화 내지 세계화의 꿈을 실현에 옮기고자 생각하는 사람들에게 조금이라도 도움을 줄 수 있으면 하는 바람을 갖고 하나의 예(Beispiel)를 제공하는 데 기여하고자 작성된 것이다.〈**필자 주**〉

프롤로그

　먼저 필자가 독일로 유학을 떠나게 된 과정부터 이야기를 시작해야겠다. 꿈이 있던 대학시절 사법시험 준비를 하면서 선배의 조언을 토대로 사시 1차 과목을 영어에서 독일어로 바꾼 것이 흔히 가는 미국 아닌 독일로 유학을 떠나게 되었는지 모르겠다.

　대학원에서 공법학을 전공할 때 한국법학의 독일법학에의 경도현상을 지켜보면서, 축구선수가 독일의 분데스리가에서 자신의 꿈을 실현하고 싶듯이 필자는 그 언제부터인가 법학의 본 고장이라고 할 수 있는 독일에 가서 체계적으로 공법학을 공부할 기회가 있었으면 하는 막연한 동경이 있었다. 그러한 학문에 대한 동경과 함께 자주 다니던 동숭동에 있는 독일풍의 맥주집에서 느낄 수 있었던 사치스럽지 않고 단순한, 그러면서도 기본기가 충실한 그 무엇인가 독일적 분위기(Atmosphäre)가 좋아 보였다.

　1990년 초 군에서 제대한 후 우리사회가 변화해 나가는 마당에 색다른 삶을 개척해 나가는 것도 의미가 있다고 생각하였다. 그래서 통상 진로선택의 시야권 밖에 있는 법제처에로의 과감한 방향결정을 하였는바, 변호사로 방향선택을 마다하고 굳이 대우와 인식이 별로 좋지 않은 행정부처 공무원으로 들어가는 것에 대한 주위의 회의적 시각을 의식한 것은 아니지만 얼마 동안 회의와 갈등이 없지 않았다. 그러나 특유의 적응력을 토대로 새로운 조직에 차차 적응해 나갔다. 그래서 퇴근을 한 후 소주잔을 기울이는 대신 남산에 있는 괴테 인스티투트를 다니면서 기회가 닿으면 필드에 나가려고 인도아에서 골프연습에 골몰하는 사람처럼 어학의 기초를 빠른 속도로 다져나갔다.

　그러던 차에 뜻과 길이 병존하기나 한 것처럼 독일 유학이라고 하는

막연한 생각을 구체화시킬 수 있는 계기를 마련해 준 것은 한국외국어
대학교 어학연구소의 독일어강좌의 수강이라고 본다. 외대 어학연구소
를 나가며 월요일에서 금요일까지 저녁나절 매일 3시간 이상씩 강도 높
은 훈련을 받았다. 이른바 제1기 야간 독일어과정의 이수를 통하여 독
학수준의 독일어를 체계적으로 정리할 수 있어 좋았고, 시험을 앞둔 약
1달가량을 과천의 집 주변 독서실에서 새벽 2시까지 독일어 공부를 한
결과 만만치 않기로 소문난 총무처에서 의뢰하여 서울대 어학연구소에
서 치르는 독일국 파견 국비유학생시험에 통과된 것도 결코 놀랄 만한
일이 못 되었다.

그 결과 경제적 곤란을 크게 느끼지 않으면서 내가 살던 고향을 벗어
나 바깥세상을 내다볼 수 있는 기회를 얻었다.

독일에 특별한 지식(Ahnung)이 없는 필자로서는 어디로 갈 것인가의
문제가 중요하면서 결정하기 어려운 과제였다. 그러던 중 한독상공회
의소에 들러 연구소에 관한 정보를 얻었다.

공법연구소가 마침 하이델베르크에 있었다. 막스플랑크 공법연구소
(MPI für ausländisches öffentliches Recht und Völkerrecht)와 접촉을
갖게 된 것은 1992년 3월경 막스플랑크 공법연구소에 서신을 띄워 가능
성 여부를 타진하던 때였다. 동연구소 소장(Leiter)으로 있는 프로바인
(Frowein) 박사가 객원연구원으로 오라고 서신을 보내왔기에 이를 토대
로 가족까지 Visa신청을 할 수 있었다. 독일로 출발하기 전에 가족비자
까지 막스플랑크연구소를 통하여 말끔히 해결되었는데, 요즈음은 외국
인의 유입을 막으려는 독일정부의 방침 때문에 비자문제가 생각보다
어렵다는 이야기를 듣는다.

언제, 어디로 유학을 갈 것인가의 문제는 전적으로 각자에게 처해진

구체적인 상황조건적 결정에 따를 사항이라고 본다. 어쨌건 필자의 경우 한국에서 대학원 박사과정을 수료하였으므로, 하이델베르크에 있는 막스플랑크연구소에 가서 자료를 모으고 한국에 와서 논문을 낼까도 생각하였다.

그러나 일단 독일에서 박사과정에 적을 두면서 대학의 분위기를 익히고 가능하면 독일에서 박사논문(Dissertation)의 작성을 목표로 삼아 생활하는 것도 긴장감을 더해 주고 의미있는 생활이 되리라는 자체판단 아래 만하임법대로 서신을 보냈던 바, 당시 학장이던 부카르트(Burkhardt) 형법 교수로부터 지도교수(Doktorvater)를 로엘레케(Gerd Roellecke) 교수가 맡기로 했다는 내용의 답신을 받게 되어 만하임대학교 법과대학 및 로엘레케 선생님과 인연을 맺을 수 있게 되었다.

장도(壯途)에 오르다

한편으로는 시골처녀의 설레임과 같은 느낌을 가지고, 다른 한편으로는 알프스를 정복하려는 산악인 같은 심정으로 1992년 7월 21일 당시 4살 된 큰애 세희(世熹)의 의연하고, 담담한 모습을 새기면서 가족과의 이별을 뒤로 한 채 독일 프랑크푸르트발 비행기에 혼자 몸을 실었다.

외국을 여러 번 나가본 경험이 있는 사람은 어쩌면 비행기를 타면서 그리 특별한 생각이 안 들지도 모르겠다. 그러나 당시 처음 외국을 가는 데다가 정든 가족, 친구, 삶의 주변 환경과의 멀어짐에서 오는 아쉬움과 미지의 세계에 대한 일말의 두려움이 상호교차하였다. 그럼에도 불구하고 설명하기 어려운 가슴 가득한 희망과 기대가 주조를 이루었다고 해야 할 것이다.

다시 말하면 그 무엇인가 설정한 목표를 꼭 이루어 내고야 말겠다는 생각 내지 의지가 12시간 이상 계속되는 비행기의 주행동안 머릿속을 떠나지 않았다. 마침 창가쪽에 자리를 잡은 데다가 날씨가 쾌청하여 창가쪽으로 시선을 던지곤 하였다. 비행기가 시베리아 상공을 지나 스칸디나비아반도를 따라 내려오면서 필자가 꿈에 그리며 동경해 마지않던 독일 상공에 진입한 지 얼마 되지 않아 영롱한 무지개가 창밖으로 펼쳐져 매우 고무되었다. 무엇인가 좋은 예감이 들었으며 하나의 수호신처럼 독일에서 생활하는 동안 어려움에 봉착하였을 때 위로가 되었다.

필자가 유럽에 체류하는 동안 2번 더 무지개를 볼 기회가 있었다. 1993년 여름으로 기억되는데 하이델베르크 한국식당으로 법대유학생들과 함께 저녁식사를 하러 갈 때 만하임 아우토반에서 보았으며 그 후 논문을 모두 마치고 집사람과 아이들을 데리고 1994년 12월 31일 파리 여행 중에 나폴레옹 무덤이 있는 앵발리드에서 선명한 무지개를 다시 한번 더 볼 수 있었다.

어쨌든 비행기가 고도를 낮추어 독일의 마을과 도시를 창밖으로 내려다볼 때 질서정연하게 잘 정돈된 촌락형태와 도시와 도시를 있는 아우토반, 넓고 푸른 목초지가 한눈에 들어왔다. 이것이 독일 땅에 도착하기 전에 비행기에서 내려다본 첫인상이다. 사람도 첫인상이 중요하듯이 국가도 첫인상이 중요하다는 것은 다언을 요하지 않을 것이다. 좋은 인상을 갖고 독일 땅에 내려 유고인이 경영하는 허름한 호텔에 임시 거처를 정하고 만하임에서 시내를 오가며 거리에서 만나는 사람에게 길을 물었을 때 하나같이 자신의 시간을 할애하여 친절하게 대해 주던 미지의 독일시민들, 지도교수 및 학장과의 면담을 통하여 느낄 수 있었던 외국인에 대한 배려와 인간적 따뜻함을 느끼면서 당초 가졌던 첫인상이 편견이 아님을 확인할 수 있었다.

만하임(Mannheim)에의 정착과 세중(世中)의 출생

앞서 말한 바와 같이 하이델베르크에 있는 막스플랑크 공법연구소, 정확히 말하여 막스플랑크 외국공법 및 국제법연구소에 나가면서 각종 문헌과 자료를 이용할 수 있는 데다가 만하임대학교 법대 박사과정에 적을 둘 수 있었기 때문에 어학 장소를 만하임 괴테 인스티투트로 정하였다. 참고적으로 만하임대학교에는 외국학생의 입학시험인 페엔데스(PNDS)를 위한 어학코스를 개설하지 않고 입학 후에 비로소 수강할 수 있는 중급 내지 고급과정을 두고 있을 뿐임을 알린다. 만하임과 하이델베르크는 인접한 도시로서 아우토반(Autobahn)으로 약 20분가량 걸린다.

독일에 도착한 후 하이델베르크와 만하임 어느 쪽에 방(Wohnung)을 구할 것인가를 놓고 고심을 하였다. 연구소는 하이델베르크에 있지만, 괴테인스티투트와 대학은 만하임에 있는 데다가 하이델베르크는 이름난 관광지라서 물가와 집세가 매우 비싼 반면, 만하임은 물가가 상대적으로 저렴할 뿐만 아니라 집 사정도 좋아 결국 만하임에 정착하기로 작정하였다. 지금 생각해 보아도 만하임으로 주된 활동공간을 잡기를 잘했다는 생각이 든다. 하이델베르크는 차분히 앉아서 공부하기에는 주변 환경이 너무 좋고, 한국관광객이 끊이지 않아 유학생의 처지를 우울하게 할 수도 있기 때문이다.

라인강과 넥카강이 도시를 감싸고 있는 만하임은 프랑크푸르트에서 남쪽으로 약 100㎞가량 떨어진 지점에 위치하고 있는 교통의 요지이고, 도시인구 약 30만 명을 확보하고 있는 바덴-뷔르템베르크(Baden-Burttemberg) 2번째 크기의 문화와 산업의 중심지이다. 시민들의 성격은 라인강의 영향을 받아 활달한 편이고 외국인의 비율이 상대적으로 높아 전체 주민의 약 10퍼센트에 달한다. 차로 30분 거리의 동·서쪽에 각각 오덴발트와 팔츠발트를 끼고 있는 지형적 요인으로 기후가 매우 온화하다. 자동차나 기차로 40분 이내의 거리에 칼스루헤, 슈파이어, 다름슈타트, 보름스, 마인즈 등의 도시가 위치하고 있다. 만하임대학이 도시의 중심지에 자리잡고 있으며, 독일에서 가장 긴 바로크식의 성(城) 건물을 모두 대학건물로 쓰고 있다.

만하임의 의미를 문자적으로 이해하면 "남자(Mann)의 고향(Heim)"이 되는데 나의 경우만 놓고 보면 그곳에 정착한 후 둘째아이 세중(世中)이를 그곳에서 얻었으니 아들 낳고자 원하는 사람은 그곳으로 유학을 가라고 권해도 될지 모르겠다. 다만, 이 말을 진지하게 받아들일 필요는 전혀 없다. 왜냐하면 그곳의 한국 유학생들이 도시의 이름을 무색시킬 정도로 생각보다 딸을 많이 낳았기 때문이다.

필자가 어학코스로 선택한 만하임의 괴테인스티투트는 그곳에서 실시하는 PNDS시험(독일대학입학어학시험, 참고로 1996년 이 시험은 폐지되었고 외국인을 위한 대학입학어학시험은 DSH와 TestDaF로 대체되었다)을 통과할 경우 독일 국내의 대학의 어학코스를 거치지 아니하고 독일 대학에서 자체적으로 실시하는 PNDS시험과 마찬가지의 효력을 인정하는 몇 안 되는 괴테인스티투트 중의 하나이다. 그래서 그런지 다른 괴테인스티투트에 비하여 PNDS를 준비하기 위하여 각국에서 몰려온 학생들이 많았다. 만하임 괴테인스티투트에 나가면서 지도교수가 배려를 해 주어 박사과정에 등록을 할 수 있었기 때문에 오전에 괴테인스티투트를 나가고 오후에는 세미나(Semina)나 강의(Vorlesung)에 참석해서 전문용어를 익히는 데도 게을리 하지 않았다.

각국에서 몰려든 학생들과 교류하면서 각국의 문화나 풍습을 익힐 수 있었고, 가급적 독일어를 사용하려고 국적을 불문하고 아주 적극적으로 생활하였다. 한국 유학생들과는 돌아가면서 주말 같은 때 음식을 같이 준비하여 담소하고 놀기도 하였다. 3월 중순에 실시한 PNDS시험을 무사히 통과할 때까지 하이델베르크 공법연구소를 오가면서 가벼운 마음으로 앞으로 쓸 논문의 자료도 모으고 만하임의 주변에 있는 하이델베르크 법대의 Brugger 교수, 슈파이어 행정대학원의 Hill 교수 등을 만나면서 폭넓게 현지적응을 해 나갔다. 어쨌든 부담이 그리 크지 않으면서 다방면으로 여유 있게 생활한 것 같다.

앞서 말한 바와 같이 만하임 괴테인스티투트에 다니던 중 집사람이 둘째 아이를 만하임 시립병원에서 출산하였다. 연어는 밖에 나가 그냥 돌아오는 것이 아니라 새끼를 낳아 자기의 고향에 돌아온다는 것을 모방이라도 하듯이 집사람은 내조생활 속에서 우리에게 기쁨과 희망을 선물하였다. 3월 중순경에 PNDS시험을 보기로 되어 있는데 아이는 2월 26일에 출산하였으므로 사실상 시험 준비가 충실하지 못했으나, 평소 열심히 언어에 매달린 관계로 PNDS를 통과하는 데 별 어려움이 없었다. 그 당시 괴테인스티투트를 같이 다니던 한국 유학생 10명이 넘게 몰려와서 축하해 주었으며, 둘째 아이를 이국에서 건강하게 낳은 기쁨을 감추고 싶지 않아 포도주(Wein)를 더불어 마시면서 함께 기뻐하던 얼굴들이 아직도 아련한 추억으로 남아 있다.

나는 오전에 괴테인스티투트에 갔다가 유치원에 다니는 큰애 세희(丗熹)를 데리고 집에 들러 미역국을 끓여 가지고 병원으로 가서 집사람과 세희, 세중이와 같이 시간을 보내다 밤늦게 다시 집에 돌아오는 그야말로 1인 다역의 그 때가 유학생활 중에서 오래 기억되는 부분 중의 하나로 남아 있다.

연구와 낭만

만하임을 모르는 한국인은 많이 있어도 아마 하이델베르크를 모르는 한국인은 별로 많지 않을 것이다. 고성(古城)이 있는 하이델베르크는 독일에서도 가장 오래된 대학이 있는 데다가 넥카강을 끼고 있고 경관이 수려하여 관광객의 발길이 끊이지 않고 있다. 그곳을 찾는 관광객의 수가 일 년에 약 300만 명가량 된다는 내용의 보고서를 읽은 적이 있다. 만하임에서는 별 감흥이 없더라도 하이델베르크에만 가면 왠지 모르게 정취와 낭만을 느끼게 되는 것은 필자만의 느낌은 아닐 것이다. 독일의 관광지로서는 거의 압권에 속한다고 해도 과언이 아니다.

고성에서 한눈에 들어오는 Neckar강의 잔잔한 물줄기와 고요하게 가지런히 놓여 있는 옛 도시의 모습이 조화를 이루었으며 성 그 자체의 일부분이 헐어져 내려와 부서진 가운데 폐허의 아쉬움을 느낄 수 있다. Alte Brucke(넥카강의 옛 다리)에서 성의 위용과 자태를 올려다볼 수도 있지만 성 건너편 언덕에 있는 철학자의 길에서 성을 건너다본다면 성의 모습 속에 유유히 흐르는 강물과 대비되어 권력의 무상을 느낄 수 있을 것이다.

넥카강 다리 건너 신시가지 쪽으로 가면 전차(Stra β enbahn)의 종점에 다다른다. 우측 도로변 가로수 속에 놓여 얼핏 눈에 잘 안 들어오는 건물이 바로 Berliner Strasse 48번지에 위치하고 있는 막스플랑크 공법연구소이다. 동 연구소장은 프로바인(Frowein), 볼프스룸(Wolfsrum), 슈타인베르크(Steinberg) 3인으로 되어 있다. 각국에서 온 공법학자와 실무가들이 그곳에서 짧게는 1개월 내지 2개월간, 길게는 2년 내지 3년가량을 머물면서 연구하는 것을 볼 수 있었으며 가끔 세미나를 개최하여 서로 토론에 참가하기도 하는 등 학문연구의 공간으로 탓할 수 없을 정도로 짜여진 곳이다. 우리나라의 학자로 이곳을 다녀간 사람은 그다지 많지 않은 것으로 알고 있다.

그곳에 소장된 공법 및 국제법관계 책자가 약 50만 권가량이나 되어 독일 각지는 물론 이태리, 영국 등지에서 자료를 얻기 위해 그곳으로 오는 것을 보고 그곳이 공법분야의 유럽 최대의 연구소라는 직원의 이야기가 허황된 과장이 아니라는 것을 확인할 수 있었다.

만하임과 하이델베르크를 오가면서 많은 잊지 못할 추억들이 가슴 속에 새겨졌으며 특히나 막스플랑크연구소 연구실의 고정멤버들 —예컨대, 마틴 셸렌베르크(Martin Schellenberg), 스테판, 게오그, 콘스탄틴 등 하이델베르크 법대학생들과 어울려 점심시간에 이공계대학 멘자까지 걸어가면서 함께 식사하고, 식후 돌아가면서 커피를 한턱(Einladung) 내고 잔디밭에 앉아 여러 가지 내용의 주제로 토론을 하고 나서 막스플랑크로 되돌아오던 기억이 선명히 떠오른다. 더운 여름에도 선선한 연구실에서 모두들 자신의 전공분야를 파고들었으며, 가끔씩 무리를 지어 하이델베르크 뒷산으로 산책을 나가거나 아니면 막스플랑크연구소의 문을 닫는 시간인 저녁 7시 이후에 시내에 나가 밤늦게까지 맥주를 마시면서 이야기를 나눈 것이 짧은 유학시절이지만 독일어를 어느 정도 구사하는 데 큰 도움을 준 것으로 생각된다.

하이델베르크에서 그들과 토론을 하고 밤늦게 어둠이 자욱이 깔린 만하임까지의 아우토반을 20년 된 나의 애차 폭스바겐 골프를 몰고 넘어오던 생각, 독일 친구들과 늦게까지 성 위에 올라가 놀다가 오던 생각, 하이델베르크 넥카 강변 풀밭(Wiese)에서 더위를 피해 우리 애들과 집사람을 데리고 함께 가서 밤 12시 넘도록 놀다가 오던 생각, 가족과 함께 하이델베르크동물원(Zoo)에 가서 동물 구경을 하면서 거닐던 생각,

Neckar강변을 따라 언덕에 있는 집들은 보면서 드라이브하던 생각, 오덴발트라는 숲속에 수시로 놀러가 물을 떠가지고 오던 생각… 이루 헤아릴 수 없는 많은 추억들이 하이델베르크와 어우러져 있다.

논문완성의 길

특별한 예외적인 경우를 제외하고 대부분의 독일의 법과대학에서 외국인 학생, 특히 한국학생에게 우리의 법학석사과정에 해당되는 마기스타(Magister) 과정을 이수하도록 요구하고 있다. 마기스타 과정은 미국의 L.L.M. 과정을 도입한 것으로 보아 무방하다. 다시 말하여 박사학위과정의 전단계에서 독일법 전반의 기초적인 지식을 습득하도록 하기 위한 것으로 2학기 내지 3학기의 기간 동안 소정의 세미나 학점을 따고 약 80페이지 전후의 마기스타아르바이트를 쓴 뒤 간단한 구술고사를 통과하면 우리의 석사학위에 해당하는 마기스타학위를 받을 수 있다. 필자의 경우 마기스타과정의 이수가 면제되어 일정기간의 시간적 절약을 꾀할 수 있었다.

무엇보다 각 대학의 박사과정규정(Promotionsordnung)을 자세히 살펴보는 것이 중요하다. 본인이 박사과정의 입학허용 요건에 해당하는지 어떠한 사전요건(예컨대, 마기스타, Klausur)을 충족하여야 하는지를 모르고서는 시행착오를 하거나 독일 유학생활이 오래 걸릴 수 있다는 점을 알아둘 필요가 있다. 지도교수의 선정은 그 다음으로 중요하다고 본다. 왜냐하면 박사과정 규정은 지도교수도 지켜야 하는 한계규정이기 때문이다.

지도교수와 박사과정학생(Doktorand)은 마치 도제적인 관계이면서도 독일의 교수는 함부로 박사학위를 남발하지 않는다는 점이다. 법대 졸업생 중 가장 우수한 자들이 박사학위논문과 더불어 교수자격인정논문인 하빌리타찌온(Habilitation)을 작성한 후 법대교수가 되어 후진을 양성하는 독일을 우리는 그저 부러운 눈으로 바라보아야만 할 것인가. 독일의 경우 박사논문은 일반적으로 2개의 징표를 논문통과의 요건으로 본다. 첫째, 독창적으로 작성하여 학문발전에 기여하였는가, 둘째, 그 논문을 책으로 출판할 가치가 있는가이고, 논문 심사과정에서 이를 검증한다.

어쨌든 필자는 괴테인스티투트의 어학과정이 끝나기 무섭게 지도교수를 찾아가 논문제목을 정했다. 당초 정한 것은 "급부행정의 행위형식과 이에 대한 법원의 통제"라는 테마였는데 자료를 읽어 나가면서 너무 광범위한 테마라는 데 착안 도저히 2-3년 내에 끝내기 어렵다는 생각이 들었다. 논문제목을 정하고 지도교수가 좋다라는 말이 나오면 논문의 반은 완성되었다고 해도 과언이 아니다. 그만치 논문의 제목을 잡기가 용이하지 않다는 것이다.

그러던 차에 당초 제출한 목차(Gliederung)의 한 부분인 "급부행정의 법률유보"에 한정하는 것이 좋겠다는 조수 Huba의 의견을 반영, 지도교수에게 말하자 본인도 그렇게 생각한다고 하면서 좋은 생각이라고 흔쾌히 허락해 주었다.

그래서 비교법적으로 논문작성을 하려는 생각에서 한국에 관한 자료도 찾아보았으나 이 분야에 대하여 깊이 있는 연구는 없고 독일법의 부분적 소개차원에 머물고 있어 우리의 학문적 현주소를 보는 것 같아 다소의 실망감을 감출 수 없었다. 따라서 논문의 목표와 방향도 비교를 해 나가되 한국의 법률유보가 갖고 있는 문제지적과 독일의 사례를 통하여 본 새로운 이론전개의 가능성을 모색하는 데 초점을 맞추었으며, 나름대로 새로운 이론을 전개해 보았다. 이른바 "분별화된 정당성유보이론"(Differenzierte Legitimationsvorbehalte)이 바로 그것이다. 적당한 기회에 필자가 독창적으로 발전시킨 이론을 국내에 소개할 계획이다.

어쨌든 독일의 자료를 밤늦게까지 도서관에 남아 읽어 가면서 10년 전 고시공부하던 시절로의 회귀(回歸)를 느낄 수 있었다. 주로 커다란 만하임 법대 건물에서 밤늦게까지 공부하였으며, 그들의 휴일인 토요일, 일요일도 계속 나와 자료와 씨름했다.

행정법의 대가(大家)인 쉥케(Schenke) 교수가 가끔 내려와 열심히 공부한다고 용기도 주었으며, 몇 년 전 한국에도 다녀간 바 있는 한국통 타우피츠(Taupitz) 교수는 학장으로 있으면서 친형님처럼 잘 대해 주었다. 타우피츠 교수는 한독법학회에 깊이 관여하는 젊고 실력있는 민법 교수로서 그의 주관하에 1994년 1월 만하임에서 소비자보호의 법적문제로 한독법학회 학술대회(Tagung)를 개최하였을 때 박사과정생인 필자가 참석할 수 있도록 해 주었다.

그 당시 인상적이었던 일은 당시 학술회의에 참석한 이형국 교수님을 모시고 그의 모교인 하이델베르크대학에 갔을 때 그가 16년 만에 그곳에 온 것임에도 옛날 모습 그대로라고 말씀하던 일이 생각난다. 주된 공부장소는 일주일에 한두 번씩 나가는 하이델베르크 막스플랑크 공법연구소, 그리고 낮 동안에는 만하임의 A3 도서관, 저녁식사 후에는 길 건너편 만하임대 법대 도서관에서 책을 보고, 집에 돌아와 밤중에 애들을 재워놓고 컴퓨터 작성으로 이어지는 단순반복의 생활이었다.

논문을 준비하는 동안 어디 여행 한번 제대로 가지 못하였다. 가족과 함께 가끔 주말에 만하임에 있는 잘 가꾸어진 공원에 가서 넓고 푸른 잔디밭에 앉아 쉬다가 오거나 만하임 근교에 나가 산책하는 것이 가족을 위하여 가장으로 할 수 있는 최소한의 기대치를 충족하는 것이었다.

막스플랑크에 있는 독일친구들한테 여행은 학창시절에 하거나 노인들이 다니는 것이지 우리 나이에는 여행을 다니는 것이 적합하지 않다고 농담을 건네곤 하였다. 물론 논문이 끝나면 여행할 계획은 당초 유보되어 있었다. 문제는 논문을 다 마치고 가족을 위하여 그리고 나 자신의 견문을 위하여 여행을 할 시간이 있을 것인지가 불확실하였다.

결과적으로 논문을 제출하고 다행히 얼마간의 시간이 생겨 연방헌법재판소가 있는 칼스루헤, 프로이센의 기상을 엿볼 수 있는 통독현장 베를린, 베토벤의 생가가 있는 본, 작센의 문화적 자존심을 간직한 드레스덴, 바이에른의 자존심이 소박한 형태로 표출된 뮌헨, 그 웅장함으로 인하여 마직하에 가보는 것이 좋은 로마, 아름다움과 예술을 간직한 조화의 도시 파리, 유럽의회와 프랑스국립행정학교(ENA)가 있는 스트라스부르그, 스위스 최대 금융의 도시 취리히, 모짜르트 음악의 고향 짤츠부르크 등 유럽의 제도시를 주마간산(走馬看山) 격으로 가족과 함께 둘러볼 수 있었다.

지금도 가장 인상적인 것은 1994년 12월 24일 뮌헨에서 로마까지 밤새 12시간여 동안 야간열차를 타고 아침나절에 로마의 테르미니(Termini) 역에 도착하여, 바티칸 시국으로 택시를 타고 가서 성베드로 성당에서 거행하는 크리스마스 오전미사에 참석하였을 때, 요한 바오로 2세 교황께서 우리 세희에게 다가와 그분의 성스러운 손으로 얼굴을 쓰다듬어 주고 난 후, 세중의 손을 잡으려고 다시금 손을 내민 순간이 가장 잊지 못할 기억으로 남는다. 당시 나는 사진을 찍으려고 하였고, 그 옆에 세중이를 안고 있던 집사람은 가톨릭 신자답게 감동의 눈물을 흘리고 있었다. 짧은 기간의 여행이었음에도 매우 의미있는 여행이었다는 생각이 든다.

　논문의 작성과 완성에 이르는 순서는 정해져 있지 않다. 각자가 구체적으로 처해진 상황에 따라 달리 진행되겠지만, 일반적으로 말해서 일련의 단계를 거쳐 완성해 나가는 것 같다.

　앞으로 독일에서 박사학위를 취득하려고 계획하거나 관심있는 독자를 위하여 하나의 참고적 조언을 하기 위해 이에 대해 언급해 보기로 한다. 테마선정 이전에 기초적인 자료의 확보가 중요하며 너무 연구자료가 부족하거나 너무 많이 필요로 하는 경우 그리 좋은 테마가 아닌 것 같다. 가능하면 독일문헌은 국내에서 접해 볼 수 있으므로 큰 방향설정은 독일로 가기 전에 지도교수와의 서면접촉 단계에서 논의되는 것이 가장 이상적이다.

　그 다음이 목차의 작성이다. 목차는 논문을 작성하는 과정에서 여러 차례 바뀌고 세분화될 수밖에 없는데 목차라는 큰 윤곽 없이 글을 쓴다는 것은 설계도 없이 건축하는 것이나 나침반 없이 항해하는 것과도 흡사하다. 상세한 목차의 작성에 앞서 논문이 다루고자 하는 영역의 범위를 개관할 수 있도록 가급적 관련논문을 빨리 읽어야 할 줄 안다.

　필자의 경험에 비추어 볼 때 처음부터 한 논문만을 가지고 완벽하게 해석하고 이해하려고 한다면 짧은 기간 내에 도저히 논문의 완성을 기할 수 없을 것이다. 일 년 동안에도 한 분야에 엄청난 분량의 물량이 독일학자들의 저술활동 속에 나타난다. 언젠가 느꼈지만 자신의 복사량만큼을 매일 읽는다고 해도 새로운 문헌의 양을 도저히 따라갈 수는 없는 것 아닌가 하는 회의도 들었다. 목차가 작성이 되고 나면 정독을 하면서 논점별로 주요한 논문을 비판적 시각에서 읽는 과정이 필요하다.

　개인적인 경험에 비추어 볼 때 이러한 단계에서 2가지 노트가 필요하다고 생각한다. 첫째는 형식적 측면에서 독일어 어법 내지 표현방식을 기재하는 노트이다. 이는 아무리 중요내용을 갖고 있더라도 이를 실을 수 있는 화차(貨車)가 필요하기 때문이다. 자주 쓰는 표현의 모방은 아무리 강조해도 지나치지 않다. 둘째는 좋은 착상이나 생각 및 다른 입장에 대한 비판 내지 고유한 생각을 기재해 두는 노트가 바로 그것이다. 독일어가 외국어인 데다가 책을 읽으면서 스쳐 지나가는 생각 중에 적절히 메모해 두는 것이 나중에 기억의 재생을 돕고 실제 논문작성 단계에서 많은 도움을 가져다준다.

관련 자료를 어느 정도 읽고 나름대로 방향이 설정되면 논문을 작성하는 단계에 돌입한다. 필자의 경우 1993년 말부터 실제 논문을 작성하기 시작하였다. 처음에는 무척이나 어려웠다. 왜냐하면 법률적 문장을 독일어로 써 본 적이 없었기 때문이었다. 생각보다 진도도 안 나가고 엄두가 나지 않았다.

큰 욕심을 안 내고 우리말로 쓰려고 하는 요점적인 내용을 일단 적어두고 이를 토대로 글을 독일어로 작문하는 방식으로 써 나갔다. 그 사이사이에 독일학자들의 주장과 논증을 정리해 나갔다. 중요한 것은 하나의 타이틀 속에 자신이 쓰려고 하는 내용이었다.

크게 도식화한다면 첫째는 문제의 설정이다. 둘째는 다른 학자들의 견해이고, 셋째는 자신의 입장개진이 주된 논의의 전개방식이었다. 문제의 설정(Problemstellung)이 문제해결(Lösung)보다 어려운 과제였다.

독일의 경우 박사논문 완성을 해 나가는 과정에서 지도교수에 따라 크게 두 가지 유형으로 나누어진다. 논문을 써 나가면서 일정 부분을 쓰면 지도교수에게 제출하여 평가를 받고 교정하거나 보충하는 방식의 유형과 끝까지 다 쓴 다음에 제출하는 방식의 유형이 있다. 지도교수의 스타일에 따라 달라지므로 일률적으로 말할 수 없다. 필자의 경우에는 전자의 방식이었으므로 최소한 한 달에 두 번 정도는 지도교수와 만나면서 토론하고 보완하면서 논문을 진행해 나가야 했다.

후자는 근본적으로 방향이 틀렸거나 교수가 의도하는 방향과 상치될 때 많은 부분을 새로 써야 하기 때문에 위험부담(Risiko)이 크다. 이에 반하여 전자의 방식은 논문을 써 나가면서 방향수정을 신속하게 할 수 있어 순간적 대처가 가능하나, 계속 줄기차게 진도를 내야 하는 심리적 부담감을 무시할 수 없다. 일찍 박사학위를 마치려는 의지가 확고할 때에는 가능한 한 전자의 방법을 취하는 것이 권장할 만하다. 지도교수는 본인이 적극적으로 성취(Schsffen)하고자 할 때 도와주지 그렇지 않는 한 별로 관심을 두지 않는 것이 보통이라고 보면 틀림없을 것이다.

필자의 경우 1992년 7월에 총무처에서의 파견기간이 2년에 불과한데 그 기간 내에 논문을 통과하는 것은 물리적으로 도저히 불가능하였다. 그래서 1994년 5월경 파견기간 연장신청을 하여 법체처의 승인을 얻었다.

이제 남은 기간은 1995년 1월 15일까지 쓸 수 있는 기간이었다. 1994년 여름은 무척이나 더웠지만 더위도 잊은 채 막판 초읽기에 들어갔다. 일정상 그해 10월 말일까지 심사 논문이 제출이 되어야 지도교수가 그 논문을 읽고 주심교수의 평가서(Erstegutachten)와 제2심사교수의 평가서(Zweitegutachten)가 붙어야만 구술고사(Mundliche Doktorprufung)를 치를 수 있었다.

막스플랑크 공법연구소와 만하임대학 도서관, 그리고 집을 오가면서 10월 20일 논문의 초고를 완성할 때까지 그야말로 힘든 시련의 연속이었다. 힘들면서도 불러오는 산모의 배처럼 논문이 어느 정도 두꺼워지는 것을 보면서 뿌듯함도 있었다.

문제도 지도교수가 잘 썼다 하는 말이 떨어지는 것이었다. 그 말은 수도승에게 하산할 준비를 하라는 말이나 다름없을 것이다. 그해 10월 30일 약속이 되어 있어 지도교수에게 가니까 비서를 통하여 김 선생(Herr KIm)한테 커피 한잔을 대접하라고 하면서 밝은 모습의 얼굴을 띠었다. 지도교수인 로렐레케 교수님이 논문을 심사·지도하면서 그처럼 밝은 모습을 띤 적도 없었다. 언제나 부족한 점을 지적하고 한국부분의 기술이 왜소하여 이를 보충하여야 하지 않느냐고 지적하는 경우가 많았던 것에 비하면 놀랄만한 태도의 변화였다.

그날 단지 로엘레케 선생님은 "잘 했다, 수고했다"고 말하면서 학장실에 논문초고 3부를 공식적으로 제출하라고 알려주었다. 당시 본에 체류하고 있던 허영 교수님이 논문을 제출한 사실을 전해 듣고 기쁜 마음으로 축하와 격려를 해 주었으며, 이젠제(Isensee) 교수의 제자인 데펜호이어(Otto Depenheuer) 교수의 평가서가 빠른 속도로 이루어졌고, 1994년 12월 1일로 구술고사의 일정이 잡혔다. 구술시험위원으로 있는 형법의 쿠울렌 교수의 일정상 약 1주일 가량 빨리 잡힌 셈이다. 이제는 무슨 일이 있어도 구술고사에 매달려야 할 판이었다. 그럼에도 불구하고 가족에게 논문을 제출하고 나면 독일 몇 개 도시를 돌아보자는 약속을 하였기 때문에 주말을 이용해 베를린과 드레스덴을 돌아보지 않을 수 없었다. 구술고사를 합격한 날이 우리의 졸업식에 해당하는 날인 셈이다. 독일에는 특별한 학위수여식이 없다. 까운을 입는 법도 없다. 박사학위 모자도 없다. 싱겁기도 하지만 실질적인 그들의 모습 속에 우리가 배워야 할 것도 많다고 본다.

어쨌건 구술고사는 3인 또는 4인의 시험위원인 교수가 1시간에 걸쳐 질문하고 대답하는 형식으로 진행된다. 구술고사가 박사학위 취득의 본질적 구성부분인 것은 분명한데 학교에 따라 약간씩 구술고사 방식이 다른 것으로 알고 있다. 필자가 속한 만하임 법대의 경우 구술시험 과목이 공법(헌법, 행정법 등), 형사법, 민사법 그리고 선택과목(예컨대 법철학, 유럽법, 경제행정법 등)으로 되어 있는데, 구술고사를 보기 15일 전부터 독일친구와 점심식사 후 토론을 하는 등 이에 대비하는 데 소홀히 하지 않았다.

구술고사를 치른 후 프랑크푸르트 한국 떡집에서 주문한 떡을 가지고 온 민사소송법을 전공하는 김상일 선생의 도움으로 떡과 포도주를 준비하여 로엘레케연구소에서 독일의 관례대로 몇 분을 초대하였던 바, 그 당시 만하임 법대 한국 유학생, 구술시험위원인 로엘레케, 타웃피츠, 쿠울렌 교수, 독일 친구 귄터 검사, 상해 출신 왕 변호사, 로엘레케 교수 연구실 조교들 그리고 우리 가족과 가벼운 파티를 하면서 짧고도 긴 여정에의 성공적인 매듭을 지었다.

에필로그

너무나 주관적 경험의 편린(片鱗)을 나열하지 않았나 여겨진다. 이 글을 쓰면서 독일 생활을 반추해 볼 때 목표 하나만을 위해서 편협하게 생활한 것 같은 아쉬움을 떨쳐버릴 수가 없다.

그럼에도 불구하고 내가 독일에 체류하는 동안 매우 진지하면서도 집약적으로 하나의 목표를 향하여 움직였다고 말해도 좋을 것이다. 논문의 완성을 위하여 동분서주하는 과정에서 나의 은사(恩師)인 로엘레케 교수님의 고마움을 잊을 수가 없다. 그는 폭넓은 지원과 수많은 조언을 아끼지 않았을 뿐 아니라 지칠 줄 모르는 대화용의(對話用意)를 보여 주었다. 사랑하는 가족들과 시간을 많이 보낼 수 없었기 때문에 장남으로서, 남편과 아버지로서의 역할을 충실히 못한 점을 부인할 수 없다. 삶의 익숙한 환경으로 다시금 편입된 후에도 고향을 떠나온 사람처럼 가끔씩 정열과 힘의 도시 만하임과 추억과 낭만의 도시 하이델베르크의 거리거리가 무지개의 영롱한 빛깔처럼 머릿속에 각인(刻印)되어 살아 숨 쉬고 있다.

2. 행정법률가(Verwaltungsjurist)의 길

필자는 1984년 시행된 제26회 사법시험에 합격하여 사법연수원 제16기로 1987년 2월 동 연수원을 수료하고 3년간 2군사령부 수사장교 생활을 마치고 1990년 4월부터 법제처에 사무관으로 특채되어 1996년 4월부터 서기관으로 근무하고 있다. 그동안 필자는 독일유학을 가기 전까지 법제처 법제관실에서 교육부소관 법제심사 및 유권해석 업무를 맡았으며 지난해 귀국한 후 통상산업부 소관 법제심사 및 유권해석 업무를 수행하였다. 현재는 행정심판관리국의 사회문화행정심판 담당관으로 보임되어, 국무총리행정심판위원회의 심판청구사건의 안건 검토와 재결서 작성의 업무를 수행하고 있다. 법제처에 들어온 후 1992년 7월부터 1995년 1월까지 통무처 파견 장기국비유학의 일환으로 독일 만하임 법대와 하이델베르크 막스플랑크 공법연구소에서 공법학을 연구하고 돌아왔다.(필자의 독일 유학기에 관하여는 법제 95. 5월호 '나의 독일유학기'와 고시연구 95. 6월호 '만하임의 무지개'를 참조 바람)

그 후 우연한 기회에 '사법연수' 편집장(송영길)을 만나게 되었다. 필자의 특이한 행마에 관심을 갖고 있던 그가 나에게 사법연수원의 후배들을 위하여 글을 써 달라는 원고청탁을 해 왔을 때 무척이나 망설였다. 그 이유는 나 자신이 그 당시 행정부처로의 방향설정이 과연 올바른 선택이었는지 확신을 갖기에는 너무 성급하였기 때문이었다. 그럼에도 불구하고 이 글을 쓰게 된 이면에는 좀 더 대승적으로 우리 사회의 법치국가 실현을 위해서는 행정부처에 보다 많은 법률전문가가 존재하여야 한다는 점을 지적하고 싶었고, 더 나아가 진로설정에 고심하는 사법연수생의 진로선택을 위한 약간의 정보를 공유하는 것도 무의미하지 않다는 생각에 용기를 내었다.

우리 사회만큼 법률가들이 행정부처에 차지하는 비율이 적은 나라도 드물 것이다. 사법연수원 출신의 법률가(Volljurist)가 개업 또는 고용변호사가 되어 공익적인 기능을 수행하는 것도 과소평가할 수 없다. 그러나 조국의 미래를 창조하고, 비전을 제시하는 행정부처에 보다 많이 진출하여 공익실현과 법치행정의 기수로서 활약할 날이 오기를 기대하면서 사법연수원의 과정 중에 있거나 앞으로 사법연수원에 들어올 미래의 주인공들을 위하여 이 글이 새로운 시각의 지평을 열고 참신한 사고를 하는 데 기여를 하였으면 하는 바람을 갖고 있다.

새로운 활동영역: 행정법률가

사법시험을 거쳐 사법연수원의 소정의 과정을 이수하면 대개 특별한 사정이 없는 한 법원, 검찰, 변호사라고 하는 법조 3륜의 직업 중의 하나를 자신의 직업으로 선택하여 사회활동을 해 나간다. 그것은 너무도 당연한 전제로 여겨 왔고, 오히려 필자와 같이 법조3륜이 아닌 행정부처의 공무원으로 진로설정을 하여 살아간다면 필시 외도(?)하는 것으로 평가하여도 이에 대하여 방어하기가 어려울지 모른다. 그러나 그러한 평가에는 편견이 개재되어 있을 수 있다.

왜냐하면 사법연수원 출신자는 당연히 전통적인 법조직역에 머물러 있어야 한다는 커다란 고정관념이 자리잡고 있기 때문일 것이다. 법원과 검찰이 명예와 권력의 상징으로 작용하고, 변호사가 부의 상징으로 기능하는 한에서는 누구도 험난한 행정관료의 길을 선뜻 선택하기를 주저하는 것은 너무도 당연하다.

그러나 최근에 우리 사회의 변화 추세가 가속화되어 가고 있고, 국제화 내지 세계화로의 이행에 따라 종래의 고정관념을 탈피하지 아니하고는 개인은 물론 국가도 새로운 변화에 적절히 대처하지 못하고 우물 안 개구리로 전락할 가능성이 있다.

근본적인 이야기가 되겠으나 과거 회고적인 업무를 수행하는 사법부에 우수한 두뇌가 편중되는 현상은 국가사회의 인적 자원의 균형적 분포라는 관점에서 보아도 과연 바람직한 현상으로 보기 어렵다. 오히려 미래형성적인 업무와 관련되는 행정부처에서 우수한 인재가 활동하고 기능하는 것이 필요하다. 그 뿐만 아니라 지난날의 우리 사회를 지배하던 권위주의 체제를 청산하고 이제 바야흐로 민주적 법치국가를 새롭게 실현하여야 하는 국가적인 과제 앞에서 법률적으로 무장된 사법연수원 출신의 변호사 자격자들의 역할과 기대가 그 어느 때보다 높다고 해야 할 것이다. 행정분야에 있어서 아직껏 미국식의 행정학적 사고에 길들여진 관료가 적지 않다 보니 법이라고 하는 것은 그때그때 필요에 따라 고치면 되는 것이 아니냐고 생각하는 관료도 적지 않다. 그러나 그러한 인식의 토대 하에서는 법의 존엄성과 권위가 손상받기 쉬운 것은 불문가지이므로 법의 가치를 인식하고 법적으로 사고하는 행정관료가 절실히 요구되는 실정이다.

점점 법적 근거를 따져 행정이 이루어지는 경향은 문민정부에 들어와 더욱 늘어나고 있음은 쉽게 관찰할 수 있다. 그만큼 행정부처에 있어 과거처럼 정치적으로 일을 처리하거나 단지 효율성 측면에 강조점을 놓는 것만으로는 그 정당성을 인정받기 어려워졌다. 법률에 의한 행정의 원리는 법률적 소양을 지닌 행정관료를 전제로 하기 때문에 법치국가를 지향하는 행정의 당연한 요청이기도 하다. 이러한 관점에서 이른바 "행정법률가(Verwaltungsjurist)"라는 새로운 바퀴가 추가되어 기존의 법조 3륜에 "법조 4륜" 내지 "법조 4두마차"라고 하는 안정되고 강인한 법치국가의 수레로 나갈 필요가 있다.

행정부처, 특히 법제처에서의 법률가의 역할

감사원, 공정거래위원회 등 다른 행정부처에 대하여는 부분적인 소개('사법연수' 16호 '법조직역확대의 모색' 참조)도 있는 데다가 다른 행정부처의 경우 경험의 폭이 적어 필자가 몸담고 있는 법제처에 한정하여 소개하기로 한다.

법제처는 국무총리 소속하에 있는 중앙행정부처의 하나로서 광화문에 있는 정부종합청사 12층에 위치하고 있다. 법제처의 기능은 법률을 위시한 각종 법령심사업무와 민·형사사건을 제외한 유권해석 기타의 법제에 관한 업무를 관장한다. 또한 국무총리의 총괄조정기능을 보좌하기 위하여 정부입법추진계획의 총괄 조정을 하고 있고, 위법 또는 부당한 행정처분의 불복에 대한 심판업무를 수행하는 준사법적인 기관인 국무총리행정심판위원회의 운영을 맡아 수행하고 있다. 물론 부수적이기는 하지만 TV, 라디오, 신문 등 각종 정보매체를 통한 법령홍보와 법령교육, 법령상담 등의 업무를 수행한다. 행정부 내에 법률전문기관으로서는 법무부와 법제처가 있다. 양 기관은 상호 경합관계에 있다. 즉 법무부는 계선조직을 갖는 검찰, 행형, 출입국관리 등 법무사무에 관한 행정각부인 반면에, 법제처는 입법심의를 전담하는 국무총리직속의 참모기관이다. 그 점에 있어서 법제처는 국회와의 유기적인 연관성 속에 놓여 있다고 본다.

여기서는 법제처의 주요 핵심기능인 법제심사업무와 행정심판업무에 대하여 간단히 살펴보기로 한다.

법제심사업무는 1개 내지 2개 부처를 담당하는 법제관실을 중심으로 법제심사업무가 이루어지고 있다. 일반적으로 말해서 법제관실에는 부이사관 또는 서기관으로 보하는 법제관 1인과 사무관 1인으로 구성되어 있다, 법제관실에서는 각 부처에서 입안하여 온 법률안, 대통령령안, 총리령안, 부령안을 심사하고 있다. 이 경우 헌법과 상위법령에 위반, 모순 또는 저촉되는지 여부, 법체계상의 문제, 입법선례와의 비교, 외국의 입법례의 참고를 토대로 종합적으로 검토를 한 후에 각 해당 부처의 법안 담당 사무관 또는 과장 등과 함께 심사과정에서 논의를 토대로 이를 삭제·보완·체계수정, 대안모색 등 심사의뢰 법령안에 대한 검토와 정리를 해 나간다.

이 점에 있어서 법제처는 추상적 규범통제적 기능을 수행한다고 할 수 있다. 실제로 심사의뢰법률안에 대한 법제처 심사과정에서 불합리하거나 헌법에 저촉되는 규정들의 문제점이 지적되어 오랫동안 관행처럼 되어오던 악법적인 조항들이 삭제되어 국회를 통과되는 경우가 적지 않다. 또한 법률안, 대통령령안의 경우는 법제처의 심사를 필하여야 국무회의에 상정할 수 있기 때문에 국무회의의 전심기관적 성격도 아울러 갖고 있다. 총리령이나 부령안의 제·개정도 법제처의 심사를 필하여야 하며 행정규칙도 법제처의 사후 적법성 통제대상이 되어 각 부처의 중요정책의 흐름이 법제처를 통하여 스크린되므로 법률적으로 무장될 경우에 해당 부처를 상대로 설득적인 영향력(?)을 행사할 수 있게 된다. 근무분위기가 일반 행정부처와는 달리 학구적이기 때문에 연구기관적인 분위기를 느낄 수 있고, 행정법에 일가견을 지닌 법제관이 적지 않으며, 한국공법학을 이끌어간 많은 공법학자, 예컨대 유진오, 박일경, 문홍주, 김도창, 이상규, 박윤흔 등 기라성 같은 분들이 법제처에서 자신의 실무적인 역량을 키워나갔다고 하여도 크게 어긋나지 않을 것이다.

다음으로 행정심판업무에 대하여 소개하기로 한다. 최근의 행정심판법의 개정으로 1996년 4월 1일부터 각 중앙행정부처의 행정심판위원회가 폐지되고 나아가 특별시·광역시 및 도의 행정처분에 대한 행정심판업무까지 국무총리행정심판위원회에서 맡아 처리하게 됨에 따라 그 기능과 역할이 매우 중요하게 되었다. 행정심판관리국에서 국무총리행정심판업무를 맡아 처리하고 있다. 상임위원 1인(1급 상당), 국장 1인, 심의관 1인, 각 과장(담당관) 4인과 그 밑에 행정고시를 합격한 사무관 12인(5인 결원상태)과 보조인력이 현재 연간(예상) 2,500여 건의 업무를 맡아 처리하고 있다. 행정소송제기 전단계에서 소송비용을 들이지 아니하고 권리구제가 가능하므로 점점 사건이 증가되는 추세에 있다. 일반인이 알고 있는 것보다 높은 인용률(약 25~30퍼센트)로 국민의 권리구제기관으로 그 위상을 새롭게 하고 있다. 앞으로 이러한 준사법기관에 사법시험합격자가 대거 진출함으로써 행정재판기관에 버금가는 국민권리구제수단으로서 자리잡아 나가기를 기대한다.

법제처에서의 법률가의 역할은 법령심사과정에서의 법률지식의 활용, 유권해석에 있어서의 올바른 법해석의 도출, 행정심판에 있어서의 안건검토와 재결서의 작성 등을 들 수 있으며, 법제처에서 행정현상에 대한 종합적인 안목을 키우고 다른 행정부처로 자리를 옮기는 공무원이 적지 않은 점에 비추어 행정부처 진출의 교두보적인 기능을 수행할 수 있다. 다른 행정부처의 경우도 마찬가지이겠으나 행정법률가는 법률테크노크라트로서 법치국가 실현의 수호자 내지 법치행정에 있어서 지도적인 기능을 수행할 수 있음은 물론이다.

법률가의 행정부처 진출의 장애

왜 행정부처에 법률가가 적은가의 문제가 바로 법률가의 행정부처 진출의 장애문제와 관련된다. 1996년 2월 1일 현재 사법연수원 출신자의 행정부처에의 진출현황은, 감사원(4), 국무총리실(1). 법제처(2), 공정거래위원회(5), 통상산업부(1), 환경부(1)이다.

재정경제원, 특허청 및 국세청에 사법연수원 출신의 변호사 자격자가 한 명도 없다는 것은 무엇을 의미하는 것인가? 이에 대한 해답을 제시하기 위해서는 다른 여러 복합적인 요인을 고려하여야 하겠으나 일견 행정부처에서 다른 유인책을 제시하지 않았기 때문에 행정부처를 새로운 변호사의 직역으로 생각하는 사람이 적지 않았는가 여겨진다. 어찌되었건 현재의 행정부처 진출의 상황은 법치국가적 행정의 원활한 수행에 미흡할 뿐만 아니라 남북관계의 진전에 따른 통일법제준비, WTO 체제하에 통상문제에 있어서 심각한 인적자원의 흠결이 존재한다고 보아도 그리 과장된 표현은 아닐 것이다. 각 부처의 법무담당관실이나 법제처, 나아가 국세심판소 등 준사법적 기관에는 보다 많은 변호사자격자를 충원할 필요가 있다.

그 장애요인은 크게 나누어 공급자인 법률가 측면과 수요자인 행정부처 측면이 상호작용을 하여 그러한 결과를 초래한다고 본다, 공급자 측면은 우선 사업연수원 출신자들이 행정부처에 대한 인식이 부족하고 상대적으로 법원이나 검찰이 선호되는 직장인 데다가 변호사도 행정관료에 비하여 경제적인 측면에서 수입이 어느 정도 보장되고 자유직업이라 젊은 층의 직업선호 경향과 맞아떨어지는 직업이다.

이에 반하여, 행정관료의 길은 상대적으로 왜소하게 보여져 진로선택의 사각지대가 되고 있다. 또한 사법연수원의 교육에도 영향이 있지만, 약간은 소극적인 사법연수원의 분위기로 인하여 결국은 넓고 큰 장에서 자신의 운명을 개척해 나가려고 하기보다는 기존의 보장된 법조 3륜의 직업을 선택하는 것이 안전하다고 생각하는 면도 없지 않다. 그도 그럴 것이 법원과 검찰은 어느 정도 독립성을 지니면서 업무를 추진하는 반면에 행정부처는 직급의 상하에 따라 계층제로 움직이는 관료 조직적 특성을 지니고 있다는 생각이 널리 퍼져 있다.

행정부처 공무원에 대한 부정적인 사회적 인식과 충분하지 못한 봉급수준은 합리적 계산능력을 갖춘 사법연수원 출신의 법률가로 하여금 행정부처에로의 진출을 주저하게 한다.

여기에 일조를 한 것이 재판서 작성 등 실무위주의 편향된 사법연수원의 교육이라고 생각하는 사람이 적지 않다. 사법연수원이 성적을 중시하는 것은 객관성 확보차원에서 그런대로 이해 못할 바는 아니나 지나치게 점수경쟁에 몰입하도록 함으로써 사물을 큰 시야에서 보지 못하는 기능인 내지 법률기술자를 만들어내지 않는가 하는 걱정이 있다. 과거와는 달리 사법연수원이 자체 교육프로그램을 개발하여 많은 부분이 보완되고 개선되어 가는 추세에 있는 것은 사실이지만 민·형사의 판결서 작성위주 내지 판례암기위주의 교육은 바람직한 법조인 양성을 해야 한다고 본다.

또한 헌법 내지 공법에 대한 올바른 이해야말로 민·형사의 판결 내지 검찰권의 적정한 행사에 있어 지대한 영향을 미친다는 것은 새삼 강조할 필요가 없다. 그럼에도 불구하고 헌법·행정법 및 국제법 등 공법분야에 대한 사법연수원의 교육시간의 할애는 매우 인색한 실정이다. 그 이유는 민·형사를 잘 할 수 있는 법관의 양성에 초점이 놓여 있기 때문이 아닌가 생각된다.

그러나 앞으로는 행정법원의 출범(1998. 3)을 앞두고 있기 때문에 행정소송 사건이라든가 행정법사례에 대한 교육이 더욱 강화되지 않을 수 없으며, 국제화와 세계화를 지향하는 현 시점에서 국제법적인 교육도 소홀히 할 수 없게 되었다. 독일의 경우는 민사분야, 형사 및 검찰분야, 헌법·행정법·국제법등 공법분야가 거의 동일한 비중으로 사법연수 과정에서 다루어지고 있는 점을 참고할 필요가 있다. 사법연수원 교육의 개편논의가 점점 활성화 되리라고 보는데 차제에 한 가지 더 지적하고자 한다. 관련기관의 수습이 매우 주마간산격 내지는 형식적으로 이루어지고 있는 바, 적어도 1개 기관을 정하여 3개월 내지 6개월 정도 집중적인 시보근무를 하게 하여 해당업무를 체계적으로 이해할 수 있도록 제도개선이 필요하다. 이 기간 동안 대학의 연구소, 중앙공무원교육원에서의 교육, 법제처, 국세청, 특허청, 재경원 등 각 행정부처, 지방자치단체, 헌법재판소, 국회사무처, 심지어 외국의 연구기관 등 다양한 기관을 지정하여 관련기관의 연수제도로 운영한다면 좀 더 큰 안목과 미래지향적인 사고를 키울 수 있다. 이러한 제도적 뒷받침이 미흡하기 때문에 진로선택의 다양성이 나타나지 않는 것일 수 있다. 행정부처로의 진출을 생각하는 사법연수원 출신이 적은 것도 관련기관 연수제도의 부실한 운영과도 무관하지 않다.

다음으로 수요자인 행정부처의 측면을 들 수 있다. 필자의 관찰에 의하면 행정부처의 관점에서 사법연수원 출신의 대거 특채는 조직의 활성화 측면은 논외로 하고 기존의 관료의 이익, 즉 승진에 있어서 경쟁요인의 대두로 인하여 심정적인 견제가 없다고 하기 어렵다. 또한 제도적인 측면에서 사법연수원 출신 변호사 자격자를 특채한 경우에 이에 대한 사법연수원 경력의 인정이 앞으로 넘어야 할 산이다.

예컨대 사법연수생의 신분이 법원조직법 제72조에 의거 4급 또는 5급 상당의 별정직 공무원으로 되어 있는데, 경력인정에 있어서, 공무원 임용령 제37조의 4 제2항 및 [별표 6]에 의하여 정 경력으로 되어 있어 1.5할을 경력으로 환산하는 데 반하여 행정고시 출신자의 경우는 시보기간을 갑 경력으로 인정하여 10할을 환산하고 있다.

따라서 동일한 기간 동안 행정고시 출신자의 시보기간은 전부 100% 반영되는 데 반하여, 사법연수생의 기간은 15% 밖에 적용이 안 되어 2년간의 연수기간을 3.6개월의 경력으로 환산하여 인정해 주는 불합리가 있다. 사법연수원 출신자가 행정부처 공무원으로 진출할 경우 그러한 장벽이 존재하여 후일 승진 등에 있어서 같은 시기에 출발한 행정고시 출신자보다 늦을 가능성이 있음을 명확히 인식하여야 할 것이다.

법률가의 행정부처 진출 활성화 방안

법률가가 행정부처에서 많이 활동할 수 있을 때에 법치국가의 원리의 하나인 법률의 행정의 적합성 원리가 제대로 이루어질 수 있고, 행정에 부과된 문제를 법률의 해석, 적용을 통하여 해결함으로써 올바른 결론을 도출할 수 있게 된다. 하나의 비근한 예가 될지 모르지만 기량 있는 외국 축구선수의 한국 프로축구에의 투입이 상호 경쟁을 통하여 결국에 가서는 한국 프로축구의 질적 향상을 가져올 수 있는 것처럼 법률가를 행정부처에 투입함으로써 그와 동일한 효과를 가져올 수 있다. 지금까지는 사법시험의 합격자가 비교적 적게 배출되어 왔기 때문에 활성화의 논의는 큰 의미를 갖지 못하였다.

그러나 앞으로 변호사 대량배출시대를 앞두고 있을 뿐만 아니라 1997년 3월 1일부터 개정 법원조직법에 따라 법관으로의 신규임용에 있어 2년간 예비판사로 임용하여 근무하게 한 후 근무성적을 참작하여 법관으로 임용하는 제도로의 이행을 눈앞에 두면서 사법연수원 출신 변호사 자격자의 진로설정과 관련하여 행정부처 진출이 활성화 되리라고 본다. 그러나 이에 대한 아무런 대책이 없이 공급만 많이 하면 행정부처로 진출할 것이라는 단순한 사고는 활성화에 도움을 주지 않는다.

사법시험 합격자의 증원이 아무리 많이 되어도 진로선택이 법정중심의 송무변호사로 편중될 경우에는 분쟁만 많이 유발되고 우리가 바라마지 않는 법치국가(Rechtsstaat)와는 거리가 먼 분쟁국가로 나아갈 가능성도 있다. 요컨대 지원요인과 유인요인이 상승작용을 할 때에 보다 많은 사법연수원 출신의 인적자원이 국가사회를 위하여 행정부처에서 일할 날이 온다고 생각한다. 그러면 활성화의 의미는 무엇인가? 한 마디로 그것은 변호사의 직역확대이자 행정의 품질개량이다. 필자는 활성화의 방안을 다음 두 가지 관점으로 나누어 살펴보기로 한다. 첫째로, 주관적·의식적인 측면이고, 둘째로, 객관적·제도적인 측면이다. 이하에서 간단히 살펴보기로 한다.

(1) 주관적·의식적인 측면

① 국가사회에 기여: 행정관료는 중요한 국가정책을 결정하고 집행함으로써 국가사회에 봉사할 수 있다. 법원과 검찰도 국가사회에 기여하지만 행정관료가 전통적인 사법분야의 조직 구성원과 근본적으로 다른 점은 그의 활동이 좀 더 미래지향적인 창조적 활동에 있다. 변호사는 다양한 활동을 수행하므로 이를 일률적으로 성격 규정하기는 어렵다. 다만 변호사의 공익적인 활동이 국가사회에 기여할 수는 있다. 그러나 그 직업적인 특성이 자유직업이고 의뢰인의 입장을 대변하여야 하는 업무적인 한계를 부인할 수 없다.

② 새로운 세계에 대한 도전: 법조 3륜이 아닌 다른 방향으로 진출하여 자신의 역량과 꿈을 펼쳐나갈 수 있다. 이와 같은 창조적 사고와 경쟁력을 갖춘 우수 자원은 어느 분야로 진출하건 처음에는 약간의 시련이 수반될 수 있으나, 결국에 가서는 자신의 능력을 실증할 수 있다. 그 분야 중의 하나로 행정부처가 포함될 수 있다.

③ 행정부처의 장점에 대한 인식: 행정부처는 여러 가지 장점을 갖고 있다. 중앙 행정기관의 경우 근무지가 안정되어 있으며 업무 자체가 보다 많은 사람들에게 영향을 미치는 활동을 수행할 수 있다. 외국출장 등 외국어에 대한 습득의 기회가 많을 뿐만 아니라 외국유학의 기회가 쉽게 부여되고, 비영어권의 경우는 최장 2년 6월 기간공안 국비장기유학이 가능하며 그 유학대상자도 법원이나 검찰에 비하여 많다. 행정의 고

객은 어두운 사람보다는 밝은 삶을 설계하는 사람들이 많으며, 신뢰할 수 있는 좋은 사람들과 사귈 수 있는 장점이 있다.

④ 학문적·실무적인 경력의 획득: 법제처나 헌법재판소 등과 같이 부처에 따라 연구하는 분위기가 있고, 실무적인 능력을 터득할 기회가 있어 학문활동을 병행할 수 있는 장점이 보다 많다. 법제처의 경우 5급 이상의 직원 중에 박사학위 소지자가 8명이나 되며, 그들 중 대학이나 공무원교육원 등에서 시간강사의 위촉을 받는 경우는 물론 공법학회나 행정판례연구회 등에서 활약하는 모습을 관찰하는 것은 어렵지 않다. 이러한 행정부처에서의 경력은 후일 행정부처 고위직이나 법대교수, 헌법재판소 재판관, 법관 또는 검사, 국회의원 등 선거직 공무원, 전문 변호사 등 향후 법률가적 활동을 위한 좋은 캐리어가 될 수 있다.

(2) 객관적·제도적인 측면

① 사법연수원 교육위 개편: 사법연수원 교육이 앞서도 살펴본 바와 같이 법률기술자가 아닌 시대양심을 지닌 큰 그릇을 양성하는 데 주안점을 두어야 하며 점수위주의 사법연수원의 교육방식은 경우에 따라 우수한 자질을 가진 미완의 대기를 조기에 실망시킬 수 있다. 그러므로 법관 임용에 있어 사법연수원의 성적이라는 획일적 기준을 적용하는 임용방식의 후진성을 탈피하고 법조일원화(사법연수 17호, "사법의 독립과 민주화" 참조)의 길로 나가야 한다.

② 행정부처의 적극적인 문호개방: 행정부처도 요즈음 여성인력의 공직임용의 확대, 민간경력의 인정 등 가시적인 조치를 취하고 있으나, 얼마나 지속적인 효과를 나타낼지는 두고 볼 일이다. 법률가가 행정부처에 진출함으로써 공직사회에 새로운 바람을 일으켜 보다 품질 좋은 대

국민 행정서비스를 제공할 수 있다. 따라서 기관이기주의 내지 출신이기주의적인 사고에서 벗어나 법률전문가인 사법연수원 출신에게 문호를 적극 개방하는 조치가 필요하다.

③ 법관임용시 전문성 우선 고려: 법관이나 검사임용시 특허·통상·조세 등 행정의 특정분야에 정통한 전문성 있는 법률가들을 우선 고려하는 것이 바람직한 인사정책이다. 왜냐하면, 전문성을 갖추지 아니한 일반 변호사 경력자보다 행정관료로 특정 행정분야에서 나름대로 전문적인 행정실무경험을 갖춘 행정법률가가 낮은 보수에도 불구하고 공무원으로 국가사회에 기여한 점이 경시되어서는 안 되기 때문이다. 그러한 점에서 일반변호사에 비하여 법률구조공단 소속의 변호사를 검사로 채용할 때 고려하는 선례는 매우 바람직하다고 할 것이다.

④ 변호사 자격자에 대한 인센티브 부여: 예컨대 변호사 자격수당의 신설이라든가 일정기간 근무 후 외국유학의 특전 등의 조치는 그리 큰 어려움이 없이 실현가능한 활성화 대책이 될 수 있다. 또한 사법연수생 기간 동안의 경력인정을 행정고시 출신자와 마찬가지로 시보기간으로 보아 경력을 갑 경력으로 하여 10할 인정해 주는 쪽으로 제도개선이 요망된다. 왜냐하면 사법연수생 기간이 법원조직법상 별정직 공무원으로 되어 있어도 이는 보수지급상의 요청에서 나온 것이고, 단순히 신분보장이 되지 아니하는 별정직 공무원과 동일하게 볼 것은 아니다. 오히려 행정고시 출신자의 시보기간 못지않게 강도 높은 훈련과 근무가 있으므로 갑 경력으로 하는 것이 국가고시 출신자간의 불균형을 막고, 사법연수원 출신자의 행정부처 진출을 촉진하는 데 기여할 수 있기 때문이다.

결어

이상의 개괄적인 고찰이 사법연수생들의 진로선택에 어떤 기여를 할지 모르겠다. 다만, 필자가 행정부처로 진출하여 그동안 근무를 하면서 느낀 점은 사법연수원 출신자가 행정부처 5급 사무관으로 신분하강(?)하는 것에 대한 두려움(Angst)만 없다면 중앙행정부처에서 경험을 축적하면서 생동감 있게 일할 수도 있다. 앞으로 사법시험 합격 인원의 증원으로 인하여 사법연수원 출신자가 대량으로 배출되면 행정부처를 자신의 삶을 성취하는 실현의 장으로 생각하는 사람들이 많아지리라는 확신을 가지면서 행정관료의 길도 사법연수원 출신자에게 충분히 선택가능한 길로써 인식되리라고 본다. 우리가 조금만 시야를 크게 가질 경우 행정부처에서의 공직생활을 통하여 얼마든지 국가사회를 위하여 시민에게 봉사하는 가운데 자신의 역량을 키우고 삶의 보람까지 찾을 수 있다. 사법연수원 수료 후 지금까지 이렇다 할 큰 사회적 기여는 없었지만 나름대로 보람을 느끼면서 행정부처라는 낯선 토양에서 착근을 하고 있는 필자의 사례가 사법연수원생들에게 용기를 불러일으켰으면 좋겠다. 법치국가의 실현이라는 헌법이념이 한낱 구호가 아닌 살아 생동하는 규범이 될 수 있도록 우리 모두 다같이 노력해 나가자는 제안을 하면서 두서없이 쓴 이 글에 귀중한 시간을 할애하여 준 사람들에게 고마운 마음을 전하고 싶다.

출처 김용섭, 외부인사의 글―또 다른 선택, 행정법률가(Verwaltungsjurist)의 길, 사법연수 18호, 1996.

3. 법조시장의 현주소와 미래전망

사법시험 합격자수의 급증으로 변호사 대량배출시대를 맞이하고 있다. 사회 전반에 걸쳐 법적으로 문제를 해결하려고 하는 법에의 의존현상이 가속화되고 있고, 법치주의의 정착 가능성을 보여주는 사례들이 점점 늘어나고 있다. 이러한 시대적 변화의 방향을 내다보면서 새로운 도전에 직면하고 있는 법조시장의 현주소와 미래명암에 대하여 조망해 보는 것은 의미가 있다.

다만, 법조시장의 미래에 대하여 정확하게 전망을 하는 것은 용이한 일이 아니다. 더구나 필자와 같이 변호사 활동이 비교적 일천한 입장에서 법조시장의 미래전망을 한다는 것은 더욱 그러하다.

그러나 필자의 은사인 로엘레케(Gerd Roellecke) 교수가 "노를 젓는 사람은 강물의 깊이를 알기 어렵고, 강가에 있는 사람만이 강물의 깊이를 알 수 있다"고 말한 바와 같이 법조시장의 한복판에 있다 보면 그 세계를 잘 모를 수 있기도 하다. 그동안 법조시장의 외곽이라고 할 수 있는 행정부처와 대학의 언덕에 여러 해 머물렀기에, 관찰자의 입장에서 법조시장의 현재와 미래에 관하여 이야기하려고 한다. 다만, 여기에서의 법조는 법원과 검찰을 포함하는 넓은 의미가 아니라 재야법조 즉 변호사에 한정하는 의미로 사용하기로 한다.

새로운 변화 가능성

삼라만상이 그러하듯이 법조시장은 변화할 것이고, 그 변화의 큰 흐름은 변호사 수의 급증으로 인해 송무 중심의 변호사 활동에서 탈피하여 다양한 형태의 변호사 활동영역과 무대가 펼쳐질 것이다. 법무법인

이 우후죽순 격으로 늘어나는 데도 기인하지만 예방법학적 송무외적인 활동이 많이 늘어날 것으로 예측된다. 다만, 변호사 사무실이 법원 앞에 집중적으로 몰려 있는 희화적 모습을 통해서도 알 수 있듯이 아직까지 변호사 활동의 중심은 송무에 있다.

이와 같은 송무 중심적 패턴하에서는 한정된 사건 수에 변호사가 늘어나면 그만큼 사건수임이 줄어드는 것은 자명하다. 그래서 종래에는 재조에 있다가 변호사 개업을 하는 것을 두려워하지 않았으나 점점 변호사업계의 경쟁이 가속화되면서 이제는 상황이 바뀌었다. 변호사로서 단독개업을 하여 개인사무실을 갖는다는 것은 매력적인 것임에는 틀림없지만, 여간 사업가적 수완이 탁월하거나 대단한 용기가 없이는 어려운 일에 속한다. 이러한 법조시장의 변화가 결국 변호사로 하여금 종래 관심을 두지 않던 영역에까지 관심을 두게 만들고 있으며, 이로 인해 변리사, 법무사 등 유사직역에까지 침투하기에 이르렀다. 이와 더불어 기업체, 행정부처, 학계, 언론계 등 다른 영역으로 진출하는 경우도 늘고 있으며, 이러한 노력들은 법조직역 확대라는 관점에서 뿐만 아니라 변호사 개인과 해당조직 발전을 위해서도 매우 바람직한 현상이다.

이러한 관점에서 종래와 같이 변호사가 아무런 전문성이 없어도 존립하고 큰 어려움 없이 송무에 종사하던 시절도 있었으나, 이제는 새로운 분야에 대한 전문지식을 쌓는 등 경쟁력을 갖추는 것이 급선무가 되었음을 반영한다. 새로운 분야로 진출하기 위해서는 어느 정도 리스크(Risk)를 안을 수밖에 없으며, 잠정적이기는 하나 경제적 불이익을 감수하면서 새로운 분야를 개척할 수밖에 없다. 법조시장도 전체적으로 개별 변호사의 진로선택과 활동영역의 변화에 영향을 받아 법률업무의 전문성에 기반을 둔 송무외적인 영역이 확대될 것으로 보인다. 종전에는 법률사무소의 업무스타일이 소극적인 측면이 없지 않았으나 새로운 사건을 기획하고 찾아나서며 의뢰인에게 다가서는 적극적 업무스타일이 미래의 성공적인 변호사에게 요구된다고 하겠다.

변호사의 역할과 사명

변호사는 두 마리의 토끼를 동시에 잡으려는 노력을 기울일 필요가 있다. 하나는 비즈니스적 측면이고 다른 하나는 공익적 측면이다. 변호사 사무실의 운영구조가 기본적으로 의뢰인으로부터 수임료를 받고 사건을 맡아야 비로소 수익이 나오는 구조이므로 비즈니스적 측면을 도외시할 수 없다. 그러나 그것에만 몰두하면 법조상인으로 전락한다.

따라서 변호사의 공익적 측면이 고려되어야 한다. 변호사의 공익활동이 적절히 이루어질 때 변호사는 자신에게 부과된 사회적 책무를 다하는 것이 된다. 변호사가 단순한 경제적 수입만을 생각하게 된다면 일반인으로부터 신뢰를 상실하게 될 것이다.

아울러 변호사는 법률테크노크라트라고 할 수 있다. 소송대리 형태의 의뢰인 중심적 역할에 그치지 않고 각종 위원회에 참가하거나 무료법률상담활동을 하는 등 사회적 기여를 위하여 법률지식을 제공할 필요가 있다. 일반인의 의식중에는 변호사 활동과 능력이 재조와의 비공식 거래를 얼마나 잘하는가로 측정하는 측면이 없지 않았다. 그러나 일반인의 의식도 달라지고 있고, 사회전반에 걸쳐 공식적 절차가 강조되고 있어 비합리적이며 전근대적인 업무스타일이 청산될 것으로 보인다. 고객지향의 법률서비스 제공은 이제 생존법칙이 되고 있다. 변화를 생명으로 하는 새로운 시대적 분위기에 살아남기 위해서는 부단히 변화를 추구하지 않으면 안 된다. 변호사사무실 운영과 관련하여 거품현상은 많이 사라지고 있으며 점점 내실을 기하는 방향으로 나아가고 있다.

법조시장의 현주소와 미래 명암

1. 법조시장의 현주소

첫째로, 서울 등 대도시 집중현상이 심화되고 있다. 변호사 증원 논리의 하나로서 무변촌 해소를 들기도 하였으나, 변호사들이 주로 송무중심으로 활동하기 때문에 변호사의 대다수가 여전히 법원이 있는 지역을 기반으로 활동하고 있으며 그렇지 아니한 지역에는 변호사사무실이 거의 없는 실정이다.

둘째로, 다른 선진국가에 비해 행정부와 입법부 등 법률적 사무와 밀접한 관련이 있는 부문에 근무하고 있는 변호사의 수가 대단히 적다는 것이다. 이는 법치주의의 실현이라는 관점에서 볼 때 바람직한 현상이라고 보기 어렵다. 기업체에서 자체적으로 변호사를 채용하려는 경향처럼 행정부처에서도 점점 변호사의 채용 규모가 늘어나고 있어 다행이나, 아직은 매우 미흡한 수준이다.

셋째로, 개인사무실을 여는 형태의 일인성주(一人城主)식의 변호사 개업형태가 줄고 있으며, 점점 대형화 또는 전문화 추세로 나타나고 있다. 개인 법률사무소의 운영으로는 의뢰인의 수요충족도 어렵고, 사건 수임에 한계가 있다는 인식이 확산됨에 따라 법무법인을 설립하거나 합동법률사무소를 개설하는 변호사의 수가 늘고 있으나, 법무법인의 경우 합동법률사무소와 크게 구분이 안 되는 외관과 무늬만 법무법인인 경우가 많다.

넷째로, 인터넷시대의 돌입에 따라 불특정 다수의 고객을 대상으로 한 법률사무소의 운영 형태가 눈에 띈다. 아울러 전통적인 법률사무소의 형태를 유지하면서 인터넷 또는 온라인 법률상담 등을 통해 법률사무를 처리하는 업무방식이 지속적으로 늘어나고 있다. 적지 않은 법무법인 또는 개인 변호사가 홈페이지를 개설하여 운영하면서 홍보를 강화하고 네티즌 고객을 잡으려는 경향이 늘어가고 있다.

2. 법조시장의 미래 명암

(1) 어두운 측면

편의상 어두운 측면부터 먼저 조망하고자 한다. 법조시장의 어두운 측면으로는 몇 가지 요인들이 있다. 즉, 법률시장개방, 사법시험합격자 수의 증가, 변호사 업계의 불황을 들 수 있다.

앞으로 변호사들이 시대적 변화에 적응하지 못하고 전통적인 송무중심으로 나아갈 경우에 법률사무소 운영에 실패하는 변호사들이 속출할 가능성이 높다.

먼저 사법시험 합격자 수의 증가로 인해 이제 법조문화도 변형되기에 이르렀다. 학부가 비법대인 사법시험 합격자가 다수 배출됨에 따라 사법연수원이 부분적이나마 로스쿨 기능을 수행하고 있다. 아울러 2005년부터 법률시장이 개방될 것으로 예측된다. 법률시장이 개방된다고 해서 급격한 변화가 초래되지는 않는다고 할지라도 외국의 대형로펌이 국내법조시장을 공략할 가능성이 높아진다. 그것은 국내 로펌에도 긴장감을 부여하지만 소규모로 행하여지는 개인 사무실의 위기를 초래할 수 있다.

다음으로 변호사의 대량 배출이 가져올 우려할 사항은 소송만능을 부채질하고 양질의 법률서비스를 받기든커녕 변호사의 생존을 위해 소송

천국을 이끌 위험성에 있다. 의뢰인들은 출혈경쟁을 통해 저렴한 비용으로 변호사를 선임할 수 있는 길이 확보되겠지만 저렴한 비용으로 양질의 법률서비스까지 받을지는 미지수로 남는다. 오히려 사건수임에 급급한 변호사의 양산체제를 우려하여야 한다. 따라서 충분한 자격을 갖춘 법률가를 양성하지 못하고 부실한 변호사의 양산을 가져온다면 그것 또한 국민적 부담으로 돌아간다는 것을 인식할 필요가 있다.

나아가, 개인 법률사무소를 운영하는 변호사들이 상당히 심각한 운영난에 봉착하리라고 본다. 기업사건은 법무법인에 몰리는 현상이 뚜렷하고, 개인 또는 합동 법률사무소 중에서도 그동안 쌓아올린 평판도, 사건수임 능력과 사건처리 능력이 확보된 경우에는 큰 문제가 없을지 모르나, 그렇지 아니한 경우에는 사무직원의 인건비와 건물임대료 등을 지불하고 나면 적자에 허덕인다는 이야기를 듣게 되더라도 엄살로 볼 것은 아니다. 개인 사무실의 운영난으로 인해 문을 닫는 변호사가 현실로 다가올 것이다.

(2) 밝은 측면

위에서 살펴본 바와 같이 법조시장의 미래가 어두운 측면이 없지 않지만 시대적 변화에 따라 분쟁을 법적으로 해결하려는 경향이 늘고 있다든가 법치주의의 정착가능성이 엿보이고 있어 긍정적 측면이 적지 않다고 본다. 다행인 것은 국민 전체적으로 볼 때 우선 변호사업계의 경쟁이 치열해지면서 변호사가 종래처럼 일반인에 군림하는 자세에서 탈피하여 일반시민에게 다가가는 문턱이 낮은 형태로 바뀔 것으로 본다. 나홀로 소송을 도와주는 방식이라든가 전통적으로 법무사 등의 영역에 속하는 단순사건에 대하여도 외면하지 않고, 저렴한 비용으로 의견서와 문서작성 등을 도와주는 형태의 법률사무소가 늘어나고 있는 대목도 눈여겨볼 필요가 있다.

또한 사회의 변화에 발맞추어 새로운 영역에 대한 법률적 수요가 늘어나고 있으며, 그 새로운 영역에 변호사가 발 빠르게 진출하면 선점효과를 얻을 수 있다. 그러나 송무중심의 변호사 시장에 경험이 일천한 변호사가 진입할 경우 기존 시장침투가 어려운 측면이 없지 않다. 그럴수록 길게 내다보면서 새로운 분야를 개척해 나갈 필요성이 있으며, 그 과정에서 선구자적 정신에 기초하여 개인적 발전을 도모할 수 있을 뿐만 아니라 변호사 전체의 직역확대를 가져올 수 있다.

더구나, 변호사의 성공의 잣대는 한순간에 결정되는 것이 아니므로 다양한 분야에 대한 접근을 통하여 자신의 적성과 관심분야에 특화하는 전략이 필요하다. 개인법률사무소에 해당되는 일이지만 일인의 변호사가 모든 법의 전 영역에 걸쳐 정통한다는 것은 현실적으로 어려우므로 다른 변호사와의 역할 분담이라든가 협력체제를 구축하여 의뢰인의 수요를 충족하는 체제를 갖출 필요가 있다.

다음으로 법무법인 대형화와 전문화가 실현될 것으로 본다. 법무법인 상호간의 인수합병을 통해 대형화가 이루어지게 되며, 법조시장이 개방되면 더욱 가속화 될 것으로 본다. 여기서 간과해서는 안 되는 것은 법무법인이 대형화한다고 해서 전문화가 동시에 실현되는 것은 아니다. 물론 대형화를 하다 보면 전문화를 도모할 수 있는 계기가 마련되지만 대형 로펌이라고 해서 전문화가 실현되었다고 단정할 것은 아니다. 법률사무소의 전문화의 방향은 시대적 추세이다. 백화점식 구색 갖추기 형태라든가 구멍가게식 일인다역의 운영체제로는 의뢰인의 요구에 부합하는 전문화된 맞춤식 법률서비스를 제공할 수 없음은 물론이다.

맺음말

　21세기 무한경쟁의 변화된 법조환경에서 변호사로서의 역할을 제대로 수행하기 위해서는 전문능력의 배양을 위한 자기연마가 절실히 필요하다. 경쟁체제에 길들여지지 않으면 도태될 수밖에 없다. 새로운 전문분야를 개척하고 준비하는 변호사만이 치열한 법조시장에서 살아남을 수 있다. 앞으로 새롭게 출발하려는 법률가들이 활약할 무대는 의외로 많다. 송무중심적 사고에서 탈피하여 다양한 직역으로 진출하여 다양한 경험을 쌓으면서 개인 역량을 키우고 동시에 법치주의의 정착화에 일조하게 되리라고 본다. 법조인은 무엇보다 일반 국민으로부터 신뢰받는 관계가 형성되어야 한다.

　변호사 수임료가 지나치게 고액일 경우에 그 자체로 법조 불신을 가져올 수 있다. 일반 서민들이 억울하여도 변호사수임비용을 감당하지 못하는 경우가 많은 바, 이 경우에도 수요공급의 법칙을 무리하게 적용하여 법조인 수의 공급을 통하여 해결하는 방식보다는 기존 변호사의 공익적 활동을 강화함으로써 해결해 나가는 방식이 바람직하다고 본다.

　끝으로, 법조시장의 미래전망을 요약한다면, 한편으로는 경쟁이 치열해지고 가속화되어 사무실 운영 등에 있어 경제적 어려움에 봉착하는 변호사가 늘어날 것이지만, 다른 한편으로는 시대적 변화를 새로운 기회의 장으로 받아들이면서 전문가적 역량을 발휘하는 이른바 '스타변호사'가 분야별로 등장하게 될 것이다. 따라서 앞으로 시민적 법률수요에 적절히 대응하면서 경쟁력의 우위를 확보하고 법조시장을 주도해 나가는 '스타변호사'의 활약상을 보게 될 것이다.

출처 : 출처: 김용섭 변호사(법무법인 아람, 법학박사), [특별기고] 법조시장의 현주소와 미래 전망, 법률저널 2002.5.15.

4. 로스쿨 제언 — 로스쿨 교육이 성공하려면

현재 법학교육은 이론 중심으로 치우친 측면이 있다. 학원에 의존하는 사법시험 준비, 나아가 사법연수원에서의 교육이 변호사를 양성하는 데 미흡하고 국제경쟁력을 갖춘 법률가를 양성하지 못한다는 반성이다. 교육인적자원부 장관의 인가를 받아 설치될 한국의 개별 로스쿨은 학부과정을 성공적으로 이수한 우수한 자원을 입학시켜 다른 경쟁 로스쿨보다 양질의 법률가를 양성해야 하는 과제를 안게 됐다.

따라서 종전의 법과대학이나 사법연수원 못지않은 다양한 교육과정과 교육프로그램을 마련해 졸업 후 실제적 업무처리에 도움이 될 수 있는 교육을 하지 않으면 안 된다. 이런 관점에서 로스쿨 도입은 근대 법학이 도입된 후 지속돼 왔던 법학교육과 법조양성시스템의 일대변혁이라고 할 것이다. 종래 대법원 산하 사법연수원을 중심으로 한 법관 중심의 교육과정, 법조인력 배출구조가 아니라, 학사과정을 졸업한 자가 3년 동안 전문대학원에서 변호사 중심의 교육과정을 통해 법률가로 배출되는 구조로 전환된다는 것이다. 이는 법조시장에 새로운 충격과 지각변동을 몰고 올 것이다. 로스쿨의 출범은 한국의 법률문화와 법조환경에 새로운 도전을 예고하고 있다. 로스쿨에서의 법학교육은 엄격한 학사관리를 통한 내실있는 실무형 교육이 돼야 할 것이다.

그러나 로스쿨 법학교육이 실무 처리기술 내지 테크닉 전수에 그쳐서는 곤란하다. 오히려 법학의 기본원리를 충실히 숙지하고, 법의 기본개념에 대한 정확한 이해가 선행돼야 한다. 다만, 이론교육에 있어서도 법과대학에서의 강의와 수업방식과는 차별화되도록 하되 우리의 문제 해결에 별로 도움이 되지 않는 외국 이론은 가급적 제한하고, 법의 보편적 가치와 기본원리를 충실히 터득하도록 수업내용을 짤 필요가 있다. 실무적 해결에 도움이 되는 이론적 기초를 형성할 수 있도록 실무와 연계된 이론 교육이 행해져야 할 것이다. 즉, 로스쿨의 법학교육은 "법이론과 법률실무의 융합", "실무지향적 법이론교육"의 방향으로 나가야 한다.

로스쿨 교육이 성공하려면 교육시설과 교육프로그램도 중요하지만, 더욱 중요한 것은 교수와 학생이다. 로스쿨 교수는 법과대학에서의 교육보다 한 차원 높으면서 종합적인 문제해결 능력을 일깨워 줄 수 있어야 한다. 로스쿨이 개원하기 전까지 남은 기간 동안 교재개발과 수준 높은 강의기법에 관한 연찬을 해야 할 것이다. 아울러 로스쿨 학생이 강의나 세미나 등을 철저히 준비해 학습효과가 극대화되도록 적극적으로 참여해 보고서나 의견서 등을 제출토록 해야 할 것이다. 모의재판, 실습 과정 등 법조실무 과목은 실제 실무능력을 제고하는 데 크게 도움을 주게 되리라고 본다. 로스쿨은 변호사처럼 생각하는 훈련을 해야 하므로, 로스쿨 학생들은 변호사에게 가장 중요한 무기라고 할 수 있는 문장표현력과 언어표현력을 갖추는 데 역점을 두어야 한다.

로스쿨 입학시험은 법학지식을 평가할 수 없도록 돼 있기 때문에 법학전공을 이수한 학생과 법학에 대한 이해가 없는 학생을 적절히 교육해야 하는 문제가 있다. 일본의 경우 로스쿨 재학기간을 법학 기수자는 2년, 법학 미수자는 3년으로 했다. 우리의 경우에는 법학 기수와 미수를 불문하고 3년 과정을 이수하도록 했다. 다만 법학 학사과정을 졸업한 자에 대해서는 학칙이 정하는 바에 의해 15학점까지 인정하도록 하고 있는 점이 일본 로스쿨과 다른 점이다. 법학을 이수한 학생을 상대로 교육하는 것이 비교적 쉬울 수 있지만, 법학의 기본개념이 부족한 타전공자 학생을 상대로 효과적으로 알기 쉽게 지도하는 데에는 어려움이 있을 것이기 때문에 이 부분에 대한 효과적인 대비책이 필요하다.

로스쿨 변호사의 배출 구조는 법조시장의 변화를 염두에 둬야 한다. 국내 법조시장은 변호사가 더 이상 송무 중심으로 활동하는 데 한계가 있다. 변호사의 역할이 법정을 중심으로 활동하던 종래의 일인성주형의 개인변호사로는 존속하기 어려워진다. 이제는 로펌중심으로 전문영역을 구축해 나가야 생존할 수 있는 환경이 됐다. 따라서 변호사 양성 프로그램도 과거와 같은 소송대리 방식의 송무 중심을 염두에 두지 말고, 다양한 분야로 변호사 자격자가 진출하는 직역확대를 염두에 둬야 할 것이다.

로스쿨만 나오면 보장받는 시대는 지나갔다. 로스쿨을 나오더라도 부단히 자기의 관심분야를 연마해 실제 업무를 처리하면서 경쟁력을 갖추지 않으면 법조시장에서 낙오되는 경쟁체제로 변화될 것이다. 앞으로 로스쿨 변호사는 종래와 같은 송무를 위한 법적 지식뿐만이 아니라 사회전반의 시대적 변화에 따라 등장하는 새로운 법률문제에 창조성을 발휘해 문제를 해결할 수 있는 전문적인 능력을 갖춰야 한다. 법조윤리의식과 봉사정신, 나아가 협상능력, 국제적 감각을 겸비한 실무지향적 변호사여야 할 것이다. 로스쿨의 성패는 교수와 학생, 교육시설 및 교육과정이 어떻게 상호연계해 잘 운영되는가에 달려있다. 새롭게 출범하는 로스쿨이 명실상부한 법조양성시스템으로 정착돼 우리사회의 법치주의의 신장과 법률문화의 창달에 기여하기를 바란다.

출처 김용섭 전북대 법대 교수, [칼럼] 로스쿨 제언—로스쿨 교육이 성공하려면, 교수신문 2007.12.17.

5. 나의 독일 기행기

처음에 — 독일과의 인연

나와 독일의 인연은 고등학교 시절 독일어 수업시간에 황태자의 첫사랑이란 책으로 알려진 『Alt Heidelberg』을 읽던 그 한 권의 책에서 시작되었다. 낯선 언어와 풍경 속에서 느꼈던 그 설레임이 대학에서 법학의 세계로 나를 이끌었다. 사법시험의 독일어 과목을 선택하였고, 서울대 대학원 진학에 큰 힘이 된 독일어는 단순한 외국어가 아니라, 다른 세계로 통하는 '문'이었다. 1980년대 초반에 구입한 마우러(Maurer)의 「Allgemeines Verwaltungsrecht(일반행정법)」 교과서를 보면서 석사학위 논문을 마무리하던 시간은 훗날 독일유학을 향한 첫 발걸음이 될 줄 알지 못했다.

1992년 여름에 마침내 독일행의 비행기에 몸을 실었다. 통일의 열기와 유럽의 새 질서가 요동치던 시기, 나는 오래 꿈꾸던 독일 만하임(Mannheim)에 도착하였다. 그곳에서의 2년 반은 박사논문을 목표로 한 연구자의 시간이었다. 만하임대 총장을 지내신 로엘레케 교수님 아래에서 학자의 기본 자세와 학문의 엄밀함을 배웠고, 검약과 내실로 일상을 채우는 독일인의 삶 속에서 한국 사회를 바라보는 또 하나의 눈을 얻었다. 학위를 모두 마치고 가족과의 여행길에 들른 로마와 파리의 풍경, 성 베드로 성당의 미사는 눈부셨지만, 내 마음이 머무는 곳은 여전히 라인강과 넥카강이 만나는 만하임에 있다. 나에게 독일은 학문 세계의 문을 열어준 스승을 만난 곳이고, 나의 아들이 태어난 의미 있는 공간이다.

이번 기행은 여러 학과에서 선발된 제자들과 함께하는 통일독일을 직접 경험하는 문화탐방이면서도, 젊은 날의 나를 다시 만나는 사적인 여행이기도 하다. 나는 다시금 익숙하면서도 새롭게 변화한 독일의 일상을 다시 마주하고, 지도교수님을 만나 고견을 듣기 위해 그곳으로 향했다.

독일 기행의 목적

이번 독일 방문에는 중첩적 의미가 있었다. 먼저 통일 후 10년이 지나, 독일의 통합이 얼마나 실질적인 성과를 거두었는지 직접 확인하고 싶었다. 또 1999년, 라인강이 흐르는 본에서 슈프레강의 도시 베를린으로 수도가 옮겨진 뒤, 독일 사회가 어떤 방향으로 나아가고 있는지도 살펴보고자 했다.

내가 경희대 법대 교수로 재직하던 시절인 1998년 경희대학교 개교 50주년 학술행사에서 「독일과 한국에 있어서의 통일과 헌법 논의」라는 논문을 발표한 적이 있다. 그때의 나는 독일 통일을 '성공적이고, 민주적이며, 법적으로 완결된 통일', 나아가 '오랜 준비 끝에 이루어진 통일'로 평가했다. 그로부터 10년이 지난 지금, 그 평가가 여전히 유효한지, 또 어떤 부분이 수정되어야 하는지를 직접 확인하는 일은 내게도, 한국 사회의 통일 논의에도 의미 있는 시도였다.

원래는 대학 내에 다른 인솔교수가 내정되어 있었지만, 민감한 이유로 갑자기 고사하여 학교측에서 나에게 그 역할을 제안해 왔다. 나는 오래 망설이지 않았다. 만하임은 내 학문적 여정이 새롭게 열렸던 곳이자, 아들의 탄생으로 더욱 특별한 의미를 갖게 된 도시이기 때문이다.

무엇보다도 존경하는 로엘레케 교수님을 다시 찾아뵙고, 관심 분야인 스포츠법과 관광법의 자료를 현지에서 직접 구입하거나 복사하여 확보할 수 있다는 점도 큰 동기가 되었다.

이번 일정은 경희대학교에서 처음 기획한 '제1회 세계문화교육기행'

프로그램의 일부로, '민족과 통일'이라는 큰 주제 아래 여덟 개 조로 나뉘어 진행되었다. 학생들은 출발 전부터 충분한 사전학습을 거쳤고, 팀별로 현지 조사를 통해 학습 내용을 확장해 가는 방식이었다. 지도교수로서 염려되는 부분이 없지는 않았지만, 조직이 잘 갖추어져 있었고 각 학과의 우수한 학생들이 참여했기에 큰 걱정은 하지 않았다.

세부 일정 중에는 크고 작은 조율이 필요했지만, 학생들이 스스로 의견을 모아 일정을 조정해 나갔다. 덕분에 전체 일정은 대체로 순조로웠다. 다만 러시아 항공편을 이용해야 한다는 점은 조금 마음에 걸렸다. 이미 예약과 예산이 확정된 상황이었기에 달리 방법은 없었고, 결국 '무사히 다녀오길' 바라는 마음으로 받아들일 수밖에 없었다.

전체 8일의 일정 중 3~4일은 개인 탐방을 할 수 있게 꾸려졌고, 나머지 기간은 공통 프로그램으로 구성되어 있었다. 34명의 대학생을 이끌며 독일을 '제대로' 여행한다는 일은 결코 쉽지 않았지만, 각 조의 탐방과 베를린에서의 평가회, 프랑크푸르트로 향하는 야간열차 동행을 통해 학생들은 서로의 경험을 나누고 배우는 시간을 가질 수 있었다.

뮌헨에서 출발해 베를린을 거쳐 프랑크푸르트로 돌아오는 여정은 서독과 구동독의 주요 도시를 함께 관통하는 길이었다. 그 길 위에서 학생들은 직접적인 체험을 통해 동서의 차이와 공통점을 자연스럽게 몸으로 느끼고, 통일과 분단의 의미를 스스로 성찰할 수 있었다.

기행 일정: 자유로운 관찰과 대화

• **출발과 뮌헨에서의 첫 일정**
2001년 새해, 우리는 1월 7일부터 17일까지의 일정으로 독일행 비행기에 오를 예정이었다. 학교에서 발대식을 마치고 공항으로 향했지만, 마침 그날은 20여 년 만의 기록적 폭설이 내린 날이었다. 모든 항공편이 결항되었고, 오랜 기다림 끝에 결국 발길을 돌려야 했다.

하루 뒤인 8일, 다시 공항으로 나와서야 모스크바 경유 러시아 항공편에 오를 수 있었다. 하루의 지연은 몸과 마음을 조금 지치게 했다. 하지만 그 기다림 속에서 문득 통일의 과정이 떠올랐다. 결코 단축될 수 없는 인내의 시간, 그러나 끝내 도달해야만 하는 목표라는 점에서 우리의 이번 여정과 다르지 않았다.

기체는 오래 되고 규모도 작았지만, 막상 하늘에 오르자 예상과 달리 분위기는 여유로웠다. 승객이 많지 않아 통로에 누워 쉬는 사람도 있었고, 학생들은 둘씩 모여 카드놀이를 하며 웃었다. 값싼 항공편이라는 선입견과 달리 식사도 괜찮았고, 오히려 수학여행 열차 같은 느슨하고 정겨운 분위기가 흘렀다.

현지 시각 밤 9시 반, 환승을 위해 모스크바에 도착했을 때 공항의 차가운 공기가 인상적이었다. 군복 차림의 경비원들, 무표정한 직원들의 얼굴에서 이 나라가 아직 품고 있는 긴장이 전해졌다. 근처 노보텔에서 늦은 저녁 식사를 마친 뒤, 일박하고 다음 날 아침에는 조별로 간단한 자기소개 시간을 가졌다. 나는 지도교수로서 학생들에게 이렇게 부탁했다. "현지에서 만나는 사람들에게 친절히 대하라. 우리는 자신과 학교와 대한민국을 동시에 대표하는 위치에 있다." 무엇보다 서로의 안전을 챙기고, 낯선 문화 앞에서 열린 마음으로 배움을 이어가 달라고 당부했다.

다음 날, 우리는 뮌헨행 비행기에 몸을 실었다. 일부 학생들이 뒤셀도르프를 경유하느라 잠시 일정이 엇갈렸지만, 큰 문제 없이 모두 합류했다. 1월 9일 정오, 드디어 뮌헨공항에 발을 디뎠다. 창밖으로 쏟아지는 햇살이 여행의 시작을 밝게 열어 주었다. 이후 독일에 머무는 동안 단 하루를 빼고는 비가 내리지 않았다. 날씨마저 우리를 응원하는 듯했다.

나는 편의상 2조 학생들과 함께 첫 일정을 시작했다. 먼저 전혜린의 숨결이 남아 있는 슈바빙 거리를 걸었고, 이어 영국 정원 근처에서 까마귀 떼가 나뭇가지 위를 휘돌며 요란히 울어대는 장면을 마주했다. 어쩐지 그 소리가 '잘 왔노라' 인사처럼 들렸다. 숙소는 뮌헨대학 근처의 호텔 '다흐(DACH)'로 정했다.

저녁 무렵에는 마리엔 광장을 거닐며 신청사와 프라우엔 교회를 둘러보고, 간단히 소시지와 빵으로 식사를 했다. 이후 호프브로이하우스에 들러 1리터짜리 독일 맥주잔을 서로 부딪치며 긴 비행의 피로를 달랬다. 숙소로 돌아오는 길, 하늘에서는 수십 년 만에 관측된다는 월식이 어둠을 가르고 있었다. 독일 땅에서 맞이한 첫날, 일상의 풍경과 우주의 신비가 겹쳐지는 순간이었다.

• 만하임, 하이델베르크, 그리고 옛 동료들과의 재회

10일 아침, 이른 시각에 일어나 뮌헨대학을 둘러보았다. 법대 건물 안까지는 들어갈 수 없었지만, 멀리서 바이에른 행정법원 건물을 바라보며 짧은 아쉬움을 남겼다. 숙소에서 아침을 마친 뒤 만하임으로 떠나기 전, 은사님인 로엘레케 교수님께 전화를 드렸다. 다음 날 점심 무렵 법대 연구실 앞에서 뵙기로 약속을 정했다.

중앙역에서 ICE 열차를 타고 향한 만하임은 내게 언제나 '제2의 고향'이었다. 린덴호프로 향하는 길에 유스호스텔을 찾아 짐을 맡겨 두고, 함께한 학생들과 대학 멘자에서 점심을 먹었다. 식사 자리에서 한국

유학생은 만나지 못했지만, 대신 오랜만에 반가운 얼굴을 마주했다. 만하임 유학시절부터 알고 지내던 상하이 출신 왕학문(王學文) 변호사였다.

왕은 매사에 서두르는 법이 없이 여전히 느긋하고 온화했다. 박사 논문은 잠시 미뤄둔 채 중국의 WTO 가입 관련 통역과 법률 자문, 그리고 중국 변호사들의 연수 프로그램을 병행하고 있었다. 동시에 하이델베르크와 만하임대학에서 시간강사로 강의도 맡고 있었다. 예전이나 지금이나 자신의 길을 묵묵히 걷는 친구였다.

왕이 사는 독일인의 주택의 빈당에 며칠간 짐을 푼 뒤 나는 만하임대학 도서관으로 향했다.

통일 관련 자료를 복사하고, 익숙한 서점에 들러 행정법과 스포츠법 관련 신간서적을 몇 권 구입했다. 저녁에는 왕이 초대한 중국식당에서 함께 식사했다. 오랜만의 만남이 반가웠다. 내가 계산하려 했지만 그는 끝내 손님을 대접해야 한다며 계산서를 들고 나갔다.

숙소로 돌아오는 길, 나는 홀로 만하임의 골목을 걸었다. 예전 유학 시절 자주 가던 작은 술집에 들러 혼자 와인 두 잔을 천천히 마셨다. 낯선 이국의 밤공기 속에서도 그때의 풍경들이 생생하게 떠올랐다. 둘째 아이를 이국만리에서 낳고 홀로 고생이 많았던 아내 생각이 문득 났다. 가정에 소홀히 하며 학문세계에서 승부보려고 몰두했던 지난 시간을 되짚으며, 이번 여행이 끝나면 가정에도 더 마음을 쏟아야겠다는 다짐을 했다.

11일, 약속한 시간에 만하임 법대에서 로엘레케 교수님을 만났다. 교수님은 나를 팔츠 지방의 다이데스하임에 있는 1,000년이 넘은 식당으로 초대하셨다. 한때 심장 발작으로 입원하셨다는 이야기에 놀랐지만,

다행히 건강을 회복하셔서 직접 운전해 만하임과 칼스루헤를 오가고 계셨다. 여전히 정정하고, 노익장을 과시하시면서 다양한 형태의 논문과 시사칼럼을 계속 집필 중인 학자의 형형한 눈빛 그대로였다.

점심 자리에서 교수님께 한국통일에 대하여 여쭤보았다, "통일은 자유와 인권의 원칙 속에서 이루어져야 하고, 자본주의와 사회주의의 중간을 찾는 일은 어렵다고 봐요. 북한의 복지는 하늘에서 저절로 떨어지는 것이 아니라 한국이 튼튼한 경제적 기반을 가져야 북한을 통일적 환경으로 이끌 수 있지요" 라고 조용히 말씀하셨다. 그 말씀이 오래 기억에 남았다.

12일 오전에는 만하임대학 A3 도서관에서 유학생 한 명을 만나 그간의 소식을 들었다. 이후 하이델베르크 막스플랑크 공법연구소로 향했다. 그곳에서는 여전히 서울대 법대를 졸업한 후 독일에 오래 체류하고 있는 박병관 선생이 연구에 몰두하고 있었다. 그야말로 독일 유학 1세대의 상징 같은 존재였다. 함께 점심을 들고 헤어진 뒤, 나는 체육대학 자료실에서 스포츠법 문헌을 복사했다.

하이델베르크의 구시가지로 향하던 길에서 우연히 우리 단체팀의 2조 학생들과 마주쳤다. 그들이 먼저 오늘 저녁에 함께 식사하면 어떠냐고 제안했다. 왕에게 전화를 걸자 흔쾌히 동의했지만, 그날 우연히 만난 만하임 법대 박사과정을 밟고 있는 손재영 선생이 자신의 집으로 초대했다. 고맙게도 김치와 포도주가 함께 차려진 저녁식탁에 왕을 비롯한 우리 일행 여러명이 둘러 앉아 대화를 나누며 즐거운 시간을 보냈다, 조원들이 독일 유학생의 생활을 가까이에서 접할 수 있어 유익하였겠으나, 힘들게 공부하는 손 선생과 부인께 염치없이 신세를 진 셈이다.

• 라이프치히, 베를린, 그리고 통일 독일의 얼굴

13일 아침, 간단히 식사를 마치고 왕과 함께 만하임 중앙역에서 커피를 마시며 작별 인사를 나누었다. 우리는 베를린으로 향하는 길에 프랑크푸르트를 거쳐 라이프치히 중앙역에서 할레(Halle)대학의 울리히 하스(Ulrich Haas) 교수를 만나기로 했다. 그는 다음 학기부터 마인츠대학으로 옮길 예정이었고, 차를 몰고 우리를 맞이하러 나왔다.

하스 교수는 우리를 라이프치히 시내와 할레대학으로 안내하며 새로 지어진 법대 건물과 도서관, 연구실을 소개해 주었다. 라이프치히 중앙역은 독일에서 가장 큰 역 중 하나로, 통일 이후 현대식 상점들이 들어서면서 동독지역 경제 발전의 축이 되고 있었다. 라이프치히와 할레 사이에는 대형 공항이 건설 중이었고 고속도로도 확장되고 있었다.

아쉬운 점은 동독 민주화 운동의 상징이었던 니콜라이 교회 앞을 들를 시간이 부족했다는 것이다. 라이프치히는 제국법원이 있던 유서 깊은 도시로, 통일 후 연방행정법원이 일부 이전해 왔으며 앞으로 더 많은 기능이 옮겨올 계획이라는 설명을 들었다. 칼스루헤에 있는 연방대법원을 라이프치히로 이전하자는 의견도 있지만, 판사들의 근무지 이전에 대한 거부감 때문에 실현 가능성은 높지 않다고 한다.

통일 이전 동독의 법과대학 구조에 대해서도 흥미로운 이야기를 들었다. 베를린대학은 주로 법관을, 라이프치히와 드레스덴대학은 검찰관을, 할레대학은 경제 변호사를 양성했으며 연간 법률가 배출 수는 1,000명 내외였다고 한다. 이는 뮌헨대학 한 곳에서 배출되는 수보다 적은 규모였다. 통일 후 동독 출신 교수들이 대거 자리를 떠났고, 할레대학의 경우 20여 명의 교수 중 법제사 담당 교수 단 한 명만이 자리를 지켰다고 한다. 이 과정에서 서독 출신 교수 부임에 대한 동독 출신들의 신경

질적인 반응도 있었다는 뒷이야기를 들을 수 있었다.

베를린으로 향하는 열차에 몸을 실어 저녁 8시 무렵 도착한 베를린은 1994년 말 가족과 방문했을 때와는 비교할 수 없을 정도로 활기찼다. 1999년 수도 이전을 전후해 도시 전체가 거대한 공사장처럼 역동적으로 변모하고 있었다.

평소 친분이 있던 주독일 한국대사관 남창현 상무관이 동물원(Zoologischer Garten) 역까지 마중을 나와주었다. 한식당으로 이동해 취재 차 나와있던 조선일보 기자, 대사관 직원들과 저녁 식사를 하며 담소를 나누었다. 남 상무관은 베를린 시내 야경 드라이브를 함께해 주었는데, 찰리 검문소를 지나 학생들이 묵는 구동독지역 오스트반호프 인근 호스텔을 찾는 길은 생각보다 쉽지 않았다. 구동독지역은 여전히 공중전화조차 부족한 등 사소한 불편이 남아있었다. 그날 밤, 학생들과 맥주를 나누며 동서독을 가르던 장벽 인근에서 숙소의 불을 끄고 하루를 마무리했다.

• 작센하우젠, 포츠담 광장, 그리고 통일 독일의 자화상

14일 아침 각조는 베를린 곳곳을 둘러보기 위해 흩어졌다.

나는 운터 덴 린덴(Unter den Linden)을 거쳐 베를린 교외의 작센하우젠(Sachsenhausen) 나치 수용소로 향했다. 스산한 날씨 속에 수용소 길을 걸으며 당시 피해자들의 심정을 헤아려 보았다. 독일 사회가 자신의 과오를 외면하지 않고 직시하며 반성하려는 태도는 전시된 기록물을 통해 뚜렷이 느껴졌다.

아이러니하게도 이들을 해방시킨 러시아가 전후에는 다시 동독을 점령해 인권을 억압하는 체제를 구축했다는 점을 떠올리며, 20세기 독일이 직면했던 극우와 극좌의 폐해를 생각해 보았다. 독일은 반법치국가적 불법체제를 법치주의 틀 안에서 성공적으로 청산해 나가고 있었다.

이후 방문한 포츠담 광장(Potsdamer Platz)에는 소니의 최첨단 건물과 거대한 고속철도 인프라가 구축되고 있었다. 미래를 내다보는 과감한 투자 앞에서 절로 부러운 마음이 들었다. 이러한 경험은 경제력, 민주주의, 법치주의가 통일의 핵심 토대임을 다시금 확인시켜 주었다.

저녁에는 '서울관'에서 남 상무관과 함께 학생들을 격려하며 식사했다. 독일식 계산 방식에 따라 식사 비용은 내가, 추가 음료 등은 학생들이 부담했다. 이후 쿠담(Ku'damm) 거리를 산책하고 조로기 역 인근에서 가벼운 음료를 나누며 안주 주문이 필수가 아닌 독일의 합리적인 술 문화를 경험했다.

• 기행을 마치며

야간열차를 타고 새벽 프랑크푸르트 중앙역에 도착했다. 나는 한 학생과 함께 추억이 서린 하이델베르크를 다시 찾았다. 겨울 특유의 고요함이 감도는 성(城) 안에서 따뜻한 글뤼바인(Gluhwein)을 마시고, 넥카강과 구시가지를 내려다보았다. 철학자의 길(Philosophenweg)을 걷고 넥카강변 초지인 비제(Wiese)를 가로지르며 변치 않는 풍경의 힘을 새삼 느꼈다.

저녁에는 프랑크푸르트 유스호스텔에 모든 인원이 모여 기행 평가회를 열었다. 각조의 관찰을 공유하며 부족한 부분을 보완하는 뜻 깊은 시간이었다. 독일에서의 마지막 밤을 와인 한 잔과 함께 마무리하고, 다음 날 모스크바를 경유해 무사히 귀국했다.

독일은 법적 통일 후 10여 년이 지난 시점에서 경제적 후유증을 극복하며 재도약하고 있었다.

진정한 내적 통합까지는 시간이 더 걸리겠지만, 그들의 통일은 축적된 경제적 역량과 민주적 헌법 질서가 결합된 '준비된 결실'이었다.

독일 통일은 폭력이 아닌 법과 절차를 통해 이룩한 민주적 정당성에 기반한다. 기행 중 만난 독일인들은 통일이 인류사적 관점에서 바람직한 진전이라는 데 이견이 없었다. 대규모 인프라 투자와 3%대의 성장률은 통일 비용을 미래를 위한 투자로 인식하는 태도를 보여준다. 구동독 주민들을 민주 법치국가의 시민으로 편입시킨 점은 인류사적 진보라 할 수 있다.

2025년 11월 초순에 가족과 만하임, 밤베르크, 뮌헨을 여행하며 처음 찾은 밤베르크(Bamberg)를 제외하고는 다시금 익숙한 풍경들을 마주했다. 사반세기가 훌쩍 지날 정도로 오래된 기행기라서 이 책에 수록할 것인지 고민하면서도 이를 정리하는 이 순간 당시 독일 사회를 둘러보며 던진 통일에 대한 질문은 여전이 유효하다.

우리에게 통일이란 무엇인가? 통일 이후의 사회를 떠받칠 경제력·민주주의·법치주의는 얼마나 단단한가? 결론적으로 평화적이기만 하면 어떠한 통일도 좋다는 '통일 환상론'은 배격해야 한다. 나는 통일방식을 논의하기 전에 먼저 통일 이후의 국가상(國家像)을 명확히 하는 것이 순서라고 생각한다.

제5장

서평과 시세계

1. 서평

AI시대 법적 난제 해결 위한 전략적 지침서
박노형 고려대 로스쿨 명예교수 저 《EU AI법 개론》

박노형 고려대학교 명예교수님의 《EU AI법 개론》(박영사, 2025, 486쪽) 출간은 우리 법학계에 매우 반가운 소식입니다. 학문적 전통이 깊은 서구와 달리, 우리 사회에서는 대학에서 정년을 마친 후 연구를 멈추고 학문과 거리를 두는 경우가 흔합니다. 그러나 저자는 이러한 기존의 통념을 넘어, 정년 이후에도 변함없는 학문적 열정과 실천적 소명을 이어가고 있습니다.

저자이신 박노형 국제조정센터 이사장으로부터 직접 증정받은 이 책을 펼쳐 읽으니, 법학을 함께하는 동학(同學)으로서 깊은 경의를 표하지 않을 수 없습니다.

EU AI법은 세계 최초의 포괄적인 인공지능 규제법이며, 이미 엄격한 GDPR이 존재함에도 불구하고 개인정보보호에 관한 내용을 포괄하는 등 종합적인 규율 체계를 특징으로 합니다. 우리나라도 이에 발맞추어 '인공지능의 발전과 신뢰기반 조성 등에 관한 법률'을 제정하고 2026년 1월 시행을 앞두고 하위 법령의 제정을 준비하는 등 법제화의 막바지에 속도를 내고 있습니다.

이러한 중요한 시점에, 고려대학교 법학전문대학원과 일반대학원 등에서 AI법에 관한 강의와 연구를 병행하며 이 새로운 법 영역을 체계적으로 탐구한 본 저작의 출간은 학문적·실무적 측면에서 매우 시의적절하고 값진 성과가 아닐 수 없습니다.

저자는 《개인정보보호법》(2020, 박영사), 《국제상사조정체제: 싱가포르조정협약을 중심으로》(2021, 박영사) 등 20여 편의 저서와 다수의 학술논문을 발표한 바 있습니다. 특히 지난 10여 년간 개인정보보호법과 사이버보안 연구에 매진해 온 저자는 이번에 발간한 새로운 저서 《EU AI법 개론》을 통해 개인정보보호법과 사이버보안에 관한 법 등을 포괄하는 '데이터·디지털법'의 통합적 법체계를 제시하고 있습니다. 이는 AI시대의 법적 문제를 해결하기 위한 선구적 학문적 시도로 평가됩니다.

《EU AI법 개론》은 총 8장으로 구성되어 EU AI법의 구조와 내용을 방대한 분량 속에서 체계적으로 분석하고 있습니다. 이 책은 단순한 입문서의 영역에 머물지 않고, 법적 개념과 제도적 맥락을 세밀히 분석하고 있어 학술적 완성도가 매우 높습니다. 본 저서는 특히 다음과 같은 다섯 가지 측면에서 그 가치가 두드러집니다.

첫째, 국제통상법적 시야를 통한 글로벌 규범 분석을 하고 있습니다. 본서는 국제경제법을 전공한 저자의 통찰력이 돋보이는 부분입니다. 저자는 EU AI법을 단순히 역내 법규가 아닌 글로벌 규범으로 인식하며, 역외 적용(extraterritorial application)을 통한 EU 규범의 보편화 가능성을 정밀하게 논구하고 있습니다. 특히, 저자가 국제조정센터 출간 기념 토론회(2025년 11월 5일 개최)에서 강조했듯이, EU AI법의 영향은 네이버, 카카오와 같은 IT기업뿐만 아니라 EU에 제품을 수출하는 현대·기아(자동차), 삼성전자·LG전자(가전, 로봇), 삼성메디슨(의료기기), HD현대(중장비) 등 제조업체 전반에 미치게 됩니다. 저자는 이 책 서두에서 EU AI법이 소프트웨어나 서비스 규제를 넘어 제품안전법(product safety regulation)으로서의 성격을 지니고 있음을 역설합니다.

둘째, 개인정보보호 및 사이버보안 등과의 유기적 연계성과 통합적 조명을 시도하고 있습니다. GDPR, AI시스템의 데이터 처리, 알고리즘 투명성 등 주요 쟁점을 통합적으로 조명하여, 지능정보사회에서 법체계의 상호작용을 입체적으로 보여주고 있습니다. AI시스템이 방대한 개인정보를 처리하는 만큼, AI법의 의무는 GDPR의 의무와 긴밀하게 연결될 수밖에 없습니다.

본서는 데이터 거버넌스, 생체인식정보 처리 조건, 기술 문서 요건 등에서 두 법이 어떻게 중복되거나 상호 보완하는지를 심도 있게 검토하고 있습니다.

셋째, 법제도 설계에 기여하는 실무적 유용성이 있습니다. 1990년부터 35년 이상 대학에서 연구와 교육행정에 종사하면서 쌓은 다양한 정부 자문 활동 경험을 토대로, 우리의 AI법제도 설계와 구축에 도움이 될 수 있는 실질적인 통찰을 제공하고 있습니다. 특히 AI시스템의 4단계

위험 분류-즉, 용납할 수 없는 위험(Unacceptable Risk), 고위험(High-Risk), 제한적 위험(Limited Risk), 최소 위험(Minimal Risk)와 각 단계별 규제 강도를 상세히 해설하고 있어, AI시스템의 개발·배포 과정에서 마주치는 구체적인 법적 이슈에 대한 지침서로도 손색이 없습니다. 더불어 'AI시스템'(최종 목적의 완제품)과 '범용 AI 모델'(AI시스템의 기반)로 이분화 된 이중 규제 구조를 명확히 해설하여, AI기술의 생애주기를 따라 상류의 모델 제공자와 하류의 시스템 제공자·운영자에게 각기 다른 책임이 부과되는 메커니즘을 이해할 수 있도록 안내합니다.

넷째, 비교법적 통찰은 우리나라 인공지능법의 제·개정에 시사점을 주고 있습니다. EU AI법 분석을 통해 우리나라가 새롭게 추진 중인 AI법의 제정과 개정에 활용할 만한 비교법적 통찰과 비판적 성찰을 제시하고 있습니다. 특히 본서의 '고위험 AI'에 관한 규정의 상세한 해설은 한국 AI기본법의 '고영향 인공지능'에 관한 규정의 해석과 적용에 도움이 되는 길잡이 역할을 하게 될 것입니다. 또한 부속서 I, II, III, 유럽위원회의 위임입법과 이행입법, 자발적 실무 강령 등 미래 지향적이고 유연한 법적 접근 방식을 소개함으로써, 향후 국내 입법과 정책 설계에 귀중한 자료가 될 것입니다.

다섯째, 해석 도구의 활용을 통해 복잡한 규제체계를 쉽게 이해하도록 하고 있습니다. 본서는 예컨대 AI시스템의 이용 주체인 'Deployer'를 사전적 직역인 '배포자' 대신 AI법에 규정된 정의와 역할의 실질을 반영하여 '운영자'로 표기하고, 'Operator'를 AI생태계의 다양한 주체를 포괄하는 '사업자'로 번역하는 등 전문 용어의 선택에 고심한 흔적이 역력합니다. 아울러 법적 구속력은 없지만 핵심 개념과 해설을 제공하는 180개 항의 상설(Recital)을 함께 참고하도록 하여, AI법의 입법 배경과 올바른 해석을 제공합니다. 이는 복잡한 EU법의 규제 체계를 이해하는 데 큰 도움을 줍니다.

본서의 깊이와 내용의 풍부함에 비추어 볼 때 '개론'이라는 제목의 표기는 저자의 깊은 겸손함을 보여주는 표현으로 읽힙니다. 오히려 이 책은 EU AI법에 대한 포괄적이고 심층적인 연구서로 평가되어야 마땅합니다. 저자의 학문적 열정과 탐구의 결실인《EU AI법 개론》의 발간을 다시금 축하드리며, AI법에 관심 있는 독자들에게 일독을 강력히 권합니다. 무엇보다 EU 규제 체계의 정수를 한눈에 조망하려는 연구자에게는 필수 참고도서이자, 법률 실무가에게는 고위험 AI시스템의 규제 요건과 법적 대응을 정리한 실천적 지침서로 기능할 것입니다. 나아가 법학전문대학원 재학생들에게는 인공지능법이라는 첨단 법영역을 체계적으로 습득할 수 있는 교재로서 유익합니다.

특히 EU AI법이 제품안전법으로서의 성격을 지니며, 이로 인해 한국의 주력 제조업 전반에 걸쳐 광범위한 영향을 미칠 것이라는 저자의 통찰은 우리 산업계와 법조계가 깊이 새겨야 할 중요한 메시지입니다. 이 책이 향후 우리나라 인공지능 법제 발전의 중요한 초석(礎石)이 되기를 기대하고 희망합니다.

출처 김용섭, 《EU AI법 개론》 서평, 법률신문 2025.12.20.

2. 나의 시세계

그리움의 언덕 _ 지구문학 2025년 가을호

서초동 분토골(富谷) 언덕 위 버스정류장에서
한 소년이 신작로의 끝을 바라본다
저 멀리서 일어나는 자욱한 먼지 바람
기다리던 버스가 다가오는 반가운 신호이다

한 시간 간격으로 버스가 다가올 때마다
오후에 오신다는 아버지가 내리시는지 성큼 다가선다
예고 없이 그냥 마중 나온 애틋한 마음이
버스를 떠나보내고 또 보내며 서성인다

이번에는 동네마을 한 어르신이 내리고
버스는 문이 닫힌 후 언덕 너머 옆 마을로 사라진다
아들이 마중 나온 줄 모르는 아버지는 언제 오시려나
혼자서 오랫동안 그 자리를 떠나지 않는다

서서히 바람이 불고 해가 산 너머로 기울어도
이번에는 오시겠지, 발걸음을 집으로 향하지 않는다
저녁노을이 찬란하게 언덕을 물들일 때

마을의 집집마다 저녁밥 짓는 연기가 피어오른다

그 소년은 여전히 바람 부는 언덕에서
선물을 들고 올 아버지를 하염없이 기다린다
시간은 흘러가고 어둠이 몰려오지만
기다림은 그리움 되어 그 자리에 계속 남는다

독락(獨樂)의 공간 _ 지구문학 2025년 가을호

천명(天命)을 아는 때가 왔다
책으로 가득한 집과 넓은 마당을
충실히 집 지키는 개 한 마리와 함께
산간마을에서 홀로 누리는 기쁨

책장 넘기는 서재 공간에
선선한 바람이 어디선가 불어와
대숲 사이 속삭임이 함께하며
가을밤 풀벌레 소리와의 어우러짐

세상의 번잡함은 멀어지고
어두운 밤하늘 별이 총총 빛나는 순간
가끔씩 개의 짖음은 각성의 종소리로 퍼지고
나를 잊고 자연과 하나 되는 시간

아무도 모르는 고요한 시골 마을에서
마음의 평화를 찾고 자연과 함께하는
소박한 일상에서 나이 들어 터득한 지혜
그것은 독락(獨樂)의 공간에서의 참된 즐거움

숲속에서 _ 지구문학 2025년 가을호

숲은 언제나 그 자리
나에게 묻지 않는다
"왜 이제야 찾아왔느냐고,
그동안 어디에 머물렀느냐고"

솔샘 흐르는 숲 사이로
바람은 세월처럼 빠르게 달리고
계절은 늘 자신의 색깔로 다가와
살며시 나뭇잎 위에 속삭인다

힘겨웠던 날들
나는 그곳에 와서 멈추어 쉬었고
힘들었던 계절들은
몹시 견디기 어려웠지만
모든 것을 내려놓으라고 위로 받았다

숲은 여전히 그 모습 같지만
생명으로 숨 쉬며 변한다
매번 새로운 얼굴로
나직하게, 깊게, 부드럽게
언제나 나를 일깨운다

화계사 가는 길 _ 지구문학 2025년 가을호

서경대 버스종점 커피 향 머무는 아침
화계사로 향하는 발걸음이 함께 모여
둘레길 따라 처음 마주한 가파른 언덕길
병마로 힘든 날 그 언덕 멀게만 느껴지고
골고다의 언덕처럼 힘들게 걸었던 그때
이제는 역사(力士) 되어 바람결처럼 가벼운 걸음으로

정릉 생태 숲 놀이터에서 여러 갈래길
직진의 길도, 우회의 길도 있지만
그늘진 왼편 나무로 만든 편한 길을 택하네
솔샘의 나무 우거진 벤치에 앉아 일행이 말을 나누며
나무 사이로 스며드는 구름과 빛을 바라보다
다시 일어나 산책로를 정겹게 걷노라

칼바위 능선 지킴 터에서 산정으로 오르지 않고
우측 샛길 따라 약수터 지나 굽이 돌면
그곳이 화계사로 이어지는 오솔길
동쪽을 멀리 내다보는 보금자리에
공초(空超) 오상순 시인의 혼이 잠든 언덕 거쳐
빨래골의 맑은 물소리에 마음의 때를 씻고

둘레길 오르막 끝에서 숨을 고르면
북한산 전망대가 올라오라 손짓하네
삼각산과 도봉산의 우뚝한 산세의 위용
멀리 아득한 천마산과 가까이 정겨운 수락산
서울 북동녘 풍경을 한눈에 담고
발걸음을 내리막으로 향하니 화계사 경내로구나

추사(秋史) 김정희 선생의 글씨가 대방에 걸려있고
국제선원의 현판에 새겨진 '세계일화(世界一花)'
일체 세상은 하나의 꽃이 아닌가
길은 천 갈래 만 갈래로 갈라져도
여러 강이 바다로 모여들 듯
한 송이 꽃으로 피어나는 사바세계(娑婆世界)여

언덕 위의 바람 _ 지구문학 2025년 가을호

폭풍의 침묵이 고동치는 언덕

나아갈 방향과 길을 찾지 못한 소년은

그곳에서 삶의 나침반을 들여다본다

어느 별을 보고 어두운 밤길을 헤쳐 가야 하는가

거센 바람이 노년의 외투에 부딪쳐

이 연약한 육신을 흔들어도

고통이라는 연금술사가 연단한 날들은

정수리에 새겨진 경전처럼

내 가슴 깊은 곳에 지혜의 나이테를 새겨놓았다

언덕 위의 바람은 이제 잔잔히 불어오고

창공을 유영하는 구름들은

덧없음이라는 진리의 전령이 되어

"만물유전(萬物流轉),

모든 것은 흘러간다"고 속삭인다

숲이 연주하는 바람의 앙상블 속에서

음악이 연주하는 곳마다 희망의 길이 펼쳐지고

나는 시간의 강물을 바라보며

영원회귀(永遠回歸; Ewige Wiederkunft)와 윤회를 떠올린다

세월의 끝없는 순례자로
한 곳에 머물지 않고
운명의 바람에 맡겨 정처 없이 떠돌았지만
그 모든 방랑 끝에
수구초심(首丘初心)의 고향언덕이 날 기다리네

중문의 별빛 _ 법조신문 율사문학 2026. 3.

중문 바닷가를 혼자 걷다가
외딴 벤치에서 별빛을 마주하니
밤의 숨결이 조용히 스며든다.

가로등 불빛이 바람에 떨리고
파도 소리가 멀리서 다가와
해변가 적막을 부드럽게 흔든다.

오래된 기억의 잔편들이
유년의 언덕에서 날리던 연처럼
묶였던 실타래가 서서히 풀린다.

창공의 어둠이 깊어질수록
별빛은 가슴속으로 스며들어
마음 깊은 적요가 자리를 잡는다.

바람이 성좌를 스쳐 지날 때
우주의 흐름과 내면의 물결 따라
별과 내가 맞닿아 있는 자리를 바라본다.

부록 인터뷰와 대담

1. 월간바둑 특별인터뷰(2009년 1월호)

'바둑특별법' 제정이 향후 중요과제

김웅섭 교수(전북대 법대, 변호사)를 처음 만난 때는 2007년 6월 경 '사단법인 한국스포츠엔터테인먼트법학회'가 주최한 학술대회에서 '바둑문화진흥을 위한 법정책적 과제'라는 논문을 발표한 시점에서였다. 김 교수는 2008년 10월 31일 국회에서 열린 '한국바둑의 세계화를 위한 프로기사 행정적 지원 논의'라는 정책세미나에서 '바둑문화의 진흥을 위한 특별법 제정의 필요성과 입법 방향'이라는 제목으로 기조 발제를 맡았다.

기온이 영하 13도까지 내려간 12월 6일 토요일 아침, 김 교수가 20여 년 가까이 거주하고 있는 과천의 한 커피숍에서 인터뷰를 위해 다시 만났다.

"1958년 무술생으로, 현재 전북대에 재직하고 있지만 서울 서초동에서 태어나 어린시절을 그곳에서 보내서 제 고향은 서울입니다."

"원래 전공이 행정법이시죠? 그런데 바둑에 대해서도 해박하신 데 놀랐습니다."

"저는 다양한 취미가 있는데 바둑도 그중 하나입니다. 바둑은 아마 4단 정도 됩니다. 국민대 김동훈 교수와 서강대 김상수 교수 그리고 대전고등법원 안철상 부장판사가 제 맞수죠. 행정법이 제 주된 전공입니다만, 1999년에 경희대 교수시절 스포츠법에 관한 강의를 맡으면서 스포츠법 연구를 시작했습니다. 당시만 하더라도 국내에 스포츠법의 연구 상황은 황무지였는데, 그해 연말 한국스포츠법학회 창립에 참여하면서 그동안 스포츠에 관한 논문도 10여 편 가까이 발표했습니다. 바둑에 관한 논문을 작성하는 경우에도 법적으로 다룬 논문은 거의 없었지만, 외국의 체스에 관한 문헌이나 국내외 바둑에 관한 자료를 확보하는 것은 물론, 인터넷을 통한 데이터 수집과 관련 분야 전문가 및 해당 부처의 담당관 등에게 궁금한 사항에 대하여 문의하는 방법 등을 통해 바둑계의 현황과 문제점에 대하여 파악하고 있기 때문일 것입니다."

병무청은 대한바둑협회의 대한체육회 준가맹과 2010 광저우 아시안게임에 바둑이 정식종목으로 채택된 것을 이유로 후지쓰배와 응씨배 2위까지 주어지던 병역대체 복무를 폐지하겠다는 방침을 통보해 왔습니다.

"종전의 프로기사에 대한 병역혜택은 일부 규모가 큰 국내기전에도 확장할 필요가 있는데, 오히려 병무청이 병역대체 복무를 폐지하겠다는 것은 이해할 수 없는 조치라고 봅니다. 세계바둑을 제패하여 국위를 선양한 경우에 병무청이 병역혜택 여부를 결정하도록 하는 것보다는 아예 병역법에서 세계대회에서 2위 이상을 한 프로기사에 대하여 병역 혜택의 부여를 위한 근거 규정을 명문화할 필요가 있다고 봅니다. 바둑을 문화예술적 성격을 부인하고 완전히 체육으로만 보아 그러한 방침 변경은 문제가 있다고 봅니다."

"바둑을 전면적으로 스포츠나 체육으로 보는 데는 법체계상 무리가 따른다고 하셨는데요."

"태권도 같은 경우는 스포츠와 전통무도의 요소를 다 가지고 있는데, 태권도진흥법을 제정한 셈이고, 전통무예의 경우에도 전통무예진흥에 관한 법률이 제정되어 있는 상황입니다. 저는 우리 문화의 우수성을 세계에 드높이고 있는 바둑도 체육이냐 문화예술이냐 하는 어느 한쪽의 측면으로만 바라볼 것이 아니라 별도의 바둑문화진흥을 위한 특별법을 제정하여 국가적으로 이를 지원하고 장려하여야 한다고 생각합니다."

"기존의 국민체육진흥법이나 스포츠산업진흥법 하에서 바둑은 사실상 법률적 사각지대에 있는 형편이니 태권도의 경우와 같은 특별법 제정이 필요하다고 주장하신 취지도 거기에 있는 것이겠군요."

"그렇습니다. 바둑을 국민체육진흥법이나 스포츠산업진흥법의 체계에 편입될 수 있다면 여러 가지 바둑에 대한 행정적, 재정적 지원이 뒤따를 수 있다고 봅니다. 가령 국민체육진흥법에서 우수용품에 대한 지원사항이나 국제경기에 나가 입상한 경우에는 경기력 향상을 위한 지원금을 프로기사 등이 받을 수 있게 되거든요. 문제는 바둑문화진흥을 위한 특별법의 제정 이전에 바둑계가 바라는 지원을 체육법제에 반영시켜 관철할 수 있느냐 하는 것입니다. 체육예산이나 국민체육진흥기금은 한정된 자원이기 때문에 결국 체육계에서 바둑에 대한 지원으로 인해 몫이 줄어드는 문제가 있어 기존의 체육계의 반대가 만만치 않습니다. 그렇지만 정부가 바둑을 체육으로 보는 한, 행정적 및 재정적 지원에 있어 차별이 있어서는 곤란하다고 생각합니다."

"바둑을 체육으로 보아 국가적 지원을 받는다는 것은 비교적 신참격인 바둑계가 이루기에는 좀 어려운 점도 예상이 되네요."

"그래서 그런 정책적 노력의 주체는 바로 문화체육관광부가 되어야 하는 것이죠. 바둑을 진흥할 필요성에 대한 인식과 사회적 공감대 형성이 중요하고, 특히 주무 부처의 장관, 국장 등이 바둑의 중요성을 인식하여 특별법 제정을 하도록 설득할 필요가 있습니다. 법률을 제정하는 길이 주무부처를 통하여 국회에 제출하는 방법도 있지만, 주무부처에서 소극적일 경우에 의원입법의 형태로 법률을 내놓는 것도 많이 활용하는 방법입니다. 사실 바둑문화진흥은 국가가 정책적으로 이슈화 할 수 있는 현안인데, 다만, 지금은 경제가 어려운 시기이기 때문에 특별법의 제정은 사회적 공감대를 얻어내기 쉽지 않을 것입니다. 따라서 경제 여건이 좋아질 경우를 내다보면서 그 입법의 필요성을 계속 인식시키고, 특별법 제정을 준비해 나가는 것이 필요하다고 봅니다. 통상적인 서명작업보다는, 왜 그와 같은 특별법을 만들어야 하는지, 특별법을 제정하면 어떠한 점이 달라지는지, 프로기사만을 위한 것은 아니라 한국바둑의 지속적인 발전에 어떠한 기여가 있으며, 한국바둑의 우수성을 세계 속에 전파하는 것이 손쉬워진다는 점 등에 대하여 한국기원이 적극 나서서 홍보하고 여론형성을 주도해 나가야 한다고 생각합니다."

"프로게이머가 공군의 ACE팀에서 활동하는 경우는 바둑인들도 희망하고 있습니다."

"공군 ACE팀에서 활동하는 프로게이머가 그 기량을 계속 유지하도록 하는 것이 공익에 합치한다고 전략적으로 판단한 사례입니다. 공군의 e-스포츠병에 프로게이머에 한정할 것이 아니라 이에 프로기사도 포함시키거나, 아니면 육군이나 해군에 공군 e-스포츠병과 같은 바둑병과를 신설하여 프로바둑선수들도 계속 바둑을 둘 수 있도록 한다면 병역법상의 병역혜택을 축소하더라도 큰 문제는 없다고 할 것입니다"

"태권도특별법이 제정은 되었지만 국기원 쪽 문제가 순탄치 않다는 보도가 있었습니다."

"태권도법은 원래 동계올림픽 개최 후 제기 문제를 둘러싸고, 무주가 평창에 양보하는 대신 태권도 공원을 유치하는 저간의 사정이 깔려 있는 것으로 알고 있습니다. 바둑도 태권도와 비견되므로, 바둑계에서도 바둑의 해외 진출 필요성 등 공익적 이슈를 만들어 특정 지자체와 win-win 전략을 추진할 필요가 있습니다. 지자체에서 한국기원의 바둑회관 등을 유치할 가능성이 높기 때문에 생각외로 해당 지자체가 만들어내는 동력은 만만치 않습니다. 다만, 바둑문화진흥을 위한 특별법이 제정되어 국가의 재정적 지원이 따르게 되면 어느 정도 정부의 감독이 강화되는 것은 감수해야 합니다. 국기원처럼 특수법인화되면 주무부서인 문화체육관광부가 한국기원의 임원 등에 대한 영향력을 행사할 가능성이 있습니다."

"바둑문화진흥을 위한 특별법의 제정까지는 어떤 일정을 예상할 수 있겠습니까"

"무에서 유를 만들어내는 것이기 때문에 바둑문화진흥을 위한 특별법을 제정하려면 시간이 얼마나 걸릴지는 예상하기 어렵지만 대략 3년 정도를 예상하면 어떨까 합니다. 외부 전문가에 의뢰하여 법률안 초안을 만들고, 이를 토대로 공청회도 하고 여론을 형성해 나가면서 주무부처인 문화체육관광부 담당자들과도 입법 필요성에 대하여 설득하고 협력체계를 구축할 필요가 있습니다. 주무부처를 통하여 법률안이 성안되어 국회에 제출되면 더할 나위 없겠습니다만, 여의치 않은 경우에는 의원 입법을 통한 법제화입니다. 대략적으로 발의하기까지 약 1년 정도 걸리고, 국회의 상임위원회 등을 거쳐 법률안이 통과되기까지 국회심의기간 등을 감안하면 위에서 말한 상당한 기간이 소요된다고 보시면 됩니다."

"시간이 꽤 걸리는 과제가 되겠군요."

"18대 국회 회기 내에 바둑문화진흥을 위한 특별법을 제정하는 것을 목표로 하는 것을 조언하고 싶습니다. 한류처럼 해외로 뻗어나가는 한국바둑을 생각해 보십시오. 태권도가 해외에 진출하여 세계화한 것처럼 한국바둑도 가능성이 충분하지 않습니까. 바둑계의 의지와 결단이 최우선이며 바둑을 이해하는 사람들의 의지 표명이 뒷받침되어야 합니다. 한국기원에서 관련 전문가로 구성된 TFT를 구성하면 좋겠습니다. 문화체육관광부의 바둑문화진흥을 위한 정책적 아이템으로 부각되어 행정적 또는 재정적 지원이 뒷받침된다면 어쩌면 별도의 특별법의 제정을 하지 않더라도 목적을 이룰 수 있을지도 모릅니다."

인터뷰/ 김종렬(한국기원 홍보기획팀 차장)

2. 법률저널 스포츠 법률서비스 인터뷰(2002년 12월 4일)

무분별한 선수 계약으로 법률전문가 요구 많아
엠부시마케팅, 방송중계권 등 파생 서비스 고려

국내 법률서비스도 종래의 민·형사 사건 일변도의 패턴에서 다양한 법률서비스 분야로 확산되어가고 있다. 법무법인 아람의 김용섭 변호사(26회 사법시험)는 법제처와 대학에서 행정법에 관한 연구를 해 행정소송 사건에 대해 전문적인 영역을 구축했다. 이와 더불어 국내에 황무지나 마찬가지인 스포츠법 분야를 특화할 계획을 세우고 있다.

그동안 한국스포츠법학회 활동과 연세대 스포츠법 강의를 통해 쌓은 경험을 기반으로 스포츠 법률 서비스 시장 진출을 시도하고 있다. 최근 무분별한 스포츠 에이전트로 인해 피해를 입는 프로선수들이 급증하고 있어 전문적인 법률 서비스에 대한 수요는 높은 편이다.

아직은 초기 시장

1999년 기준으로 스포츠 산업의 시장 규모는 약 11조 2,693억 원에 이른다. 스포츠 용품 시장이 이중 36.3%, 스포츠 시설업이 46.6%, 스포츠 서비스업이 약 17.1%를 차지하고 있다. 그러나 프로스포츠가 활성화되고 관련된 스포츠 정보, 마케팅 산업이 성장하면서 스포츠 서비스업의 비중이 커질 것으로 예상되고 있다. 이렇듯 바탕이 되는 스포츠 시장은 점점 성장세에 있지만 스포츠 법률 서비스 시장은 아직 걸음마 수준이다. 국내 시장의 경우 통일계약서 등에 따라 선수 계약이 이루어지는 등 스포츠 에이전트로서 활약하는 변호사가 거의 없다. 김용섭 변호사는

"현재는 영세한 스포츠 에이전트가 선수 이적 등의 문제를 처리하고 있으나 법률 전문가의 도움을 받아 선수계약서 등을 검토할 필요성이 커져가고 있다"며 "앞으로 자유계약 선수가 많이 배출됨에 따라 향후 법률적 마인드와 지식을 갖춘 스포츠 에이전트가 많이 요구될 것"으로 예상하고 있다.

스포츠에 대한 이해와 광범위한 인맥 구성 필요

이 시장에 진출하기 위해서는 스포츠를 둘러싼 제반 법률 문제에 대해 조언하거나 계약 체결할 때 자문 역할을 해야 하기 때문에 스포츠 법에 관한 법률적 소양을 기본적으로 갖출 필요가 있다. 또한 박찬호, 박세리, 안정환 등 국내 선수의 해외 진출이 빈번히 발생하기 때문에 외국어 구사능력과 협상능력이 중요시된다. 김 변호사는 "법률적 소양도 중요하지만 무엇보다도 스포츠에 대한 이해와 체육계 관계자들과의 광범위한 인맥 구성이 중요하다"고 말했다.

박세리와 삼성간 스폰서 계약에 참여

김 변호사가 속해 있는 법무법인 아람이 스포츠 법률 서비스에 적극적으로 나서고 있는 입장이지만 아직까지는 법률 자문 단계에 머물러 있는 수준이다. 지금까지 골프장 관련 원인자 부담금에 관한 의견서 검토, 외국용병 농구선수에 대한 자문 등을 해 왔다. 최근에는 박세리 선수와 삼성간의 스폰서 계약 문제가 있을 때 법률 자문을 하는 등 조금씩 시장 참여에 나서고 있는 상태다.

방송중계권 등 서비스 영역 넓어

그동안 스포츠 시장은 법이 개입할 곳이 아니라는 관행이 있었고 사실상 프로선수의 권익이 제대로 보장되지 못하고 있었다. 최근 프로선수들의 해외 이적시 스포츠에이전트의 무분별한 선수 대리로 선수가 피해를 입는 경우가 발생하고 있다. 김 변호사는 "선수와 스포츠 구단이 이젠 전문적인 법률가의 자문을 얻고 상호간 이득을 취할 수 있도록 해야 한다"며 "선수 계약뿐만 아니라 선수 초상권 등 지재권과 관련한 라이센싱 사업, 엠부시 마케팅, 퍼블리시티권 보호, 방송 중계권 등 스포츠 산업이 발전할수록 스포츠 법률가가 해야 할 일이 많다"고 말했다. 또한 "미래의 변호사들이 송무 이외 영역을 개척해 나간다면 미래 전망이 비관적이지 않을 것"이라고 당부했다.

법률저널 김병철 기자 bckim99@lec.co.kr

3. 시사법률 법조인 인터뷰(2005년 1월호)

체육관련 법령의 초석을 다지는 김용섭 변호사
오는 11월 동아시아 스포츠 법학자대회 열려

스포츠 강국이자 자동차 강국이기도 한 우리나라에서 자동차와 스포츠의 합일점은 아직 초보 단계 수준이다. 사단법인 한국자동차경주협회 고문변호사로 활동하고 있는 법무법인 아람의 김용섭 변호사는 그동안 연구해 온 행정법 분야 못지 않게 스포츠법 분야에도 열정을 쏟고 있다. 아직은 걸음마 단계인 스포츠법 분야의 전문가가 드문 현실에서 현직 변호사로 활동하는 보람과 한계를 들어 보았다.

법무법인 아람의 김용섭 변호사는 행정법과 스포츠법 사이를 동분서주하는 한편 의뢰받은 사건 수행으로 바쁜 일과를 보내고 있다. 법제처와 대학에서 오랜 세월 연구자와 교수로 일했던 그가 변호사들에게는 친정과 같은 서초동 법조타운으로 되돌아온 것은 불과 몇 해 전, 김용섭 변호사가 사법연수원을 수료하고 장교로 군복무를 마치고 변호사로 진출하던 1990년대 초반에는 선택할 수 있는 진로가 그다지 다양하지 않아 재조법조인과 재야변호사로 양분되는 게 일반적이었다고 한다. 요즘처럼 시민단체가 활발하게 움직이지도 않았고, 그나마도 형성 단계여서 법조인들의 조언을 묻는 단체도 많지 않았다고 한다. 일반적인 진로가 아닌 결정을 하게 된 동기를 당장 눈앞에 펼쳐진 이익보다는 장기적인 안목으로 바라볼 수 있었던 까닭으로 돌렸다.

사법시험에 합격하고, 사법연수원을 수료한 뒤, 관련기관 수습으로 2주 정도 법제처를 체험했던 김 변호사는 학구적인 분위기의 법제처에서 체육 관련 법령을 검토하고 교육부와 산업자원부 관련 업무를 담당했는가 하면 법제심사 업무와 국무총리행정심판위원회의 담당과장으로 일하기도 했다. 이때 주어진 독일 유학의 기회를 계기로 만하임대학교에서 행정법을 연구해 귀국한 뒤 경희대학교에서 학생들을 가르치게 됐다.

체육대학에서 먼저 시작한 스포츠법

경희대학교는 우리나라 체육학 분야에서 독보적인 위치를 점하고 있는 대학으로 체육학 교수들이 스포츠와 관련된 법학 과목을 개설해 줄 것을 의뢰해 왔다고 한다. 정작 법조계나 법학과에서 연구하고 설치해야 할 커리큘럼을 체육학과에서 먼저 요청해 왔고 평소 축구 등 스포츠에 관심이 많았던 당시 김용섭 교수가 이를 받아들인 것이다. 체육대학에서 법학수업을 진행하면서 체계적인 연구가 부족하다는 판단에 몇몇 대학의 법학 교수들과 협의해 '한국스포츠법학회'를 창립하기도 했다. 창립 과정에서부터 연구이사로 일하기 시작해 지금은 감사를 맡고 있는 김 변호사는 연기영 회장과 장재옥 교수의 노고를 소개하며 열악한 스포츠법학의 문제와 앞으로 해결해야 할 과제에 대해 긴 시간을 할애했다.

"얼마 전 아시아스포츠법학회 준비위원회를 결성하고 올해 11월에 서울에서 아시아스포츠법학자대회를 개최하기로 했습니다. 지금은 한국과 중국, 일본 세 나라의 스포츠법학자들이 중심이 되어 이끌어갑니다만, 궁극적으로는 아시아 여러나라의 스포츠법이 활발하게 교류되어야 하겠지요."

한국과 중국, 일본에서 각각 4명씩 준비위원회를 구성하고 준비해 온 아시아 스포츠법학회는 점차 블록화되는 스포츠 시장에 대해 동북아시아에서도 미리 대비를 해야 한다는 공통 인식을 바탕으로 국내외 스포츠 시장에 실질적인 도움이 되도록 연구방향을 현실화하고 있다고 한다. 우리나라에서도 기반조성 단계라는 스포츠법을 굳이 동북아 3개국이 모여서 체계를 잡아가야 할 필요가 있을까 싶어 너무 이른 것 아니냐고 묻자, "예를 들어 극동 프로리그 같은 것을 만드는 것도 생각해 볼 수 있습니다. 2002년 월드컵 대회를 기점으로 우리나라 선수들이 해외 프로리그에 활발하게 진출했는데요. 그에 따르는 선수 보호와 점차 개방되는 축구환경을 감안할 때 보다 구체적인 법체계가 필요하다고 봅니다."

현재는 대개의 경우 변호사나 법률 전문가의 개입 없이 운동선수와

에이전트 회사의 주먹구구식 계약으로 이루어지는 것이 일반적인 현상
이며, 계약 과정도 대부분 구단에서 제시하는 계약서에 도장만 찍는 형
식이라서 선수 입장을 충분히 반영하고 고려하지 못한다고 지적했다.
대안으로 튼튼한 공식 에이전트 제도를 도입하거나 계약과 진출 과정
에서 전문가의 조언을 구하는 분위기가 되는 것이 좋겠다고 제시했지
만, 연예계처럼 시장이 팽창하고 경제가치가 높아지지 않아 스포츠 전
문 법률가의 필요를 느끼는 경우가 그리 많지 않다고 한다.

  또한 스포츠 분야의 특성상 내부에서 해결하려는 움직임이 더 활발하
기 때문에 외부의 전문가를 필요로 하지는 않는 것 같다고, 그러나 막상
문제가 생기면 어디에서 조언을 구해야 할지 몰라 우왕좌왕하는 경우
도 있단다. 얼마 전 자동차경주에서 부상을 입은 선수와 협회와의 갈등
을 바라보면서 김 변호사는 앞으로도 부단히 공부해야겠다는 생각을
했다고 한다.

  "좋아하는 분야에 대해 10년 이상 꾸
준히 공부를 해서 해당 분야의 전문가가
된다는 생각으로 조금은 미쳐야 할 것
같습니다. 지속적인 노력이 없이 첫술에
배부를 수는 없겠지요. 과거에는 보장된
지위를 누리기 쉬웠던 변호사라는 직업
이 이제는 의뢰인들의 다양한 요구와 의
견을 반영하기 위해서라도 끊임없이 연
구하고 공부해야 하는 시대가 됐습니다.
저 역시 제가 선택한 행정법과 스포츠법
분야를 중심으로 다양한 사건을 수행할

수 있도록 쉬지 않고 연구와 신뢰를 쌓아가야 한다고 생각합니다."

스페셜리스트이면서 제너럴리스트를 추구하는 김용섭 변호사의 책장은 의뢰인들의 사건들이 담긴 수많은 서류들과 함께 최근 번역한 '문답 스포츠법'(손경한, 김용섭 공역, 법영사 펴냄)과 2000년부터 해마다 한 권씩 펴낸 '스포츠와 법'(한국스포츠법학회 펴냄) 그리고 오랜 시간 연구해 온 '행정판례평석'(한국 사법행정학회 펴냄)이 나란히 꽂혀 있다. 해마다 늘어가는 책장이 그의 일상을 방증해 주고 있다.

정진영 기자 │ **이정은** 사진기자

4. 오로바둑 서면인터뷰(2017년 1월 3일)

'바둑진흥법' 왜 필요할까
– 한국바둑의 세계화를 위한 제도적 발판… 2017년 바둑계의 과제

새해가 밝았다.

날자! 한국바둑이여 다시 한번 더 멋지게 날아보자꾸나!

바둑계가 위기라는 말이 꾸준히, 심심찮게 들린다. 필경 여러 가지 원인과 이유가 있을 것이다. 그렇다면 2017년 정유년(丁酉年)에는 어떻게 대처해야 할까. 기존 관념과 관성에서 벗어나 생각을 달리해 접근해 볼 점은 없을까. 내 안에서 쉽게 답을 찾지 못한다면 타분야에서 해법을 찾아보는 것도 좋은 방법이다. 타산지석(他山之石)의 관점에서 신년맞이 칼럼 두 편을 연재한다.

앞서 클래식 음악계에 몸담고 있는 피아니스트 유영욱 교수에게 '점차 줄어들고 있는 바둑계의 후원 문제'에 대해 조언을 구한 데 이어 이번엔 전북대

전북대 법학전문대학원 김용섭 교수는 아마5단의 기력을 자랑하는 바둑애호가다. 바둑애호가를 떠나 김용섭 교수는 오래 전부터 '바둑진흥법' 의 필요성을 역설해 왔다. 바둑진흥법 제정을 위한 토론회, 세미나마다 항상 그의 얼굴을 볼 수 있다. 바둑진흥법 제정에 열성을 다해 주춧돌을 놓고 있는 김 교수는 '2017년이야말로 조훈현 의원이 발의한 바둑진흥법을 통과시킬 절호의 기회' 라고 말하며 '이를 위해 바둑인이 한 마음 한 뜻으로 뭉쳐 의지를 보여야 한다' 고 성원을 당부했다.

2017년 정유(丁酉)년 새해가 밝았다. 정유년은 '붉은 닭' 의 해로, 닭의 울음소리가 어둠을 밝히고 새벽을 열듯이 국가적으로 화평하고 사회적으로 안정되기를 바라며, 바둑을 좋아하는 사람으로서 2017년에는 반드시 바둑진흥법이 통과되어 한국사회가 새로운 활로를 모색하기를 희망한다.

오늘날 바둑은 대중화된 생활문화의 일종이라고 할 수 있다. 바둑은 일상적인 삶의 바쁨 속에서 한적함을 유지하며 시름을 잊는 신선놀음이면서 도와 예를 추구하는 고품격 문화의 일종이다. 바둑은 수담(手談)으로 명명되듯이 소통과 커뮤니케이션의 수단이다. 세상사의 복잡함을 벗어나 격조 있는 삶의 가치를 구현해 내는 역할을 하기도 한다. 이처럼 바둑은 지역, 언어, 이념을 뛰어 넘어 흑백 상호간의 조화를 추구하는 품격 있는 노소동락(老少同樂)의 두뇌스포츠이다.

세계 해전사의 불세출의 명장 이순신 장군은 비 오는 날 부하들과 바둑을 두면서 보낸 장면을 난중일기의 여러 곳에 기록으로 남겨 두었다. 안평대군은 서체도 뛰어났지만 거문고와 바둑도 잘 둔 풍류객으로 알려지고 있다. 이처럼 조선시대의 선비들은 바둑을 두면서 국사를 벗어나 풍류를 즐기면서도 생각을 가다듬는 일석이조(一石二鳥)의 필수적인 활동이었다고 해도 과언이 아니다. 이처럼 바둑은 오랜 세대를 통해 지속되어온 전통문화의 일종으로 국가적으로 이를 지속적으로 보존하고 발전시켜 나갈 필요가 있다.

북송의 정치인이자 문인인 소동파는 세상사가 한판의 바둑안에 들어있다는 의미로 '세사기일국(世事棋一局)'이라고 말하였다. 그야말로 한판의 바둑 안에 인생의 애환과 드라마가 있는 것이다. 포석은 초년처럼 백지상태에서 미래를 전망하는 단계이고, 중반전은 중·장년처럼 현재의 치열한 삶의 행마를 보이는 단계이며, 끝내기는 노년처럼 살아온 과거를 반추해 보는 단계로 비유할 수 있다.

이처럼 인생의 축소판과 같이 흥미진진한 바둑은 무승부가 없이 반집이라도 반드시 승부가 나도록 되어있다는 점에서 스포츠로서의 특징을 지닌다. 그러나 바둑은 정신적 문화를 지향한다는 점에서 축구 등 전통적인 스포츠 종목과 동일한 범주로 놓을 수 없는 한계가 있다. 따라서 바둑은 문화와 스포츠의 두 가지 요소를 모두 갖고 있음에도 그동안 법적으로는 특별히 규율하지 않고 바둑계의 자율적인 영역에 맡겨두어 왔다.

바둑진흥법이 필요한 이유

(1) 바둑은 대중적 여가활동의 일종으로 긍정적 기능을 수행한다. 청소년기의 아이들은 불건전한 오락이나 게임에 빠지지 않고 판단력과

집중력 및 사고력을 기를 수 있다. 일반 사회인은 바쁜 일상에서 벗어나 여가 선용과 건전한 문화생활을 영위하게 되며, 노인들은 취미활동 속에서 시간을 효율적으로 보내면서 치매를 예방하는 등의 효과를 얻을 수 있다.

최근 느림의 철학에 따른 슬로시티와 삶의 여유(Slow movement) 현상의 전개에 따라 바둑이 새로운 조명을 받게 될 가능성이 높다. 우리의 경우에도 바둑진흥법을 법제화를 하여 국가차원에서 바둑문화 진흥을 정책적으로 추진할 필요가 있다.

(2) 알파고, 일본의 딥젠고 등 인공지능의 등장으로 인해 바둑에 대한 국민적 관심과 더불어 프로기사의 영역을 위협하는 단계에 돌입하였다. 한국바둑은 중국 및 일본과의 자존심을 건 최강국의 입지확보 차원의 도전과 인공지능의 시대에 효과적으로 대응해야 하는 새로운 도전에 직면하고 있다.

국내에서는 젊은층 바둑인구의 유입이 적고 바둑팬의 감소현상과 더불어 각종 신문사의 후원을 받는 국내유수 기전이 없어지는 등 한국바둑의 앞날에 대한 위기감의 징후가 드러나고 있다. 세계적으로 저변이 확대되고 있는 바둑의 지속적인 발전과 우리나라의 국제적 위상강화를 위하여 국가적 차원의 적극적인 바둑 진흥정책을 추진할 필요가 있으며, 이를 통하여 바둑의 세계화에 이바지할 수 있다.

(3) 국가가 바둑에 대한 지원정책을 지속적으로 안정적으로 추진하려면 법제화가 되어야 한다. 우리나라 법률중에 진흥이라는 제목이 들어간 법률이 김치산업진흥법, 인성교육진흥법 등 85개 정도가 된다. 바둑과 유사한 특징을 지니고 있는 태권도에 관하여는 이미 「태권도진흥 및 태권도 공원조성 등에 관한 법률」이 제정되어 2008. 6. 22.부터 시행되

고 있다. 또한 전통무예진흥법과 씨름진흥법도 이미 제정되어 시행되고 있다.

국가로 하여금 바둑진흥을 위한 중장기계획을 수립하도록 하고, 바둑전문자격제도의 마련, 국제교류 및 해외파견프로그램을 활성화 하는 등의 행정적·재정적 지원시스템을 갖추도록 하려면 바둑진흥법을 조속히 제정할 필요가 있다.

바둑진흥법이 만들어지면 바둑계에 어떤 점이 좋은가

바둑진흥법이 제정된다면 정부는 바둑진흥을 위한 기본계획을 수립하고 시행하며, 바둑문화의 발전을 위한 중장기 정책을 체계적으로 추진하면서 위기에 처한 한국바둑에 새로운 돌파구와 기폭제가 될 수 있다. 또한 바둑지도자 자격제도가 국가공인화가 되어 바둑전문인력이 늘어나게 되면서 일자리가 창출될 수 있다. 보조금의 지원과 조세감면의 근거 및 국·공유재산에 대한 무상양도를 추가적으로 마련할 토대를 형성할 수 있다. 이를 통해 바둑 인구의 저변확대가 마련되고, 아마바둑과 프로바둑의 선순환이 이루어지게 되어 한국의 바둑계는 새로운 도약의 기회를 맞이하게 될 것이다.

나아가 한국바둑의 저변이 강해지면서 사회전반에 건전한 기풍이 형성될 수 있고 세계대회에서 중국의 독주를 막아 국민적 자부심을 느낄 수 있게 된다. 한국의 프로바둑이 여전히 세계적 강국이고, 한국문화의 해외확산을 위해 바둑의 국제교류와 해외에 바둑을 널리 보급해야 '한국바둑의 세계화'를 실현해 나갈 수 있다.

앞에서도 언급한 바와 같이, 신문기전이 폐지되고 있는 문제에 대하여는 기전의 후원과 관련하여 조세특례제한법의 특례를 적용하도록 입법적 조치를 강구할 필요가 있다.

우리나라의 경우 전통의 타이틀전인 국수전, 명인전이 중단된 상태이며, 제한기전을 합해도 과거의 절반수준으로 되어 기전이 사라져 가면서 프로기사의 활동무대가 좁아들어 한국바둑이 점차 황폐화의 길을 걷고 있다. 이는 심각한 한국바둑의 위기라고 할 것이다. 일본의 경우에는 국제기전인 후지쓰배가 폐지된 바 있으나, 일본의 신문사가 주최하는 7대 바둑타이틀 기전인 기성(棋聖)전, 명인(名人)전, 혼인보(本因坊)전, 십단(十段)전, 천원(天元)전, 왕좌(王座)전, 기성(碁聖)전은 그대로 유지되고 있는 점에 주목할 필요가 있다. 한편, 중국은 바둑에 대한 국가적 지원과 바둑계 자체의 안정적인 시스템의 확보로 프로기사들의 활동을 자극하고 있다.

우리의 경우에는 일부 프로기사만 참가하는 바둑리그를 제외하고는 이렇다 할 기전이 없어 대다수 프로기사의 활동무대가 좁아들게 되어 심각한 문제라고 할 것이다. 따라서 이에 대한 대책으로 한국기원에서 새롭게 기전을 후원할 경우에는 김치산업진흥법 제25조에서 "국가 및 지방자치단체는 이 법에 따른 김치산업의 진흥에 관한 시책을 효율적으로 추진하기 위하여 필요하다고 인정하는 경우에는 김치사업자에 대하여 조세특례제한법 및 지방세특례제한법에 따라 조세를 감면할 수 있다"고 마련한 규정처럼 조세특례제한법 및 지방세특례제한법에 따라 바둑진흥을 위하여 기전을 후원할 경우에는 조세를 감면할 수 있도록 하는 내용의 조항을 신설할 필요가 있다.

문화와 스포츠의 접점이면서 교집합 분야가 바둑이라고 할 것이다. 그러나 그동안 체육과 문화의 어느 법제에도 속하지 않고 법적인 사각지대에 놓여왔던 바둑에 관하여 국가적 차원의 진흥법을 제정할 단계에 왔다. 전통문화로서 세대를 거쳐 전승되어 온 바둑의 긍정적 기능에 착안하고, 아울러 문화적으로 지속되어 온 수준 높은 정신적 가치와 생각의 깊이를 더할 수 있는 바둑을 국가적으로 진흥하고 활성화시키기 위해서는 2017년도에 바둑진흥법을 반드시 제정하여 한국바둑 제2의 전성시대가 열리기를 기대한다.

바둑진흥법을 제정하여 바둑에 대한 국가적 차원의 체계적인 지원이 이루어지지 않으면 한국바둑은 점점 쇠락의 길을 걷게 될 가능성이 높다. 따라서 2017년 정유년에 바둑계의 오랜 숙원과제인 바둑진흥법 제정이 기필코 실현되어 한국바둑의 재도약을 통한 새로운 지평이 열리기를 간절히 기원한다.

출처 오로바둑 [칼럼] 김용섭 2017-01-03

5. 〈법과 인문학의 길〉 저자 인터뷰(리더스포럼 2025년 6월호)
"법과 인문학의 접점을 찾아 새로운 시선으로 성찰하고 사유하다"

《법과 인문학의 길》은 지난 40년간 법조계와 학계에서 활동하다 정년을 맞이한 법학자가 법의 경계를 넘어 삶의 결을 따라 걷는 성찰과 사유의 여로(旅路)이다. 이 책은 두 가지 흐름으로 구성되어 있는데 하나는 법률 칼럼과 시사 법학에 관한 논단으로 법치국가의 과제와 공정사회의 논의와 관련되는 헌법재판관의 임기 연장 법안 비판 등 16편의 시사 법적 담론을 제1부에서 다룬다.

다른 하나는 법과 인문학의 접점을 찾는 에세이로서 3인의 독창적 법률가인 에테아 호프만, 서돈각 박사 그리고 로스코 파운드의 삶과 사상을 통해 법과 인문학이 현실에서 어떻게 작동하고 있는지 살펴보았다. 이에 더해 법학자인 김용섭 저자가 인문학적 시선으로 추사의 교육관, 시간의 자기 결정권 등 다양한 주제를 다루고 있다. 나의 길(My way)에서는 법대 시절과 교수활동, 독일 유학 기간의 다양한 도전과 성찰은 물론 8편의 서평과 도쿄 여로(東京旅路) 등 6편의 시 세계도 선보이고 있다. 김용섭 저자를 만나 책을 출간하게 된 동기를 들어봤다.

김용섭 저자는 어린 시절부터 책 읽기와 여행을 즐겨해 왔다. 독일 유학 후에 법제처의 관료에서 법대 교수로 전직하면서 "독만권서(讀萬券書) 행만리로(行萬里路)"를 모토로 만 권의 독서와 만 리 여행에 도전하며 전공 분야의 서적 이외에 문학이나 철학 책뿐만 아니라 역사서를 종횡으로 읽고 국내외 여행도 자주 하였다.

특히 추사(秋史) 김정희 선생의 학예 정신에 매료되었다. 동양 사회에서 전해오는 세 가지 썩지 않는 삼불후(三不朽)라는 말이 있다. 먼저 나라를 위해 공을 세우는 입공(立功)과 덕을 쌓는 입덕(立德) 그리고 자신이 삶 속에서 성찰하고 사유한 것을 글로 남기는 입언(立言)을 들고 있다. 책을 출간하는 것은 입언에 해당한다.

대학교수인 본업에 충실하면서 문학이나 철학서뿐만 아니라 역사와 고전에 관심이 많아 동서양을 넘나들며 이를 정리하고 싶었다. 스스로 호고(好古)주의자를 자처하며 전통과 오래된 것에 관심을 기울이며 폭넓고 광범위한 사유를 통해 기존의 통념을 벗어나려고 한 것이 이 책을 쓰게 된 계기가 되었다고 밝혔다.

그는 인터넷 신문인 뉴스퀘스트에서 [김용섭 박사의 법과 인문학 단상]이라는 코너에 17편의 글을 연재하였고 리걸타임즈에 6인의 법조인 물탐구를 하는 등 법과 인문학의 접점을 찾는 작업을 계속해 왔다. 법과 인문학이라는 분야가 생소하고 새로운 연구 분야로 아직 체계화되지 않고 있어 이 분야를 개척해야 한다는 사명감이 있다.

기존과 다른 각도와 시선으로 성찰하고 사유한 것 드러내 저자는 지난해 8월에 법률신문사에서 출간한 《직필과 객설》의 호평에 이은 후속 에세이집을 발간하기로 하고 책의 제목을 《법과 인문학의 길》로 정했다. 가치관이 혼탁한 사회현상을 지켜보면서 인문학적 고전에 관심있는 법학자로서 우리 사회를 더욱 건강하고 밝은 사회로 만드는 데 작은 보탬이나 기여할 수 있도록 글로 남겨야겠다는 생각으로 한 달에 한두 편씩 각종 매체에 기고하며 꾸준하게 글쓰기를 해 왔다. 이를 모아 우선 지난해 8월에 정년 기념 문집 형식으로 책을 출간하게 되었고 그 당시 담지 못한 것과 국가와 사회적으로 중요한 시사적인 법률문제를 새로운 관점에서 쓴 것을 정리하여 출간한 것이다. 디자인도 종전의 《직필과 객설》과 유사하게 하면서 책 안에 추사의 작품을 담아 격조 있게 만들려고 했다.

이 책을 읽어야 할 핵심 독자층은 다양한 분야에서 활동하는 법률가이다. 더불어 문사철(文史哲)이나 인문학에 관심 있는 법학전공 학생이나 훌륭한 성품의 법률가를 지망하는 미래 세대를 염두에 두었다고 저자는 살짝 귀띔했다. 특히 미래 세대가 이 책을 읽고 영감을 받아 국가 사회에 헌신하는 훌륭한 법률가가 되거나 선한 영향력을 발휘하는 국가 사회의 지도자가 되면 바란 것 이상의 기쁨이라고 저자는 미소를 지었다.

이 책의 강점은 독창적인 사유와 디자인의 격조, 법과 인문학의 접점을 찾으려는 시도와 하이브리드 방식으로 기존과 다른 각도와 시선으로 성찰하고 사유한 것을 드러내고자 한 것이다.

"책을 쓰는 일은 즐거운 작업이라 특별히 힘들었던 점은 없는 것 같습니다. 다만 책의 분량을 250페이지 정도로 줄이다 보니 이 책에 포함하려던 글을 제대로 실을 수 없는 아쉬움이 있습니다. 정년 기념 대담이나 선친의 묘갈명, 추도사 등을 포함하려고 했으나 분량이 대폭 늘어나서 이 부분을 반영하지 못하였지만, 시사적인 칼럼을 수정하려고 했다가 이를 반영하지 못하고 단념한 것이 아쉽습니다. 이 책을 처음부터 전체적으로 집필한 것이 아니라 각종 매체에 꾸준히 칼럼이나 글을 기고한 것을 정리하고 새롭게 일부를 추가한 것이므로 책을 완성하고 교정을 거쳐 출간하는 데 약 7개월 정도 소요되었습니다."

저자는 글을 쓰기에 앞서 제목을 정하면 반은 완성된 것이나 마찬가지라고 언급했다. 그만큼 제목을 정하는 것이 어렵고 제목과 타이틀을 잘다는 것이 관건이다. 글을 쓸 때 다른 사람이 착상하지 못한 자신만의 고유한 생각을 기술하는 데 주안점을 두었다. 집 주변 북한산 숲길을 건고 산책하면서 착상이 떠오르면 작은 노트에 메모하고 이를 발전시키는 방식으로 글을 써왔다.

마치 불가의 선승이 마치 한 가지 화두를 들고 오래 궁구하듯이 하나의 글이 마쳐지면 다시 다른 주제를 택해 계속 생각하고, 큰 틀에서 글을 만들어 놓고 수차례 퇴고의 과정을 거쳐 글의 완성도를 높였다. 독자에게 필력을 통해 인사이트를 줄 수 있는 내용의 책을 내는 것 자체가 큰 보람이었다는 그는 내용이 빈약하다고 느껴 시사적인 내용의 글을 새롭게 쓰고 이를 기존의 것과 교체하고 반영하는 과정에서 시간과 손이 많이 간 것이 가장 큰 어려움이었다고 토로했다.

김용섭 저자는 현재 법학전문대학원협의회에서 운영하는 인터넷 매체인 로스쿨타임즈의 [법과 인문학] 코너에 1달에 1편정도 칼럼을 연재하고 있고 법률신문 등에 법과 인문학에 관한 칼럼을 수시로 기고하고 있다. 사실 로스쿨 교수로 정년퇴직하여 변호사로 활동하면서 취미로 글쓰기를 하고 있지만 그는 시인으로 등단하였기 때문에 시뿐만 아니라 소설이나 수필 등 글쓰기의 전선을 확대하고 있다.

향상심과 지칠 줄 모르는 열정이 지금의 원동력, 김용섭 저자는 경희대 법대와 서울대 대학원 법학과를 졸업하고 사법시험 합격 후 사법연수원 제16기 수료, 1990년 법제처 사무관 특채로 공직에 진출하였으며 독일 만하임대에서 법학 박사학위를 취득하였고 현재 S&L 파트너스의 입법지원센터장과 파트너 변호사로 재직중이다.

또한 전북대 법학전문대학원 명예교수와 세종대 법학과 겸임교수로 활동하고 있으며 주요 저서는《직필과 객설》, 가산 김용섭 교수 정년 기념논문집《한국 행정법학의 새로운 방향》,《행정법이론과 판례평석》,《행정판례 평석》등이 있다. 그렇다면 지금의 김용섭 저자를 있게 한 원동력은 무엇일까?

"어린 시절부터 대자연의 환경에서 연 날리고 물가에서 고기를 잡고 바둑과 장기 등 각종 놀이를 즐겼습니다. 축구 등 각종 스포츠, 음악감상, 산책, 독서, 여행 등을 통해 즐거움과 몰입을 경험하여 한 가지 목표를 두면 집중력을 갖고 놀이하듯 잡기를 큰 힘을 들이지 않고 해냈습니다. 법대 진학 후에도 지적 갈증과 호기심으로 인해 다양한 분야의 책을 읽어 사법시험에 합격한 후에도 계속 박사과정에 진학하고 독일 유학도 마치고 계속 연구논문을 발표하는 등 절차탁마를 지속하였습니다. 대학교수가 된 후에도 전공분야를 넘어 다양한 학회활동을 하였고, 심지어 정교수가 된 후에도 전공 논문과 법률 칼럼을 계속 집필하면서 내면을 다지려는 향상심과 지칠 줄 모르는 열정이 한국행정법학회장 등 다수 학회장의 임무를 성공적으로 완수한 원동력이라고 할 수 있습니다."

김용섭 저자의 좌우명은 3가지로 먼저 '극근소물 최난(克勤小物 最難)'이다. 이 말은 작은 것에 최선을 다하는 것이 가장 어렵다는 뜻으로 그의 선친으로부터 물려받았다. 다음으로 '궁즉독선기신 달즉겸선천하(窮則獨善其身 達則兼善天下)'이다. 이 말은 백거이의 명철보신 철학으로 궁색할 때는 자신을 돌보며 수양에 힘쓰고, 뜻을 이루었을 때에는 천하를 선하게 한다는 의미이다. 셋째로, '접시 가장자리 너머를 보라(Uber den Tellerrand schauen)' 이 말은 독일의 격언으로 복안(複眼)적 사고를 갖고 사물의 이면까지 바라보라는 의미이다.

저자 김용섭은 이러한 좌우명을 항상 마음에 새기고 실천하기 위해 하루하루 정진하고 있다.

6. 리더스포럼 파워인터뷰(2025년 8월호)

법과 인문학의 접점에서, 실무와 이론의 경계를 허물다…
40년 내공으로 그리는 새로운 법률가의 길

40년, 한 사람이 특정 분야의 전문가를 넘어 거목(巨木)으로 뿌리내리기에 충분한 시간이다. 법조계와 학계라는 두 개의 단단한 땅에 40년간 깊이 뿌리내린 이가 있다. 서울대 법과대학원 재학 중 사법시험에 합격한 후 법제처 사무관, 독일 만하임대 법학박사, 경희대 교수, 법무법인 아람 구성원 변호사, 그리고 전북대학교 법학전문대학원에서 20년간 후학을 양성하기까지, 그의 길은 하나의 이름으로 규정되지 않는다.

지난해 10월 7일 한국프레스센터에서 〈한국행정법학의 새로운 방향〉이라는 정년기념논문집을 간행하고 봉정식을 거행할 정도로 행정법의 권위자이자 추사 김정희의 예술혼에 심취한 인문학도, 아마추어 바둑 4단의 바둑애호가이자 수많은 제자를 길러낸 교육자, 바로 가산(佳山) 김용섭 변호사의 이야기다. 지난 2024년 8월, 20년에 가까운 교수 생활을 마무리하고 정년퇴직한 그가 다시 변호사의 현업에 복귀하였다.

그의 새로운 터전은 대한변협 제46대 협회장과 법무법인 세종의 설립자인 신영무 대표변호사와 사법연수원장을 역임한 이근웅 대표변호사가 이끄는 중견 로펌 ‘S&L파트너스’ 다. 이곳에서 그는 단순한 파트너 변호사를 넘어, 자신의 40년 공직 및 학계 경험을 집약한 ‘입법지원센터장’ 이라는 새로운 직책을 맡았다. 그의 인생 2막은 과거의 경력을 발판 삼아 법조계에 새로운 영역을 개척하는 도전이다.

‘우연은 없다(Kein Zufall)’ 는 독일 격언처럼, 지금의 법조타운인 서초동에서 태어나 옛 법조타운인 서소문 배재중 시절 법조인의 꿈을 키웠던 소년은, 이제 40년의 내공을 품고 다시 법조 현장의 중심에 섰다. 혈액암이라는 큰 시련을 이겨내고 더욱 강한 에너지로 돌아온 노학자이자 행정법, 스포츠 전문 등록 변호사. 그의 삶은 법과 인문학 접점에서 실무와 이론의 경계가 어떻게 한 사람 안에서 조화롭게 융합되어 더 큰 시너지를 낼 수 있는지를 보여주는 살아있는 증거다. 법조계에 깊이와 넓이를 더하는 그의 새로운 삶의 여정을 따라가 본다.

20년간 후학을 양성하던 강단을 떠나 다시 강호의 세계인 변호사 업계로 복귀한 지 11개월, 법조 환경의 치열한 경쟁 속에서 그는 조급해하지 않고 긴 호흡으로 자신의 역할을 찾아가고 있다. 그가 정년 후 여러 선택지 가운데 S&L파트너스에 몸담게 된 이유는 명확했다. 그는 "사건 수임에 전전긍긍하지 않고 긴 안목에서 그동안의 법학자로서의 정체성을 잃지 않으며 대외활동을 할 수 있는 사무실을 찾다 보니 에스앤엘 파트너스에 몸담게 되었다"고 밝혔다.

그의 새로운 역할 중 하나인 입법지원센터장은 법조계의 새로운 업무 영역이다. 전통적인 송무와 자문을 넘어, 법령과 규정의 정비, 입법 컨설팅 등 입법과 관련된 전문적인 지원 활동을 수행한다. 법제처 법제관실 근무 경험, 20여 년간의 국회 입법지원 활동, 대한변호사협회 법제위원(공법검토 소위원장) 경력 등 입법 관련 활동 경험은 이 역할을 수행하는 데 더할 나위 없는 자산이다.

파트너 변호사로서는 그동안 깊은 관심을 가져온 행정법과 스포츠법 분야에서 발생하는 법적 분쟁에 대한 자문과 송무를 중심으로, 그 밖에 교육법 등 강점을 발휘할 수 있는 분야를 특화하여 최적의 법률서비스를 제공하려고 한다.

"우연은 없다", 법을 향해 운명처럼 이어진 40년의 여정

김용섭 변호사의 삶은 공교롭게도 '법조타운'과 깊은 인연을 맺고 있다. 그가 태어난 곳은 현재 거대한 법조타운이 자리 잡은 서초동 서울교대 부근 분토골, 부곡(富谷) 마을이었다. 한글과 한자를 일찍 깨우쳐 신동소리를 들었다. 그의 성장은 자연스레 법의 향기를 맡으며 시작됐다. 우남 이승만 박사, 주시경 선생 등을 배출한 명문 배재중학교에 진학한 그는, 1970년대 초반 서소문의 법원청사를 3년간 맞은 편 교정에서 바라보며 자랐다.

중학교 3학년 시절, 고시 3관왕에 대한 이야기에 깊은 감명을 받은 소년은 "야 저거 멋있다. 나도 저런 거 하면 좋겠다"라며 법조인의 꿈을 품게 되었다. 그는 "독일어로 '카인 쭈팔(Kein Zufall)', 즉 우연은 없다는 말이 있다"며, "법과대학에 진학하겠다는 결심을 한 것이 배재중 3학년 때라서 우연이 아니라는 생각이 든다"고 회고했다.

경희대학교 법과대학에 진학한 그는 사법시험 준비생을 위한 장학고사에서 선두를 놓치지 않아 대학 내내 전액 장학금을 놓치지 않을 정도로 학업에 매진했고, 체계적인 고시반 시스템 속에서 실력을 갈고 닦았다. 1982년 제24회 사법시험 2차에서 민법 과락으로 아쉽게 고배를 마셨지만, 그는 이 실패를 오히려 행운이라 여겼다.

이듬해 병역 문제를 해결하고자 진학한 서울대학교 법과대학원이 그의 인생에 사법시험 합격 이상의 의미를 가져다주었기 때문이다. 그는 은사인 서울대 행정법 서원우 교수님의 지도하에 법학석사 학위를 받고 1984년 제26회 사법시험에 합격하며 학자의 길로 가는 튼튼한 계기를 마련했다. 그의 경력은 한곳에 머무르지 않았다.

사법연수원을 마친 후 대구 2군사령부 수사장교, 그리고 행정법학의

산실인 법제처 사무관 특채로 공직에 첫발을 디뎠다. 법제처 근무 중 국비 유학의 기회를 얻어 독일 만하임대학교에서 법학박사 학위를 취득한 것은 그의 인생에 또 다른 전환점이 되었다. 지도교수였던 게어드 로엘레케(Gerd Roellecke) 교수의 가르침 속에서 학자의 삶이 갖는 보람과 사회적 영향력을 깨닫고 관료에서 학자로의 진로 변경을 결심하게 된 것이다.

이후 법제처 행정심판담당관(서기관), 경희대 법대 부교수, 법무법인 아람의 구성원 변호사, 한국법제연구원 감사, 그리고 전북대학교 법학전문대학원 교수로 20년에 가까운 세월을 봉직하기까지, 그의 여정은 실무와 이론, 법과 인문학을 넘나들며 누구도 흉내 낼 수 없는 깊이와 넓이를 갖추게 되었다.

"아호이며 서재인 동하재(東河齋), 추사와 고전에서 길을 찾다"

김용섭 변호사를 이야기할 때 빼놓을 수 없는 것이 바로 인문학에 대한 깊은 조예다. 그는 스스로를 '호고(好古)주의자' 라 칭하며, 특히 추사(秋史) 김정희 선생의 학문과 예술 정신에 깊이 매료된 '추사 매니아'이기도 하다. 그의 대표적인 아호 '가산(佳山)' 역시 30대 시절 한 역술가로부터 받은 것으로, '아름답고 빼어나야 한다' 는 의미를 담고 있다. 이 외에도 동양 고전을 읽다가 발견한 문구나 삶의 의미를 담아 스스로 지은 아호가 동하재(東河齋) 등 10여 개에 달한다.

추사에 대한 그의 심취는 단순한 취미를 넘어 학문과 삶의 태도에 깊숙이 녹아있다. 전북대 법학연구소장 시절, 학술지 제호를 새롭게 하기 위해 추사의 글씨를 채집하며 본격적으로 연구를 시작했다. 그는 추사의 예술혼이 단순히 손재주가 아닌, 엄청난 독서량에서 뿜어져 나오는

'문자향 서권기(文字香 書卷氣)'에 있음을 간파했다. 또한 '벼루 10개를 닳아 없애고 붓 1,000자루를 닳게 만들었다(磨穿十硏 禿盡千毫)'는 추사의 일화처럼, 위대한 성취는 천재성만으로 이뤄지는 것이 아니라 대단한 끈기와 절차탁마 속에서 완성된다는 '벽광(癖狂)정신'을 배웠다. 이러한 추사의 학예정신은 그가 다작(多作)의 저서를 집필할 수 있었던 원동력이 되었다.

그는 법학 역시 결국 인간의 문제를 다루는 학문이기에, 법조인에게 인문학적 소양은 필수적이라고 강조한다. "인문학의 튼실한 기초 없이 법학을 하는 것은 메마른 대지에 풀이 자라지 않는 것과 마찬가지"라고 생각하는 그는, 법률가가 규범의 틀에 매몰되지 않고 인문학적 상상력을 통해 삶을 더 풍부하고 다양하게 이해할 수 있어야 한다고 믿는다. 그의 저서인 에세이집《직필과 객설》과 최근 출간한《법과 인문학의 길》은 이러한 그의 철학이 고스란히 담긴 결과물이다. 그는 지금도 로스쿨타임즈에 '법과 인문학'이라는 제하의 칼럼을 꾸준히 기고하며 법과 인문학의 접점을 찾는 노력을 이어가고 있다.

암(癌)을 이겨낸 '역사(力士)' ··· '고난을 에너지로 바꾸다'

김용섭 변호사의 낙천적이고 긍정적인 성품은 인생의 큰 시련 앞에서 더욱 빛을 발했다. 육십 평생 병원 신세 한번 지지 않고 건강을 자신했던 그에게 약 6년 전 혈액암인 림프종이라는 진단이 내려졌다. 약 1년간의 힘든 항암 치료와 조혈모세포 이식 시술을 거쳐 관해 판정을 받기까지의 과정은 매우 고통스러웠지만, 그는 이 시기를 놀라운 에너지로 극복해냈다. 그는 평소 신봉하던 스토아철학처럼, "건강이 안 좋은 것도 무엇인가 좋은 징조일 수 있다"고 긍정적으로 생각했다.

"삶의 맨 밑바닥까지 내려간 다음에 고통 속에서 이를 견디다 보니 소소한 고통은 크게 문제 되지 않고, 코로나 환경에서 많은 사람들이 위축될 때도 암을 이겨낸 역사(力士)처럼 강한 에너지로 임하였다고 자부합니다."

건강을 잃고 나서야 비로소 건강의 소중함을 절감했다는 그는, 암을 극복하면서 삶에 놀라운 변화가 생겼다고 말한다. 이 경험을 통해 그는 더욱 강한 정신력과 에너지를 얻었고, 교수로서의 말년을 그 누구보다 화려하게 장식했다. 암 투병을 이겨낸 후 약 5년간 3개의 전국 학회장을 연거푸 맡고, 매달 한두 편 이상의 칼럼을 집필하는 등 놀라운 괴력을 발휘한 것이다. 이 시기에 시인으로 등단하기도 한 그는, 고통을 성장의 자양분으로 삼아 삶을 더욱 풍성하게 가꾸어냈다.

그는 규칙적인 생활을 하고 무리하게 일을 맡지 않으려 노력하지만, 타고난 열정은 그를 가만히 두지 않는 듯하다. 그는 정년기념 대담에서 "교수로서 65세 정년의 피날레를 장식한 것은 제 삶에 있어 큰 행운"이라며, 그 행운은 자신의 노력(技)이 10%에 불과하고 운(運)이 90%를 차지한 '운구기일(運九技一)' 덕분이라고 겸손하게 말했다. 하지만 그의 삶의 궤적을 따라가 보면, 그가 말하는 '운'이란 결국 긍정의 힘으로 시련을 극복하고, 끊임없이 배우고 도전하며 스스로 만들어온 기회였음을 알 수 있다.

"특화된 법률 서비스로 그리는 미래, 후학들에게 길을 제시하다"

김용섭 변호사는 자신의 가장 큰 강점으로 정직과 신뢰, 의사소통, 친화력, 유머감각 등 다양한 소프트 스킬을 꼽는다. 변호사로서 가장 중요하게 여기는 원칙은 '성실, 근면, 끈기, 진인사대천명'이다. 그는 학자로서의 깊이 있는 연구와 변호사로서의 날카로운 실무 감각을 겸비하여 차별화된 법률서비스를 제공한다. 행정소송 실무, 스포츠 분쟁, 학교폭력, 교원·공무원 징계, 입법지원 업무 등 폭넓은 분야에서 전문성을 발휘하고 있다.

그는 후학들과 미래의 법조인을 꿈꾸는 청소년들을 위한 조언도 아끼지 않았다. 학자를 꿈꾸는 후학들에게는 논문을 효율적으로 쓰는 자신만의 비법으로 '1타 쌍피' 전략을 소개했다. 학회 발표 기회가 오면 2편 분량으로 광범위하게 준비하여 발표 후 2편의 논문으로 분리하고, 토론 요청이 오면 흔쾌히 수락하고 토론문을 논문으로 발전시킬 수 있을 만큼 깊이 있게 준비하라는 것이다.

또한 그는 "어려운 발제라도 이 사람한테만 전화하면 무조건 수락한다는 강한 인상을 주면 연락을 취하다가 힘들면 그 사람에게 기회가 돌아오게 되어 있다"며, 기회를 거절하지 말고 적극적으로 활용할 것을 당부했다.

AI시대에 변호사의 미래를 묻는 질문에 그는 "변호사라는 직종이 없어지지 않고 새로운 도전에 살아남느냐의 문제가 남을 것 같다"며 "AI를 잘 활용하는 그룹과 그렇지 못한 그룹의 양극화 현상이 일어날 것"이라고 전망했다. 그는 전문 지식과 더불어 인간적 덕성, 공감 능력, 그리고 다른 분야와의 학제적 지식을 갖춘 변호사만이 살아남을 것이라고 예측했다.

변호사를 꿈꾸는 청소년들에게는 "자신이 목표로 하는 것을 향해 나아가기 전에 과연 적성에 맞는지 먼저 파악하는 것이 우선"이라며, 확신이 든다면 계획을 잘 수립해 일로매진할 것을 조언했다.

40년의 세월 동안 학문과 실무, 교육 현장을 쉼 없이 오가며 자신만의 길을 개척해 온 김용섭 변호사, 정년이라는 마침표를 뒤로 하고 그는 새로운 출발선에 섰다. 전북대 명예교수로서 학자의 정체성을 잃지 않으면서, 그 깊이를 실무에 녹여내 최고의 법률서비스를 제공하겠다는 그의 다짐 속에서, 우리는 청년정신을 간직한 노학자의 식지 않는 열정과 우리 법조계의 더욱 풍성해질 미래를 함께 엿본다.

7. 뉴스메이커 혁신리더 선정인터뷰(2025년 9월호)

2025년 한국을 이끄는 혁신리더

'미완성 교향곡' 같은 삶을 살며
선한 영향력을 발휘하다

> 법률가이면서도 동서양의 고전을 탐구하고, 바둑과 같은 취미를 학문으로 승화시키며, 문학과 역사 속에서 법의 본질을 찾는 독특한 행보를 걸어온 이가 있다. 지난 40여 년간 법조계와 학계에서 깊은 족적을 남기고 대한민국 옥조근정훈장을 받고 정년퇴임한 전북대학교 법학전문대학원 명예교수 김용섭 변호사다.

스스로의 삶을 "미완성 교향곡"에 비유하는 김용섭 변호사는 정년을 기점으로 S&L 파트너스의 입법지원센터장 및 파트너 변호사로서 인생 2막을 열며 법과 인문학의 융합적 가치를 실현하고 있다.

법과 인문학의 길, 그 새로운 여정에 서다

김용섭 변호사는 서울대학교 대학원 법학과 재학 중 사법시험(제26

회)에 합격하고 사법연수원(제16기) 수료 후 법제처 사무관으로 공직 생활을 시작했다. 이후 독일 만하임대학교에서 법학박사 학위(Dr. iur)를 취득하며 학문의 깊이를 더했다.

이후 법제처 사회문화행정심판담당관을 거쳐 1996년 경희대학교 법과대학 교수로 부임했던 김 변호사는 2001년 법무법인 아람 구성원 변호사로 활동하며 실무 경험을 쌓았다. 2005년부터는 전북대학교 법학전문대학원 교수로 20년간 후학을 양성하고 2024년 8월 정년퇴임 후 다시 변호사의 길로 돌아왔다.

법제처 공무원, 대학교수, 변호사를 두루 거치며 이론과 실무를 완벽하게 겸비한 독특한 이력을 쌓은 그는 전공인 행정법학에만 전념하지 않고 스포츠법과 ADR, 법정책학, 법사학 등 다양한 분야의 논문을 발표하며 깊이 있는 에세이를 작성하는 등 언제든지 출격할 수 있는 몇 안 되는 법학분야의 '전천후 요격기'라고 할 수 있다. 그는 자신의 학문적 성과에 대해 "다작이라고 할 것은 없지만 그동안 전공 분야에 관한 논문을 많이 쓰고 여러 책을 내게 된 비결이라면 한마디로 부지런함과 집중력이라고 생각한다"고 말하며, 평소에는 책과 음악을 가까이하고 가끔 산책을 즐기며 건강을 유지한다고 밝혔다.

김 변호사는 법률가로서의 엄격함과 인문학자로서의 따뜻한 시선을 동시에 지니고 있다. 스스로를 '호고(好古)주의자'라 칭하며 동서양의 고전을 탐구하고, 추사(秋史) 김정희의 학예정신에 매료되어 '추사 매니아'를 자처한다. 그의 필력의 내공을 드러내는 글쓰기는 이러한 깊은 사유와 성찰의 결과물이다.

〈직필과 객설〉과 〈법과 인문학의 길〉 같은 저서를 통해 그는 법률 칼럼과 인문학적 에세이를 아우르며 법치국가의 과제와 공정 사회의 논의를 성찰했다. 그는 법률가에게 요구되는 역량이 단순히 법 지식(하드 스킬)에 그치는 것이 아니라, 효과적인 의사소통, 공감, 윤리적 판단 등 인간 고유의 감성(소프트 스킬)에 있음을 강조한다. 그는 "법률가의 진정한 역량은 법해석의 좁은 테두리에 갇히거나 법지식의 단편적인 암기가 아니라 폭넓은 인접학문 분야에 대한 이해, 공익과 정의에 대한 열정, 상호 소통과 공감하는 능력, 끊임없이 배우는 학구열과 성장하려는 향상심에 있다"고 말하며 법과 인문학의 융합적 접근을 모색하는 것이 중요하다고 강조한다.

법의 전문성과 인간의 따뜻한 시선을 결합하다

김용섭 변호사의 실천적 면모는 그의 다양한 활동에서 빛을 발한다. 한국행정법학회장, 한국조정학회장, 한국국가법학회장, 행정법이론실무학회장 등을 역임하며 학회가 국가발전을 위해 입법, 행정, 사법, 언론에 이은 제5부로서의 역할을 해야 한다는 신념하에 관련 기관들과의 공동 학술대회 개최를 통해 학회의 위상을 높였다.

특히 바둑 애호가(아마추어 4단)로서 2018년 제정된 바둑진흥법의 산파 역할을 했다. 그는 바둑진흥법 제정의 필요성을 역설하며 "바둑문화의 진흥을 위한 법정책적 과제"라는 주제로 국내 최초로 관련 법률 제정을 제안했다.

이외에도 그는 도핑 중재기구 설립, 불교계 분쟁 해결을 위한 '불교조정센터' 발족 등을 제안하며 사회적 갈등 해결을 위한 노력을 지속하고 있다. 그는 "스포츠 선수의 권익을 보호하고 클린 스포츠 환경을 조성하기 위해 도핑문제를 비롯한 각종 스포츠 분쟁을 신속히 해결할 독립적 중재기구 설립이 필요하다"고 밝히며 스포츠 분쟁 해결을 위한 중재

정년기념논문집 봉정식 사진

제도 도입의 시급성을 강조하기도 했다. 교수직 정년퇴임 후에도 그의 학문적 열정은 식지 않았다.

김 변호사는 "정년은 유한의 강단에서 무한의 강호로 나아가는 것이고, 교수는 정년이 있지만 학자는 정년이 없다"는 신념으로, 현재 S&L 파트너스 입법지원센터장을 맡아 법제지원 업무에 매진하고 있으며 로스쿨타임즈에 '법과 인문학' 칼럼을 연재하는 등 꾸준히 작가로서 활동하고 있다. 또한 내년에 〈성찰과 사유의 여적〉이라는 3번째 에세이집 출간을 준비중이다. 그의 삶과 학문을 관통하는 세 가지 좌우명은 그의 철학을 명확하게 보여준다.

첫째, '극근소물 최난(克勤小物 最難)'으로 작은 일에 최선을 다하는 것이 가장 어렵다는 뜻이다. 둘째, '궁즉독선기신 달즉겸선천하(窮則獨善其身 達則兼善天下)'로 어려울 때는 자신을 수양하고, 뜻을 이뤘을 때는 세상을 이롭게 한다는 의미다. 마지막으로 '접시 가장자리 너머를 보라(Uber den Tellerrand schauen)' 라는 독일 격언으로 사물의 이면을 바라보는 복안적 사고를 강조한다. 이처럼 그는 법률가와 학자, 인문학 작가로서 '미완성 교향곡' 과 같은 삶을 살며 법과 사회에 선한 영향력을 지속적으로 발휘하고 있다. 법의 전문성과 인간의 따뜻한 시선을 결합함으로써, 법이 단순한 규범을 넘어 사회의 갈등을 해결하고 인간의 삶을 풍요롭게 하는 진정한 도구임을 몸소 보여주고 있는 김용섭 변호사. 그의 행보에 귀추가 주목된다.

황인상 전문기자 his@newsmaker.or.kr

8. 김용섭 교수 정년기념 대담

● 일　시 : 2024. 8. 14. (수) 15:00~17:00
● 장　소 : 전북대학교 법학관 교수휴게실
● 대담자 : **김용섭** (전북대학교 법학전문대학원 교수)
　　　　　추신영 (전북대학교 법학전문대학원 교수)
　　　　　정태종 (전북대학교 공공인재학부 교수)

추신영 교수: 오늘 김용섭 교수님의 정년기념 대담에 참여하게 된 것을 큰 영광으로 생각합니다. 김 교수님의 제자인 정태종 교수님께서도 자리를 함께해 주서서 뜻깊게 생각합니다. 전북대에서 오랜 기간 봉직한 김용섭 교수님의 학자적 삶과 발자취를 듣기 위해서 이 자리를 갖게 되었습니다. 교수님의 영광스러운 정년을 축하드리고, 정년을 맞이하는 가산 선생님의 소회부터 들어보고 싶습니다.

김용섭 교수: 정년을 맞이한 소회를 간략히 말씀드리기 전에 바쁘신 데도 불구하고 두 분 선생님께서 이렇게 정년기념 대담을 위한 시간을 내주서서 감사드립니다. 지역 연고도 없는 전북대에 부임할 때만 해도 3년 정도 근무할 요량으로 내려왔는데, 전체적으로 근무한 햇수가 19년 6개월 정도 되네요. 세월이 빠르다는 것을 실감하고 20년 가까이 국가사회에 기여할 인재와 후학을 양성하면서 보낸 것이 보람이라면 보람입니다. 교수로서 65세 정년의 피날레를 장식한 것은 제 삶에 있어 큰 행운이라고 생각합니다. 이 행운은 운칠

기삼(運七技三)이 아닌 운구기일(運九技一), 다시 말해 행운이 90%이고 학자적 기량이 10% 정도가 아닌가 생각합니다. 제 학자 인생의 황금기를 전북대에서 보냈는데 여러 제자와 동료 교수는 물론 대학 내 구성원들과 좋은 인연을 맺게 되어 이 자리를 빌려 감사드립니다. 사실 짧게 소회를 말한다는 것이 이야기하다 보니 길게 되었네요.

정태종 교수: 선생님께서는 몇 년 전에 건강이 많이 안 좋으셨습니다. 다행히 잘 회복하셨는데요. 큰 병을 회복하시게 된 비결이 있으신지, 또 근래에는 실은 아프시기 전보다 훨씬 더 왕성하게 활동하셨거든요. 무엇인가 병마를 이겨낸 원동력 같은 것이 있는지 여쭙고 싶습니다.

김용섭 교수: 제 성격은 낙천적입니다. 적응력이 강하다고 할까요. 긍정의 철학인 스토아철학을 신봉하는 데 기인하는 것 같기도 해요. 건강이 안 좋은 것도 무엇인가 좋은 징조일 수 있다고 생각하는 것이지요. 사실 저는 육십 평생을 병원 신세 안 지내고 건강에 대해서는 굉장히 자신을 하고 쭉 지내왔습니다. 바쁘게 서울과 전주를 오가다 보니 어느 때부터인가 운동도 안 하면서 무리하게 생활하다가 약 6년 전에 혈액암인 림프종을 앓아 서울대 병원에서 치료를 잘 받아 약 1년간 항암 치료하는 기간은 매우 힘들었는데, 조혈모세포 이식시술을 한 후 관해가 되어 5년 정도 흘러서 잘 극복된 셈입니다. 평소 육체적 건강에 신경을 쓰지 않고 지냈는데, 크게 건강을 잃고 난 후에 건강의 소중함을 절감하게 됩니다. 그래서 요즘은 규칙적인 생활을 하고 과거처럼 무리하게 일을 맡지 않으려고 하는데 잘 안 되는 것 같아요. 지금 생각해 보니 건강을 잃은 것이 나쁜 것

만은 아니고 극복하면서 삶에 놀라운 변화가 생기더라구요. 삶의 맨 밑바닥까지 내려간 다음에 고통 속에서 이를 견디다 보니 소소한 고통은 크게 문제 되지 않고, 코로나 환경에서 많은 사람들이 위축될 때도 암을 이겨낸 역사(力士)처럼 강한 에너지로 임하였다고 자부합니다. 그러다 보니 약 5년간 3개 학회장을 맡으면서 매달 칼럼을 한 편 이상 집필하는 등 놀라운 괴력을 발휘하며 교수 말년을 화려하게 장식한 것 같습니다.

정태종 교수: 저희가 선생님을 가산 선생님이라고 이렇게 호칭하는데요. 아호가 이것 말고도 여러 개가 있는 것으로 알고 있습니다. 또 주변에 아호를 만들어 주시기도 하고요. 그래서 선생님께서 가지고 계신 아호들이 만들어진 스토리라든지 아호와 관련된 이야기를 들려주셨으면 합니다.

김용섭 교수: 정태종 학부장님께는 미처 아호를 지어드리지 못했는데, 좋은 아호를 하나 지어드려야 할 것 같습니다. 제가 아호가 약 10개 정도 있습니다. 제가 추사 선생에 한때 심취하여 매니아다 보니 추사 선생의 아호가 503개 정도 된다는 기사를 어디선가 본 것 같아요. 저는 대표적인 아호가 가산입니다. 독일말로 쉰베르크(Schönberg)입니다. 아름다울 가(佳), 메 산(山)으로 이 아호는 제가 30대 중반 법제처에 근무할 때 신설동에 있는 인물 연구가이면서 역술가인 박인산 선생님한테 가산은 곱기만 해서도 안 되고 빼어나야 한다고 하면서 가산수려(佳山秀麗)라는 글귀와 함께 받은 것입니다. 제가 동양고전을 읽다가 좋은 문구를 발견한 경우나 삶의 의미를 두기 위해 스스로 지은 아호로는 동화재(東河齋), 허정(虛靜), 무우락(無憂樂), 송천(松泉) 등이 있습니다.

추신영 교수: 가산 선생님은 저를 비롯하여 전북대 동료 교수의 아호를 몇 분 지어 주신 것으로 알고 있습니다. 아호에 대하여 조금 더 말씀 남겨 주시면 좋겠네요.

김용섭 교수: 문인들이나 예술가의 경우 아호를 즐겨 부르는데 법률가의 경우 아호에 친숙한 것 같지 않습니다. 그래서 제가 전북대에서 제일 먼저 추신영 교수님의 아호를 송백으로 지어드렸고, 추사의 세한도에 나오는 '세한연후지송백지후조야(歲寒然後知松柏之後彫也)'라는 문구에서 송백(松柏)으로 지어드려 아호로 호칭하고 있지요, 이번에 같이 정년을 맞이하는 이호근 교수님의 아호도 금화(琴和)로, 먼저 정년하신 김학기 교수님의 아호도 우경(又經)이라고 지어드렸지요. 제 옆방의 최동배 교수님의 아호는 백미를 능가하는 호방함이 있다는 의미의 호미(毫眉)라고 지어드렸는데, 최 교수님이 마음에 들어하시는 것 같기도 하고, 아닌 것 같기도 합니다. 아호는 그 사람의 특성을 드러내기도 하는데, 이름보다 아호를 부르면 운치라고 할까 편한 사이에서 아호를 부르는데, 지금까지 가까운 사이에 있는 분을 포함하여 10분 이상의 지인들한테 아호를 지어드렸습니다.

정태종 교수: 제가 한국행정법학회에서 활동하면서 여러 교수님으로부터 회장님께 아호를 요청해라 이런 말씀을 들었는데요. 저도 차제에 한 번 정식으로 부탁을 좀 드리겠습니다. 그리고 이제 선생님께서는 전북대학교에 부임하신 지 20년가량 되시는데요. 실은 연고가 없는 곳에 와서 저희 후학을 이렇게 양성해 주시고 한 것에 늘 감사를 드리고 있습니다. 오늘 이 자리가 정년을 기념하는 자리니만큼 선생님께서 나고 자라신 곳, 또 성장기 등에 관해 여쭙고 싶습

니다.

김용섭 교수: 저는 어린 시절 유교전통을 중시하시는 아버지의 도움으로 한글과 한문을 일찍 깨우치고 지적 호기심이 많고 비만 오면 물가에 고기 잡으러 자주 간 것 말고는 특별한 건 없고요. 제가 태어난 곳은 지금 법조타운이 자리 잡은 서초동 서울교대 부근입니다. 호적은 1959년 8월 24일로 되어 있지만, 무술년인 1958년 10월 6일(음력 8월 24일)에 태어났구요. 강원도 춘천에 묘소가 있는 광성군 할아버지의 3형제 중에 둘째분이 저희 중시조가 됩니다. 여말선초의 문신이며 대학자로 제2대 성균관 대사성을 지내신 척약재(惕若齋) 김약항 할아버지가 있고, 이 자리가 족보 이야기를 하는 자리가 아니므로 그 정도로 하구요. 지금은 서울 법조타운의 한복판이 되었지만, 당시만 하더라도 전깃불도 제대로 들어오지 않고 신작로가 있는 전형적인 농촌 마을에서 어린 시절을 보냈습니다. 3~4살 무렵에는 겨울에 흰눈이 수북히 쌓이는 강원도 오대산 부근 하진부에 2년간 부모님을 따라 잠시 생활하기도 하였습니다. 어린 시절에 서초동 교대 부근의 동네에 수령이 600년 이상 된 잿마당이 있어 그 언덕에서 방패연도 날리고 들로 산으로 뛰어다니며 놀았던 기억이 있습니다. 아버지가 교육열이 높아 친척집이 있는 마포의 공덕초등학교로 6학년 때 전학을 시켜주어 우남 이승만 박사, 주시경 선생, 김소월 시인 등을 배출한 배재중학교에 진학하게 되었어요. 서소문의 배재중학교를 70년대 초반에 다녔는데, 대법원과 서울지방법원 등 법조타운이 그 당시에 서소문에 있었기 때문에 제 성장 과정이 된 곳이 공교롭게도 법조타운과 인연이 있는 곳이 아닌가 합니다.

정태종 교수: 지금의 법조타운인 서초동에서 태어나서 어린 시절을 보내셨고, 당시 법조타운이라고 할 수 있는 서소문에 있는 배재중학교 다닌 것이 우연 같아 보이지 않는데요.

김용섭 교수: 독일어로 카인 쭈팔(Kein Zufall), 즉 "우연은 없다"는 말이 있습니다. 아주 어렸을 때 우면산 자락의 신중국민학교 4학년 때 축구부에 들어가서 방과 후에 축구를 열심히 하여 한때 축구 선수가 되어 볼까도 생각했지만, 책 보는 것을 좋아해서 축구는 취미로만 자주 찼던 것 같습니다. 사실 중학교 2학년 때까지 인생의 목표를 설정하지 못하였는데, 중학교 3학년 때 배재학당의 헐리지 않은 건물인 동관에서 배웠는데, 그 동관의 창가 바로 옆에 대법원을 비롯하여 중앙지방법원이 자리 잡고 있었고, 호송 차량이 매일 골목길을 들락거리고, 중학교 3학년 때 상업 선생님이 종강에 즈음하여 들려주신 고시 3관왕 장덕진 씨에 관한 이야기에 감동을 받아 "야 저거 멋있다. 나도 저런 거 하면 좋겠다"고 커서 법조인이 되겠다는 생각을 하였거든요.

배재중학교 시절 1~2학년 때 공부보다 생물반에 들어가서 주말에 양평의 용문산 등 선배들과 여러 산으로 나비 등 채집활동을 하였던 기억이 나고요, 야구나 농구, 축구 등 배재운동부를 응원하러 경기장에 많이 갔던 기억이 나네요. 배재중학교 시절에 응원하면서 축구 등 스포츠를 좋아하였고, 자신감과 당당한 생활을 터득한 것이 오늘날까지도 각종 모임에 가면 적극적인 삶의 밑바탕이 된 것 같구요, 법과대학에 진학하겠다는 결심을 한 것이 배재중 3학년 때라서 우연이 아니라는 생각이 듭니다.

추신영 교수: 교수님께서 법조인이 되는 과정을 조금 말씀하셨는데 경

희대 법과대학을 진학한 이유라고 할까요, 이 부분에 대하여 조금 더 말씀해 주시면 좋겠네요.

김용섭 교수: 배재중을 졸업하고 신흥 명문고인 명지고에 다니면서 법대를 진학하려는 확고한 목표가 있었으나, 고3 담임선생님의 진학지도과정에서 목표치를 많이 낮추어 진학하다 보니 재학중에 사법시험에 합격하여 만회를 해야겠다는 생각을 하였습니다. 그런데 경희대에서 체계적으로 사시준비반을 운영하였고, 열심히 공부를 하다 보니 장학고사에서 전학년 수석을 거의 놓치지 않아 대학 내내 전액장학금을 받아 당시 경제적 형편이 어려운 부모님께 효도한 셈이 되었지요.

저희 때 고등학교 추첨제가 처음 시행되어 추첨으로 명지고등학교에 배정되었는데, 고등학교 때 독일어도 잘 배웠고, 국어와 영어, 역사나 사회과목 등 암기과목을 아주 잘했고, 법대 진학하면 사법시험은 쉽게 붙을 것이라는 사회과목 선생님의 칭찬도 있어 막연히 사법시험은 붙을 수 있다는 자신감은 있었거든요. 사실 제가 희망하는 법대가 따로 있었는데, 담임선생님이 원서를 안 써주고 부모님을 모시고 오라고 해서, 아버지를 모시고 가니 아버지가 고3 담임선생님과 대화를 나누시고 설득 당하셔서, 장학제도가 좋은 경희대 법대를 진학해서 빨리 고시 합격하는 것이 좋지 않겠느냐는 아버지의 조언에 따라 본의 아니게 경희대 법대를 가게 됐어요.

정태종 교수: 선생님은 경희대에서 대학원까지 마치신 후에 서울대 대학원을 진학하게 되어 비록 우회하였지만, 부모님의 말씀을 따른 것이 결과적으로 잘 된 셈이네요.

김용섭 교수: 서울대 대학원을 진학하게 된 것은 제 법조 인생에 있어

사법시험에 합격한 것 이상의 의미가 있다고 봅니다. 경희대를 진학한 후에 저는 최대한 빨리 시험에 붙어야겠다는 목표를 두었어요. 경희대 법대에 고시반이 잘 되어 있고, 좋은 조건이 뭐냐 하면 서울대 법대 출신의 사시 1차 합격자 10여 명이 경희대 대학원에 적을 두면서 매달 지원금을 제공받으며, 경희대 고시준비생과 함께 삼의원이라는 고시부 기숙사에서 생활하는 시스템으로 이분들과 함께 사시 준비를 하면서 큰 도움을 받았다고 보아야겠지요. 훗날 서울대 대학원을 가야겠다고 생각하게 된 것도 그분들과 같이 생활하면서 장학고사를 보면 큰 차이가 없다는 것을 느껴 자신감도 갖게 되었고, 경희대를 다니면서 지속적으로 장학금을 받았지만, 졸업하면서 사시 1차가 붙어 대학원 2년간은 학비를 내지 않고 무료로 다니게 되었지요. 1982년에 제24회 사법시험 2차에 응시하였는데, 다른 과목의 점수가 높았는데 아쉽게도 민법 과락으로 낙방하게 되었거든요. 저는 24라는 숫자와 인연이 많은데 그때 불합격한 것이 행운이라고 생각했어요. 군대를 가지 않은 상태에서 본 사시 2차 시험이지만 크게 걱정은 하지 않았고, 병역문제도 있어 서울대 대학원에 시험을 쳐서 합격하게 되어 1983년에 서울대 대학원에 진학하여 오히려 이것이 전화위복이 되어 1984년 제26회 사법시험에 합격도 하고 석사학위도 받게 되어 학자의 길로 가는 계기가 된 셈이에요.

추신영 교수: 교수님은 사법시험에 합격하셨는데 실무가의 길로 안 가시고 교수가 된 것도 좀 독특해 보이긴 하는데요. 교수가 되려고 한 계기와 여러 전공 중에 행정법을 전공하기로 선택하게 된 계기는 무엇인지 한 말씀 여쭙고 싶습니다.

김용섭 교수: 저는 사실 독일에서 박사학위를 받을 때까지도 교수가 되겠다고 생각하고 공부하거나 학위를 받은 것은 아니거든요. 행정법의 전공은 경희대 시절에는 김남진 교수님의 강의를 들었고, 수험서 위주의 행정법의 기본문제를 보다가, 대학 3학년 2학기에 1979년에 출간된 서울대 서원우 교수님의 현대행정법론(상)을 감명 깊게 읽었지요. 경희대 대학원을 수료한 후에 서울대 대학원으로 옮긴 후에 전공을 고심하다가 서원우 교수님을 지도교수로 하여 법학석사논문을 작성하게 되어 결과적으로 행정법을 전공하게 되었지요. 제가 사법시험 준비할 때 대부분의 고시생이 그렇듯이 교수가 되려고 한 것은 아니고, 판사, 검사, 변호사 중의 하나의 직업을 염두에 두었다고 봐야겠지요. 그런데 사법연수원을 마친 후 대구에 위치한 2군사령부의 수사장교로 군복무하면서 결혼도 하여, 가끔 동료들과 마작도 했으나, 앞으로 어떤 진로를 택할 것인가 고민을 많이 했어요. 군대에서 제대를 앞두고 서울대 대학원 박사과정(행정법 전공)에 합격하게 되어 변호사의 길을 택하지 않고 행정법학의 산실인 법제처의 사무관 특채로 들어가게 되어 서울대 대학원 박사과정도 다니면서 학문의 기초를 다졌다고 할 수 있어요. 이야기가 길어졌는데, 뜻이 있으면 길이 있듯이 법제처에 근무한 지 얼마 되지 않은 시점에 공무원 파견훈련의 일환으로 독일에 2년 반 체류하게 되어 지도교수인 로엘레케 선생님의 지도를 받으며 학자의 삶이라는 것이 보람이 있고, 사회적 영향력이 큰 직업이라는 것을 알게 되었지요.

추신영 교수: 대학이나 대학원에 다니실 때 깊은 인상을 주었던 은사님이 계시면 소개를 해 주시면 좋겠습니다.

김용섭 교수: 제가 다닌 경희대 법대에 훌륭하신 교수님이 많았어요. 그런데 특히 기억에 남는 분은 구연창 교수님을 들 수 있어요. 민법과 환경법을 맡아서 가르치시고 나중에 경희대 법대학장도 지내셨고, 한국환경법학회 회장도 지내신 분인데, 제가 대학에 진학했을 때 고시부 지도교수를 맡으셔서 고시에 합격할 수 있도록 성심껏 지도해 주셨던 영국 신사 같으신 분이에요.

추신영 교수: 구연창 교수님은 제 전공인 민법을 전공하신 분으로, 환경법의 아버지로 통할 정도로 환경법 분야를 개척하신 분으로 알고 있어요.

김용섭 교수: 맞습니다. 저희가 대학 다닐 때 환경법 책을 쓰고 계셨고, 참 자상하시고 좋은 선생님이셨어요. 그분이 고시부 지도교수 하시면서 장학시험의 활성화와 방학중에 강원도 횡계로 2년간 집단으로 대관령 산장을 임대하여 고지대라 선선한 곳에서 고시 공부를 하도록 배려하셨습니다. 저를 많이 아껴 주셨으며, 4학년 때 졸업을 앞두고 어머니가 일찍 돌아가셨을 때 조교 2명을 보내기도 할 정도로 자상하신 분이었어요. 신촌에 있는 구연창 선생님 집으로도 고시준비를 하는 몇몇 학생을 초대도 하여 식사대접도 받았는데, 아쉽게도 좀 일찍 돌아가셔서 학계의 큰 손실이고 매우 안타깝게 생각합니다. 대학원 시절에는 서울대에 재직하셨던 행정법의 세 분 은사님, 남하 서원우 교수님, 청담 최송화 교수님 그리고 중범 김동희 교수님 모두 다 훌륭하시고 존경할 만한 분이고 제자를 차별 없이 지도하여 훈도를 잘 받았습니다. 독일의 지도교수인 로엘레케 교수님도 만하임대 총장을 지내셨는데 두루 해박하시고 온화하시며 언제든지 제자와 대화 용의를 베풀어 주셔서 제가 관료에서 학

자로 진로를 전환하는 데 큰 힘이 되었다고 생각해요. 지금 생각해 보니 여러모로 부족한 제가 인덕도 많지만, 무엇보다 스승 복을 많이 받은 사람이라는 생각이 드네요. 이 자리에서 일일이 밝히지 않지만, 허영 교수님 등 여러 훌륭하신 선생님의 은덕에 크게 감사드리고 싶네요.

정태종 교수: 선생님께서는 사법시험에 합격한 후 법제처 재직중에 독일 유학을 하셔서 만하임대학에서 박사학위를 받으신 것으로 알고 있습니다. 로엘레케 교수님을 지도교수로 하신 것 같은데요. 한국에서 공직에 계시다가 유학하게 된 동기 또 행정법을 전공하기 위해서 그 지도교수님과 컨택을 해서 학위지도를 받으셨거든요. 그 과정에 관한 이야기를 좀 듣고 싶습니다.

김용섭 교수: 제가 법제처로 진로를 선택하게 되어 국비로 독일로 유학을 할 수 있는 절호의 기회를 얻게 되었지요. 독일 유학 생활에 대하여는 1995년 법제처의 법제지에 쓴 "나의 독일 유학기"에 자세하게 기술하고 있어 여기서는 간단히 말씀드릴게요. 독일의 여러 대학에 입학허가서를 보냈는데, 만하임대학에서 제일 먼저 답신이 왔고, 박사과정생인 본인에 대한 지도교수를 로엘레케 선생님이 맡기로 하였다는 내용이 들어있었어요. 로엘레케 교수님은 행정법뿐만 아니라 헌법학과 법철학의 대가인 데다가 동아시아 문화에 관심이 많으셨던 분이라서 저를 박사과정 생으로 받아들인 것이 아닌가? 추측할 뿐이죠. 이러한 측면에 더해서 한국에서 사법시험에 합격한 것도 신뢰감을 주었을 뿐만 아니라 법제처 공무원이라는 부분도 그분이 볼 때 지도학생으로 받아들이는 과정에서 좋게 본 것 같습니다.

정태종 교수: 선생님께서는 법제처에 재직하시다가 대학으로 옮기게 되셨습니다. 공직 경험이 대학에서 행정법을 가르치고 연구하는 데 어떤 도움이 되셨는지요.

김용섭 교수: 저는 법제처에서의 근무 경험이 대학에서 행정법 교수로 활동하는 데 밑거름이 되었을 뿐만 아니라 행정실무에 대한 강한 자신감을 갖게 되었다고 생각해요. 저의 법제처에서의 근무 기간은 독일 유학을 빼고 약 4년 정도 되는데, 그동안 법제처에서 핵심적 업무를 맡았거든요. 처음에 법제처 행정법제국인 제1국 교육부와 체육청소년부 담당 법제관실에서 법령심사와 해석 업무 등을 맡았고, 독일에 유학을 다녀온 후에는 경제법제국인 제2국 통상산업부 법제관실에서 법령심사와 해석 업무를 맡았어요. 그 후 행정심판관리국으로 옮겨 사회문화행정심판담당관을 맡아 행정심판 업무도 다루어 보았지요. 법제처와 행정법령은 밀접한 관련이 있고, 제가 행정법학자로서 제대로 역할을 하게 된 데는 법제처에서의 근무 경험이 아주 크게 작용했다고 봅니다.

정태종 교수: 얼마 전에 선생님 연보 정리를 하면서 한 번 살펴보니까 행정법학계에는 드물게 사법시험에 합격하시고 또 법제처에서 공직 경험을 하시고, 실무에서 변호사로 활동을 하기도 하셨습니다. 제가 알기로는 법무법인 아람에서 변호사로 활동을 하셨던 것으로 알고 있습니다. 그때의 경험을 말씀해 주십시오.

김용섭 교수: 전북대에 오기 직전의 직장은 법무법인 아람이에요. 그곳에서 2002년 3월 초순부터 2005년 3월 말까지 구성원 변호사로 근무하였고, 그곳은 부티크형 중소로펌인데 지금은 법무법인 화현으로 합병되어 그 명칭의 법률사무소는 없습니다. 저의 변호사 활동

은 3년 반 정도 짧은 기간이에요. 그때 법무법인 아람에는 손경한 대표 변호사님이 계셨는데, 상당히 학구적이면서도 변호사 업무의 프로페셔널한 부분을 적지 않게 배울 수 있었어요. 손 변호사님과 일본의 스포츠법 전공 교수와 변호사가 저술한 〈문답스포츠법〉을 법영사에서 공동번역하면서 스포츠법을 특화하려고 노력한 적이 있어요.

정태종 교수: 그 당시 변호사 활동만이 아니라 행정법이론실무학회장도 맡으시고, 행정판례평석이라는 저서도 내시고 학술적 논문도 쓰시고 학회 발표도 하신 것으로 알고 있습니다.

김용섭 교수: 당시 변호사에 모두를 걸었다기보다는 실무를 익히는 과정이라고 보는 것이 맞을 것에요. 그 당시에 행정법이론실무학회의 학회장으로 1년간 학회 활동도 하고 스포츠법에 관하여는 연세대와 경희대의 강사로, 행정법에 관하여는 한림대의 겸임교수로 강의도 하고, 사건을 처리하면서 행정법이나 스포츠법, 조정에 관한 논문도 쓰고 그래서 변호사 활동 못지않게 학자처럼 생활한 측면이 있어요. 제가 축구를 좋아하다 보니까 서울지방변호사회 서로축구단을 결성할 때 부단장으로 활동해서, '서로'라는 이름의 작명을 하기도 하였구요. 2002년 한일 월드컵을 앞둔 시점에 한일변호사 축구 정기전을 개최하여 일본 동경 부근 요코하마 구장에도 가고 한국의 용인 법무연수원의 잔디구장에서 일본 변호사팀과 친선축구도 했던 기억이 있어요. 제 유니폼의 백넘버가 13번인데 변호사로서 크게 성공은 못 했지만, 다양한 경험을 하였던 것 같습니다.

그 당시 변호사를 했기 때문에 민·형사의 소송 실무뿐만 아니라 행정소송과 헌법소송 실무에 대해서 여러 사건을 통해 적지 않은 식견을 갖게 되었고, 그 당시의 변호사 활동으로 인해 대학에 재직하더라도 지속해서 대한변호사협회나 서울지방변호사회의 각종 위원으로 활동하면서 유대관계를 유지한 것은 변호사로서 활동했기 때문에 가능한 것이라고 할 수 있어요.

정태종 교수: 처음 대담 시작할 때도 잠깐 말씀을 해 주셨는데요. 선생님께서는 서울 태생이시고 공부도 또 근무지도 주로 서울이었습니다. 그런데 변호사 활동을 하신 후에 전북대학교 교수로 부임을 하셔서 처음에는 3년 정도 예상한다고 하셨는데 지난 20년간 이렇게 학교에 봉직하셨습니다. 그래서 이렇게 오랫동안 전주에 계시면서 전북대학교와 인연을 계속하게 된 뭔가 매력이 있지 않을까 그런 부분이 궁금합니다.

김용섭 교수: 그러게요. 저는 서울 서초동에서 태어나서 어린 시절에 오대산 부근과 군대시절에 대구에 잠시 살아본 것 외에 할아버지와 아버지의 고향이 서울교대 부근이라 전주와 특별한 인연은 없구요. 증조모와 조모가 전주이씨라는 것 외에는 연결고리가 따로 없어요. 전주가 낯설지 않은 것을 보면 전생에 그곳에 살지 않았나 생각이 들기도 해요. 그렇지만 전주는 사실 객지나 마찬가지인데 오래 근무하다 보니 제2의 고향이 된 셈입니다. 고향도 떠나면 타향이 되고 타향도 정들면 제2의 고향이 되듯이 전주에서 교직을 맡아 활동한 약 20년의 기간은 제 삶에 중요한 부분인 것 같아요.

추신영 교수: 혹시 전북대 로스쿨에서 근무하시면서 가장 인상 깊었던 경험이나 일이 있으면 말씀해 주시겠습니다.

김용섭 교수: 우선 오래 전의 2가지 일이 떠오르네요. 하나는 2007년 가을 로스쿨 추진단에서 몇 달간 로스쿨 인가신청을 준비하던 기간이

떠오르구요, 다른 하나는 법학연구소장으로 활동하던 기간입니다. 로스쿨 추진단의 일원으로 활동하면서 로스쿨이 안 되면 떠난다는 각오로 열심히 임했습니다. 법학연구소장은 바로 직전 연구소장을 맡았던 서거석 소장께서 총장으로 선출되어 전북대에 부임한 지 얼마 안 된 저에게 소임을 맡겨 3년간 열심히 활동했습니다. 이러한 경험이 학회장을 맡는 데 중요한 밑거름이 되었다고 생각합니다. 가장 인상적이었던 일은 전북지역에서 배출한 법조삼성(法曹三聖)을 위한 학술대회와 로스쿨에서의 ADR 교육에 관한 학술대회를 개최하였던 것입니다. 아울러 학계의 여러 원로분을 초청하여 특강을 개최하기도 했지요. 행정법의 최송화 서울대 명예교수, 헌법의 허영 연세대 명예교수, 형법의 이형국 연세대 명예교수 그리고 민법 특히 가족법의 한봉희 동국대 명예교수 등을 초청하여 해당 법학분야의 학문적 발자취와 미래 전망을 듣는 시간을 가졌던 순간이 떠오르네요. 그리고 약 5년 전에 암투병하여 이겨내면서 시인으로 등단하고 칼럼을 매달 한두 편씩 쓰게 된 것도, 5년간 3개 전국학회의 학회장을 연거푸 맡으며 건강을 이겨낸 것도, 가까운 동료 교수 3인과 국내 서원 등을 문화 탐방하면서 한 해에 3~4차례 1박 2일 여행을 다녀온 것도 오래 기억에 남을 인상적이었던 일에 속해요.

추신영 교수: 우선 로스쿨에서 행정법 교육이나 변호사시험과 관련한 문제점은 무엇이고 앞으로의 전망을 말씀해 주시지요.

김용섭 교수: 우선 로스쿨 교육의 문제점과 전망을 먼저 말씀드리자면, 사실 로스쿨을 만든 취지는 사법시험이 갖고 있는 법조인력 양성의 한계를 극복하여 양질의 법률가를 양성하려고 로스쿨 시스템을 도입했는데, 합격률이 계속하여 떨어지다 보니까 로스쿨생이 변호사

시험의 합격에만 치중하는 것 같습니다. 판례교육의 비중이 높아진 것은 사실이지만, 판례를 위주로 출제하다 보니까 중요한 판례보다 구석진 판례, 다시 말해 실제 사례로 활용이 잘 안 되는 판례까지 외어야 하는 문제가 있어요. 앞으로 AI시대의 등장으로 암기식 시험의 일종인 변호사시험에서 객관식 시험의 비중이 떨어질 전망으로 보이고, 이제는 변호사시험의 전반적인 재검토가 필요한 단계가 아닌가 생각하게 되네요.

추신영 교수: 앞으로 행정법 교육이나 변호사시험에 관련하여 들려주실 수 있는 이야기가 있으면 말씀해 주시면 좋겠습니다.

김용섭 교수: 로스쿨에서 행정법 교육의 경우에도 변호사시험에 효과적으로 대처하기 위해서는 기록형이나 사례형 문제의 해결을 행정법의 종합적 이해에 기초하여 접근할 필요가 있어요. 행정법에 관하여 선행학습이 제대로 안 된 상태에서 입학하는 데다가 민사법이나 형사법에 1~2학년 때 치중하다 보니 행정법 공부에 할애하는 시간이 절대적으로 부족해서 대부분 학생들이 얇은 학원용 책으로 정리하는 경향이 있는 것 같습니다. 변호사시험 출제와 로스쿨 교육이 상호 연계되어 있기 때문에 변시출제와 교육의 선순환이 이루어질 필요가 있다고 봅니다.

정태종 교수: 선생님께서는 그간 행정법이론실무학회 회장 또 한국국가법학회 회장 그리고 한국조정학회 회장 그리고 현재는 한국행정법학회 회장을 재임중에 계십니다. 다양한 학회에서 학회 활동을 하시면서 특히 기억에 남는 일이 있으실까요.

김용섭 교수: 행정법이론실무학회는 제가 변호사로 활동하던 시기인 2002년에 제14대 회장으로 취임하여 1년간 봉사하였구요, 흥미로

운 일은 2002년 10월경에 전북대 법학관에서 개최한 학술대회와 정기총회에서 회장에 취임하여 학술대회가 끝난 후에 전주 벽소령이라는 음식점에서 흥겹게 여흥을 즐겼던 기억이 있네요. 제24대 한국국가법학회 회장은 암 투병중에 맡아 학회지가 등재후보지에서 탈락한 것을 다시 복원한 것이 기억에 남습니다. 제3대 한국조정학회 회장은 코로나가 막 시작 전에 회장으로 취임하여 2년간 코로나 기간 내내 오프라인과 온라인을 병행하면서 열심히 학회장 일을 맡았고, 분쟁해결 제3호를 초대 회장인 부구욱 영산대 총장님의 고희 기념호로 발간한 일이 기억에 남구요. 동아시아행정법학회 한국 측 이사를 약 10년간 하면서 박정훈(이사장), 김연태, 김유환, 안철상, 한견우 이사 등과 함께 학술대회와는 별도로 돌아가면서 오대산, 구례, 대전, 전주 등 1박 2일로 수차례 여행하였던 것도 즐거운 추억으로 남습니다. 지난해 1월부터 임기 2년의 제7대 한국행정법학회 회장을 하면서 학회지가 등재지로 승격된 것이 성과라면 성과이구요. 한국의 행정법학계를 대표하는 학회로서의 위상을 높이기 위하여 집행부 임원분들과 백방으로 노력하고 있고, 학술연구상도 제정하여 시행하는 등 마지막 봉사의 기회로 여기고 최선을 다하고 있습니다.

정태종 교수: 선생님께서는 수많은 논문을 쓰시고 또 저서도 집필하셨습니다. 그래서 저희 후배들, 또 제자들에게 이런 연구 활동에 관해서 조언을 부탁드립니다.

김용섭 교수: 사실 조금 부끄럽습니다마는 제대로 된 단독의 행정법 교과서도 쓰지 못하고 이렇게 정년을 하게 되는데, 교과서를 못 쓴 데는 저한테 전적인 책임이 있죠. 하나는 바둑을 많이 둔 것과 논문을

많이 쓴 것도 원인으로 지목될 수 있지만, 교과서를 새로운 체계에 맞춰서 써 봐야겠다는 생각을 하다 보니, 기존에 있는 수험서에 근접한 교과서와는 차별성이 있는 새로운 체계를 잡아 써보고 싶은 욕심은 있었는데 이를 실현시키지는 못했습니다. 그건 개인적으로 아쉬운 대목인 것은 분명해요. 우리나라에서는 교과서를 써야 대학자인 것처럼 평가받는데, 독일은 교과서보다 좋은 논문을 발간하는 것을 높이 평가하는 것 같기도 해요. 바둑을 즐겁게 두었고 논문을 열심히 발간하였기 때문에 교과서를 못 쓴 것이 후회되지는 않아요.

정태종 교수: 선생님께서는 교과서를 안 썼다고 하시지만, 판례교재 행정법과 같은 책들은 많은 학생들이 좋은 공부 자료로 활용하고 있는 것으로 알고 있습니다. 또 좀 나아가서 질문을 드리면 선생님께서 이제 실무 공직 경험을 바탕으로 행정법을 하니까 매우 그것이 풍성해졌다는 말씀을 조금 전에 해 주셨는데요. 저도 그런 부분에는 매우 깊이 공감합니다. 그래서 저와 같은 후학자들이 행정법을 강의하는 데 있어서 뭔가 도움이 될 만한 부분이 있을까요.

김용섭 교수: 제가 볼 때는 행정법은 행정 현상을 제대로 이해하여야 하는데, 규범만 가지고 행정법을 이해하고 해석하는 것은 한계가 있어요. 행정법 규범의 배후 행정 현상에 대한 적확한 이해가 필요하거든요. 학제 간의 연구가 필요하고, 국가나 지방자치단체의 각종 위원으로 활동하는 것도 권장하고, 특히 각종 시험위원으로 출제를 들어갈 기회를 잘 활용하는 것도 좋아요. 출제하러 가서 문제를 놓고 논의하면서 공동작업 속에 같이 토의하는 과정에 터득하는 것이 적지 않구요. 학회에서 발표나 토론의 기회도 가능하면 거절하

지 말고 참여하여 새로운 분야에 대한 공부를 하면서 다른 의견도 들으면서 역량을 키울 수 있다고 생각해요. 각종 학회나 국가기관에서 연락이 오면 주저하지 말고 긍정적으로 수용하고, 한두 번 거절하면 공부할 기회가 줄어드니까 토론의 기회나 발표의 기회를 적극적으로 활용하여 논문을 많이 작성하는 것이 관건이거든요. 논문 작성의 노하우 같은 것을 이야기할 기회가 있을 것 같은데 여기서는 이 주제는 이 정도만 하시죠.

추신영 교수: 선생님께서는 추사 김정희에 조예가 깊고 특히 인문학에 관심을 많이 두고 계시는데 그런 계기와 또 그 강의에서 활용에 어려움은 없었는지요.

김용섭 교수: 사실 추사 선생이 말년을 과천에서 보냈고 과천에는 추사 박물관이 있지요. 제가 28년 가량을 과천에서 아이들을 키우다 보니 추사 선생이 과천의 인물로 소개되기도 했구요. 과천에서 멀지 않은 봉은사에는 판전(板殿) 등 추사 선생의 작품의 흔적이 남아있지요. 그리고 전주 부근인 고창 선운사 등에도 추사의 글씨가 남아 있어 추사에 한동안 빠져 추사 관련 글을 여러 편 쓰기도 했습니다. 그리하여 제가 추사 김정희 선생의 매니아가 된 것은 전북대로 부임 후 얼마 되지 않은 시점에 법학연구소장이 되면서 추사 선생의 글씨를 채집하여 법학연구라는 학술지의 제호를 새롭게 하려던 일로부터 비롯되지요. 당시 전북대 로스쿨의 특성화가 동북아법인 것과 무관하지 않구요. 동북아법은 중국, 한국, 일본의 법이 핵심인데, 추사 선생의 세한도는 제주도에서 그렸지만, 청나라를 거쳐 일본으로 갔다가 소전 손재형이 후치츠카로부터 돌려받아 왔기 때문에 추사 선생을 동북아법의 상징적인 인물로 하면 어떨까 하는 순

전히 제 개인적인 생각으로 추사를 연구하게 된 것이거든요. 로스
쿨 학생들에게 추사 선생의 이야기를 저도 모르게 강의시간에 조금
들려주면 이를 좋아하는 학생도 있는데 그렇지 않은 학생도 있어
추사에 관한 이야기는 가급적 꺼내지 않으려고 합니다. 조금은 아
쉽기도 하고 좀 너무 세상이 각박한 것 같기도 하고 좀 그렇기는 합
니다.

추신영 교수: 한 가지 여쭤보고 싶은 것은 추사 김정희를 흠모하여 선생
님의 삶에 어떤 긍정적 영향을 미친 부분이 있는지요.

김용섭 교수: 추사 선생의 격조 그리고 이제 그 예술혼을 배우게 되지
요. 또한 붓글씨라고 하는 것이 단순한 손놀림의 기예가 아니라 엄
청난 독서량의 그것이 뿜어져 나오는 '문자향 서권기(文字香 書卷
氣)' 라는 것을 일깨워 주고 있지요. 그 다음에 추사 선생의 유명한
'마천십연 독진천호(磨穿十硏 禿盡千毫)' 라는 말이 있어요, 요즈
음 말로 한평생 동안 붓 1,000자루를 대머리로 만들었고, 벼루 10개
를 던킨도너츠로 만들었다는 이야기거든요. 그야말로 추사체는 대
단한 끈기와 절차탁마 속에서 독창적인 경지를 이뤄낸 것이지, 추
사 선생이 금수저로 태어난 천재이기 때문에 그런 서체가 나온 것
이 아니라는 것이지요. 추사 선생은 유배의 억울함을 붓글씨와 공
부로 이겨냈고, 엄청난 노력 속에서 추사체가 완성되었듯이 추사
선생에 관심을 두다 보니 '벽광(癖狂)정신' 이라는 것을 저 자신이
배우고 실천하게 됩니다.

추신영 교수: 그리고 법조인에게 인문학이 어떤 역할을 하고 있다고 생
각하시는지요?

김용섭 교수: 인문학은 다른 말로 문사철(文史哲) 즉, 역사, 철학, 문학

이라고도 하지요. 저는 인문학을 인간의 본질과 인간 상호간의 관계를 연구하는 학문이라고 이해하고 있습니다. 그런데 이제 법학도 결국은 따지고 보면 인간의 문제가 아닌가 싶어요. 그래서 어떻게 보면 법학자들이 규범적 틀 속에 매몰되기보다 인문학적인 상상력을 통해 좀 더 풍부하고 또 다양한 삶의 방식을 이해할 필요가 있기 때문에, 특히 법조인에게 필요한 소양이 인문학적 상상력이 아닌가 생각합니다. 저 같은 경우에 나이가 50이 넘어가니까 법학이 소송 기술에 관한 학문 같은 느낌이 들고, 인문학의 튼실한 기초가 없이 법학을 하는 것은 메마른 대지에 풀이 자라지 않는 것과 마찬가지라고 생각이 드네요.

정태종 교수: 조금 전에는 이제 은사님 위주로 저희가 여쭤봐서요. 혹시 선생님께서 평소에 존경하는 학자나 법조인, 법률가가 있으신가요. 또 어떤 이유에서 존경하시는지 말씀 부탁드립니다.

김용섭 교수: 제가 가장 존경하는 분은 아버지예요. 많은 추억이 있고, 오래 기억되는 분이지요. 제가 추사 매니아다 보니까 추사 김정희 선생을 존경하지요. 아까도 말씀드렸지만, 서원우, 최송화, 김동희, 구연창, 로엘레케 교수님 등 여러 은사님을 존경합니다. 이분들은 저한테 훌륭한 가르침과 학자로서 바른 삶을 살도록 일깨워 주셨고, 아쉽지만 모두 돌아가셨네요. 여러 은사님의 공통점은 학자다운 학자라고 할까요. 그 점을 이유로 들 수 있겠네요.

정태종 교수: 교수님께서는 평상시에 스포츠법이라든지 또 조정(Mediation)이라든지 관심 분야가 다양한 것으로 알고 있습니다. 이런 부분들 말고 전북대학교에서 전공 외에 관심을 두셨던 부분이 있었는지 말씀해 주시고 이제 행정법학이 다양한 변화의 시기를 겪

고 있는데요. 그중에서 특히 주목할 만한 변화는 무엇인지 여쭙고
싶습니다.

김용섭 교수: 로스쿨 초기에 시간학에 대하여 관심을 갖게 되어 2년 정
도 시간학 모임을 결성하여 로스쿨생들과 함께 토론하였던 적이
있구요. 개인적으로 기(氣)철학에 심취하여 여러 서적을 탐독하면
서 공부하였던 적도 있어요. 다양한 분야의 독서를 많이 하면서 다
방면에 관심을 가졌으나 여러 해에 걸쳐 오래 지속하거나 꾸준히
한 것은 없다고 봐야겠지요. 제가 볼 때는 법학도 시대변화나 사회
환경의 흐름을 따라가야 한다고 보거든요. 대학교수가 되고 나면
오래 전에 배운 것을 계속 고집할 수는 없고 AI시대가 도래하면 AI
연구도 해야 하고, 학자는 사회변화의 흐름과 새로운 경향을 따라
가는 것이 중요하다고 봅니다. 중국 고전에 "학문은 물을 거슬러
가는 배와 같아서 앞으로 나아가지 아니하면 후퇴한다"는 뜻의
"학문 여역수행주 부진즉퇴(學問 如逆水行舟 不進則退)"라는 말이
있지요.

정태종 교수: 선생님께서는 많은 논문을 쓰셨는데요. 실은 다양한 주제
들에 대해서 그렇게 많은 논문을 쓰려면 뭔가 선생님만의 비법이
있을 것 같습니다. 그것을 하나 여쭙고요. 또 하나 다양한 연구용역
또 정부위원회 활동을 하셨습니다. 그래서 저희가 그런 부분들에
참고할 만한 것들이 있다면 조언을 부탁드립니다.

김용섭 교수: 저만의 비법이랄 것까지는 없구요, 학회에서 발표의 기회
가 오면 무조건 수락하는 것이 좋다는 말씀을 우선 드리고 싶네요.
그것은 발표의 기회가 자주 오지 않는다는 것이고, 모처럼 발표의
기회가 왔을 때는 2편 분량을 발표한다는 각오로 최대한 광범위하

게 작성하여 발표하고 가능하면 이를 분리하여 논문 2편이 나올 수 있도록 준비하면 좋겠다는 말씀을 드립니다. 저는 이 비법 아닌 비법을 뒤늦게 터득하여 1타 쌍피로 하나의 발표로 논문 2편을 효율적으로 작성하는 것을 터득했다고 할까요. 분량은 많아도 발표할 때 시간적 제약으로 핵심적 내용을 압축하여 전달하고 준비한 방대한 발제문에 크게 의존할 필요는 없다고 봐요. 발제 논문 하나 준비하고 닭이 쌍알을 낳는 원리입니다. 그리고 학술대회에 토론을 해달라고 연락이 오면 거절하지 마시고 토론문을 준비하되, 대부분의 토론자들이 2~3페이지, 길어야 5페이지 전후를 준비하는데, 그렇게 토론문을 준비하면 토론하고 논문으로 연결되지 않고 대부분 토론으로 끝나는 것이거든요. 토론문을 10페이지 이상으로 작성하여 발제문에 70~80퍼센트 분량으로 근접하여 조금만 수정하면 곧바로 논문으로 완성될 수 있는 수준의 토론문을 준비하고 이것을 논문으로 변환하는 것이 효율적으로 논문을 여러 개 쓸 수 있는 비법 아닌 비법이 아닌가 생각합니다. 학술대회의 토론문이 발제문을 위협하는 수준까지 가는 것이 학술대회의 생태계를 교란하는 위험성이 있지만, 토론문을 내실있게 준비하고 논문을 효과적으로 준비할 수 있는 일거양득의 기회라고 생각하고 토론을 부탁받는 기회가 있으면 가능하면 수락하는 것이 좋다고 저는 그렇게 보고요. 외부에서 연락이 오는 경우에 전화를 잘 받는 것이 중요해요. 삼고초려(三顧草廬)라는 유비와 제갈량의 고사(古事)가 오늘날 전화 3통거는 것이 아닌가 합니다. 무엇을 부탁하려고 연락이 안 되는 분한테 3번 계속 통화하는 경우는 아주 드물거든요. 그래서 전화가 왔을 때 바로 거절하지 말고 이건 소중한 기회라고 생각해서 잘 받으면 자꾸 일이 들어오게 되거든요. 모처럼 부탁했는데 거절하기 시작하면 그 사람한테 전화가 잘 안 가도록 입력이 돼요. 그런데 어려운 발제라도 이 사람한테만 전화하면 무조건 수락한다는 강한 인상을 주면 연락을 취하다가 힘들면 그 사람에게 기회가 돌아오게 되어 있거든요. 저의 필살기인데 조언이 되었으면 좋겠습니다.

추신영 교수: 정년퇴직 후에 앞으로의 계획이 어떤 계획이 있으신지 앞의 재직중에 아쉬운 점이 있는지요.

김용섭 교수: 정년퇴직 후에 로펌에서 그동안의 경험을 살려 행정소송 사건이나 스포츠와 도핑분쟁, 교원과 공무원의 징계처분 등 특화된 법률 분야를 중심으로 그동안 유보되었던 변호사 활동을 할 계획입니다. 내년에 법과 인문학에 관한 책을 발간할 계획도 있고, 행정법에 관하여 미처 못한 부분도 더 연구하고 싶기도 합니다.

전북대 재직중에 아쉬운 점은 딱히 없습니다. 굳이 말씀드리면 변호사 제자는 제법 양성했지만, 박사학위 제자를 더 많이 길러내지 못한 게 아쉬운 점이라면 아쉬운 점이죠. 전북대 정태종 교수님 한 분이면 일당백이 아닌가 생각합니다.

추신영 교수: 박사 제자를 많이 배출하지 못하셨다는 의미인지요. 재직 중에 보람이 있다면 어떤 점이 있었습니까?

김용섭 교수: 전북대에서 저를 지도교수로 한 박사과정 생은 몇 명 있었지만, 박사논문이 통과된 인원이 거의 없어요. 경희대 시절 박사지도 학생도 있었지만 근무기간이 짧아 논문심사에 참여하였지 직접 지도제자는 없다시피 해요. 독일의 은사인 로엘레케 교수님도 제자를 많이 배출하지는 않았어요. 저 역시 제자 욕심이 별로 없다고 할까요. 제 역량의 한계 같기도 하고, 사실 제자와 스승의 관계도 시

대의 변화에 따라 많이 달라져서 제자 욕심을 내지 않았어요.

로스쿨 교수가 갖는 보람은 거의 같을 것이에요. 로스쿨 신입생으로 들어올 때 법학 지식이 부족한 것 같은데, 변호사시험에 합격하여 실무에서 활동하고 있는 모습을 지켜보는 것이 보람이라면 보람일 수 있겠지요. 졸업한 후에 변호사로 활동하면서 로스쿨에서 교수님의 행정법 수업과 강의가 변호사로 활동하면서 유용하고 쓸모가 많이 된다거나 선생님께 배운 행정법을 변호사로 활동하면서 잘 써먹고 있어요 라는 말을 들었을 때, 듣기 좋은 립서비스인지 알면서도 보람까지는 아니더라도 기분이 그다지 나쁘지는 않더라고요. 로스쿨에서의 교육관은 변호사시험에 치중하기보다 시야를 넓게 키우며 변호사시험을 넘어서서 합격 이후의 특화된 분야를 찾는 것이 매우 중요하다고 생각합니다.

추신영 교수: 그리고 교수님께서 정년보장 교수가 된 후에는 연구를 좀 적게 하더라도 무방한데 법률과 문학에 대한 광범위한 글을 쓰고 출판하게 된 동기는 무엇입니까?

김용섭 교수: 저는 본업인 전공에 철저하게 임하면서 한두 가지 깊게 파고드는 다른 분야에도 관심을 기울인다는 자세를 가졌어요. 그러다 보니까 전공에 관한 논문도 정년보장 교원인 정교수로 승진한 이후에도 평균 4~5편을, 많이 쓸 때는 한 해에 6편 이상도 썼거든요. 제가 정년보장 교원이 되었다고 해서 갑자기 손을 놓고 있을 것이 아니라 본업에 충실하여야 하기 때문에 논문을 많이 썼고, 단독저서와 공저를 내기도 하였습니다. 문학이나 칼럼은 그 전부터 간헐적으로 작성해 왔는데, 병마로 이를 이겨내는 과정에서 그동안 읽은 동서양의 고전이나 국가 사회적으로 중요한 시사적인 이슈에 대하

여 법률신문, 법조신문, 리걸타임즈, 뉴스퀘스트 등 여러 매체에 한 달에 1~2편 이상 꾸준히 기고하였고, 바둑은 바둑진흥법 제정에 산파역을 맡았고, 이에 관한 칼럼도 여러 편 쓰는 등 취미와 글쓰기를 병행했다고 할까요. 사실 인문학적인 글은 누가 쓰라고 한 것도 아닌데, 나이가 들수록 기억력이 점점 소멸해 가고 그동안 열심히 인문학적 고전을 읽은 것들을 남겨두어야겠다는 생각으로 여러 매체에 칼럼도 쓰게 된 글을 소재로 하여 〈직필(直筆)과 객설(客說)〉을 법률신문사에서 발간하게 되었던 것입니다.

정태종 교수: 교수는 수많은 학회활동을 통해 사회에 공헌하고 있다고 생각됩니다. 다만 그 과정에서 어떤 측면을 중시해야 할지 고민이 많습니다. 교수님께서는 어떤 것이 중요한 공헌이라고 생각을 하시는지요?

김용섭 교수: 저는 학회가 입법, 행정, 사법, 언론의 4부 다음에 시민단체보다 국가체의 발전을 위한 5부로서 역할을 하여야 한다고 생각해요. 학회는 전문가적인 입장에서 국가체의 운영이나 사회가 잘못된 방향으로 나아가면 건설적인 비판도 하고 올바른 방향으로 견인하는 역할을 하고, 전문적인 식견을 가지고 대안을 제시할 필요가 있다고 생각합니다. 지금 일반적으로 대학교수에게 중요한 공헌을 말하나요, 저를 기준으로 중요한 공헌을 질문하신 것인지요?

정태종 교수: 선생님 기준으로 말씀해 주셔도 좋고, 또 일반적인 경우를 말씀해 주셔도 좋습니다.

김용섭 교수: 평소 법조실무계와 학계의 교류와 소통이 중요하다고 생각해요. 전공분야에 있어서도 학제간의 융합을 통한 학문연구나 공통의 시대적합적 주제를 발굴하여 해법을 찾는 것이 중요하다고 봅

니다. 로스쿨이 도입되면서 판례교육도 중요하다고 보고, 판례평석에 관한 단독 저서를 2권 발간하였고, 최근에 4인 공저로 법문사에서 법학전문대학원 판례교재를 5판 냈을 뿐만 아니라 2008년부터 15년 이상을 인권과 정의에 매년 중요행정판례 해설과 평석을 작성하여 오고 있지요. 한국행정법학회 회장이 되면서 바로 법률신문사와 MOU를 체결해서 한국행정법학회의 이름을 걸고 학회 임원분들이 매달 행정판례평석을 소개하도록 한 것도 같은 맥락이라고 할 수 있지요. 제가 대학교수로서 공헌한 것이 있다면 각종 국가시험에 약방의 감초처럼 출제를 많이 한 것을 들 수 있어요. 법무부의 사법시험 2차 행정법에 3번 출제하였고, 3차 면접시험 위원은 마지막으로 치러진 제59회 사법시험의 위원까지 4번 정도 참여하였습니다.

그리고 제1회 변호사시험을 출제하기 전에 모의시험을 비롯하여, 제1회 변호사시험 공법기록형의 출제를 하면서 공법기록형의 토대를 만들고 공법기록형만 3번 출제하였으며, 제10회 공법기록형 시험은 채점위원으로만 참여한 적이 있어요. 변호사시험의 공법기록형은 일본 신사법 시험에도 없고 미국도 없는 한국의 종전의 사법시험도 없는 유형으로 새로운 형태의 시험유형을 실전화하는 데 산파역을 맡았다고 할까요. 별로 공헌을 한 것도 없는데 장황하게 말하는 것 같아 면구하지만, 제 전공분야인 행정법학을 넘어 스포츠법과 ADR, 특히 조정에 관하여 관심을 기울였고, 법과 인문학에 대한 접점을 찾는 노력을 해 온 것은 공헌까지는 아니지만 의미를 부여할 수 있는 지점이라고 생각합니다.

정태종 교수: 지금 행정법은 사회적 역할의 필요성이 커졌음에도 불구

하고 어떻게 보면 약간 위기, 침체기에 있는 측면도 좀 보입니다. 그래서 이런 변화의 시기에 행정법 교육이 어떤 식으로 발전해야 할지 선생님의 고견 부탁드립니다.

김용섭 교수: 행정법 교육의 방법론은 다양한데, 학생들에게 일방적으로 전달하는 방식이 대부분이고, 토론식 대화형 수업이 잘 안 되는 것이 문제라고 생각해요. 또한 행정법을 어렵게 생각하는 학생들에게 쉽게 가르치는 것이 어렵기도 하구요. 행정법은 관료법학적인 측면이 강해요. 행정법은 행정관료가 규범적 틀 속에서 이를 벗어나지 않으면서 적법하게 행정활동을 하는 것이기 때문에 행정부처로 진출하여 공무원으로 근무하려는 학부생에게 행정법을 잘 교육하여 법치행정 실현의 일익을 담당하도록 할 필요가 있지요. 앞으로 로스쿨에서의 행정법의 교육도 교과서 위주의 수험용 교육이 아니라 급변하는 새로운 사회 현상에 관해서 관심을 기울이고 특히 AI시대에 대비하여 이에 대한 규제법과 진흥법 양자의 균형을 어떤 식으로 할 것인지 학계에서 사회변화에 따른 바람직한 방향을 제시할 필요가 있다고 봅니다.

추신영 교수: 정년퇴직 후의 변호사 활동도 하실 테고 개인적 포부와 계획이 있으시면 말씀해 주시지요.

김용섭 교수: 정년이 하나의 형식이라 그동안 연구자로서 살아온 삶을 접어놓고 다른 방향을 모색하는 것도 필요할 것 같기도 합니다만 송충이가 솔잎을 먹듯이 새로운 분야로 진출하기는 어려울 것 같습니다. 기본적으로는 제가 유보하였던 변호사를 하면서 연구와 실무를 병행하되, 학교에 있으면서는 실무보다 연구에 치중하였다면 앞으로는 자연스럽게 실무에 치중하면서 연구자로서의 기본적 삶

의 방식의 틀에서 크게 벗어나지는 않을 것 같아요. 제가 이제 변호사를 하더라도 소송에만 전념할 것이 아니라 명예교수도 하게 되므로 강의도 병행하면서 특화된 분야에서 승부를 내야 하지 않을까 하구요. 법무법인에 다니는 아들과 함께 법률사무소를 내는 것도 장기적인 계획에 속합니다. 9월 초순부터 서울 강남에 위치한 에스앤엘 파트너스(S&L Partners)의 파트너 변호사로 활동하기로 되어 있어, 행정소송 관련 업무를 비롯하여 입법지원 등 전문적인 법률서비스를 제공하는 변호사로 활동하려는 계획입니다.

추신영 교수: 전북대 발전을 위하여 학교 당국이나 동료 교수 학생에게 바라는 점이 있다면 어떤 점이 있을까요?

김용섭 교수: 학생에 대한 당부는 로스쿨 재학생을 대상으로 한다면 변호사시험에 반드시 붙는다는 자신감으로 임하여 계획을 잘 수립하여 열심히 준비하고, 졸업한 후에도 계속해서 배운다는 자세로 임하는 것이 중요하다고 생각합니다. 한 분야를 10년간 파고든다는 자세로 최고의 전문가가 되는 것을 목표로 삼으면 좋겠네요. 전북대 로스쿨의 전통과 문화를 만드는 것이 중요해요. 우리 로스쿨생들이 다양한 분야로 진출하고 있어 매우 고무적입니다. 경찰에 여러 로스쿨 졸업생이 진출하였고, 앞으로 새로운 분야를 개척하는 자세로 과감하게 도전하면 좋겠네요. 동료 교수분들한테는 우선 함께 동고동락하며 지낸 부분에 대하여 감사드리고, 대학교수가 하나의 독립된 성이나 독립 관청처럼 지내는데, 서로 가깝게 지내진 못할지언정 반목하거나 질시하지 않고 생활하는 것이 중요해요. 어느 조직이나 인화가 중요하므로, 첫째도 인화이고, 둘째로 인화이며, 셋째도 인화라고 봅니다. 로스쿨 교수 사이에 서로 생각이 다르

더라도 화합하는 화이부동(和而不同)이라는 덕목을 갖출 필요가 있어요. 학교 당국에서도 로스쿨에 재정적인 지원이 필요하고, 로스쿨 집행부도 다방면의 자구노력이 필요하다고 생각합니다.

추신영 교수: 로스쿨에 남아있는 교수로서 새겨듣겠습니다. 그리고 제자들이 로스쿨을 마치고 나간 후에 변호사로 활동하면서 어떤 점에 좀 주안점을 두고 살았으면 좋겠습니까?

김용섭 교수: 앞서도 언급한 바와 같이 로스쿨 단계부터도 변호사시험만 치중할 것이 아니라 변호사시험 이후 더 멀리 10년 후 20년 후를 내다보면서 자신의 특화된 분야를 찾는다거나 앞으로 어떤 분야로 진출할 것인지를 고민하면서 변호사시험도 준비하고 로스쿨 과정도 충실히 이수할 필요가 있어요. 따라서 변호사시험의 합격에만 급급해서는 훌륭한 법률가가 되기가 곤란해요. 과감하게 자기가 좋아하는 분야를 찾기 위해 틈틈이 여행과 독서도 하면서 호연지기(浩然之氣)를 키울 필요가 있다고 학생들에게 당부하고 싶네요.

정태종 교수: 이제 선생님께서는 오랜 기간 학교에 재직하시다가 퇴임을 하십니다. 그간의 경험에 비추어 교수가 가져야 할 역할은 어떤 것이라고 생각하시는지 말씀 부탁드립니다.

김용섭 교수: 대학교수의 사명인 교육, 연구, 봉사의 기본은 변하지 않는 것 같아요. 로스쿨의 경우 연구가 먼저냐 교육이 먼저냐는 각자의 가치관에 따라 달라질 수 있는데, 저는 대학이라는 특성상 연구가 좀 더 중요하다고 보는 입장이에요. 물론 로스쿨이 변호사 준비를 위한 직업학교라는 측면을 강조하면 교육도 중요한데, 대학은 기본적으로 새로운 연구를 통해서 사회를 발전시켜야 하기 때문에 연구가 핵심이라고 생각해요. 다만, 로스쿨은 직업교육 기관적 성

격도 있어 교육의 측면이 무시될 수 없어 변호사시험과 연계된 교육이 필요하다고 보아요. 대학교수는 축복받은 직업이라고 생각해요. 저는 법제처 공무원도 해 보고 중소 규모의 로펌 변호사도 잠시 해 보아 대학교수를 제대로 관찰할 기회가 있었지요. 그런데 다른 직장을 경험하지 않고 곧바로 대학교수만 하는 분들은 남의 떡이 크게 보여 가지고 다른 분야에 관심을 기울이는데, 대학교수는 창조적 직업으로 사회적으로 존경을 받을 수 있어 직업적 자긍심을 가질 수 있는 몇 안 되는 직업이라고 생각합니다. 우리 사회에 인재와 후학을 양성하는 교수와 같은 고귀한 직업이 그렇게 많지 않다고 저는 생각합니다.

추신영 교수: 교수님 말씀을 듣다 보니 대학이라는 좋은 환경에서 우리가 교육도 더 열심히 하고, 연구도 많이 하고 감사하다는 생각이 들게 되네요.

김용섭 교수: 국립대의 경우 교수가 자신이 맡아야 하는 교육, 연구, 봉사의 본연 역할만 충실히 하면 사실 교수한테 이렇다 할 간섭도 별로 없잖아요. 우리가 소중한 것을 모르고 사는 것이죠. 정년퇴직 후에 교수 시절이 참 좋았다는 이런 말을 하는 정년퇴직 교수는 퇴직 이후의 준비가 부족한 것일 수도 있어요. 저는 대학의 교수에서 변호사로, 변호사 활동을 하다가 대학으로 왔기 때문에 대학에서 보낸 시간은 축복의 연속이었다고 생각하는 것이죠.

추신영 교수: 그렇죠. 정년퇴직 후에는 그동안 연구해 왔던 법학을 단절하는 분들이 적지 않은데 앞으로 계획은 어떠신지요?

김용섭 교수: 앞으로 계획이요. 전공이나 그동안 해 온 일에서 완전히 벗어나서 새로운 길을 가기는 쉽지도 않고 잘할 수 있을 것 같지도

않아요. 독일의 은사인 로엘레케 교수님의 정년 이후 학자생활을 본받을 수 있으면 좋겠다고 생각하고 있어요. 제 삶에 큰 영향을 주신 로엘레케 교수님은 84세에 돌아가셨는데 정년퇴직한 67세 이후에도 노익장을 과시하며 학술논문과 책도 계속 내고, 주요 신문에 사회 비평이나 칼럼을 계속 쓰셨는데, 저 같은 경우는 서울에서 파트너 변호사를 하게 되어 학자적 삶과 변호사의 생활을 어떻게 양립할 것인지가 숙제로 남을 것 같아요. 변호사의 일로 여력이 없지 않다면 로엘레케 교수님처럼 정년 이후에도 학자로서의 자세를 잃지 않고 계속 글을 쓰면서 곱게 늙고 싶네요.

추신영 교수: 학자로서의 기능은 그대로 본질은 유지하고 변호사 업무는 좀 변방적으로 그런 활동을 할 계획이지 않나 이런 말씀으로 들립니다. 그 다음에 법학계나 법조계에 바라는 일이 있는지 앞으로 국가사회를 위하여 어떤 기여와 공헌을 하기를 바라시나요?

김용섭 교수: 법학계나 법조계는 혼탁한 오늘날 정도(正道)에서 크게 벗어나지 않고 법치주의의 정착을 위하여 최선을 다할 필요가 있다는 점 이외에 바라는 일이 따로 없구요. 법조인의 경우에 맡은 소임을 성실히 수행하는 것이 중요하다고 생각해요. 요즈음 법조인의 활약상도 있지만 신의성실의 원칙이 법학계나 법조계에 종사하는 사람들의 기본적 소양이던 시절이 지나간 것 같아 안타깝기도 합니다. 법조인이 법령이나 조문의 문구에 매몰되어 협소한 시각을 갖는 고집불통이 아니라 품격 있고 양식 있는 태도가 중요하고, 법률가에게 특히 인문학적인 소양을 갖출 필요가 있다고 생각해요. 법률가는 자신이 속한 단체나 조직을 한 단계 더 발전시키기 위해서 주어진 역할과 기대에 부응하려는 노력 속에 크게 성장하는 경우가 많

아요. 변호사를 신뢰하여 의뢰인이 사건을 맡겼는데, 변호사가 매번 바뀌면서 대충 처리하면 황당하거든요. 사건을 잘 처리하겠다고 의뢰인에게 약속하였다면 최선을 다할 필요가 있어요. 여러 사건을 떼는 데 급급하여 성의 없이 처리하기보다 하나하나의 사건에 최선을 다하는 것이 필요하지요. 그렇다 보면 변호사로 부를 축적하기는 어렵지만 의뢰인을 위하여 최선을 다하는 좋은 변호사라는 평판을 쌓지 않을까 합니다.

정태종 교수: 이제 마지막 질문이 되겠는데요. 8월 말이면 20년간의 전북대학교 법과대학 또 전북대학교 법학전문대학원에서의 교직을 마치시게 됩니다. 이 기간에 대한 선생님의 소회를 한 마디로 표현해 주시기를 부탁드립니다.

김용섭 교수: 한 마디로 표현한다면 여한은 없고 감사할 뿐이죠. 저는 사실 인덕이 좀 많았던 것 같고 5~6년 전에 제가 혈액암 투병을 하면서 조금씩 내려놓아야겠다는 이런 생각을 했기 때문에 아쉬움 없이 정년을 자연스럽게 맞이하게 되는 것 같아요. 소회를 말하려니 "끝이 좋으면 모든 것이 좋다(Ende gut, Alles gut)"라는 독일 격언이 떠오르네요.

추신영 교수: 추가로 20년가량 대학에 봉직하시면서 아마 가족한테 하고 싶은 이야기는 있을 것 같아요. 지면을 통해서 나갈 것 같은데 그래도 사모님과 세 자녀에게 한 번 좀 남기고 싶은, 얘기해 주고 싶은 이야기 그리고 이제 또 우리 모든 사람이 이런 것들도 우리 가족에서는 이런 것들도 좀 있었다고 하는 것도 한 번 말씀해 주시는 것도 의미가 있을 것 같아요.

김용섭 교수: 글쎄요. 자식 자랑은 금기라고 하는데 괜찮을까요. 교수는

자기만족에 사는 사람인데, 집사람의 내조 덕에 아이들이 잘 커 주었어요. 집사람과 두 딸은 기악을 전공하고 저는 법률을 전공하였고, 아들이 로스쿨을 나와 작년부터 서울에서 변호사를 하게 되어 우리 집을 음악의 음율과 법률의 율(律)을 같이 쓰는 집안을 만들어서 아들의 아호를 '율재(律齋)'로 지었지요. 대형 법무법인의 어쏘 변호사로 성실하게 역량을 발휘하는 것을 보면서 제자의 양성에는 그다지 작황이 좋지 않지만, 아들이 기대 이상으로 잘 커 주었으며, 기악을 전공한 두 딸도 예쁘게 잘 커 주었습니다. 자주 집에 놀러 오는 외손자가 말도 잘하고 총명하여 함께 보내는 시간이 많아요. 바쁘다는 이유로 아이들이 성장하는 과정에 많은 시간을 내지 못하였음에도 심성적으로 곱게 잘 커 주어 고맙네요. 더욱 고마운 것은 혈액암으로 병원에 입원하고 치료를 받을 때 집사람은 모든 일을 제쳐두고 함께 어려움을 극복하였고, 온 식구가 걱정해 주어 가족의 소중함을 새삼 느끼게 됩니다. 어쩌다 팔불출(八不出)이 되었네요.(웃음)

추신영 교수: 교수님으로 전해 들어 사모님이 아이들 키우느라 고생을 많이 하시고 병간호하시느라 애쓰신 것으로 알고 있어요.

김용섭 교수: 그렇죠. 집사람이 가정적이고 헌신적이라고 할까요. 정년을 잘 마무리하는 데 일등공신이 아닌가 생각합니다.

추신영 교수: 교수님은 대학에서 연구와 교육에 열심히 임하고 학회활동 등으로 가정에 다소 소홀하신 것으로 알고 있는데, 사모님이 아이 셋을 잘 성장시켜서 교수님은 가정적으로도 성공하셨다 싶은 생각이 들어 그런 질문을 한 번 드려본 것이에요.

김용섭 교수: 맞습니다. 집사람한테는 사실 제가 꼼작 못해요. 젊은 시

절에 가정을 소홀히 하고 제 일에만 신경을 써서 많이 미안하죠. 그
동안 고생을 많이 했고, 유교 집안에 종손 며느리이다 보니 제사가
많아 그전에 적지 않은 고생을 견디어 냈죠. 미국의 문화 중에 야구
는 아무리 3루타를 치고 2루타를 치더라도 홈을 밟지 않으면 점수
가 안 난다고 얘기하거든요. 그러니까 아무리 사회적으로 바같에
나가서 성공하고 잘 나가더라도 홈을 밟지 않으면 점수는 꽝이라는
이야기인데, 제가 사실 점수를 많이 못 딴 것은 사실이에요.

추신영 교수: 사이클링 히트를 쳐야 하는데….(웃음)

김용섭 교수: 그러게요. 하여튼 교수는 자기만족에 살고 자기가 좋아서
하는 연구를 마음껏 하는 직업이다 보니, 가족의 입장에서 보면 희
생도 좀 많았고, 또 그런 점에서 아까도 말씀드렸지만 미안하기도
하고, 고맙기도 하고, 그렇습니다.

추신영 교수: 정년퇴직하시면 가족과 더 이제 좀 더 많은 시간을 보내시
고, 또 외손자도 커가니까 더 많이 사랑해 주시고 그렇게 지내셨으
면 좋겠네요.

김용섭 교수: 그렇죠. 아무래도 젊을 때만큼 외부활동도 왕성하지 않지
만, 변호사를 하게 되면 더 바빠질지 모르겠네요. 가정에 조금 더
충실히 하기 위해 요리도 배워야 하는데, 노후에 많은 것을 내려놓
으려고 하는데 제대로 될지 이 부분이 앞으로의 숙제가 아닌가 해
요.

추신영 교수: 그래서 저는 또 바람이 있다면 우리 교수님들이 정년퇴직
을 하고 이렇게 65세가 되면 단절된 듯한 그런 느낌이 드실 것 같아
요. 갑자기 동료 교수로 있다가 연구실도 빠지고 그 다음에 교수 회
의에도 못 들어오고 그런 과정들이 너무 단절적이라서 아쉽다는 생

각을 하게 되거든요. 그래서 대학에서 오랜 기간의 인연도 있었고 서로 교류하여 온 것을 단절하기보다 자주는 못 보더라도 계속해서 연락도 하면서 주기적인 만남과 교류가 지속되기를 바라며, 이 세상을 떠날 때까지도 계속 교류를 이어가면 좋지 않을까 생각도 해 봤습니다.

김용섭 교수: 좋은 말씀이에요. 새로운 공간으로 이동을 하면 또 새로운 삶이 펼쳐지지만, 노년을 행복하게 보려면 기존의 우정이나 유대가 계속될 필요가 있습니다. 그러니까 그런 의미에서는 같은 대학 교수로 재직하면서의 교류를 단절하기보다는 자주는 아니더라도 이어가는 것이 소중해요. 최근 몇 년 동안 우경, 금화, 송백, 가산이 함께 문화 탐방을 하였으므로 여건이 허락되는 한 1년에 서너 차례씩 역사 문화 탐방을 1박 2일로 가는 것은 계속 이어나가면 좋을 것 같다는 생각이 듭니다.

추신영 교수: 그래서 우리 가산 선생님한테서 제가 여러 곳을 다니면서 가장 크게 배운 것은 인문학적 소양과 다양한 내용의 글 쓰는 것을 들 수 있습니다. 그리고 우연인지 몰라도 신춘문예에 시인으로 등단한 딸이 있다 보니까 함께 1박 2일로 가는 역사문화탐방이라든지 문학여행에 관심을 가지면서, 저는 이 분야에 조예가 별로 없었는데 그동안 함께 교류했던 인연이 참 소중했구나! 그런 생각을 하게 됩니다.

김용섭 교수: 동료 교수인 4인이 의기투합하여 역사와 문화의 명소를 여행하며, 저명한 작가의 생가 등을 방문한 것이 송백 선생님 따님의 조선일보 신춘문예에 도전하여 신인상을 수상하여 시인으로 등단하는 계기를 마련한 것 같아 1박 2일 여행이 의미가 크다고 할 수

있습니다.

정태종 교수: 오늘 이렇게 가산 김용섭 교수님 정년을 기념하면서 대담의 시간을 가지고 추신영 교수님을 이렇게 뵙고 인사드릴 기회가 주어져서 너무 감사합니다. 오늘 가산 김용섭 교수님께서 해 주신 좋은 말씀 잘 새겨서 앞으로 학교생활과 연구와 교육, 대외활동 등에 실행하도록 하겠습니다.

김용섭 교수: 제 경험이 훗날 누군가에게 작은 도움이라도 될 수 있다면 큰 보람과 기쁨이 되겠습니다. 사실 저는 덕성과 식견이 부족한 사람입니다. 시경에 나오는 "여리박빙 여림심연(如履薄氷 如臨深淵)"이라는 말이 있지요. 마치 얇은 살얼음판을 걷듯이 마치 깊은 연못에 임하듯이 이렇게 조심조심하며 살아야 하는데 제 인생을 되돌아보면 삶의 균형을 찾으려고 노력하면서도 세상을 만만히 보고 조심하지 않고 대범하게 산 측면도 없지 않아 있는 것 같아요. 그런 측면에서 35년 8개월간 공직과 교원으로 근무하여 대한민국 옥조근정훈장을 받으며 정년을 맞이하는 것은 부덕한 저한테는 행운이 아닌가 싶어요. 국가사회에 기여한 큰 업적이 없지만 교수라는 직분에 충실하며 최선을 다하려고 한 부분은 평가받을 수 있지 않을까 생각합니다. 바쁘신 데도 장시간 함께 대담에 참여해 주신 두 분 선생님께 다시금 깊이 감사드립니다.

정태종 교수: 축하드리고 감사합니다.

김용섭 교수: 감사합니다. 그런데 오늘 대담을 잘했나 모르겠어요.

추신영 교수: 잘 진행되었어요. 감사합니다.

출처 법학연구 통권 75호 2024. 9. (p.403-438, 수록)

성찰과 사유의 여적(餘滴)

·

지은이 / 김용섭
발행인 / 김영란
발행처 / **한누리미디어**
디자인 / 지선숙

·

08303, 서울시 구로구 구로중앙로18길 40, 2층(구로동)
전화 / (02)379-4514
Fax / (02)379-4516
E-mail/hannury2003@daum.net

·

신고번호 / 제 25100-2016-000025호
신고연월일 / 2016. 4. 11
등록일 / 1993. 11. 4

·

초판발행일 / 2026년 3월 24일

·

ⓒ 2026 김용섭 Printed in KOREA

·

값 24,000원

·

※잘못된 책은 바꿔드립니다.
※저자와의 협약으로 인지는 생략합니다.

ISBN 978-89-7969-919-7   03360